Studienbücher Antike

Herausgegeben von
Peter Guyot

Band 16

Christine Schmitz

Juvenal

2., durchgesehene Auflage

Onlineversion
Nomos eLibrary

Die Deutsche Nationalbibliothek verzeichnet diese Publikation in der Deutschen Nationalbibliografie; detaillierte bibliografische Daten sind im Internet über http://dnb.d-nb.de abrufbar.

ISBN 978-3-487-16647-6 (Print)
ISBN 978-3-487-42392-0 (ePDF)

2., durchgesehene Auflage 2023
© Georg Olms Verlag – ein Verlag in der Nomos Verlagsgesellschaft mbH & Co. KG, Baden-Baden 2023. Gesamtverantwortung für Druck und Herstellung bei der Nomos Verlagsgesellschaft mbH & Co. KG. Alle Rechte, auch die des Nachdrucks von Auszügen, der fotomechanischen Wiedergabe und der Übersetzung, vorbehalten. Gedruckt auf alterungsbeständigem Papier.

Besuchen Sie uns im Internet
olms.de

Inhalt

Vorwort 9

I. Der Satiriker Juvenal inner- und außerhalb seines Textes 11
   1. Die *persona*-Theorie 11
      1.1 Etablierung einer zentralen Kategorie in der
          Satireforschung 11
      1.2 Kritische Einwände gegen die *persona*-Theorie 15
      1.3 Der *persona*-Begriff 19
      1.4 Verschiedene Bezeichnungen für die
          Sprecherinstanz (*persona*, Stimme, Satiriker,
          Sprecher) 22
      1.5 Das komplexe Ich in Juvenals Satiren 24
   2. Juvenals Vita 30
      2.1 Methodische Überlegungen zum Quellenwert der
          Satiren 31
      2.2 Juvenal in drei Martialepigrammen 33
      2.3 Lebenszeit, Herkunft und sozialer Status 36
      2.4 Juvenals angebliche Verbannung 39
      2.5 Chronologischer Rahmen der Satiren 41

II. Juvenal und die Gattung der römischen Verssatire 44
   1. Die Gattung der römischen Verssatire und die
      satirische Schreibart: *satura* wird Satire 44
   2. Die Tradition der römischen Verssatire 45
      2.1 Juvenals Selbstverortung innerhalb der Verssatire . . . 48
      2.2 Die römische *satura* und Juvenals *farrago* 53
      2.3 Zur Etymologie und Wortgeschichte von *satura* 55
   3. Generische Polyphonie in Juvenals Satire 57
      3.1 Ablehnung (*recusatio*) und parodistische
          Aneignung etablierter Gattungen 59
      3.2 Transformierende Adaption charakteristischer
          Formen und Motive aus weiteren Gattungen 69

III. Die einzelnen Satiren 72
   Thematisch-strukturelle Organisation der Satiren 72
   1. Erste Satire: Programmsatire: Die Wahl der Gattung
      Satire als literarisches Manifest 74

2. Zweite Satire: Normwidriges Verhalten römischer
   Aristokraten 77
3. Dritte Satire: Juvenals satirische Modellierung der
   Stadt Rom 86
4. Vierte Satire: Die Fischsatire oder »Der Fisch stinkt
   vom Kopf her« 94
5. Fünfte Satire: Ein asymmetrisches Gastmahl 101
6. Sechste Satire: Invektive gegen unkonventionelle
   Frauen der gesellschaftlichen Elite 103
7. Siebte Satire: Die desolate Lage der Intellektuellen 110
8. Achte Satire: Noblesse oblige? *Virtus* vs. Geburtsadel ... 117
9. Neunte Satire: Die Klagen eines alternden Gigolos 122
10. Zehnte Satire: Verkehrte und kontraproduktive
    Wünsche 127
11. Elfte Satire: Ein Gastmahl im Haus des Satirikers 132
12. Zwölfte Satire: Juvenals Erbschleichersatire 138
13. Dreizehnte Satire: Satirische *consolatio* in einer
    verkehrten Welt 142
14. Vierzehnte Satire: Erziehung zur *avaritia* 147
15. Fünfzehnte Satire: Ein Fall von Kannibalismus als
    Exemplum gegenwärtiger Dekadenz 154
16. Sechzehnte Satire: Die Privilegien der Soldaten auf
    Kosten der Zivilisten 159

IV. Juvenals satirisch analysierender Blick auf die römische
    Gesellschaft 162

1. Unstandesgemäßes Auftreten der römischen Nobilität
   in der Öffentlichkeit 164
2. Das nicht mehr funktionierende Patron-Klient-
   Verhältnis 169
3. Kritik am gegenwärtigen Luxus beim Gastmahl 172
4. Rollenabweichendes Verhalten vornehmer Frauen als
   Zielscheibe satirischer Kritik 174
5. Allgemeine Verrohung der zivilen Gesellschaft 176

V. Juvenals virtuose Technik: Satirisierung durch Sprache und
   Vers 178

1. Stil 178
   1.1 Oxymoron 178
   1.2 Abschluss eines Satzes παρὰ προσδοκίαν (wider
       die Erwartung) 180

		1.3 Hyperbole: Formen der Übertreibung und (Über-) Steigerung	183
		1.4 Deminutiv	189
	2.	Verstechnik	192
		2.1 Prosaisches Hexameterende durch Monosyllaba	192
		2.2 Das satirische Potential von Wortstellungen	193
		2.3 Klangeffekte durch Alliteration und klangliche Äquivalenz	198
		2.4 Expressive Effekte durch Spondiacus, Synaloephe/ Elision und Hiat	199
VI.	Juvenals Überlieferung und Rezeption		203
	1.	Überlieferung	203
	2.	Das Problem der Interpolationen (am Beispiel von Iuv. 3,281 und 10,356)	205
	3.	Rezeption	207
		3.1 Juvenal bei frühchristlichen Apologeten	208
		3.2 Juvenals Popularität in der Spätantike	209
		3.3 Juvenal als Sittenkritiker im christlich geprägten Mittelalter und Renaissance-Humanismus	218
		3.4 Juvenal bei Luther	221
		3.5 Englischer Juvenal: Übertragungen und Imitationen (Oldham, Dryden, Johnson)	223
		3.6 Victor Hugos Juvenal	227
		3.7 »Bruder Juvenal« (Grünbein): Unterschiedliche Annäherungen moderner Interpreten in Übersetzungen, Essays, Aufführungen, Supplementen und eigenen Gedichten	229
		3.8 Der fragmentierte Juvenal	231

Literatur	233
Abkürzungen	233
Editionen, Kommentare und Übersetzungen	233
Weitere Literatur	235

Stellenregister	245

Vorwort

Kurt Tucholskys immer aktuelle Diagnose »Die Zeit schreit nach Satire« gilt auch für die römische Kaiserzeit, die der witzigen und bissigen Kritik reichen Stoff bot. Vor und neben diesem Schrei nach Satire steht Juvenals ebenso bekanntes Diktum (1,30): *difficile est saturam non scribere* (Es ist schwer, *keine* Satire zu schreiben). Satire ist freilich keine Chronik, allenfalls eine Chronique scandaleuse; es bedarf noch des satirischen Blicks, ist doch die einseitig verzerrende, übertreibende und ungerechte Präsentation geradezu ein Gesetz der Gattung, das von den Hörern und Lesern akzeptiert werden muss.

Juvenal ist ein anspruchsvoller und hintergründiger Autor, der sich erst langsamem und geduldigem Lesen erschließt. Es ist eine schwierige Aufgabe, adäquat an sein Werk heranzuführen, hierbei genügend Raum für eigene Entdeckungen zu lassen, ohne aber auf die Genauigkeit im Detail zu verzichten, welche dieser genaue Autor verlangt. Komplexe Sachverhalte, die in der Juvenalforschung kontrovers diskutiert werden, sollen weder dogmatisch noch vereinfachend erörtert werden. Dazu gehören fundamentale Fragen literaturtheoretischer Art wie etwa das Verhältnis zwischen historischem Autor und satirischem Sprecher (die sog. *persona*-Theorie), darüber hinaus aber auch sozialhistorische Phänomene wie die Klient-Patron-Beziehung, Genderfragen, Konzepte von Homosexualität etc.

In jüngster Zeit ist ein neu erwachtes Interesse an Juvenals Satiren zu beobachten, das sich in einer Vielzahl von Publikationen niederschlägt. Die vorliegende Einführung möchte auf Basis der neu gewonnenen Erkenntnisse Zugänge zur römischen Satire und zu einem ihrer prominenten Vertreter eröffnen und richtet sich an Studierende und Lehrende der Altertumswissenschaft sowie der Literaturwissenschaft anderer Disziplinen; darüber hinaus soll sie auch einem allgemeinen Interesse zugänglich sein. Da unser Juvenalbild allein aus den Satiren zu gewinnen ist, liegt der Schwerpunkt dieser Einführung auf den Texten.* In exemplarischen Interpretationen wird gezeigt, welche literarischen, vor allem aus Epos, Tragödie, Liebeselegie und Bukolik

---

* Den lateinischen Juvenaltext zitiere ich nach CLAUSEN 1992; in meiner Übersetzung orientiere ich mich mit einigen Abweichungen an der Übersetzung von ADAMIETZ 1993a; darüber hinaus wurden weitere Übersetzungen, vor allem die von BRAUND 2004a, konsultiert. Nicht mehr berücksichtigt werden konnte die im Dezember 2017 erschienene Übersetzung von Sven LORENZ: Juvenal, Satiren. Saturae. Lateinisch – deutsch. Herausgegeben, übersetzt und mit Anmerkungen versehen (Sammlung Tusculum), Berlin; Boston 2017. Wie bei Juvenal verfahre ich auch bei Zitaten aus anderen Autoren: vorliegende Übersetzungen wurden konsultiert und, wo es mir sinnvoll erschien, modifiziert.

bekannten Modelle evoziert werden, vor deren Hintergrund sich neue intertextuelle Dimensionen eröffnen.

In der Trias Horaz, Persius und Juvenal hat die genuin römische Gattung der Verssatire ganz unterschiedliche Ausformungen gefunden. Juvenal hat die an Themen und Formen ursprünglich vielfältige Verssatire zumindest in der Wahrnehmung vieler Rezipienten auf eine aggressive Sprechweise reduziert, aber genau diese Variante hat unser Verständnis von Satire entscheidend geprägt. Die anhaltende Präsenz des Satirikers Juvenal durch die Jahrhunderte bis heute kann hier allerdings nur skizziert werden.

Herzlich danken möchte ich allen, die mir bei der Arbeit an dieser Einführung auf verschiedene Weisen geholfen haben, nicht zuletzt den Teilnehmern meiner Veranstaltungen zu Juvenal, die mir gezeigt haben, wie schwierig, aber auch attraktiv dieser Satiriker ist. Stefan Stirnemann (St. Gallen) danke ich für Beistand in allen Phasen der Entstehung des Buches. Für kritische Lektüre, sorgfältiges Korrekturlesen und Erstellung des Registers sei Konstantin Ameis, Hannah Hoffmann und Jan Telg genannt Kortmann gedankt, Ann-Katrin Wintzer für Ihre Hilfe bei Victor Hugo. Dank gebührt Timothy Doherty für den Satz, Frau Olena Klejman M.A. für die gute Zusammenarbeit mit dem Georg Olms Verlag und schließlich Herrn Dr. Peter Guyot für seine konstruktive Kritik und beharrliche Geduld.

Münster, im Juni 2018   Christine Schmitz

I. Der Satiriker Juvenal inner- und außerhalb seines Textes

Wer war Juvenal? Es gibt fast keine antiken Zeugnisse, die diese Frage beantworten, und so hat man immer wieder seine Satiren als Quelle seiner Biographie gelesen. Dagegen steht die sogenannte *persona*-Theorie, die Juvenal methodisch vom Ich seiner Satiren unterscheidet. Der Satirendichter Juvenal und die *persona* des Satirikers sind eng zusammenhängende Themen. Bevor ich die wenigen biographischen Daten und vielen Rekonstruktionsversuche zu Juvenals Leben erörtere, muss auf die prinzipielle Frage der Unterscheidung zwischen dem realen Verfasser der Satiren und ihrem literarischen Ich-Sprecher eingegangen werden.

1. Die *persona*-Theorie

1.1 Etablierung einer zentralen Kategorie in der Satireforschung

Seit der zweiten Hälfte des 20. Jahrhunderts wurde unter dem Einfluss des *New Criticism* für überwiegend persönliche Dichtung, in der ein elegisches, lyrisches, epigrammatisches oder satirisches Ich zu Wort kommt,[1] der Begriff der literarischen *persona*, eines mit dem Autor nicht identischen Ich-Sprechers, eingeführt. Die starke Dominanz dieses Konzepts gerade in der Juvenalforschung lässt sich vor allem als Reaktion auf HIGHETS 1954 einseitigen biographistischen Ansatz verstehen.[2]

Zunächst sollen die Genese und Problematik der *persona*-Theorie allgemein skizziert werden,[3] bevor ich die Frage der *persona* in Juvenals Satire konkret behandle. Das Konzept der *persona* wurde von Literaturwissenschaftlern in Untersuchungen zu Alexander Pope und zur englischen Renaissance-Satire entwickelt. In diesem Zusammenhang ist der einflussreiche Beitrag »The Muse of Satire« von Maynard MACK zu erwähnen,[4] in dem der satirische Sprecher als fiktive Identität, als *persona* bezeichnet wird. Bahnbrechend für die Konzeption der satirischen *persona* war vor allem die

---

[1] Die unterschiedlichen Verwendungen der *persona* innerhalb der lateinischen, nicht-erzählenden Erste-Person-Dichtung grenzt MCCARTHY 2010 voneinander ab.
[2] Vgl. das Zeugnis über ANDERSONS Hinwendung zur *persona*-Theorie bei MAYER 2003, 72. Zu HIGHETS 1954 biographischen Rekonstruktionsversuchen s. u. 31.
[3] Ausführlicher: Robert C. ELLIOTT: The Literary Persona, Chicago; London 1982 (v. a. zu Swift); KEANE 2006, 9; zur Verortung der *persona*-Theorie in der Juvenalforschung: WINKLER 1983, 7–22; FREUDENBURG 2005, 27–29; PLAZA 2009, 2–4 und 12 f.; zentral für die *persona* in den Satiren des Horaz ist FREUDENBURG 1993.
[4] The Yale Review 41, 1951, 80–92.

Monographie von Alvin KERNAN »The Cankered Muse: Satire of the English Renaissance« (1959), in welcher er bereits auf Juvenal verwies. Es war dann William S. ANDERSON, der diese Ansätze endgültig auf die römische Verssatire übertrug.[5] Ausgehend von ANDERSONS Ansatz wurde das Konzept der *persona*-Theorie insbesondere für Juvenals Satiren weiterentwickelt und modifiziert. So vermittelt WINKLER 1983, 12 zwischen den Extremen einer historisch-biographischen Literaturkritik (wofür HIGHETS Ansatz steht) und einer orthodoxen *persona*-Theorie, indem er die Möglichkeit partieller Identifizierungen der *persona*, die er als Maske und Sprachrohr versteht, mit ihrem Schöpfer, dem Autor, nicht von vornherein ausschließt. Entsprechend begibt er sich im Kapitel »The Author behind the Mask« (12–17) auf die Suche nach dem hinter der Maske des satirischen Sprechers verborgenen Autor. In Juvenals Satiren 2, 6 und 9 werde der satirische Sprecher aufgrund seiner Doppelmoral selbst zum Objekt satirischer Kritik, und in dieser Konzeption eines »satirist satirized« sieht WINKLER Juvenals größte Leistung gegenüber seinen Vorgängern (224). Am konsequentesten hat BRAUND die *persona*-Theorie ausgearbeitet. Im Anschluss an ANDERSONS Konzept entfaltet sie in »Beyond Anger« (1988) die These einer dynamischen Entwicklung in dem Sinne, dass ein anfänglich (in den ersten sechs Satiren) empörter[6] Sprecher in den folgenden Satiren von jeweils neuen *personae* abgelöst werde, die das sinnlose Treiben der Menschen mit zunehmender Ironie und Gelassenheit kommentierten.[7] Für Buch 4 (Satiren 10–12) gilt allgemein Demokrits spöttisches Lachen (Iuv. 10,28–53)[8] als programmatisch für die gegenüber den ersten sechs Satiren deutlich distanziertere Haltung des satirischen Sprechers. Dreh- und Angelpunkt für diesen Wechsel in der Sprecherhaltung ist nach BRAUND 1988, die schon mit ihrem Titel an ANDERSONS wegweisende Arbeit »Anger in Juvenal and Seneca« anknüpft und darüber hinausgeht, das dritte Buch:[9] Programmatisch werde in der das Buch eröffnenden siebten Satire die *indignatio* der zornigen *persona* der Sati-

---

[5] Zentral ist sein Essay: Anger in Juvenal and Seneca (California Publications in Classical Philology 19, 1964, 127–196), wieder abgedruckt in: ANDERSON 1982, 293–361.

[6] Zur *indignatio* als Antrieb zu seiner Produktion von Versen (*facit indignatio versum*, 1,79) s. u. 26.

[7] BRAUND 1988, 197: »The simple, indignant *persona* of the first two Books is replaced in Book III by a more complex, ironic *persona*. In Book IV this ironic *persona* takes on an overtly Horatian guise, and finally in Book V there is a further movement into cynicism and aloofness with many hallmarks of the diatribist«.

[8] Diese für die Frage einer Entwicklung der *persona* in Juvenals Satiren zentrale Stelle behandle ich weiter unten (17–19) in einem Exkurs.

[9] ANDERSON 1982 hatte bei seiner Unterscheidung zwischen Juvenals frühen (1–6) und späten Satiren (10–16) dem dritten Buch (Satiren 7–9) lediglich eine überleitende Funktion zugesprochen und die hier agierende *persona* des Satirikers entsprechend als »transitional satirist« (295) charakterisiert.

ren 1–6 durch die ironische Haltung einer rationaleren *persona* abgelöst,[10] und von hier an sei ein gemäßigterer Ton zu vernehmen, stelle doch Ironie als vorherrschendes Kennzeichen dieses Buches einen Bruch mit den beiden vorangehenden Satirenbüchern dar.[11]

In Arbeiten mit Einführungscharakter – zu nennen sind vor allem »Roman Verse Satire« (1992) und »The Roman Satirists and Their Masks« (1996b) – hat BRAUND die *persona*-Theorie schließlich zur allgemeingültigen Lehrmeinung verfestigt.[12] Sie plädiert für eine strikte Trennung zwischen Autor und satirischem Sprecher (*persona*). Um dies zu veranschaulichen, vergleicht sie die vom Dichter konstruierten *personae* mit Dramenfiguren. Diese Vorstellung bietet in der Tat Vorteile, was die Unterscheidung und Funktion von Autor und satirischem Sprecher betrifft. Die entscheidende Frage lautet aber, ob und wieweit man bereit ist, Übereinstimmungen zwischen dem Autor der Satiren und den in Ich-Form auftretenden Sprechern zuzulassen. BRAUND möchte jede Art der Identifizierung radikal ausschließen, Juvenal also aus seinem Werk eliminieren. Sie warnt davor, auch einen in der Satire als Satiriker angesprochenen Dialogpartner direkt mit dem Satirendichter Juvenal zu identifizieren. Steht aber das satirische Ich hier wirklich auf einer Ebene mit einer namentlich benannten literarischen Figur wie etwa Umbricius, der in Juvenals dritter Satire eine lange Tirade über die unerträglichen Lebensbedingungen in Rom von sich gibt?[13] Selbst wenn Umbricius im Finale der dritten Satire (3,318–322, s. u. 36f.) seinen Gesprächspartner beim Abschied als jemanden anspricht, der sich aus Rom auf sein Landgut bei Aquinum zurückzuziehen pflegt, wo außerdem Rezitationen von Satiren veranstaltet werden, will BRAUND 1996a nur flüchtige Übereinstimmungen des textinternen satirischen Ichs mit dem historischen Autor Juvenal gelten lassen. So bemerkt sie in ihrem Kommentar zu V. 319 *tuo ... Aquino* (S. 229): »It is usually taken to indicate J.'s birthplace; however, this involves identifying Umbricius' interlocutor with the poet Juvenal« und zu V. 321f. *saturarum ego ... auditor ... veniam*: »Umbricius' interlocutor is a satirist, not crudely to be identified straightforwardly with J. the

---

[10] BRAUND 1988, 24–34 analysiert in der siebten Satire in Analogie und Abgrenzung zur ersten Satire den Wechsel vom empörten zum ironischen Umgang mit satirischen Themen.
[11] Vgl. auch BRAUND 2004a, 296 in ihrer Einleitung zur siebten Satire: »The opening of Satire 7 ... marks a new departure for Juvenal: there are no angry questions or marks of indignation. This is a new, calmer persona who is even capable of optimism – for a moment – concerning the prospects for poets of patronage by the emperor«.
[12] Vgl. v. a. BRAUND 1992, 2 und 40–55 zu Juvenal, dessen Satirenbücher einseitig unter dem Aspekt der wechselnden *personae* behandelt werden.
[13] Vgl. z.B. BRAUND: Introduction, in: BRAUND 1989a, 1–3, hier 2: »In fact, the first person voice used in the poems ... is just as much a creation of the poet as are his characters who are named.«

poet ... This seems analogous to Hitchcock appearing incognito in his own films.« BRAUND, die das persönliche Auftreten des Satirikers in seiner Satire hier vage (»seems«) in Analogie zum Erscheinen eines Regisseurs in seinem eigenen Film setzt,[14] gesteht also nur bedingt zu, dass ein metaleptisches Verhältnis, d.h. ein Übergang von der Ebene der satirischen zur außersatirischen Welt möglich sei.[15] Im Finale der Romsatire kann der Bezug auf Aquinum jedoch als Argument für eine Verbindung zwischen satirischem Ich und Verfasser der Satiren gewertet werden.[16]

Die zeitweilige Engführung der Juvenalforschung auf die *persona*-Konzeption hat den Blick für andere Aspekte der Satiren verdeckt.[17] Mittlerweile mehren sich jedoch Stimmen, die in Abgrenzung von einem allzu dogmatischen Ansatz für eine modifizierte Anwendung der *persona*-Theorie plädieren.[18]

---

[14] Zu dieser überwiegend in Filmen begegnenden Technik vgl. z.B. Andreas RAUSCHER: Artikel »Cameo«, in: Thomas KOEBNER (Hg.): Reclams Sachlexikon des Films, Stuttgart 2002, 91f., hier 91: »In der angloamerikanischen Filmliteratur fasst man darunter auch den speziellen Fall des Walk-on im Unterschied zu einer elaborierteren Gastrolle.... Das bekannteste Beispiel für diese Form eines Cameo sind die Auftritte Alfred Hitchcocks, der in seinen Filmen als Passant einen Bus verpasst (*Der unsichtbare Dritte*, 1959) oder am Rande des Geschehens in einen Zug steigt (*Der Fremde im Zug*, 1951). Hitchcock kultivierte den Cameo als Markenzeichen seiner Filme.«

[15] Es ist nur konsequent, wenn BRAUND auch die Erwähnung eines Landgutes des in der Ich-Form präsentierten Gastgebers in der 11. Satire (11,65f. *de Tiburtino veniet... agro / haedulus*, von meinem Landgut bei Tibur wird ein Böcklein kommen) nicht als Beweis dafür gelten lässt, dass Juvenal tatsächlich ein Landgut bei Tibur besessen habe, vgl. BRAUND 1989b, 46: »we should not use this poem to prove that Juvenal had an estate at Tivoli. This is cited as a typical place in the countryside, not too remote from Rome (20 miles), where a well-off Roman might have a villa.«

[16] Eine flüchtige Selbstreferentialität räumt BRAUND 1996a in 4,106 (*improbior saturam scribente cinaedo*, unverschämter als ein Satiren schreibender Kinäde; zu *cinaedus* s.u. 78, Anm. 25) ein. Zu weiteren Stellen vor allem in der ersten Satire, die eine Identität des Sprechers mit dem Verfasser der Satiren nahelegen, wie vor allem 1,30 *difficile est saturam non scribere*; 1,79f. *si natura negat, facit indignatio versum / qualemcumque potest, quales ego vel Cluvienus*; 1,86 *nostri farrago libelli*, vgl. IDDENG 2000, 122, Anm. 34.

[17] Vgl. KEANE 2006, 9: »Meanwhile, other potentially important aspects of the satiric performance have been somewhat neglected.«

[18] Einen pragmatischen Ansatz verfolgen etwa FREUDENBURG in seiner Einleitung zum »Cambridge Companion to Roman Satire« 2005, 29 oder KEANE, die in »Figuring Genre in Roman Satire« 2006 alternative Zugänge zu den römischen Satirikern erprobt. Auch IDDENG 2000 und 2005, der sich entschieden gegen das von BRAUND verfestigte Dogma wendet, dass Juvenals Sprecher-Ich eine dramatische Figur sei, plädiert dafür, von einer flexibleren Konzeption des satirischen Ichs auszugehen (IDDENG 2000, 127 und 2005, 197f.).

1.2 Kritische Einwände gegen die *persona*-Theorie

HIGHET 1974 wollte die Unterscheidung zwischen historischem Autor und einer von diesem zu trennenden *persona* prinzipiell dann nicht gelten lassen, wenn der Autor beanspruche, autobiographisch zu sein (vgl. 336). Die vor allem in den autobiographischen Partien der Horazsatiren offenkundig außerhalb des Textes vorhandene lebensweltliche Referenzebene war für ihn das stärkste Argument gegen die von KERNAN eingeführte und von ANDERSON auf römische Satiren übertragene *persona*-Theorie.[19]

Die Forschung zur Autobiographie hat jedoch in den letzten Jahrzehnten neue Impulse durch das Konzept der Autofiktion erhalten.[20] Ausgehend von der Einsicht in den konstruktiven Charakter autobiographischer Texte (das Ich wird nicht abgebildet, sondern entworfen) wird die strenge Opposition zwischen Autobiographie und autobiographischer Fiktion aufgehoben. Der Begriff »Autofiktion« verschränkt entsprechend die autobiographische Erzählung und deren fiktionale Überformung. Vor diesem Hintergrund lässt sich eine Stelle lesen, die im Zusammenhang mit autobiographischen Äußerungen immer wieder aufgerufen wird. Als Paradestelle für autobiographische Deutung führte HIGHET 1974 nämlich Hor. sat. 2,1,30–34 ins Feld, wo der Dichter Horaz seinen Vorgänger Lucilius als Vorbild dafür nennt, autobiographische Erlebnisse seinen Satiren anzuvertrauen:

ille velut fidis arcana sodalibus olim
credebat libris neque, si male cesserat, usquam
decurrens alio neque si bene: quo fit ut omnis
votiva pateat veluti descripta tabella
vita senis. sequor hunc, ...

Jener vertraute einst seine Geheimnisse wie treuen Gefährten seinen Büchern an, weder anderswohin seine Zuflucht suchend, wenn es ihm schlecht, noch, wenn es ihm gut ergangen war; daher kommt es, dass das ganze Leben des Greises wie auf einer Votivtafel aufgezeichnet offen vor uns liegt. Diesem schließe ich mich an.

Horaz kündigt hier ausdrücklich an, sich der Praxis seines Vorgängers anzuschließen (*sequor hunc*). Auch wenn er selbst, worauf Skeptiker der *persona*-Theorie hinweisen,[21] an dieser Stelle bei seinem literarischen Modell keine Trennung zwischen Lucilius als realem Dichter und seiner satirischen

---

[19] Vgl. v. a. HIGHET 1974, 334: »In the ostensibly autobiographical satires of Horace the *persona* theory will not work.«
[20] Eine konzise Herleitung und Bestimmung des Begriffs bietet Martina WAGNER-EGELHAAF: Einleitung: Was ist Auto(r)fiktion?, in: M. WAGNER-EGELHAAF (Hg.): Auto(r)fiktion. Literarische Verfahren der Selbstkonstruktion, Bielefeld 2013, 7–21.
[21] Diesen Punkt hebt MAYER 2003, 73 f., für den es sich ohnehin um eine moderne Unterscheidung handelt, bei seiner Interpretation der Horazstelle hervor, vgl. 74 »Horace regarded what he read in Lucilius' books as the experiences of an historical person«.

persona vornimmt, mithin also Lucilius' Satiren als Ausdruck persönlicher Erfahrungen liest, ist dies noch kein Argument gegen die *persona*-Theorie. Das von Horaz hier skizzierte Vorgehen des Lucilius, das, wie Horaz feststellt, in einer poetischen Vita münde,[22] unterscheidet sich ja nicht prinzipiell von seiner eigenen Methode. Vielmehr begegnen wir auch in seinen autobiographisch anmutenden Gedichten einem literarischen Horaz, d.h. einem Horaz, wie er sich selbst in seinen Gedichten inszeniert. So zeigt GOWERS 2003, wie Horaz im ersten Buch seiner Satiren zwar autobiographische Spuren seiner Persönlichkeit hinterlässt, ohne aber über diese fragmentarischen Splitter hinaus eine chronologische Lebensgeschichte zu präsentieren. Allgemein behandelt KEANE 2002 den Zusammenhang zwischen Autobiographie und Satire; insbesondere analysiert sie anhand der satirischen Dichtung des Horaz, der im Gegensatz zu Juvenal seine Person in den Satiren weitaus häufiger präsentiert und thematisiert, wie autobiographische Elemente bewusst eingesetzt werden, um den satirischen Sprecher zu konstruieren. Diesen von einem Autor geschaffenen, mit eigenen Lebensdaten ausgestatteten Sprecher in den Satiren können wir auch als seine *persona* bezeichnen.

Mit Recht wies aber schon HIGHET 1974 auf einige Schwachstellen in ANDERSONS Begründung der *persona*-Theorie hin. Diese liegen in den subjektiven Werturteilen darüber, welche Vorurteile und Haltungen (wie z.B. die Argumente des Satirikers gegen die Ehe in der sechsten Satire, 330f.) ANDERSON nicht Juvenal selbst, sondern einem von diesem entworfenen Satiriker zuschreiben wollte, vgl. insbes. HIGHET 1974, 337. Darüber hinaus wurden aber auch prinzipielle Zweifel an einer Übertragung der *persona*-Konzeption auf die römischen Satiriker geäußert. Als skeptische Stimmen gegen das *persona*-Konzept in der römischen Satire müssen vor allem CLAY 1998, IDDENG 2000, 2005 und Mayer 2003 gehört werden, welche die Schwächen einer konsequenten Übertragung der *persona*-Theorie auf die römische Satire aufgezeigt haben. Als Haupteinwand wird immer wieder angeführt, dass die antike Vorstellung der literarischen *persona* fundamental verschieden von modernen *persona*-Konzeptionen sei.[23] IDDENG 2005, 204

---

[22] FREUDENBURG 2010, 273–276 macht in seiner Interpretation der Stelle freilich auf die absurde, durch extensives Hyperbaton (*omnis ... vita*, 32–34) betonte Vorstellung aufmerksam, wonach das Leben des Greises zur Gänze auf einem kleinen Täfelchen (Deminutivform) abgebildet werden könne.

[23] Vgl. CLAY 1998, v.a. 18. 28; MAYER 2003, v.a. 55. 57. 79. Eine skeptische Haltung gegenüber einer prinzipiellen Trennung zwischen dem Ich des Sprechers und dem des Autors nimmt auch NAUTA 2002 ein, der allerdings für eine differenziertere und zugleich pragmatische Betrachtung des Ichs in Martials Epigrammen plädiert, s.u. Anm. 51.

weist im besonderen auf das Fehlen antiker Zeugnisse für eine Konzeption der literarischen *persona* als einer dramatischen *persona* hin.[24]

Exkurs: Demokrits Lachen (10,28–53) als Programm?

Beim Vergleich, wie die beiden Weisen Demokrit und Heraklit auf das menschliche Treiben reagieren, bekundet der Satiriker ausdrücklich Verständnis für die spöttische Haltung des Demokrit (10,31): *sed facilis cuivis rigidi censura cachinni* (Doch einem jeden fällt die Rüge durch unerbittliches Gelächter leicht). Vom allgemeingültigen Anspruch her erinnert die Einleitung *facilis cuivis* an 1,30 *difficile est saturam non scribere*. Übereinstimmungen mit der Themenangabe in der Programmsatire 1,85f. *quidquid agunt homines, votum, timor, ira, voluptas, / gaudia, discursus, nostri farrago libelli est*[25] zeigen auch zwei Äußerungen über Demokrits Reaktion auf das Streben der Menschen nach Macht und Reichtum: 10,47f. *tum quoque materiam risus invenit ad omnis / occursus hominum* (Auch damals schon fand er Stoff zum Lachen bei jeder Begegnung mit Menschen) und 51 *ridebat curas nec non et gaudia volgi* (Er pflegte die Sorgen und nicht weniger die Freuden des Volkes zu verlachen). Die spöttische Haltung des lachenden Demokrit[26] wurde häufig als programmatisch nicht nur für die zehnte Satire, sondern für die folgenden Satiren überhaupt angesehen. Die Idee eines Wechsels der satirischen Haltung geht auf ANDERSON zurück. In »Anger in Juvenal and Seneca«[27] konstruierte er eine Entwicklungslinie im Ablauf der Satiren, wonach ein neuer satirischer Sprecher in der zehnten Satire eingeführt werde, der sich gegen die *indignatio* der früheren Satiren richte. Der lachende Demokrit, d. h. Demokrits Porträt, das ANDERSON aus Senecas *De ira* und *De tranquillitate animi* gewonnen hatte, sei das Modell für die Haltung des Satirikers in den folgenden Satiren.[28]

Allerdings handelt es sich bei Demokrits Lachen nicht um ein abgeklärtes Lachen; vielmehr wird seine Haltung als *rigidi censura cachinni* (31) cha-

---

[24] »It seems ... that a theory alleging that the *I*-poet should be treated as some dramatic *persona* constantly detached from the author cannot be sustained from the ancient evidence.« Äußerst skeptisch bewertet KISSEL 2014, 162–180 in seinem Forschungsbericht Arbeiten, die sich mit Theorie und praktischer Anwendung des *persona*-Konzepts beschäftigen. KISSEL, der aus seiner Ablehnung der *persona*-Theorie keinen Hehl macht, geht 169f. auf zentrale Einwände ein, die bisher in der einschlägigen Forschungsdiskussion noch zu wenig beachtet worden seien.

[25] Hierzu s. u. 53f.

[26] Zum lachenden Demokrit des Horaz, insbes. epist. 2,1,194–201, als Juvenals vorrangigem Bezugspunkt s. WULFRAM 2011.

[27] S. o. Anm. 5, hier III »Juvenal's Democritean Satirist« (= ANDERSON 1982, 340–361).

[28] Vgl. ANDERSON 1982, 344: »This Democritus of Seneca is the prototype of the satirist in the later poems of Juvenal, namely Satires 10 through 16.«

rakterisiert.[29] Vom Wortlaut her ist dieser Ausdruck mit 11,90–92 zu vergleichen: *cum... rigidi... severos censoris mores etiam collega timeret,...* (als sogar der Kollege die strengen Sitten des unerbittlichen Zensors zu fürchten hatte). Der Satiriker skizziert hier das Bild der guten alten Zeit als Gegenmodell zum dekadenten Luxus seiner Zeitgenossen. Damit wird Demokrits spöttisches Gelächter in die Nähe des vom Satiriker in der elften Satire ebenfalls mit Zustimmung bedachten strengen Vorgehens eines Zensors gerückt. Das satirische Potential, das durchaus im Ausdruck *rigidi censura cachinni* zur Geltung kommt, impliziert freilich nicht, dass Demokrits spöttische Haltung die neue, für die folgenden Satiren verbindliche Ausrichtung ist, wodurch die frühere Haltung der *indignatio* nicht nur abgelöst, sondern sogar verneint werde. Die unterschiedlichen Haltungen des Satirikers wie indignierte Kritik und spöttisches Verlachen sollten daher nicht in Frontstellung zueinander gebracht werden; vielmehr können sie je nach Kontext über alle Satiren verteilt zum Einsatz kommen.[30]

Dass sich die Tonlage des satirischen Sprechers von Satire zu Satire ändern kann, ist unbestritten. Aus zwei Gründen ist aber gegen die immer wieder vertretene These einer linear verlaufenden Entwicklung der *persona(e)* von einem zornig-empörten zu einem abgeklärt-distanzierten Sprecher Skepsis angebracht. Zum einen erinnert diese Konstruktion an die längst überwundene Annäherung über »Leben und Werk«,[31] nur dass der Ansatz, es lasse sich im Verlauf eines Werkes eine Entwicklung des Dichters ana-

---

[29] Gegen ANDERSONS These legt GNILKA 2001 (ursprünglich 1990), 261 dar, warum Juvenals Demokrit von Senecas Demokrit verschieden ist: »Der lachende Philosoph ist er zwar hier wie dort, aber sein Lachen ist nicht dasselbe: hier ist es ein zensorisches, dort ein nachsichtiges. In Juvenals Demokrit ersteht uns ein strenger Sittenrichter, hartes Gelächter läßt er hören (10,31), er schüttelt sich ständig vor Lachen (10,33): und dies ist die Haltung, die der Satiriker empfiehlt. In Senecas Demokrit haben wir einen heiteren Mann vor uns, ausgezeichnet durch Milde gegenüber den Torheiten der Menschen: *omnia ista tam propitius aspiciet quam aegros suos medicus* (Sen. de ira 2,10,7).« Zur Präzisierung von Demokrits Lachen vgl. auch CAMPANA 2004, 13–37: »Differenze e continuità: il cosiddetto Giovenale democriteo«; auch CAMPANA sieht die zehnte Satire nicht als programmatische Absage an die Haltung der *indignatio*; vielmehr plädiert er für eine »continuità stilistica di fondo« (37) zwischen den früheren Satiren und denen des vierten und fünften Buches. Zur programmatischen Bedeutung der Demokritfigur s. auch PLAZA 2006, 32–37, zum Ausdruck *rigidi censura cachinni* insbes. 36.
[30] Vgl. auch GNILKA 2001, 262: »Juvenal hat sich einen Demokrit nach seinem Geschmack geschaffen, und dieser Demokrit ist die programmatische Gestalt seiner Satiren, auch und gerade der ersten Satiren, nicht der Demokrit Senecas«.
[31] Zu vergleichen ist das literaturgeschichtliche Narrativ vom resignierten und zufriedenen Juvenal im höheren Alter, s. etwa FRIEDLAENDER 1895, 35 f., hier v. a. 36: »Seit die Zeit der ehrgeizigen Wünsche und Hoffnungen hinter ihm lag und er sich resignirt und zur Ruhe gesetzt hatte, schwand allmählich die Erbitterung und Unzufriedenheit aus seiner Seele, und eine leidenschaftslose Betrachtung der menschlichen Dinge trat an ihre Stelle.« Vgl. auch COURTNEY 1980, 9 zu Buch 4. Zustimmend referiert KISSEL die wiederum ganz einer biographischen Lesart verpflichtete Erklärung, dass der Wechsel von *indignatio* zu größerer Distanz in den

lysieren, nun auf eine literarische *persona* übertragen wird.[32] Zum anderen lassen sich zahlreiche Beispiele gegen die mit der Entwicklungsidee häufig verbundene These anführen, dass die gemäßigtere Haltung in den späteren Satiren zugleich eine implizite Kritik bzw. Korrektur des zornigen, empörten Sprechers in den ersten beiden Büchern bedeute. So gibt der Sprecher, der sich in der ersten Satire als empörter Kritiker präsentierte, diese Rolle bereits in der dritten Satire an eine andere Figur ab; er selbst hält sich zurück, nicht ohne den blinden Eifer des Rom verlassenden Umbricius ironisch zu kommentieren.[33] In der 15. Satire z.B. begegnet dann wiederum die empörte Stimme des Satirikers, der seinen Bericht über einen abscheulichen Fall von Kannibalismus, der sich jüngst in Ägypten ereignet habe, mit empörten und tadelnden Reflexionen begleitet.[34]

1.3 Der *persona*-Begriff

Zum besseren Verständnis des in der Literaturgeschichte und insbesondere in der Satireforschung mittlerweile etablierten *persona*-Begriffs ist es zunächst hilfreich, die verschiedenen Bedeutungen, wie der polyvalente Begriff gebraucht wird, zu unterscheiden,[35] auch wenn es bei der Verwendung zu Überlappungen kommen kann. Zunächst lassen sich vor allem zwei Bedeutungen unterscheiden: *persona* als dramatische Rolle und *persona* als soziale Rolle. Ausgehend von der Bedeutung »Maske« im übertragenen Sinne von Rolle wird *persona* für die Figuren in einem dramatischen Werk verwendet (*dramatis personae*). In Anlehnung an diese Praxis können dann einzelne, nicht weiter namentlich gekennzeichnete Sprecher in den Satiren als *personae* bezeichnet werden. Bei dieser Verwendung des dem Drama entlehnten Begriffs sollte aber beachtet werden, dass nochmals zwischen der *persona* des Satirikers und anderen auftretenden Figuren differenziert werden muss. Nach Art von Bühnenfiguren werden nämlich in Juvenals Sati-

---

späteren Satiren »nicht zuletzt unter dem Eindruck einer materiellen Absicherung (vgl. sat. 11) erfolgt sein« könnte (KISSEL 2014, 128 zu LINDO 1974).

[32] PLAZA 2006, 353 operiert denn auch mit dieser Idee, vgl. »The persona may, after all, be changed from book to book in order to simulate the development of a real human mind«; allerdings hinterfragt sie kritisch, ob die gemäßigtere *persona* notwendigerweise die indignierte Haltung der früheren Satiren kritisiere: »Why should the later persona be the standard by which the earlier one should be corrected?« Stattdessen rückt sie den Umschwung zu einem zornigen Sprecher in den Satiren 15 und 16 in Fokus.

[33] Vgl. SCHMITZ 2000, 62–64 zum ambivalenten Lob des Satirikers.

[34] Auch KEANE 2010, 116, welche die Variationen der Tonart innerhalb der fünf Satirenbücher neu untersucht, weist auf die Rückkehr zur *indignatio* im 5. Buch hin.

[35] Systematisch verfolgt FUHRMANN 1979 die metaphorische Entwicklung des lateinischen Wortes *persona* zum römischen Rollenbegriff; zur Bedeutungsvielfalt vgl. Uwe DUBIELZIG: ThLL X 1715–1729 s.v. *persona*.

ren namentlich benannte Figuren wie etwa Laronia (Satire 2), Umbricius (Satire 3), Crispinus (Satire 4) oder Naevolus (Satire 9) eingeführt. Hiervon muss der in den Satiren durchgängig anwesende Sprecher getrennt werden, etwa die misogame und misogyne *persona*, d. h. Stimme in Juvenals sechster Satire.[36]

Auch die zweite Bedeutung nimmt ihren Ausgang vom Bild der Maske im Sinne von Rolle, woraus sich die Bedeutung der sozialen und familiären Rolle entwickelt hat,[37] die jemand im öffentlichen und privaten Leben spielt, also etwa die Rolle des Klienten, Patrons, Ehemanns etc. Entsprechend kann *persona* dann auch die Rolle(n) bezeichnen, welche die Figur des Satirikers in seinen Satiren einnimmt. Juvenal bildet nun die Rolle des zornigen Satirikers besonders prägend in seinem Eröffnungsgedicht aus. Wie ein guter Schauspieler verfügt er aber auf seiner satirischen Bühne darüber hinaus über ein breites Repertoire. So nimmt die satirische *persona* wechselnde Rollen ein: neben der Rolle eines misogynen, homophoben und xenophoben Zeitgenossen etwa auch die eines Gastgebers, Freundes.[38] Über die persönliche Identität des Autors sagen diese vom Sprecher je nach Perspektive gewählten Rollen wenig aus, ebenso wie soziale oder familiäre Rollen immer nur bestimmte Aspekte des Trägers betonen.

Allein aus der Überlegung, dass jeder Mensch gleichzeitig Träger mehrerer, verschiedener Rollen sein kann, geht schon hervor, dass die bildliche Vorstellung einer Maske nicht allzu wörtlich zu nehmen ist.[39] Der ursprünglich der theatralischen Sphäre entnommene Begriff *persona* im Sinne von Rolle oder Figur in einem literarischen Werk ist ein passend gewählter Ausdruck, da er im römischen Verständnis die Funktion oder Rolle (sowohl im Theater als auch im Leben) bezeichnet. Die von BRAUND z. B. 1996b und anderen vorgeschlagene Parallelisierung mit einem für ein Drama konzipierten Charakter ist insofern eine hilfreiche Vorstellung, als auf diese Weise eine einfache Identifizierung des Ich-Sprechers mit dem Verfasser der Satiren verhindert wird.[40] Die oft mit der Konzeption einer dramatischen *persona* ver-

---

[36] Zu den verschiedenen Bezeichnungen für die Sprecherinstanz wie »Stimme« s. weiter u. 22 f.

[37] Zur theatralischen Rollenmetaphorik vgl. etwa das Statement zu Person und Rolle von Hans Robert JAUSS: Soziologischer und ästhetischer Rollenbegriff, in: Odo MARQUARD/Karlheinz STIERLE (Hgg.): Identität (Poetik und Hermeneutik 8), München 1979, 599–607.

[38] Hierzu s. u. 25–30.

[39] Dies ist auch FUHRMANNS Darlegung der panaitisch-ciceronischen Rollentheorie zu entnehmen, wonach Masken (im Sinne von Rollen) gleichzeitig getragen werden, vgl. FUHRMANN 1979, 99.

[40] Für die Konzeption der literarischen *persona* als eines Charakters, der in Analogie zur dramatischen Rolle vom Autor prinzipiell verschieden ist, gibt es freilich keine antiken Zeugnisse, woraufhin die Gegner der *persona*-Theorie insistieren; vgl. vor allem MAYER 2003 und IDDENG 2005; s. o. 16 f. (mit Anm. 23).

bundene Ansicht, dass auch die satirische *persona* eine Maske[41] anlege, ist jedoch irreführend, impliziert dieses Bild doch eine Täuschung, so als ob sich hinter der Maskerade das wahre Gesicht verberge. Hinter der Maske ist jedoch nicht der historische Verfasser verborgen, sondern zunächst nur der Satiriker, dessen Rollen der Schöpfer freilich auch mit eigenen Zügen ausstatten kann.

Um zu veranschaulichen, dass die von den einzelnen *personae* in den Satiren gegebenen persönlichen Äußerungen nicht als unmittelbare Bekenntnisse des Autors gewertet werden dürfen, zieht BRAUND fiktionale Charaktere in bestimmten Gattungen zum Vergleich heran.[42] Die Analogie zwischen der *persona* in den Satiren und Figuren im Drama oder Epos stößt aber an Grenzen. Während nämlich eine mit Namen identifizierbare *dramatis persona* in einem Drama für die Rezipienten konstant mit einer bestimmten Figur verbunden bleibt, kann die literarische *persona*, jedenfalls die anonyme *persona* in Juvenals Satiren, je nach Kontext unvermittelt von einer Rolle in die andere wechseln (wie ich weiter unten ausführen werde, 27–30).

Vor diesem Hintergrund empfiehlt es sich also, bei der Lektüre der einzelnen Satiren im Auge zu behalten, dass der *persona*-Begriff in zwei unterschiedlichen Bedeutungen verwendet werden kann: zum einen für den vom Autor geschaffenen Sprecher, der sich in seinem Werk als Satirendichter inszeniert und oft auch nur als Stimme präsent ist, zum anderen für die vom Autor konstruierten Rollen, mit denen wechselnde Perspektiven wie etwa die eines Klienten, Frauenhassers, Gastgebers etc. eingenommen werden können. Eine allzu scharfe Trennlinie zwischen den Ich-Aussagen des Satirikers, die sich auf seine satirische Produktion beziehen, und dem Rollen-Ich, das auch einseitige, etwa misogyne oder xenophobe Positionen vertreten kann, ist freilich nicht immer zu ziehen.

---

[41] Kritisch gegenüber dem Konzept von *persona* als Maske äußert sich auch KEANE 2006, 9, die dafür plädiert, in Analogie zu anderen poetischen Gattungen auch die Figur des Satirikers wie vor allem das lyrische Ich als konstruierte Rolle zu verstehen. Ebenso übt ROSEN 2007, 220–222 berechtigte Kritik an der *persona*-Theorie, insbesondere an der für die nicht-dramatische Satire unpassenden Metapher der im Drama beheimateten Schauspielermaske. Mittlerweile äußert sich auch FREUDENBURG 2010 im Zusammenhang seiner Revision der *persona*-Theorie in den Horazsatiren skeptisch gegenüber der Vorstellung der *persona* als Maske, vgl. insbes. 284: »If the satirist or singer ceases to express himself through artifice, he does not cease to be artificial, he ceases to satirize or sing.«

[42] Vgl. etwa BRAUND 1996a, 2: »Authors in all genres of Roman literature, including Roman verse satire, were accustomed to creating characters. In some genres this is more obvious than in others, for example in drama and in epic, where these characters are given names. But in the personal genres of poetry – love elegy, lyric poetry, epigram and satire – the character (or *persona*, ›mask‹) is frequently presented as a first-person voice.«

1.4 Verschiedene Bezeichnungen für die Sprecherinstanz (*persona*, Stimme, Satiriker, Sprecher)

Für die in Juvenals Satiren begegnende erste Person (satirisches Ich/Wir) oder – abstrakter – Sprecherinstanz bieten sich verschiedene Bezeichnungen an: *persona*, Stimme, Satiriker, (satirischer) Sprecher. Bei der Frage »Wer spricht?« lässt sich in einigen Satiren das Konzept der Stimme(n) anwenden, welches als Analysekategorie in fiktionalen Erzähltexten eingesetzt wird.[43] Es eignet sich aber auch für satirische Kontexte, in denen verschiedene, sich gegenseitig überlagernde, auch miteinander konkurrierende Perspektiven wahrnehmbar sind. Während bei den Begriffen »Sprecher« oder *persona* immer auch Konstruktionen der Identität eines Sprechers in Menschengestalt naheliegen, suggeriert »Stimme« eine neutralere textimmanente Sprecherinstanz. Entsprechend kann ein »Wir« im satirischen Text als kollektive Stimme verstanden werden, die eine allgemeingültige Meinung repräsentiert oder die auch nur vorgibt, die Ansicht oder das Urteil einer Mehrheit zu artikulieren.

Von einer im Text vernehmbaren Stimme lässt sich ein Sprecher abgrenzen. Mit »Sprecher« bezeichne ich eine in einem bestimmten Gesamtrahmen inszenierte Figur. Im Gegensatz zu einer nicht näher lokalisierbaren, körperlosen Stimme wird das Auftreten des satirischen Sprechers deutlich markiert. So wird in der ersten Satire, der Programmsatire, ein empörter Satiriker als Sprecher in Szene gesetzt, indem sein Standort genau bezeichnet wird (*medio ... quadrivio*, mitten auf dem Kreuzweg, 1,63f., d.h. an der belebtesten Stelle in Rom). Ein leibhaftiges Auftreten eines Sprechers wird zwar auch in der dritten Satire suggeriert, in der das satirische Ich in den Rahmenpartien in Erscheinung tritt, ansonsten aber einem anderen Sprecher, nämlich Umbricius, das Feld überlässt, oder in der neunten Satire, in der es sich im Dialog mit Naevolus zeigt. Gleichwohl entsteht in diesen Fällen, anders als in der 11., in der sich der Sprecher als Gastgeber,[44] und in der 12. Satire, in der er sich als Freund inszeniert,[45] der Eindruck, dass der Satiriker sich nur schemenhaft als Figur präsentiert.

Das dialogische Potential ist im Gegensatz zu Satiren des Horaz in Juvenals Satiren insgesamt weniger stark ausgebildet, was vor allem damit zusammenhängt, dass diatribische Partien die empörte Haltung des Sprechers

---

[43] Zur narratologischen Kategorie der Stimme, insbes. zu den metaphorischen Implikationen des Stimmenbegriffs in all seiner Komplexität, vgl. Andreas BLÖDORN/Daniela LANGER/Michael SCHEFFEL (Hgg.): Stimme(n) im Text. Narratologische Positionsbestimmungen (Narratologia 10), Berlin; New York 2006.
[44] Hierzu s.u. 132, Anm. 186.
[45] Hierzu s.u. 138, Anm. 205.

unmittelbarer widerzuspiegeln vermögen.[46] Selbst in der dritten Satire, in der die Sprechsituation am Anfang entfaltet und in eine Szenerie eingebettet wird, liefert Umbricius, nachdem er einmal das Wort ergriffen hat, eine ununterbrochene Hasstirade, in der er seinen direkten Gesprächspartner vorübergehend aus dem Blick zu verlieren scheint. Anzeichen hierfür ist seine Apostrophierung nicht anwesender Personen über den Kopf des anwesenden satirischen Ichs hinweg; so wendet er sich allgemein an römische Mitbürger (*Quirites*, 3,60) oder in direkter Du-Anrede an einen unbestimmten armen Römer, der repräsentativ für die benachteiligten Bewohner eines vom Einsturz bedrohten Mietshauses steht (*tu nescis*, 3,200).[47] Eine Abstufung gegenüber diesem immerhin noch angedeuteten Dialog liegt etwa in der fünften Satire vor, in der Trebius, das Objekt satirischer Kritik, zwar gleich im ersten Vers angesprochen wird, ohne jedoch, abgesehen von einem à part gesprochenen sarkastisch-verzweifelten Monolog (5,76–79) und einer den sozial niedrigstehenden Klienten kollektiv in den Mund gelegten Äußerung (166b–168a), selbst direkt zu Wort zu kommen.

Die Rolle des satirischen Sprechers kann auch an andere, namentlich bezeichnete Figuren übergehen. Das deutlichste Beispiel liefert wiederum Juvenals dritte Satire, in der Umbricius zeitweilig den Part eines empörten Sprechers übernimmt, indem er eine lange Tirade gegen das für ihn und seinesgleichen gefährliche Hauptstadtleben von sich gibt. In der zweiten Satire tritt eine von den Moralpredigern attackierte Ehebrecherin (Laronia) in die Position des Satirikers, um das heuchlerische Treiben einiger selbsternannter Tugendhelden aufzudecken (2,36–63). Jeweils wird deutlich markiert, wenn andere Figuren die satirische Rolle übernehmen, vgl. 3,21 *hic tunc Umbricius ... inquit* (An diesem Punkt sagte dann Umbricius). Laronia wird sogar ganz im Modus eines empörten Kritikers[48] eingeführt (2,36): *non tulit ex illis torvum Laronia quendam* (Nicht mehr länger ertrug Laronia einen dieser sittenstreng auftretenden Heuchler).

---

[46] Dass lange Tiraden die Ausbildung dialogischer Partien verhindern, beobachtet auch MCCARTHY 2010, 439: »Juvenal's poetry features long tirades voiced by a speaker who is virtually an embodiment of indignation; although he makes frequent use of other voices as brief interjections and, in one case (*Satire* 3) as a central speaker, there is very little scene-setting and very clear characterization of the main speaker.«

[47] COURTNEY 1980 verweist zu 2,61 auf weitere Stellen zur unbestimmten zweiten Person; in dieser Weise begegnet auch die unbestimmte erste Person (*ego* im Sinne von »unsereiner«) in Juvenals Satire (z.B. 3,289): *si rixa est, ubi tu pulsas, vapulo ego tantum*; hierzu vgl. H. C. NUTTING: The Indefinite First Singular, AJPh 45, 1924, 377f. mit der entsprechenden Übersetzung: »if brawl it is, where one party does the beating, and the other suffers all the blows.«

[48] Zum Motiv und Vokabular der Unerträglichkeit als typisches Merkmal satirischen Sprechens vgl. SCHMITZ 2000, 62.

1.5 Das komplexe Ich in Juvenals Satiren

Schon im ersten Vers des Eröffnungsgedichtes meldet sich ein Ich ungeduldig zu Wort: *Semper ego auditor tantum?* (Immer soll ich nur Zuhörer sein?).[49] Ebenso tritt ein Sprecher zu Beginn anderer Satiren,[50] aber auch in den Satiren selbst in der ersten Person in Erscheinung. Das textimmanente Ich erscheint in vielschichtiger Gestalt: als satirischer Dichter, als empörter Kritiker von in seinen Augen unerträglichen Missständen und Verhaltensweisen, als homophober und misogyner Zeitgenosse, als Intellektueller, als Dialogpartner, als Gastgeber usw. Die Komplexität der Ich-Aussagen lässt sich also entfalten, wenn man die wechselnden Rollen des Ich-Sprechers in unterschiedlichen Kontexten näher bestimmt. So lässt sich das Ich des Satirikers als Dichter von anderen in den Satiren »Ich« sagenden Sprechern abgrenzen. Ob und wie sich dieses Ich des satirischen Dichters auf das außertextliche Ich des realen Autors Juvenal bezieht, kann nicht bestimmt werden und ist auf rezeptionsästhetischer Ebene letztendlich irrelevant. Insbesondere in seiner ersten Satire konstruiert Juvenal eine textimmanente *persona*, die sich als satirischer Dichter programmatisch etabliert. In anderen Satiren präsentiert sich die Sprecher-Stimme wiederum in anderen Rollen. Eine lineare Lektüre fördert die Neigung, den in der ersten Person auftretenden Sprecher selbst dann mit dem Satirendichter zu identifizieren, wenn im Verlauf der einzelnen Satiren nicht-konsistente Äußerungen entstehen. Daher ist es für eine genaue Bewertung des Sprechers unerlässlich, das satirische Ich nach Funktion und Kontext differenziert zu betrachten.

Ganz analog zum elegischen und vor allem epigrammatischen Ich[51] lässt sich das satirische Sprechen in der Ich-Form als Rollenspiel verschiedener *personae* begreifen. Deutlich können nämlich unterschiedliche Funktionen des satirischen Ichs benannt und voneinander abgegrenzt werden. Dies soll im folgenden unter zwei Aspekten erfolgen: zunächst lege ich die Selbstinszenierung des Satirikers als Dichter dar, bevor ich die wechselnden Rollen des satirischen Ichs skizziere. Abschließend schlage ich eine *per-*

---

[49] Zu den Anfangsversen s. u. 69.
[50] Vgl. *laudo* 3,2; *est mihi saepe vocandus / ad partes* 4,1 f. (s. u. 28); *credo* 6,1; *Scire velim quare totiens mihi, Naevole, tristis / occurras* 9,1 f. (Wissen möchte ich, warum du mir, Naevolus, so oft verdrießlich entgegenkommst).
[51] Auch in Martials Epigrammen lassen sich die zahlreichen Ich-Aussagen differenzieren. So entwickelt NAUTA 2002 – ausgehend vom Grundsatz (48): »The idea that the speaker of a poem is *always* fictional is a modernist doctrine« – Kriterien, um zwischen realem und fiktionalem Ich in den Epigrammen unterscheiden zu können. Hierzu gehören die Frage nach dem Verhältnis des epigrammatischen Ichs zum Status der jeweiligen Adressaten und die Überlegung, wieweit die Selbstdarstellung des Ich-Sprechers mit autobiographischen Äußerungen des als real eingestuften Ichs in anderen Epigrammen übereinstimmt, vgl. NAUTA 2002, 48–58 und BECKER 2008, 282–293.

sona-Konzeption vor, die sich jenseits der extremen Positionen befindet, die durch HIGHET (biographistische Methode) und BRAUND (dramatische *persona*) repräsentiert werden: ein satirisches Rollen-Ich, das auch autobiographische Momente enthalten kann.

1.5.1 Das Ich des Satirikers als empörter Dichter

Innerhalb der vielen Charaktere, *personae*, die Juvenal in seinen Satiren auftreten lässt, nimmt eine *persona*, eine Stimme bzw. Rolle eine Sonderstellung ein, nämlich die des Dichters, der über sein poetisches Projekt, über Vorgänger im selben Genre, über die Abgrenzung seiner Dichtung gegenüber anderen Gattungen, über die Rolle des Satirikers in der Gesellschaft etc. reflektiert. Natürlich kann man auch beim Satiriker als Dichter sagen, dass es sich um eine vom Autor entworfene Figur handelt. Auf textimmanenter Ebene können wir aber vom Dichter der uns vorliegenden Satiren sprechen. Äußerungen in Ich-Form, die sich auf das von seiner Entrüstung (*indignatio*) diktierte Schreiben von Satiren beziehen,[52] konstituieren eine Satirikerpersönlichkeit in Juvenals Satiren. Diese Unterscheidung zwischen der *persona* des Dichters und dem satirischen Ich, einer *persona*, die in verschiedene Rollen schlüpfen kann, verhindert von vornherein eine Identifizierung des (nach wie vor textimmanenten) Satirendichters mit den wechselnden Rollen eines satirischen oder auch repräsentativen Ichs.

Während Anspielungen auf außertextliche Lebensumstände des satirischen Ichs in nur wenigen Partien aufscheinen, entwirft der Satiriker innerhalb seines Werkes ein Spektrum von Sprechern, die in der ersten Person auftreten, besonders autoritativ etabliert er sich aber als Verfasser von Satiren. Diese Selbstinszenierung des Dichters vollzieht sich performativ in der ersten Satire, die mit Recht als programmatisch bezeichnet wird. Wie in einer Theateraufführung eröffnet die erste Satire als Eingangsprolog die Reihe der nachfolgenden Satiren. Ein Ich präsentiert sich hier als jemand, der die üblichen Ausbildungsphasen absolviert habe (1,15–17a)[53] und mithin also die Voraussetzungen zur eigenen Produktion von Dichtung besitze. Mit seiner Selbstinszenierung als gequälter Zuhörer nicht enden wollender Rezitationen tritt ein Ich auf, das sich von der gegenwärtigen Massenproduk-

---

[52] Zu 1,79 f. s. u. 75 f.
[53] KEANE 2010 lenkt unsere Aufmerksamkeit auf den Passus in der ersten Satire, in dem sich der satirische Sprecher auf seine Elementar- und rhetorische Ausbildung beruft (1,15–17a): *et nos ergo manum ferulae subduximus, et nos / consilium dedimus Sullae, privatus ut altum / dormiret* (Nun denn, auch ich habe meine Hand unterm Rohrstock weggezogen, auch ich habe Sulla ⟨in einer Übungsrede⟩ den Rat erteilt, als Privatmann tief zu schlafen, ⟨d. h. sich aus der Politik zurückzuziehen⟩). KEANE 2002, 225–230 interpretiert diese Passage vor dem Hintergrund poetischer Autobiographien seiner Vorgänger in der Verssatire.

tion seiner Dichterkollegen und ihren abgenutzten Stoffen distanziert und die eigene Wahl der satirischen Dichtungsart damit begründet, dass sich ihm die Sujets für seine Satiren von selbst aufdrängten. Die gleich zu Beginn der ersten Satire gegebene Begründung (1,30b–32) *nam quis iniquae / tam patiens urbis, tam ferreus, ut teneat se, / ... cum ...* (Denn wer ist so tolerant gegenüber Roms Ungerechtigkeiten, wer so eisern, dass er sich zurückhalten könnte, wenn ...) suggeriert, dass das Wahrnehmen der gegenwärtigen korrupten Sitten und Absurditäten zwangsläufig zum Verfassen von Satiren führe. Diese Gleichsetzung von Empörung und daraus erwachsender Dichtung erweckt den Eindruck des Unmittelbaren, als ob die Empörung geradezu automatisch eine literarische Satire hervorbrächte (*difficile est saturam non scribere*, 1,30 und *facit indignatio versum*, 1,79). Die Rezipienten müssen bei dieser Illusion des unmittelbar betroffenen Satirikers freilich ausblenden, dass zwischen Empörung und Präsentation dieser Emotion in Form der Verssatire noch der Schritt des poetischen Schaffensprozesses liegt. In Wirklichkeit handelt es sich also nicht um eine unmittelbare, sondern um eine inszenierte Empörung. Mit dem Ende des Dialogs zwischen dem Satirendichter und einem fiktiven Gesprächspartner (vgl. 1,150 *dices hic forsitan*) über die Gefahren namentlicher Schmähung von Übeltätern liegt zugleich die erste Satire vor und die Rezipienten haben das Produkt seines Dichtens, eben die Satiren, unmittelbar vor Augen, können also beurteilen, ob er seinen Anspruch, realitätsnäher als die Dichterkollegen zu sein, erfüllt hat.[54]

Juvenal entwirft also in der ersten Satire die Rolle des empörten Satirikers, der beim Anblick der gegenwärtigen Laster und Ungereimtheiten nicht anders kann, als Satiren zu schreiben. Ganz analog zur vorgeblichen Maxime, dass ein Liebeselegiker zugleich auch notwendigerweise ein Liebender sein müsse, die der Dichter Ovid spielerisch als Auftakt seiner Liebesdichtung aufruft,[55] präsentiert Juvenal seinen Satiriker als empörten Zeitgenossen, dem satirewürdige Themen nur so zuzufliegen scheinen, so dass der Eindruck entsteht, der Satiriker befinde sich in der konstanten Pose dessen, der sich über ihm begegnende Schurken, Laster und Ungereimtheiten aufrege und diese Aufregung sogleich in Verse gieße. Während der Liebesdichter Ovid seine Initiation als *amator* und *poeta* im Eröffnungsgedicht der *Amores* entfaltet, indem er die Worte des Liebesgottes, der ihn mit einem Liebes-

---

[54] Auch an anderen Stellen der Satiren tritt dieses Dichter-Ich vereinzelt in Erscheinung, um sich selbstreflexiv zur eigenen Satirenproduktion zu äußern, z.B. 6,634f. *fingimus haec altum satura sumente coturnum / scilicet* (s.u. 66–68).

[55] Vgl. Ov. am. 1,1,19 *nec mihi materia est numeris levioribus apta* (mir fehlt ein Gegenstand, der für die leichtfüßigeren Rhythmen geeignet ist); bei der *materia* handelt es sich, wie im nächsten Vers ausgeführt wird, konkret um einen *puer* oder eine *puella*.

pfeil getroffen habe, zitiert,[56] tritt uns der Satiriker bereits im ersten Vers als empörter Dichter entgegen, der seinem lange zurückgehaltenen Unmut nun endlich Ausdruck verleiht (1,1f.): *Semper ego auditor tantum? numquamne reponam / vexatus totiens* ... Er setzt sich von Anfang an in der Pose des empörten Satirikers in Szene, fällt gewissermaßen mit der Tür ins Haus, ohne dass eine Entwicklung gezeigt wird.

Charakteristischerweise ist es gerade wiederum Ovid, der in einem anderen, apologetischen Kontext abstreitet, dass der Dichter das empfinden oder erlebt haben müsse, was er darstelle, und der diese biographische Lesart von Literatur sogar *ad absurdum* führt (Ov. trist. 2,359f.): *Accius esset atrox, conviva Terentius esset, / essent pugnaces qui fera bella canunt* (Accius wäre grausam, Terenz ein ständiger Tischgenosse, kriegerisch wären diejenigen, die wilde Kämpfe besingen). Juvenal aber präsentiert seinen Satiriker in der Doppelrolle des empörten Satirikers und Satirendichters, bei dem Empörung und Dichtung eine untrennbare Einheit bilden.

1.5.2 Wechselnde Rollen des satirischen Ichs

Mit seiner Programmsatire hat sich die literarische Dichterfigur Juvenal etabliert. Dies ist aber nicht die einzige Rolle, die das satirische Ich einnimmt. Vielmehr präsentiert es sich, je nach Sprechsituation, in sehr unterschiedlichen Rollen, wobei jeweils die Perspektive gewählt wird, aus der heraus ein Thema möglichst effektiv dargestellt werden kann. So schlüpft das Ich, um die Auswüchse des gegenwärtigen Klientelwesens zu beschreiben, zeitweise in die Rolle eines gewöhnlichen römischen Klienten, der sich durch die neu hinzugekommene Gruppe der *Troiúgenae* im Kampf um die ohnehin nur geizig gewährte *sportula*[57] benachteiligt fühlt. In der Szene einer Entlohnung wird die Konkurrenzsituation innerhalb der Klienten so eingeleitet (1,99b–101a): *iubet a praecone vocari / ipsos Troiugenas, nam vexant limen et ipsi / nobiscum.* (Er ⟨der reiche Patron⟩ lässt selbst vornehme Römer, die ihr Geschlecht aus Troja herleiten, vom Herold herbeirufen, da auch sie mit unsereinem die Schwelle bedrängen). Die Möglichkeit, mit den zurückgedrängten Klienten gemeinsam einen von empörter Betroffenheit gekennzeichneten Blick auf die Situation zu werfen, dürfte hier der Grund für die

---

[56] Ov. am. 1,1,24 ›quod‹que ›canas, vates, accipe‹ dixit ›opus‹ (»Empfange hiermit für dein Werk das Thema, das du besingen sollst, Dichter«, sagte er). Zur Metamorphose des vorgeblich episch ambitionierten Dichters in einen Liebeselegiker vgl. etwa Katharina VOLK: Ovid. Dichter des Exils. Aus dem Englischen von Dieter PRANKEL, Darmstadt 2012, 52f. 61.

[57] *sportula* bezeichnet das »Körbchen«, das für die Klienten als Entlohnung für ihre Dienste Speisen oder Geldgeschenke als Ersatz für eine Einladung zur Mahlzeit enthielt. Grundlegend zu *sportulae*, insbes. zu ihrer Verteilung: VÖSSING 2010; GOLDBECK 2010, 174f.; GANTER 2015, 213–218.

Wahl der ersten Person Plural sein.[58] Perspektivierungen dieser Art begegnen auch in anderen Satiren. So stellt das satirische Ich in der Rolle eines Gastgebers (11. Satire, vgl. 11,60f.) die eigene frugale Lebensführung den luxuriösen Mahlzeiten seiner Zeitgenossen entgegen.

Eine weitere Funktion der Wir-Form betrifft die Leserperspektive, wird doch der zeitgenössische Leser durch *nos* (»unsereins«) in den Standpunkt des Sprechers mit einbezogen. Auch für diese satirische Strategie sei ein Beispiel aus der ersten Satire zitiert (1,158f.): *qui dedit ergo tribus patruis aconita, vehatur / pensilibus plumis atque illinc despiciat nos?* (Also soll derjenige, der dreien seiner Onkel Gift gegeben hat, auf den schwebenden Federkissen seiner Sänfte vorbeigetragen werden und von dort verächtlich auf uns herabblicken?).[59] Von diesem kollektiven Wir erfolgt im Finale der ersten Satire wiederum der Wechsel zum Ich des Satirendichters (1,170f.): *experiar quid concedatur in illos ...*

In die Rolle eines Regisseurs begibt sich der Sprecher der vierten Satire, wenn er im Eingang der Satire eine Figur herbeizitiert, um sie als Objekt satirischer Kritik zu präsentieren (4,1f.): *Ecce iterum Crispinus, et est mihi saepe vocandus / ad partes* (Siehe, da ist wieder einmal Crispinus, und wirklich muss ich ihn oft auf die Bühne rufen).[60] Der emphatische Hinweis auf einen Charakter mit *ecce* zu Beginn der vierten Satire markiert die Inszenierung,[61] die durch die Theatermetapher *ad partes vocare* noch zusätzlich hervorgehoben wird. Als Dichter tritt das Ich dann wieder in seinem dem satirischen Thema angepassten, plump-vertraulichen Musenanruf auf (4,34–36).[62] Natürlich kann es Überschneidungen dieser hier modellhaft getrennten Ichs geben. Insbesondere kann das Ich unvermittelt von empörter

---

[58] Mit Recht bemerkt schon FRIEDLAENDER in der Einleitung zu seinem Kommentar 1895, 19, dass eine solche Äußerung keinerlei Rückschlüsse auf den tatsächlichen sozialen Status des Satirendichters Juvenal erlaubt: »Auch wenn er von ›uns‹ als Empfängern der Sportula spricht (1,100f.), ist die erste Person nicht zu sehr zu urgiren.«

[59] Zur rezeptionsästhetischen Funktion, die sich hier aus der Wahl der ersten Person Plural ergibt, s. auch PLAZA 2006, 108: »As readers, we naturally identify with a first-person speaker as long as it is not signalled that we should not. Here we are made to look up at the villain through the speaker's eyes. As we are expressly told that the villain presumes to look down on *us* (*nos*), we are literally subsumed in the satirist's point of view, and feel that the object deserves all the derision he can get from the mob we form together with the satirist.«

[60] So auch ROCHE 2012, 212: »Juvenal can assume the role of a dramaturge who produces the fourth Satire by summoning a character within it (Crispinus) to perform his role (4.1–2).«

[61] Zur Funktion der dramatischen Vergegenwärtigung durch die Partikel *ecce* bzw. *en* in Juvenals Satiren überhaupt vgl. SCHMITZ 2000, 20–27.

[62] Hierzu s. u. 61f.

Anklage in den Modus selbstreflexiver Überlegungen über die angemessene Präsentation wechseln.[63]

Man könnte sich nun auf eine strenge Unterscheidung zwischen realem Autor und *persona* beschränken und die Sprecherrolle in Satiren ganz in Analogie zum Ich eines dramatischen Schauspielers losgelöst vom Verfasser sehen. Mit diesem rigorosen Ansatz, wie ihn vor allem BRAUND z.B. 1996b präferiert, begibt man sich aber der Möglichkeit, partiell aufscheinende autobiographische Elemente in Betracht zu ziehen. Dies wäre das andere Extrem gegenüber HIGHETs Position einer Identifizierung der Aussagen des satirischen Ichs mit den persönlichen Ansichten des Autors. Der Ich-Sprecher kann autobiographische Details transportieren, aber zugleich auch ein Rollen-Ich innerhalb der Satiren repräsentieren. Dies könnte eine gangbare Konzeption von *persona* in Juvenals Satire sein, die sich zwischen bzw. jenseits einer biographisch orientierten Interpretation und der gänzlichen Eliminierung des Autors aus seinen Satiren bewegt. Problematisch scheint mir insbesondere eine bei einigen Verfechtern der *persona*-Theorie erkennbare Tendenz, alle in unseren Augen politisch nicht korrekten Aussagen vom Autor zu trennen.[64] In Wirklichkeit können wir nicht beurteilen, wie hoch der Anteil an persönlichen Ansichten ist, der in die satirischen Rollen eingeflossen ist.[65] Selbst ein Hardliner der biographischen Interpretation wie HIGHET 1974 konzediert, dass das Ich in der Satire als Medium der Selbstdarstellung autobiographische Mitteilungen bewusst abweichend von den historischen Lebensumständen präsentieren kann.[66]

Im Gegensatz zu Horaz, der vor allem in seinem ersten Satirenbuch sehr viele autobiographische Facetten in sein Satiren-Ich integriert, entwirft Juvenal ein satirisches Ich mit nur gelegentlich aufscheinenden biographischen Zügen.[67] Zudem erfüllen diese jeweils eine bestimmte Funktion im Kontext, ohne dass die Figur des Satirikers wie etwa die *persona* des Horaz in der

---

[63] Zum Ich-Sprecher in der Rolle des Dichters, bezogen auf das poetische Selbstbewusstsein von Ovids elegischer *persona*, s. VOLK 2005, 90–95.

[64] Hierzu s.u. 32 mit Anm. 75.

[65] Bei dem mit dem Satiriker-Ich konkurrierenden Sprechern wie Umbricius oder Laronia wird diese Trennung zwischen Äußerung und innerer Haltung jedenfalls auch nicht vorgenommen: Umbricius wird als Fremdenhasser vorgeführt und auch bei Laronia ist keine Differenzierung zwischen ihr als Kritikerin und ihrer Person erkennbar.

[66] So inszeniert Horaz sich etwa im *Iter Brundisinum* (sat. 1,5) als in politischen Angelegenheiten naiv, vgl. HIGHET 1974, 334 »It is a pose: it is one of the faces which the real Horace wished to present to the world.«

[67] Abgesehen von einem Rekurs auf seine rhetorische Ausbildung (1,15–17a, hierzu s.o. Anm. 53) instrumentalisiert Juvenal anders als Horaz äußerst selten autobiographische Momente; zur autobiographischen Dimension in der Satire des Horaz s.o. 15f. HARRISON 2013b, 154 grenzt die Omnipräsenz der satirischen Stimme des Horaz im ersten von der Praxis im zweiten Satirenbuch ab.

Horazsatire 1,6[68] zum zentralen Thema erhoben wird. Die wenigen Stellen mit autobiographischen Hinweisen lassen sich also zunächst einmal als Ich-Aussagen auf der Textebene lesen, die das Bild um Züge erweitern, wie sich der Satiriker in seinen Satiren präsentiert. Wenn sich das satirische Ich etwa in der 11. Satire als maßvollen Gastgeber inszeniert, der Speisen für sein Gastmahl von seinem kleinen Landgut bei Tibur (11,65) kommen lässt, oder als Freund, der im Gegensatz zu Erbschleichern eine uneigennützige Opferhandlung anlässlich der Rettung eines Freundes aus Seenot in seinem Stadthaus vollzieht (12,83–95a), ist das die Art, wie Juvenal den Satiriker darstellt. Hier konstruiert Juvenal aus der Antithese zu den Objekten der satirischen Kritik seinen textimmanenten Satiriker, der von den Lastern seiner Zeitgenossen, die er gerade attackiert, frei ist. Ebenso wird ein Thema wie etwa das der unerträglichen Stadt Rom aus einer anderen Perspektive beleuchtet, wenn sich das satirische Ich als Satirendichter präsentiert, der gelegentlich die laute Stadt flieht (3,318–322).

2. Juvenals Vita

Juvenals Satirenproduktion fällt in die Zeit nach Suetons *De poetis*, so dass ihm keine Dichtervita aus Suetons Feder zuteil wurde. Es liegen aber zahlreiche Viten vor, die freilich erst in der Spätantike kompiliert wurden. Die zweifellos älteste, gegen Ende des 4. Jahrhunderts entstandene Vita, die Giorgio Valla (in seiner Edition 1486) dem Grammatiker Probus[69] zuschreibt,[70] hat als Grundlage für andere gedient.[71] Allerdings enthält diese spätantike *Vita Iuvenalis* kein zuverlässiges biographisches Material; vielmehr wurden die Lebensdaten nach recht durchsichtiger Methode aus den Satiren selbst extrapoliert.

---

[68] Hierzu vgl. – neben GOWERS 2003 – etwa noch CHRISTES/FÜLLE 1996. GOWERS 2012, 219 führt in ihrem Kommentar weitere Literatur an.

[69] Unter dem Namen des berühmten Philologen und Grammatikers M. Valerius Probus (2. H. des 1. Jh.s n.Chr.) finden sich mehrere ihm sekundär zugeordnete Schriften. Zu Zuweisungen unter den prominenten Namen »Probus« s. P. L. SCHMIDT, in: HLL 5, 1989, S. 117. Aus chronologischen Gründen ist ein jüngerer, in der Spätantike zu verortender Probus anzusetzen, vgl. DUFF 1962, LI. Der Name »Probus« galt jedoch lange als Inbegriff eines berühmten Grammatikers, insofern ist es müßig, über die Identität des »Probus« in Vallas Zuweisung zu spekulieren.

[70] Vgl. WESSNER 1931, XXXV; DUFF 1962, L–LI. Zu Vallas »Probus« in seiner kommentierten Juvenalausgabe von 1486 s. ANDERSON 1965.

[71] Abgedruckt in CLAUSEN 1992, p. 179; COURTNEY 1980, bietet S. 6 eine Übersetzung.

2.1 Methodische Überlegungen zum Quellenwert der Satiren

Es ist ein Kennzeichen der Gattung Satire, dass ein Sprecher in der ersten Person auftritt. Die Versuchung, dieses textimmanente Ich mit einem realen Verfasser außerhalb der Satiren gleichzusetzen, war groß, zumal die verlässlichen Angaben zu Juvenals Leben äußerst dürftig sind. So gründeten sich HIGHETs weitreichende Spekulationen über Juvenal fast ausschließlich auf den Text.[72] HIGHETs Methode der biographischen Verwertung der Satiren sei exemplarisch gezeigt. So beurteilt er Juvenals persönliche Haltung zum anderen Geschlecht, indem er vor allem die sechste Satire heranzieht.[73] Über seine Erfahrung mit Frauen stellt HIGHET 1954, 103 folgende Vermutungen an: »Recalling our reconstruction of Juvenal's life, we might suggest that, after coming up to Rome from his country town, he had an unhappy experience with the proud and selfish Roman ladies. It looks as though ... he had married a lady of superior rank and pretensions, and found her intolerable. When he was sent into banishment, she would surely divorce him.« Äußerungen in Juvenals Satire, etwa die kontextbedingte rhetorische Frage des Sprechers an den heiratswilligen Postumus (*nonne putas melius, quod tecum pusio dormit?* Hältst du es nicht für besser, wenn ein Knabe mit dir schläft?, 6,34), bilden den Stoff, aus dem HIGHET ein stimmiges Bild des Lebens und der Persönlichkeit des Autors zu (re)konstruieren sucht, vgl. »It looks then as though Juvenal had begun his life with normal instincts, and had then been so disgusted by women that he turned to active homosexuality.«[74] Es waren gerade Rekonstruktionen dieser biographistischen Lesart, welche die Notwendigkeit einer Trennung von Ich-Sprecher und historischem Autor zeigten und zur Etablierung der *persona*-Theorie führten.

Während HIGHET aus den Satiren phantasievoll eine Vita konstruierte, wodurch Juvenals misogyne, xenophobe und andere Äußerungen verständlich werden sollten, verfährt ANDERSON 1982 so, dass er diese unliebsamen Züge vom historischen Autor absondern möchte. Er geht von folgender Prämisse aus (10): »Juvenal has so portrayed him that his prejudices and exaggerations are unacceptable, and for sound poetic reasons«. Die Leser müssten sich über die von Juvenal entworfene *persona*, die vom Autor abweichende, wenn nicht sogar gegenteilige, in jedem Falle aber falsche Ansichten vertrete, lustig machen. Sogleich erhebt sich aber die Frage, woher Rezipienten mit Sicherheit entscheiden können, dass es sich hier um die extremen, unakzeptablen Positionen einer vom historischen Verfasser zu trennenden *persona*

---

[72] In dem Bemühen, Juvenals Leben aus den Satiren zu rekonstruieren, gesteht HIGHET 1954, 41 immerhin ein: »This reconstruction is a hypothesis.«

[73] HIGHET 1954, 269, Anm. 17: »What was Juvenal's own attitude to sex? Surely it should be considered in any estimate of this remarkable poem«.

[74] HIGHET 1954, 269, Anm. 17.

handle. Da wir nichts oder nicht viel über den Menschen Juvenal wissen, können wir auch nicht sagen, ob er die vom Sprecher geäußerten Vorurteile oder auf uns unangenehm wirkenden Verallgemeinerungen etwa über römische *matronae* teilt oder ablehnt.»The *persona* is indignant, but wrong, in many cases, as, for example, in his universal denunciation of women, even the most upright; reading or listening to such ranting, the Roman audience recognized the untruth and re-interpreted the described situations, stimulated by the Satires, more accurately«. ANDERSON 1982, 10 argumentiert hier rezeptionsästhetisch, allerdings unter der anachronistischen Voraussetzung, dass unser Unbehagen an Äußerungen des Sprechers mit dem von ihm vermuteten Rezeptionsverhalten der römischen Hörer übereinstimme. Gegenüber HIGHETs biographistischem Ansatz, einer in der Tat naiv wirkenden Angleichung von Dichtung und Leben, sieht ANDERSON die Lösung darin, bestimmte Meinungen von Juvenal fernzuhalten und einer von ihm geschaffenen, fiktionalen *persona* zuzuweisen. In exkulpierenden Tendenzen dieser Art dürfte einer der Gründe für den nachhaltigen Erfolg der *persona*-Theorie gerade bei Juvenal liegen, befreite sie ihn und seine Leser doch von unangenehmen und im 20. und 21. Jahrhundert unannehmbaren Aussagen.[75]

Insofern ist BRAUNDs Haltung, die alles Biographische *a limine* aus dem Text ausklammern will, nur konsequent und gegenüber ANDERSONs Argumentationslinie, die auf dem subjektiven Moment, was für Rezipienten akzeptabel sei, beruht, methodisch sauberer. Die Einführung einer in Analogie zum Drama[76] agierenden *persona* bewahrt die Leser davor, in die biographische Interpretationsfalle zu tappen.

Das satirische Ich ist ohnehin von der realen Dichterpersönlichkeit zu unterscheiden, werden doch immer nur bestimmte Aspekte einer literarischen Identität konstruiert.[77] Wieweit die Darstellung des Ichs mit der außer-

---

[75] Mit dieser Vermutung relativiert auch PLAZA 2009, 3/4 die *persona*-Theorie, vgl.: »The persona-thesis thus propounded was particularly well suited to Juvenal, because it freed readers from the need to take his unpleasant statements seriously. It could now be claimed that the raging reactionary, misogynist, and xenophobic speaker in Juvenal was not really the *portparole* of the author after all, but a mask for him to play with. ... An interpretation which sees Juvenal as ›really‹ a mild-mannered democrat is, to my mind, too far removed from the reading experience to be convincing.«

[76] Vgl. z.B. BRAUND 1992, 2: »Satire is ... drama«.

[77] Die Vorstellung, dass der in seinen Gedichten in Ich-Form auftretende Dichter nur einzelne Aspekte auswählt und literarisch inszeniert, nie aber sein ganzes Leben präsentiert, geht deutlich aus Martials erstem Epigramm hervor, in dem der Dichter sich und sein Werk den Lesern vorstellt (Mart. 1,1,1–3): *Hic est quem legis ille, quem requiris, / toto notus in orbe Martialis / argutis epigrammaton libellis* (Hier ist der, den du liest, nach dem du fragst, Martial, der auf dem ganzen Erdkreis durch seine geistreichen Epigrammbüchlein bekannt ist). Über die gewöhnliche Metonymie – Autorname steht für das Werk – hinaus wird durch die gewählte Formulierung *quem legis* (»den du liest«) eine Identität von textimmanentem und realem Autor

textlichen Realität übereinstimmt, wieviel Anteil an eigenen Überzeugungen, Anschauungen, Vorurteilen etc. darüber hinaus der Autor den in den einzelnen Satiren auftretenden Rollen (*personae*) mitgegeben hat, können wir nicht wissen. In den Satiren begegnet uns eine fiktionale Figur, nicht aber der historische Juvenal. Für das Verständnis der Satiren ist es letztlich müßig, darüber hinaus eine konsistente Biographie konstruieren zu wollen, würden doch alle Versuche, aus den Satiren allein Juvenals Vita zu rekonstruieren, eine immer nur literarische Biographie der in den Satiren konstruierten Identitäten des Ichs ergeben.

Zeitbezüge, unter Umständen auch der gesellschaftliche Umgang des Autors, etwa die Frage, welche Adressaten angesprochen werden, Besitzverhältnisse, Herkunft usw. lassen sich dagegen mit gebotener Berücksichtigung des Kontextes aus den Satiren extrahieren. Entsprechend bilden okkasionelle Anspielungen auf historisch nachweisbare und datierbare Ereignisse, auf Zeitgenossen und historische Persönlichkeiten, auf Erwähnungen von Lokalitäten vereinzelte Anhaltspunkte, die mit anderen, werkunabhängigen Informationen und Zeugnissen kombiniert werden müssen.[78] Vor dem Hintergrund der oben ausgeführten Überlegungen zum Verhältnis von textimmanentem Dichter und historischem Autor außerhalb seines Textes lassen sich also auch aus den Satiren einige wenige Hinweise auf Juvenals Lebens- und Besitzverhältnisse rekonstruieren, die eher beiläufig erwähnt werden.

2.2 Juvenal in drei Martialepigrammen

Verlässliche, zumindest zeitnahe Hinweise verdanken wir seinem mehr als 20 Jahre älteren Zeitgenossen Martial (ca. 38/41–104 n. Chr.), der einen aller Wahrscheinlichkeit nach mit dem Satirendichter identischen Juvenal in drei Epigrammen erwähnt. In 7,24 wendet sich der Ich-Sprecher gegen einen Verleumder, der versuche, ihn mit Juvenal zu entzweien (7,24,1 f.): *Cum Iuvenale meo quae me committere temptas, / quid non audebis, perfida lingua, loqui?* (Falsche Zunge, die du suchst, mich gegen meinen Juvenal aufzuhetzen, was wirst du nicht zu sagen wagen?). Nachdem dem angesprochenen Verleumder die Fähigkeit attestiert wird, selbst die berühmtesten Freundespaare (wie Pylades und Orestes, Theseus und Pirithous) und treusten Brüder (wie Castor und Pollux) zu entzweien, wird ihm im letzten Vers (8), ausge-

---

suggeriert, die aber immer nur partiell sein kann, insofern vom und über den Dichter nur das gelesen werden kann, was er den Lesern bietet; vgl. auch CLAY 1998, 32 »The poet was as he presented himself in his book.«

[78] Auf diese Weise hat etwa FRIEDLAENDER 1895 ein chronologisches Grundgerüst von Juvenals Leben und Satiren rekonstruiert; zur Bestimmung der Abfassungszeit der fünf Satirenbücher s. seine Einleitung »Juvenals Leben«, 7–14; hierzu s. u. 41–43.

hend von *lingua*, dem Organ, mit dem er seine Verleumdung ins Werk setzte, eine ganz andere Praxis, die er mit seiner Zunge (*lingua*) ausübe, unterstellt, nämlich die eines *fellator* bzw. *cunnilingus*.

Epigramm 7,91 enthält die aufschlussreiche Anrede *facunde Iuvenalis* im ersten Vers (Mart. 7,91,1f.): *De nostro, facunde tibi Iuvenalis agello / Saturnalicias mittimus, ecce, nuces* (Von meinem Gütchen, eloquenter Juvenal, schicke ich dir, sieh nur, Nüsse zum Saturnalienfest). Das Epigramm schließt mit einem lasziven Hinweis auf die *mentula* des Gottes Priap (V. 3f.). Die Charakterisierung *facundus* lässt auf eine rhetorische Tätigkeit Juvenals schließen. Der Dichter selbst verweist in seiner ersten Satire auf seine rhetorische Ausbildung (1,15–17a, s.o. Anm. 53), die indirekt ohnehin aus jedem Vers hervorgeht. Bedeutsam ist das Fehlen einer Anspielung auf die Satirendichtung Juvenals, so dass dieses Epigramm als weiteres Zeugnis für die späte Satirenproduktion Juvenals gelten kann (das siebte Martialbuch wird auf 92 n. Chr. datiert).[79]

In 12,18[80] wendet sich der in seine spanische Heimat zurückgekehrte Epigrammdichter an den in Rom weilenden Juvenal, vgl. den Beginn (von insgesamt 26 Versen im Hendekasyllabus ⟨»Elfsilbler«⟩): Mart. 12,18,1–9:

Dum tu forsitan inquietus erras
clamosa, Iuvenalis, in Subura
aut collem dominae teris Dianae;
dum per limina te potentiorum
sudatrix toga ventilat vagumque   5
maior Caelius et minor fatigant:
me multos repetita post Decembres
accepit mea rusticumque fecit
auro Bilbilis et superba ferro.

Während du, Juvenal, vielleicht rastlos in der lauten Subura umherirrst oder den Hügel der Herrin Diana abnutzt, während dich die schweißtreibende Toga von Schwelle zu Schwelle der Mächtigen fächelt und der große und kleine Caelius dich beim Umherschweifen ermüden, hat mich meine auf ihr Gold und Eisen stolze Hei-

---

[79] Wenn Quintilian (ca. 35–100 n. Chr.) in seiner *Institutio oratoria* (Datierung: ca. 90–92 n. Chr.) auf die römische Satire eingeht (inst. 10,1,93f.), nennt er Lucilius, Horaz und Persius als Vertreter und fügt ganz allgemein und ohne Namensnennung an (inst. 10,1,94): *sunt clari hodieque et qui olim nominabuntur*; hierzu s.u. 46. Juvenal jedenfalls war zu dieser Zeit noch nicht als Satirendichter hervorgetreten. Auch aus dem Fehlen eines Hinweises auf Juvenal als Satirendichter in Mart. 12,18 (ca. 101/102 n. Chr.) lässt sich der relativ späte Beginn seiner literarischen Tätigkeit erhärten.

[80] Zu Mart. 12,18 vgl. HOWELL 1998, 176–179, s. auch u. 90, Anm. 59; WATSON/WATSON 2003, 143–150; ferner Margot NEGER: Martials Dichtergedichte. Das Epigramm als Medium der poetischen Selbstreflexion (Classica Monacensia 44), München 2012, 254–260 zu den drei Epigrammen, in denen Martial seine Freundschaft mit seinem jüngeren Zeitgenossen Juvenal thematisiert.

matstadt Bilbilis, die nach vielen Dezembern von mir wieder aufgesucht wurde, empfangen und zum Landbewohner gemacht.

In seiner Literaturgeschichte konstatiert VON ALBRECHT 2012, 861 unzulässig verallgemeinernd zu Juvenals Leben: »Er führt in der Hauptstadt zunächst ein Klientendasein (Mart. 12,18).« Die dem Epigramm zu entnehmende Aussage *dum per limina te potentiorum / ... toga ventilat* (Mart. 12,18,4f.) bedeutet aber lediglich, dass der im Gedicht adressierte Juvenal die morgendliche *salutatio* absolvierte, was aber noch nichts über seinen gesellschaftlichen Stand aussagt; der pauschalisierende Begriff »Klientendasein« suggeriert jedoch eine Existenz als ein von Geldzahlungen einzelner Patrone dauerhaft abhängiger Klient.[81] Dass dieses Epigramm nicht als realistisches Zeugnis für Juvenals Vita verbucht werden kann, geht, auch wenn es das Phänomen »gelebter Literatur« natürlich gibt, schon allein aus dem literarischen Substrat hervor, das dem topischen Gegensatz von Stadt und Land entnommen ist. So verweist die Wendung *limina ... potentiorum* (Mart. 12,18,4) auf eine Passage aus Horaz, Epode 2 (7f.): *forumque vitat et superba civium / potentiorum limina*.[82] Mit Recht wird daher die etwa von COURTNEY 1980, 9 aus diesem Epigramm gewonnene, stereotype Vorstellung vom armen Klienten von ARMSTRONG 2012, 60 zurückgewiesen. Gegen Ende dieses Gedichts, in dem das Landleben idealisierend gepriesen wird, wendet sich das epigrammatische Ich nochmals direkt an Juvenal (22f.): *venator sequitur, sed ille quem tu*[83] */ secreta cupias habere silva* (Ein Jäger begleitet mich, aber einer, den du im einsamen Wald ⟨zum Liebesspiel⟩ haben möchtest). Wie in den beiden Epigrammen des siebten Buches endet das Epigramm mit einer anzüglichen Bemerkung, diesmal auf eine sexuelle Beziehung zu knabenhaften, dem Herrn gefügigen Dienern. Auffällig ist, dass der Epigrammdichter in allen drei Gedichten an und über seinen Freund Juvenal eine Andeutung erotischer Art eingefügt hat, was als urbaner Scherz zwischen zwei Freunden gedeutet werden kann; darüber hinaus könnten diese Anspielungen auch erotische *nugae* (poetische Kleinigkeiten, Spielereien) Juvenals suggerieren.[84]

---

[81] GOLDBECK 2010 zeichnet ein sehr differenziertes Bild des Phänomens der *salutatio*; zu den *salutatores* aus der stadtrömischen Bevölkerung vgl. GOLDBECK 2010, 73–84. GANTER 2015 verfolgt die sich wandelnden Patron-Klient-Verhältnisse der römischen Gesellschaft. Hierzu s. auch u. 171 f.

[82] Vgl. WATSON/WATSON 2003, 143: »The epigram is not, however, a straightforward description of M.'s life in retirement. The poet plays throughout with the conventions of the city v. country theme, recalling pieces such as Tib. 1.1, Hor. *Epod.* 2 and Virg. *G.* 2.«

[83] Gegen die zunächst naheliegende Vermutung (vgl. z.B. COURTNEY 1980, 3), bei *tu* handle es sich um eine verallgemeinernde Anrede (»man«), wenden WATSON/WATSON 2003, 149 zu 12,18,22 ein, dass sich *tu* an dieser Stelle emphatisch an den Adressaten richte.

[84] Diese Vermutung, die freilich reine Spekulation bleiben muss, äußern WATSON/WATSON 2003 zu Mart. 12,18,22 (S. 149).

2.3 Lebenszeit, Herkunft und sozialer Status

Juvenal wurde ca. 60–67 n. Chr. geboren. COURTNEY 1980, 2 setzt Juvenals Geburtsjahr um 60 n. Chr. an; den späteren Ansatz (67) präferiert vor allem SYME 1958, 774f., der dies mit der Erwähnung von anderweitig nicht prominenten Konsuln in den Satiren begründet.[85] Juvenals Hauptschaffensphase liegt jedenfalls in Hadrians Regierungszeit.[86] Die letzte Satire (16) bricht unvollendet mit Vers 60 ab; ob die Verstümmelung der Überlieferung geschuldet ist[87] oder ob Juvenal die Satire überhaupt beendet hat, ist ungewiss. Gestorben ist Juvenal vielleicht um 140/150 n. Chr.

Juvenal stammte vermutlich aus Aquinum, einer an der *via Latina* gelegenen, ca. 80 Meilen von Rom entfernten Stadt,[88] oder hatte dort ein Landgut. Juvenals Herkunft aus Aquinum wurde aus Iuv. 3,319 extrapoliert,[89] wo von einem Landgut im Gebiet von Aquinum die Rede ist. Die selbstreferentielle Partie am Ende der dritten Satire bringt den Ort Aquinum in der Tat mit dem Satirendichter in Verbindung. Umbricius, der Rom endgültig verlassen will, fordert seinen Gesprächspartner, bei dem es sich um einen Satirendichter handelt, beim Abschied nämlich auf, ihn als Zuhörer von Satirenrezitationen zu sich auf sein Landgut bei Aquinum zu rufen, sooft er dorthin zur Erholung aus Rom eile (3,318–322):

> *ergo vale nostri memor, et quotiens te*
> *Roma tuo refici properantem reddet Aquino,*
> *me quoque ad Helvinam Cererem vestramque Dianam* 320

---

[85] So identifiziert SYME 1958, 775 den in 13,17 erwähnten Konsul Fonteius nicht mit dem *consul ordinarius* von 59, sondern mit Fonteius Capito aus dem Jahr 67 und schließt, dass Juvenal gerade diesen Konsul so auffällig erwähne, weil er in seinem Amtsjahr geboren wurde. In 15,27 wird mit L. Aemilius Iuncus ein Suffektkonsul des Jahres 127 n. Chr. erwähnt; SYME 1958, 775 erklärt diese besondere Datierungsweise (*nuper consule Iunco*) wiederum mit einem persönlichen Bezug, da Juvenal während des Suffektkonsulats des Iuncus (Oktober bis Dezember 127) 60 Jahre alt geworden sein könnte. Als spekulativ beurteilt dagegen KISSEL 2014, 66 mit Anm. 145 SYMES Kombination von 13,16f. und 15,27 und die daraus resultierenden Überlegungen zu 67 als Geburtsjahr des Satirikers.

[86] Nach SYME 1958, 776 gibt es keinen Beweis dafür, dass Juvenal irgendetwas früher als 115, vielleicht sogar 117 publiziert habe. Mit Beschränkung auf die sicheren Anhaltspunkte gehe ich weiter unten auf die Datierung der Satiren ein (Chronologischer Rahmen, 41–43).

[87] Nach SCHANZ-HOSIUS, Römische Literaturgeschichte (Handbuch der Altertumswissenschaft VIII 2), München (Nachdruck der 4. Aufl.) 1967, 569 durch Blattverlust. Differenzierter äußert sich PARKER 2012, 148f. zum fehlenden Ende; s. auch u. 159, Anm. 261.

[88] Die (in Äußerungen zu Juvenals Heimat zu findende) wechselnde Zuschreibung Aquinums zur Landschaft Kampanien oder Latium erklärt sich daraus, dass sich Aquinum, eine Stadt (*municipium*) in *Latium adiectum*, nach der augusteischen Regioneneinteilung in Italien in der Region *Latium et Campania* befindet, vgl. A.-M. WITTKE/E. OLSHAUSEN/R. SZYDLAK (Hgg.): Historischer Atlas der antiken Welt, DNP Suppl. 3, 2007, 174f.

[89] Vgl. Scholion zu 3,319: *inde enim fuit Iuvenalis, de Aquino civitate Campaniae* (WESSNER 1931, 51).

2. Juvenals Vita

converte a Cumis. saturarum ego, ni pudet illas,
auditor gelidos veniam caligatus in agros.

Nun, so leb wohl und behalte mich in Erinnerung. Sooft dich Rom, wenn du zur Erholung eilst, deinem Aquinum wiedergeben wird, bestelle auch mich von Cumae zur Helvinischen Ceres und eurer Diana ein. Als Zuhörer deiner Satiren werde ich, wenn es sie nicht mit Scham erfüllt, gestiefelt aufs kühle Land kommen.

Strenggenommen geht aus dieser Passage nur hervor, dass sich Umbricius' anonymer Dialogpartner, ein Satirendichter, öfter aus der lauten Stadt auf sein Landgut bei Aquinum, das mit dem Kult der ländlichen Göttinnen Ceres und Diana in Verbindung gebracht wird, zurückzuziehen pflegt. Abgesehen von der freilich späteren Rekonstruktion der Viten und Scholien, die Aquinum als Geburtsort Juvenals angeben, können jedoch zwei Argumente angeführt werden, die eine wie auch immer geartete Beziehung Juvenals mit diesem Ort bestätigen: Die Position des geographischen Hinweises im Finale der dritten Satire verweist in der Manier einer Sphragis[90] auf einen mit dem historischen Autor konnotierten Ort.[91] Das wichtigste Zeugnis zur Rekonstruktion von Juvenals Vita ist aber zweifellos eine im 18. Jahrhundert gefundene und Mitte des 19. Jahrhunderts wieder verlorene Inschrift (CIL X 5382 = ILS 2926).[92]

CERERI SACRVM
IV]NIVS IVVENALIS
T]RI[B] COH DELMATARUM   or   ... DELMATARUM II
II QVINQ. FLAMEN   VIR QVINQV. FLAMEN
DIVI VESPASIANI
VOVIT DEDICAVITQUE
SVA PEC.

Diese in der Nähe von Aquinum gefundene Weihinschrift an Ceres erwähnt einen [*IV*]*NIVS IVVENALIS*. Es lässt sich jedoch nicht mit absoluter Sicher-

---

[90] Sphragis (σφραγίς, »das Siegel«) bezeichnet ein Motiv als Abschlussform eines Gedichtes (häufig des letzten) einer Sammlung, wenn der Dichter persönlich hervortritt, wodurch er seinem Werk sozusagen sein Siegel aufdrückt.

[91] Es ist nicht untypisch, dass ein Dichter am Ende eines Gedichtes oder des ganzen Werkes auf seinen Geburtsort (wie Properz im letzten Gedicht seiner Monobiblos seine umbrische Heimat erwähnt [Prop. 1,22,9f.] und in 4,1,125 seine Geburtsstadt Assisi) oder bevorzugten Aufenthaltsort (vgl. Verg. georg. 4,563–566) verweist. Die selbstreferentielle Bemerkung des Dichters in Iuv. 3,319 würde also an dieses bei augusteischen Dichtern beliebte Element einer Sphragis anknüpfen. Zur Konvention der Sphragis vgl. R. G. M. NISBET/Margaret HUBBARD: A Commentary on Horace, *Odes*, Book II, Oxford 1978, 335 f.

[92] Die Inschrift findet sich bei COURTNEY 1980, 3–5 mit ausführlicher Deutung abgedruckt. Die Bezeichnung des Dedikanten als *flamen divi Vespasiani* (Z. 4f.), Priester für den Kaiserkult des vergöttlichten Vespasian, liefert lediglich einen *terminus post quem* (79–80 n. Chr.) für die Inschrift.

heit entscheiden, ob dieser hier genannte mit unserem Satirendichter Juvenal identisch[93] oder, wofür COURTNEY[94] und andere plädieren, allenfalls ein Mitglied seiner Familie ist. Zweifel an der Identität ergeben sich durch das Fehlen des Vornamens Decimus, den die spätantike Vita (jedenfalls in einigen Handschriften) erwähnt und der besonders durch P (*Codex Montepessulanus*, gegen Ende des 9. Jh.s) bestätigt wird.[95]

Im Gegensatz zu dem in einigen Partien vermittelten Klischee, als handle es sich beim Satirendichter um einen armen Klienten,[96] ist aus verschiedenen Gründen die Vermutung wahrscheinlich, dass Juvenal wie die anderen Satiriker Lucilius, Horaz und Persius dem Ritterstand angehörte.[97] Auf seine gesellschaftlich unabhängige Position lässt sich aus einem Argument *e silentio* schließen: seine Gedichte enthalten keine Widmung an einen Patron. Darüber hinaus führt ARMSTRONG 2012, der auch für Horaz überzeugend nachgewiesen hat, dass dieser bereits vor Aufnahme in den Maecenas-Kreis ein Ritter war,[98] durch Kombination verschiedener, in den Satiren okkasionell erwähnter Umstände weitere Argumente an, die zeigen, dass Juvenal dem Ritterstand angehörte. So stellen Vermögensverhältnisse ein gewichtiges Indiz in der Frage nach Juvenals sozialem Status dar. Hierzu lassen sich der 11. und 12. Satire autobiographische Details entnehmen, wenn man bereit ist, die in diesen Passagen vom Ich-Sprecher eher beiläufig erwähnten Besitzverhältnisse mit denen des historischen Satirenverfassers Juvenal koinzidieren zu lassen, bzw. wenn man zugesteht, dass autobiographisches Material in die vom Dichter konstruierte satirische *persona* eingeflossen sein kann. So enthält die bildliche Aufforderung an einen zum Essen eingeladenen Freund, alle quälenden Sorgen draußen vor der Tür abzulegen, mit der Erwähnung der Türschwelle (*meum limen*)[99] zugleich einen Hinweis darauf,

---

[93] FRIEDLAENDER 1895, 5 hält eine Identifikation mit dem Dichter Juvenal für »nicht unwahrscheinlich«.

[94] COURTNEY 1980, 5: »we do best to suppose that the inscription refers to some relative of his.« Vgl. auch HIGHET 1954, 32–36.

[95] Zum vollständigen Namen *Decimus Iunius Iuvenalis* vgl. FRIEDLAENDER 1895, 4f. und SYME 1979, 11, Anm. 55. Juvenal selbst erwähnt in seinen Satiren – im Gegensatz zu Horaz (sat. 2,1,18 *cognomen*; sat. 2,6,37 *praenomen*) – an keiner Stelle seinen eigenen Namen, vgl. COURTNEY 1980, 2.

[96] Dieses topische Bild wird vor allem durch die Perspektivierung erzeugt, vgl. Iuv. 1,100f. (über die vornehmen Römer von altem Adel als Konkurrenten der ärmeren Klienten): *vexant limen et ipsi / nobiscum*; hierzu s. oben 27f. mit Anm. 58. In Mart. 12,18,1–6 werden die Strapazen des rastlos in Rom umherirrenden Juvenal aus der Perspektive dessen, der sich in seine Heimat zurückgezogen hat (*tu – me*), dargestellt; hierzu s.o. 34f.

[97] Vgl. FRIEDLAENDER 1895, 21 mit Anm. 1 (Erwähnungen des Ritterstandes in den Satiren); 34, Anm. 1.

[98] D. ARMSTRONG: *Horatius eques et scriba*: Satires 1.6 and 2.7, TAPhA 116, 1986, 255–288.

[99] Vgl. ARMSTRONG 2012, 60: »›threshold‹: it was freestanding, not an apartment.«

dass Juvenal in Rom ein Haus besaß (11,190): *protinus ante meum quidquid dolet exue limen* (Leg sogleich vor meiner Schwelle ab, was immer dich bekümmert). Dass es sich hierbei um ein vermutlich vom Vater ererbtes,[100] freistehendes Stadthaus handelt, geht auch aus einer Passage der 12. Satire hervor, in der das satirische Ich schildert, wie sein Haus anlässlich eines Opfers festlich geschmückt wird (12,91b): *longos erexit ianua ramos* (die Tür hat lange Zweige emporwachsen lassen). Neben dem in der dritten Satire erwähnten Aquinum ist in der 11. Satire noch von einer Villa bei Tibur die Rede, woher ein Gastmahl im Stadthaus mit Nahrung ausgestattet zu werden pflegt (11,65f., s.o. Anm. 15).

2.4 Juvenals angebliche Verbannung

Bezeichnenderweise werden in der spätantiken Vita drei Verse aus Juvenals siebter Satire zitiert (7,90–92):

quod non dant proceres, dabit histrio. tu Camerinos
et Bareum, tu nobilium magna atria curas?
praefectos Pelopea facit, Philomela tribunos.

Was die Vornehmen nicht gewähren, wird der Schauspieler gewähren. Du machst den Camerini und Barea deine Aufwartung, du frequentierst die großen Empfangshallen der Adligen? Zu Präfekten macht eine *Pelopea*, eine *Philomela* zu Tribunen.

Aus dem Kontext der siebten Satire geht hervor, dass mit *histrio* der kurz vorher (7,87) namentlich erwähnte Paris, ein Pantomime und Günstling Domitians, gemeint ist, der aufgrund seines Einflusses am Hofe als Dank für ihm gelieferte Libretti militärische Ehren vermitteln kann. Die hier repräsentativ genannten Adligen, die zur *Salutatio*[101] aufgesucht werden, gewähren den gegenwärtigen Dichtern dagegen keine Förderung wie einst Maecenas. Die Viten und Scholien stimmen darin überein, dass die Erwähnung des Pantomimen Paris in diesen Versen (7,87–92) das Motiv für eine Verbannung des Satirikers (meist durch Domitian) gewesen sei.[102] In der *Vita Iuvenalis* heißt es nach dem Zitat dieser drei Verse (90–92) aus der siebten Satire:

---

[100] Vgl. 12,89f. *Laribus ... paternis / tura dabo* (den väterlichen Hausgöttern werde ich Weihrauch darbringen); vgl. COURTNEY 1980, 528 zu *paternis*.

[101] Zur *salutatio*, der Aufwartung der Klienten, die bei einem Patron in den ersten beiden Morgenstunden in der Toga zu erscheinen hatten (vgl. Iuv. 3,127 *togatus*), ist die einschlägige Monographie von GOLDBECK 2010 zu vergleichen.

[102] Zu den chronologischen Problemen, die sich ergeben, wenn man den *histrio*, wie der Kontext der siebten Satire es nahelegt, mit Paris identifiziert, der 83 durch Domitian hingerichtet wurde, s. DUFF 1962, XI–XIV; COURTNEY 1980, 7f. Zudem müssten die jetzt gut integrierten Verse 7,90–92 nachträglich in die erst nach Hadrians Regierungsantritt publizierte siebte Satire eingeschoben worden sein.

erat tum in deliciis aulae histrio multique fautorum eius cottidie provehebantur. venit ergo Iuvenalis in suspicionem, quasi tempora figurate notasset, ac statim per honorem militiae quamquam octogenarius urbe summotus est missusque ad praefecturam cohortis in extremam partem Aegypti tendentis. id supplicii genus placuit, ut levi atque ioculari delicto par esset.

Damals stand ein Schauspieler in der Gunst des Hofes und viele seiner Anhänger wurden täglich gefördert. Daher geriet Juvenal unter Verdacht, als ob er die Zeitverhältnisse verschleiert angeprangert habe, und er wurde sogleich durch ein militärisches Ehrenamt, obwohl bereits achtzigjährig, aus Rom entfernt und zum Kommando über eine Kohorte, die auf dem Weg in den entferntesten Teil Ägyptens war, bestellt. Diese Art der Bestrafung wurde beschlossen, auf dass sie seinem unbedeutenden und scherzhaften Vergehen gleichkomme.

Die Nachricht vom Exil des Dichters aufgrund der Hofintrige eines einflussreichen Schauspielers findet sich in allen Viten und in zahlreichen Scholien (vgl. zu 1,1; 4,37; 7,92 und 15,27, WESSNER 1931, p. 2; 56; 126 und 228). Schon allein das unwahrscheinlich hohe Alter (als achtzigjähriger Befehlshaber einer Kohorte), in welchem den Satiriker die Verbannung ereilt habe, macht aber skeptisch. Darüber hinaus lenkt COURTNEY unsere Aufmerksamkeit auf den suspekten Punkt, dass die Art der Bestrafung vom Verfasser der Vita als adäquate Reaktion auf ein an sich belangloses Vergehen kommentiert wird.[103] Ägypten als Verbannungsort könnte aus der 15. Satire extrapoliert worden sein. Dort heißt es (15,45): *quantum ipse notavi*. COURTNEY 1980, 8 vermutet, dass der Scholiast dies im Sinne einer Autopsie-Beglaubigung missverstanden haben könnte (»wie ich selbst gesehen habe«);[104] in Wirklichkeit ist *quantum* jedoch im Sinne einer Einschränkung gebraucht und die Parenthese bedeutet lediglich »soweit meine eigene Beobachtung geht«, d. h. »soweit ich es bei den mir bekannten Ägyptern festgestellt habe«, was sich auch auf die in Rom lebenden Ägypter beziehen kann.[105]

Eine relativ zeitnahe Rezeption des Narrativs vom verbannten Dichter liegt in einer anspielungsreichen Periphrase des Sidonius Apollinaris vor. Der spätantike Dichter setzt bereits in der zweiten Hälfte des 5. Jahrhunderts (ca. 461/462) die allgemeine Kenntnis der Verbannung des Satirikers voraus, wenn er Juvenal in einem Atemzug mit dem berühmten Verbann-

---

[103] COURTNEY 1980, 7/8: »The biographer makes the story a neat tit for tat; Juvenal has criticised Paris for bestowing the *honor militiae* (7.88) and alleged *praefectos Pelopea facit*, now he himself *per honorem militiae ... urbe summotus est missusque ad praefecturam cohortis*.«

[104] Diese Auffassung hat sich bis in neuere Literaturgeschichten fortgesetzt, vgl. z.B. VON ALBRECHT 2012, 861: »Ägypten kennt er aus eigener Anschauung (15, 45)«. Auch KISSEL 2014, 384 (zu 15,44 ff.) vermutet, dass Juvenal mit diesem Satz auf eigene Landeskenntnis hinweise.

[105] Vgl. COURTNEY 1980, 599 zu 44–6: »i.e. to judge from the Egyptians I have met«.

ten Ovid (9,269f.) nennt (Sidon. carm. 9,271–273):[106] *nec qui consimili deinde casu / ad vulgi tenuem strepentis auram / irati fuit histrionis exul* (noch derjenige, der später durch einen vergleichbaren Schicksalsschlag auf eine vage Andeutung des lärmenden Volkes hin Verbannter eines erzürnten Schauspielers war). Diese anonyme Umschreibung *histrionis exul* für Juvenal im Gedicht des Sidonius Apollinaris setzt Kenntnis der spätantiken Vita bzw. der alten Juvenal-Scholien[107] voraus.

2.5 Chronologischer Rahmen der Satiren

Auch wenn sich der spätantiken Vita keine zuverlässigen Lebensdaten entnehmen lassen, bieten einige Hinweise in den Satiren doch Indizien für die Zeit ihrer Abfassung.[108] So führen zwei autobiographische Angaben zu bestimmten Lebensphasen zu der Annahme, dass Juvenals Dichtertätigkeit erst im fortgeschrittenen Alter einsetzte.[109] Im Zusammenhang mit der Verkehrung der gesellschaftlichen Verhältnisse weist der Satiriker in der ersten Satire auf den sozialen Aufstieg eines Barbiers hin, der ihm noch in seiner Jugend (*iuveni mihi*, 1,25) den Bart schor, nunmehr aber mit den vornehmen Aristokraten konkurrieren kann, was den Reichtum betrifft. Zum Zeitpunkt der Abfassung der ersten Satire blickt der Satiriker also schon auf seine Jugend zurück, was bedeutet, dass das 40. Lebensjahr überschritten war.[110] In Übereinstimmung mit dieser Angabe setzt sich der Ich-Sprecher in der 11. Satire in Opposition zu den *iuvenes*, denen das Zuschauen der Zirkusspiele anstehe, während er und sein Gast sich aus dem öffentlichen Treiben zurückzögen (11,203f.): *nostra bibat vernum contracta cuticula solem / effugiatque togam* (unsere runzlige Haut soll die Frühlingssonne trinken und der Toga entfliehen).

Einen sicheren chronologischen Anhaltspunkt enthält die erste Satire, in der die Verurteilung des Marius Priscus (Ende 99/Anfang 100) erwähnt wird[111] (1,49f.): *exul ab octava Marius bibit et fruitur dis / iratis, at tu*

---

[106] Die beiden Verse ⟨Hendekasyllaben⟩ befinden sich innerhalb einer jeweils durch eine Negation eingeleiteten Aufzählung berühmter Dichter.

[107] So plädiert COURTNEY 1980, 6, der von einer späteren Kompilation der Vita ausgeht, für eine nicht durch die Vita, sondern über die Scholien vermittelte Kenntnis der Verbannung des Dichters.

[108] S. o. 33 mit Anm. 78.

[109] Hiermit hängt die Angabe in der Vita, Juvenal habe sich erst im fortgeschrittenen Alter der Satire zugewandt, zusammen; vorher sei er ungefähr bis zur Lebensmitte mit Deklamieren beschäftigt gewesen.

[110] Ausführlich informiert COURTNEY 1980 zu 4,103 über das Tragen eines Bartes im Verhältnis zum Alter.

[111] Plinius der Jüngere berichtet über diesen Repetundenprozess, in welchem er und Tacitus die Anklage der Provinzbewohner vertraten (Plin. epist. 2,11; 2,12,1; vgl. auch 3,9,3; 6,29,9).

victrix, provincia, ploras (In der Verbannung zecht Marius von der achten Stunde an und genießt die Gunst der erzürnten Götter; doch du, Provinz, musst trotz deines Sieges weinen). Hier beklagt sich der Satiriker über die schreiende Ungerechtigkeit, dass Marius Priscus, gewissermaßen ein zweiter Verres, als ehemaliger Verwalter der Provinz Africa angeklagt und mit der *relegatio* aus Rom und Italien zwar bestraft wurde, aber offenbar nach wie vor ein luxuriöses Leben führen konnte, während die Provinz zwar seine Verurteilung erreichte, finanziell aber das Nachsehen hatte. Wenn wir von einer sukzessiven Veröffentlichung der einzelnen Bücher ausgehen (woran kein Zweifel besteht), dann ergibt sich die Zeit nach 100 n. Chr. als frühester Beginn der Veröffentlichung der ersten Satire und damit des ersten Satirenbuches. Es ist aber daran zu erinnern, dass *terminus post quem* lediglich bedeutet, dass wir abschätzen können, ab wann ein Ereignis anzusetzen ist; das heißt aber nicht, dass dieses Ereignis unmittelbar nach dem Zeitpunkt zu datieren ist.

In der zweiten Satire wird das skandalöse Treiben effeminierter Adliger dargestellt. Insbesondere ein Spiegel, die Ausrüstung des in diesem Kontext als effeminiert bezeichneten Kaisers Otho, evoziert durch Zitate aus Vergils *Aeneis* den Vergleich mit den von Vergils Helden mitgeführten üblichen Waffen und veranlasst den Sprecher zu einem sarkastischen Kommentar (2,102f.): *res memoranda novis annalibus atque recenti / historia, speculum civilis sarcina belli.*[112] Mit der Formulierung könnte der Satiriker auf die *Historiae* (ca. 105–109), das Geschichtswerk seines Zeitgenossen Tacitus, anspielen.[113] Nach SYME 1958, 776 bedeutet dies aber nicht, dass wir unmittelbar vom Erscheinungsdatum der *Historien* oder auch einzelner Teile ausgehen müssen; vielmehr sei ein Hinweis auf dieses Werk auch etliche Jahre nach seinem Erscheinen noch wirksam. Ein weiterer *terminus post quem* ergibt sich aus einer Passage der sechsten Satire. In der katalogartigen Vorstellung lasterhafter Frauen wird eine Frau beschrieben, die in der ganzen Stadt nicht nur privaten Klatsch verbreitet, sondern auch weltpolitische Neuigkeiten erzählt (6,407–412):

instantem regi Armenio Parthoque cometen
prima videt, famam rumoresque illa recentis
excipit ad portas, quosdam facit; isse Niphaten
in populos magnoque illic cuncta arva teneri   410
diluvio, nutare urbes, subsidere terras,
quocumque in trivio, cuicumque est obvia, narrat.

---

[112] Zu dieser Partie vgl. die ausführliche Einzelinterpretation, u. 83f.
[113] Vgl. jedoch COURTNEY 1980, zu 102; auch KISSEL 2014, 218 äußert sich skeptisch zu einer möglichen Anspielung von 2,102f. auf Tacitus' Geschichtswerk und insgesamt auch zur vorgeschlagenen Spätdatierung der zweiten Satire (nach 110 oder 115).

2. Juvenals Vita

Dass den Königen von Armenien und Parthien ein Komet drohend bevorsteht, sieht sie als erste, das Gerede und die gerade eintreffenden Gerüchte fängt sie an den Stadttoren auf, einige produziert sie auch selbst; dass der Niphates sich über die Völker ergossen habe und dort alle Fluren von einer großen Überschwemmung bedeckt seien, dass Städte wankten, Länder sich senkten, erzählt sie an jeder Kreuzung jedem, der ihr begegnet.

Aus dieser Passage lässt sich 115 n. Chr. als *terminus post quem* für die sechste Satire und damit für das zweite Satirenbuch gewinnen, genauer 114–116, insofern als der in Vers 407 erwähnte Komet 115 in Rom sichtbar war,[114] die Feldzüge Trajans gegen Armenien 114 und gegen die Parther 116 stattfanden (V. 407) und das Erdbeben, das 115 n. Chr. Antiochia heimsuchte (409–411), auf 115 zu datieren ist.[115] Der *Caesar* von 7,1 (*Et spes et ratio studiorum in Caesare tantum*, s. u. 111) ist aller Wahrscheinlichkeit nach Hadrian (117–138), der 118 als neuer Herrscher in Rom eintraf.[116] Also ergibt sich Hadrians Regierungsantritt (118) als *terminus post quem* für das dritte Buch. In seiner Polemik gegen jüdische Riten erwähnt der Satiriker auch die Beschneidung (14,99b): *mox et praeputia ponunt* (bald lassen sie ⟨Söhne jüdischer Väter⟩ auch ihre Vorhaut beschneiden).[117] Friedlaender 1895, 14 und Courtney 1980 zu V. 99 versuchen, aus dieser Stelle 132 als *terminus ante quem* für die 14. Satire zu erschließen. Es ist jedoch umstritten, ob Hadrians Beschneidungsverbot wirklich einer der Anlässe für die jüdische Revolte (132–135) war. Für das fünfte Satirenbuch wurde schon im Zusammenhang mit der Rekonstruktion von Juvenals Geburtsjahr durch die Erwähnung des *consul suffectus* L. Aemilius Iuncus in 15,27 das Jahr 127 (s. o. Anm. 85) als *terminus post quem* ermittelt.

---

[114] Ausführlich geht Friedlaender 1895, 8–10 auf die Datierung des Kometen ein.

[115] Vgl. Courtney 1980 zu V. 407 und 411. Jones 2000 versucht über diese gut dokumentierten und identifizierbaren Naturkatastrophen hinaus, auch die hinzuerfundene Überschwemmung des Niphates historisch und ikonographisch zu verorten, wobei sie mit Recht betont, dass bei einem Gerücht Wahrheit und Fiktion vermischt zu werden pflegen (477 und 485 f.). Skeptisch bewertet Kissel 2014, 294 diesen Versuch.

[116] Vgl. Duff 1962, XVI–XVII.

[117] Kommentare, z. B. Mayor 1881, 307, Friedlaender 1895, z. St. und Courtney 1980, z. St., verweisen auf Hadrians Verbot der Beschneidung, das in der *Historia Augusta* erwähnt wird (Hist. Aug. Hadr. 14,2): *moverunt ea tempestate et Iudaei bellum, quod vetabantur mutilare genitalia*; vgl. auch die kritische Bewertung dieser Aussage in: Historia Augusta. Römische Herrschergestalten. Bd. I, eingeleitet und übersetzt von Ernst Hohl. Bearbeitet und erläutert von Elke Merten und Alfons Rösger, Zürich; München 1976, 383, Anm. 48.

II. Juvenal und die Gattung der römischen Verssatire

1. Die Gattung der römischen Verssatire und die satirische Schreibart: *satura* wird Satire

Juvenal stellt in seiner ersten Satire programmatisch eine Linie zu seinen Vorgängern in der Gattung her. Mit ausgesuchten Periphrasen ruft er Lucilius (1,20) und Horaz (1,51) auf, Lucilius wird darüber hinaus auch namentlich erwähnt (1,165). Persius (34–62 n. Chr.), sein unmittelbarer Vorgänger in der Verssatire, bleibt zwar unerwähnt, Juvenal erweist ihm aber indirekt Reverenz, indem er eine Szene innerhalb der Programmsatire (1,142–146)[1] nach seinem Vorbild (Pers. 3,98–106) gestaltet. Bei der Gattungsfrage empfiehlt es sich, von einem dynamischen Gattungsbegriff auszugehen, d. h. die nachfolgenden Satiriker knüpfen zwar an ihre Vorgänger an, transformieren die Gattung aber und drücken ihr so jeweils ihren eigenen Stempel auf. Auch Juvenal schreibt sich in die von seinen Vorgängern geprägte Gattung ein, was vor allem in der Wahl des Versmaßes erkennbar ist,[2] zugleich verändert er aber wiederum durch seine Satiren – wie auch jeder seiner Vorgänger – unwiderruflich die römische Verssatire. In diesem Transformationsprozess erwiesen sich Juvenals Satiren, welche die Reihe abschlossen, in der Rezeption als so machtvoll, dass sie nunmehr als charakteristisch für die Verssatire galten. Hierbei handelt es sich um ein rein rezeptionsästhetisches Phänomen, können doch auch Satiren des Horaz – jedenfalls in der Eigenwahrnehmung des satirischen Ichs – das aggressive Potential, das man gewöhnlich mit Juvenals Satiren verbindet, haben.[3] Die Rede von »unsa-

---

[1] Einen reichen Patron, der nach einem allein genossenen Essen mit vollem Magen ins Bad geht, ereilt ein plötzlicher Tod. In enger Anlehnung an Persius' Abfolge (Bad mit vollem Magen, plötzlicher Tod, Begräbnis) hat Juvenal seine Szene skizziert. Deutliche sprachliche Signale verweisen auf die Vorbildszene: jeweils bildet *turgidus* (»geschwollen«, »vollgestopft«, »mit vollem Magen«) den Auftakt der Szene (Iuv. 1,143, Pers. 3,98), mit ebenfalls am Versbeginn stehendem *hinc* (Iuv. 1,144, Pers. 3,103) werden die Folgen angegeben; vgl. COURTNEY 1980 zu 143, BRAUND 1996a zu 142–6. KISSEL 1990, 475 zu Pers. 3,98 weist auf die Unterschiede in Juvenals Adaption der Szene hin.

[2] Während Lucilius anfänglich noch mit unterschiedlichen Metren experimentierte, bevor er schließlich nur noch Satiren im daktylischen Hexameter präsentierte, galt für die nachfolgenden Verssatiriker Horaz, Persius und Juvenal der Hexameter von Anfang an als das kanonische Versmaß.

[3] Das satirische Ich inszeniert sich zu Beginn seines zweiten Satirenbuches als Satirendichter, der von seinen Gegnern mit ganz unterschiedlicher Kritik konfrontiert wird; in einer Konsultation legt er dem Juristen Trebatius sein Dilemma dar (Hor. sat. 2,1,1–3b): *Sunt quibus in satura videar nimis acer et ultra / legem tendere opus; sine nervis altera quidquid / conposui pars esse putat* (Es gibt Leute, denen ich in meiner Satire allzu scharf zu sein und über das Gesetz ⟨der Gattung⟩ hinaus mein Werk zu dehnen scheine; dagegen glaubt der andere Teil,

tirischen Satiren« – als Musterbeispiel wurde die Horazsatire 1,5, das *Iter Brundisinum*, ins Feld geführt[4] – zeigt nur zu deutlich, dass die genuin proteische, d.h. vielgestaltige und offene Gattung[5] in der Erwartungshaltung auf den vermeintlich vor allem durch Lucilius und Juvenal repräsentierten Typ der aggressiven Schreibart reduziert werden konnte. Auf dem Weg von der Gattung der römischen Satire zum Satirischen als einer gattungsübergreifenden Schreibart konnte Juvenals Satire aber als Ausgangspunkt genommen werden, insofern sich hier die schwer greifbare formale und thematische Vielfalt, in der sich Satiren bis dahin präsentierten, auf einen bestimmten Modus zu verengen scheint. Der Eindruck, zumindest in den ersten Juvenalsatiren einen indignierten, aggressiven, oft auch pauschalisierenden, keine Abstufungen zulassenden satirischen Ton zu vernehmen,[6] konnte sich als so bestimmend erweisen, dass der Übergang zur satirischen Schreibart,[7] die – losgelöst von der Form der Verssatire – in jeder Gattung Anwendung finden kann, minimal zu sein scheint. Zur adäquaten Verortung Juvenals innerhalb der Satire ist aber nicht nur der Blick auf die weitere Entwicklung der Satire notwendig, sondern vor allem der Blick zurück auf seine generischen Vorgänger.

2. Die Tradition der römischen Verssatire

Quintilian berücksichtigt in seiner *Institutio oratoria* (Lehrbuch der Rhetorik) mit seiner stolzen Formulierung *satura quidem tota nostra est* (Die Satire aber gehört ganz uns) bewusst nur die Verssatire, hätte er doch bei der anderen Spielart der Satire, der *Menippea*, wiederum auf ein griechisches Vorbild, nämlich den Kyniker Menippos von Gadara (1. Hälfte des 3. Jh.s v. Chr.), verweisen müssen.[8] Für die Bewertung der Satire und ihrer Vertreter in der

---

ohne Sehnen sei, was nur immer ich geschrieben habe). Ganz so harmlos und liebenswürdig, wie sie in der Rezeption und Forschung – gerade auch in Abgrenzung vom »bissigen« Juvenal – charakterisiert zu werden pflegen, wurden die oft hintergründig ironischen *sermones* (Gespräche) des Horaz also offenbar nicht von allen Zeitgenossen empfunden.

[4] Zur Diskussion vgl. SCHMITZ 2000, 2.
[5] Zu der in diesem Zusammenhang beliebten Proteusmetapher s. weiter u. 57.
[6] Als symptomatisch für ein vorgeprägtes Verständnis von Juvenals Satiren, das nicht bereit ist, einen Wechsel der Tonlage zu akzeptieren, kann der von Otto RIBBECK (Der echte und der unechte Juvenal. Eine kritische Untersuchung, Berlin 1865) unternommene Versuch gelten, gleich ganze Satiren (10 und 12–15) als interpoliert zu erklären. RIBBECKs Hypothese der fünf »Declamationen«, die er im ersten Kapitel ausführt (1–74), fand freilich keinen Glauben.
[7] Zum Adjektiv *satiricus* s.u. 218.
[8] Die von Menippos geschaffene Gattung ist dadurch gekennzeichnet, dass Verseinlagen in eine satirisch geprägte Prosaerzählung organisch eingefügt sind (Prosimetrum); M. Terentius Varro (116–27 v. Chr.) führte die *Saturae Menippeae* in die römische Literatur ein.

antiken Literaturkritik ist ein Blick in den Kontext, aus dem das berühmte Zitat stammt, instruktiv. Quintilian sichtet hier bedeutsame Gattungen mit ihren jeweiligen prominenten Vertretern. Der Passus über die Satire schließt sich unmittelbar an die Ausführungen über die Elegie an. Auch für diese Gattung musste Quintilian das überragende griechische Modell eingestehen (Quint. inst. 10,1,93): *Elegia quoque Graecos provocamus* (Auch mit der Elegie fordern wir die Griechen zum Wettkampf heraus). Hiervon grenzt er nun emphatisch (*quidem*) die Satire ab (inst. 10,1,93–95):

> *Satura quidem tota nostra est, in qua primus insignem laudem adeptus Lucilius quosdam ita deditos sibi adhuc habet amatores, ut eum non eiusdem modo operis auctoribus, sed omnibus poetis praeferre non dubitent. (94) Ego quantum ab illis, tantum ab Horatio dissentio, qui Lucilium ›fluere lutulentum‹ et ›esse aliquid, quod tollere possis‹, putat. Nam et eruditio in eo mira et libertas atque inde acerbitas et abunde salis. Multum est tersior ac purus magis Horatius et, nisi labor eius amore, praecipuus. Multum et verae gloriae quamvis uno libro Persius meruit. Sunt clari hodieque et qui olim nominabuntur. (95) Alterum illud etiam prius saturae genus, sed non sola carminum varietate mixtum condidit Terentius Varro, vir Romanorum eruditissimus.*

Die Satire aber gehört ganz uns, in der als erster Lucilius ausgezeichneten Ruhm erlangt hat, dem noch jetzt einige Anhänger so sehr ergeben sind, dass sie nicht zögern, ihn nicht nur den Vertretern dieser Gattung, sondern überhaupt allen Dichtern vorzuziehen. (94) Ich aber weiche von jenen ebenso ab wie von Horaz, der meint, Lucilius »ströme schlammig daher« (Hor. sat. 1,4,11, vgl. 1,10,50f.) und »es gebe einiges, was man streichen könne« (sat. 1,4,11). Denn seine Bildung ist erstaunlich und seine Freizügigkeit, woraus auch seine Bissigkeit resultiert und das Übermaß an Witz. Viel eleganter und ⟨was den Ausdruck betrifft⟩ geläuterter ist Horaz und, wenn ich nicht aus Liebe zu ihm fehlgehe, ganz hervorragend. Viel, und zwar wahren Ruhm hat sich auch Persius verdient, wenn auch nur mit einem einzigen Buch; es gibt auch heutzutage noch berühmte Vertreter dieser Gattung, die man dereinst noch nennen wird. (95) Jene andere, hinlänglich bekannte Form der Satire, die sogar noch älter ist, und die nicht nur durch Vielfalt verschiedener Versarten ⟨sondern auch durch Beimischung von Prosa⟩ charakterisiert ist, hat Terentius Varro, der gebildetste Mann unter den Römern, begründet.

Für die Gattung der Verssatire führt Quintilian nur die Trias Lucilius, Horaz und Persius an; Juvenal, der den berühmten Rhetoriklehrer mehrmals in seinen Satiren erwähnt (6,75. 6,280. 7,186 und 189), war zu dieser Zeit (ca. 90–92 n. Chr.) noch nicht als Satirendichter hervorgetreten. Die knappe Würdigung der drei Verssatiriker, die der einflussreiche römische ›Literaturpapst‹ hier gibt, liefert nicht nur einen Einblick in den Prozess der Kanonbildung, sondern ist auch ein wichtiges Zeugnis für die langandauernde Wertschätzung des Lucilius, selbst noch in einer Zeit, als die Satiren des Horaz bereits vorlagen. Lucilius, dessen archegetische Leistung Quintilian mit *pri-*

2. Die Tradition der römischen Verssatire

mus anerkennt, galt auch den Vertretern der Verssatire selbst als übermächtige Vorgängerfigur.[9]

Lucilius, wohl 168 v. Chr.[10] als römischer Ritter in der latinischen Stadt Suessa Aurunca geboren, 103/102 v. Chr. in Neapel gestorben, wird noch von Martial als Inbegriff eines Satirendichters angeführt.[11] Die Fragmente[12] zeigen insgesamt eine große *varietas* an Themen, Metren und Ausdrucksformen. Genau diese Vielfalt erlaubte es seinen Rezipienten und insbesondere den nachfolgenden Satirendichtern, sich ein auf ihre jeweilige Ausrichtung zugeschnittenes Bild ihres Vorgängers Lucilius zu konstruieren.

Quintilian referiert und distanziert sich zugleich von der scharfen Kritik des Horaz an Lucilius. Horaz selbst, dem noch ein vollständiger Lucilius vorlag, schreibt seinem Vorgänger die Leistung zu, *inventor* der Gattung zu sein (sat. 1,10,48). Gemessen am eigenen Stilideal hatte der augusteische Dichter allerdings viel an der aus seiner Sicht mangelhaften formalen Gestaltung der Verse zu kritisieren (vgl. sat. 1,4,8b–13; 1,10,50f.) Entsprechend hatte er sich in seinen Satiren 1,4 und 1,10 von Lucilius und vor allem von den zeitgenössischen Lucilius-Anhängern abgegrenzt, bevor er sich in der Eröffnungssatire seines zweiten Satirenbuches auf Lucilius als legitimierendes literarisches Vorbild berief, was die Integration autobiographischer Elemente in seine Dichtung betraf (*sequor hunc*, Hor. sat. 2,1,34).[13] Durch die intensive literarkritische Auseinandersetzung des Horaz[14] war Lucilius aber auch für

---

[9] Zur Komplexität der Ursprünge der römischen Verssatire, insbes. zur Positionierung der Satire innerhalb eines bestehenden Gattungssystems, und damit einhergehend zur Etablierung des Lucilius als generisches Modell für die einzelnen Satirendichter s. MUECKE 2013.

[10] Das Geburtsjahr ist unsicher; von den rekonstruierten Daten dürfte 158 oder 168 v. Chr. am wahrscheinlichsten sein (alternativ stehen 180 oder 148/147 v. Chr. zur Diskussion). Es ist hier nicht der Ort, nochmals alle Argumente auszuführen; zu einer detaillierten Diskussion s. CHRISTES 1971, 12–17; CHRISTES 1986, 65–67; vgl. auch SUERBAUM 2002, 305f. (mit weiterer Literatur).

[11] Dies geht aus einem Epigramm hervor, in welchem der Epigrammdichter wenigstens eine literarische Gattung exklusiv für sich beansprucht, vgl. Mart. 12,94,7 *audemus saturas: Lucilius esse laboras* (Ich wage, Satiren zu verfassen: sogleich bemühst du dich, ein Lucilius zu sein).

[12] Von dem fragmentarisch überlieferten Werk des Lucilius, einer Sammlung von 30 Büchern, sind nur noch ca. 1400 Verse erhalten; vgl. jetzt die neue zweisprachige Ausgabe von CHRISTES/GARBUGINO 2015.

[13] Vgl. SUERBAUM 2002, 303. Zu der immer wieder herangezogenen, in der Deutung allerdings umstrittenen Horazstelle sat. 2,1,30–34, insbesondere zur notwendigen Relativierung der Meinung, Satire sei ein ungefiltertes Medium für autobiographische Äußerungen, s. auch o. 15f.

[14] WIMMEL 1960, 148–167 zeichnet die stufenweise Abschwächung und Modifizierung der in 1,4 geäußerten Stilkritik an Lucilius bis zum positiven Entwurf eines Stilideals der Satire nach. Zum kallimacheischen Modell in der Kritik des Horaz vgl. auch SCODEL 2009.

die nachfolgenden Verssatiriker endgültig als ›Vergil‹ der Satire etabliert.[15] Für Juvenal jedenfalls repräsentiert Lucilius den unabhängigen, aggressiven Satiriker, dem – anders als ihm selbst – das namentliche Kritisieren einflussreicher Zeitgenossen noch möglich gewesen sei.

2.1 Juvenals Selbstverortung innerhalb der Verssatire

Juvenal nimmt in seiner ersten Satire, die mit Recht als Programmsatire bezeichnet wird, eine generische Standortbestimmung vor, indem er seine prominenten Vorbilder in der Verssatire, Lucilius und Horaz, herbeizitiert. Lucilius wird gleich im Eingang der ersten Juvenalsatire geradezu als Gründungsheros der Verssatire aufgerufen (1,19–21):

> *cur tamen hoc potius libeat decurrere campo,*
> *per quem magnus equos Auruncae flexit alumnus,*   20
> *si vacat ac placidi rationem admittitis, edam.*
>
> Warum ich mich jedoch gerade auf dem Feld tummeln möchte, über das der große Spross Auruncas seine Pferde lenkte, will ich, wenn ihr Zeit habt und gnädig eine Begründung zulasst, kundtun.

Mit Nennung des Geburtsortes des Lucilius (*Auruncae alumnus*, 20) und dem Hinweis auf Pferde, wodurch nicht nur auf sein Faible für Pferde angespielt,[16] sondern vor allem sein sozialer Status als Ritter hervorgehoben wird, ist der Ahnherr der römischen Verssatire deutlich umschrieben. Der Hinweis auf Lucilius bildet das Stichwort für den Satiriker, um beispielhaft vier Fälle skandalösen Verhaltens darzulegen,[17] wodurch die Wahl der Gattung Satire unausweichlich sei (1,30): *difficile est saturam non scribere*. Auch Juvenals zweites Vorbild, der Satirendichter Horaz, wird in der Programmsatire als Modell aufgerufen. Nachdem der Ich-Sprecher nämlich weitere Beispiele empörenden Fehlverhaltens angeführt hat, die ihn mit Zorn erfüllen (1,45f. *quid referam quanta siccum iecur ardeat ira, / cum*... Was soll ich darlegen, von welch unermesslichem Zorn meine trockene Leber brennt, wenn ...), lässt er seine Aufzählung in zwei rhetorische Fragen münden (1,51 f.): *haec ego non credam Venusina digna lucerna? / haec ego non agitem?* (Dies soll ich nicht der Venusinischen Lampe für würdig halten? Dies soll ich nicht traktieren?). Wiederum mit dem Geburtsort (Venusia, vgl. Hor. sat. 2,1,34f.) wird der namentlich nicht genannte Horaz umschrieben. Anders als der rosselenkende Lucilius wird Horaz als Satirendichter mit einem sub-

---

[15] Zur Bedeutung von Lucilius für die römische Satire vgl. allgemein FREUDENBURG 2001, speziell zur Aneignung der Luciliusrolle durch Juvenal: FREUDENBURG 2001, 242–248. Zu Roms ersten Satirendichtern Ennius und Lucilius vgl. MUECKE 2005, 33–47.

[16] Zu entsprechenden Fragmenten s. CHRISTES/GARBUGINO 2015, S. 183–185.

[17] Zu 1,22–29 s. u. 75.

tileren Attribut charakterisiert, nämlich der *lucerna*, womit zum einen das Aufdecken verborgener Laster, zum anderen aber zugleich auch die *lucubratio*, das nächtliche Ausfeilen einer schriftlichen Arbeit bei Lampenlicht,[18] symbolisiert wird.

Wie zu Beginn wird Lucilius, diesmal namentlich, nochmals im Finale der Programmsatire als Repräsentant einer bestimmten Ausprägung der Satire aufgerufen. Ein fiktiver Interlocutor stellt die Redefreiheit, die noch Frühere hatten (1,150b–153a), in Frage, und warnt den Satiriker zugleich vor den Gefahren der Satire, wenn sie hochgestellte Persönlichkeiten direkt angreife (155–157). Daher empfiehlt er dem Dichter mythologische Figuren als Sujets für ungefährliche Epen (162–164):

> *securus licet Aenean Rutulumque ferocem*
> *committas, nulli gravis est percussus Achilles*
> *aut multum quaesitus Hylas urnamque secutus.*

> Gefahrlos darfst du Aeneas und den wilden Rutuler im Kampf zusammentreffen lassen, niemandem schadet der vom Pfeil durchbohrte Achill oder der oft gesuchte Hylas, der seinem Wasserkrug nachfolgte.

In den Versen 162f. wird der paradoxe Gegensatz von Gefahrlosigkeit und mythischen Kämpfern akzentuiert. So rahmen *securus* und *ferox* Vers 162 und das negierte Adjektiv *gravis* kontrastiert mit *percussus* in Vers 163. Aus der Reihe der großen Kämpfer Aeneas, Turnus und Achill fällt der Knabe Hylas heraus, wird doch mit der Hylasepisode ein dezidiert unheroisches Ereignis des Argonautenmythos ausgewählt. Vers 164, der sich schon allein durch seine metrische Gestaltung von den beiden ihn umgebenden Versen absetzt,[19] rückt Hylas ins Zentrum. Zwei heterogene Aussagen werden durch die Konjunktion *-que* verbunden: auf die passive Formulierung *multum quaesitus* folgt mit *urnam secutus* die Beschreibung seiner Aktivität. Hier wird der Hylasmythos in satirischer Verzerrung präsentiert, was neben dem Hysteron proteron vor allem durch das Weglassen der begleitenden Umstände bewirkt wird,[20] so dass das isolierte Bild des Knaben, der sich auf seinen Wasserkrug

---

[18] Zu diesem metonymischen Gebrauch vgl. ThLL s. v. *lucerna* VII 2,1701,5–20, wo allerdings nach dem Auflisten von Iuv. 1,51 die zweite Konnotation, die in den Scholien angeführt wird, zu Unrecht abgelehnt wird (1701, 11 »*inepte* Schol.«): *quia satirici ad omnium vitia quasi lucernam admovent et vel adurunt vel ostendunt crimina, quae noverunt.* Zum ambivalenten Charakter der Wortwahl vgl. auch die Kommentare (jeweils zu V. 51): FERGUSON 1979, COURTNEY 1980 und BRAUND 1996a.

[19] Anders als im vorangehenden (163) und vor allem im nachfolgenden Vers (165) fehlt hier die typische Penthemimeres; vielmehr wird der Name Hylas von der Zäsur κατὰ τρίτον τροχαῖον in Verbindung mit einer Hephthemimeres umgeben. Zu diesem im lateinischen Hexameter eher seltenen Einschnitt vgl. CRUSIUS/RUBENBAUER (s. u. 192, Anm. 49) 50f.

[20] Während der Reise der Argonauten nach Kolchis wurde der schöne Knabe und Geliebte des Herakles beim Wasserholen von Quellnymphen in ihr Element gezogen und daraufhin ver-

konzentriert,[21] zurückbleibt. Aus Sicht des Interlocutors empfiehlt sich aber gerade die Behandlung solch realitätsferner Themen. Im Falle des an dritter Stelle vorgeschlagenen Sujets wird durch eine im Ausdruck *multum quaesitus* (164) angelegte Polyvalenz darüber hinaus noch ein weiterer Aspekt suggeriert. Zum einen zielt das adverbial gebrauchte *multum* nämlich auf das häufige Rufen[22] nach dem verschwundenen Hylas, zum anderen aber auf die wiederholte literarische Verarbeitung eines beliebten Sujets: *multum quaesitus* (»oft gesucht«, im Sinne von »ein von Dichtern häufig behandelter Stoff«). Auf metapoetischer Ebene schließt *multum quaesitus* damit an die frühere programmatische Partie (1,52b–54, s. u. 59 f.) an, in welcher der Satirendichter die abgenutzten, immer wieder behandelten epischen Sujets für seine Dichtung gerade abgelehnt hatte.

Der Interlocutor setzt dem Verfassen von harmlosen Epen Lucilius entgegen, dessen Anprangern von Verbrechern die schuldbewussten Zuhörer direkt getroffen habe (1,165–167):

ense velut stricto quotiens Lucilius ardens
infremuit, rubet auditor cui frigida mens est
criminibus, tacita sudant praecordia culpa.

Sooft Lucilius gleichsam mit gezücktem Schwert in glühendem Zorn aufbrüllt, errötet der Zuhörer vor Scham, den es beim Gedanken an seine Verbrechen kalt überläuft; seine Brust gerät wegen des heimlichen Schuldbewusstseins ins Schwitzen.

Den drei Versen, in denen Figuren genannt werden, die in berühmten Epen vorkommen (Aeneas und Turnus in der *Aeneis*, Achill in der *Ilias* bzw. in der *Achilleis*[23] und Hylas in den *Argonautica*, 162–164), antworten drei

---

geblich von Herakles gesucht, vgl. John H. OAKLEY, s. v. Hylas, LIMC V 1, 1990, 574–579.

[21] Ganz analog ist eine Formulierung in Iuv. 10,58: *descendunt statuae restemque secuntur* (Statuen steigen herab und folgen dem Strick). Durch eine Verlagerung des Blickpunktes wird der Fokus jeweils auf die Aktion des Folgens und auf das Objekt gelenkt, welchem Hylas bzw. die Statuen folgen. Nicht die Nymphen ziehen den Knaben in ihr Gewässer; vielmehr folgt dieser seinem Wasserkrug nach. Ebenso zieht nicht das Seil die Statuen vom Sockel herab, sondern diese erwecken den Eindruck, von sich aus zu folgen. In Wirklichkeit aber werden beide in die Tiefe bzw. vom Sockel gezerrt.

[22] Das wiederholte Rufen nach dem Knaben ist ein typischer Zug im Hylasmythos. So heißt es im Gesang des Silen (Verg. ecl. 6,43 f.): *his adiungit, Hylan nautae quo fonte relictum / clamassent, ut litus ›Hyla, Hyla‹ omne sonaret* (Daran reiht er die Erzählung von der Quelle, an der die Argonauten Hylas zurückgelassen hatten und nach ihm riefen, so dass das ganze Ufer von »Hylas, Hylas« widerhallte). Vgl. auch Val. Fl. 3,596 f. *rursus Hylan et rursus Hylan per longa reclamat / avia* ⟨sc. *Hercules*⟩ und Stat. silv. 1,2,197–199a.

[23] Im Proömium von Statius' unvollendetem Epos wird angekündigt, dass die Erzählung über die *Ilias* hinaus das ganze Heldenleben bis zum Tod des Protagonisten darstellen wolle, vgl. die Bitte an die Muse (Stat. Ach. 1,4b–7): *nos ire per omnem / – sic amor est – heroa velis ... nec*

2. Die Tradition der römischen Verssatire

Verse, die Lucilius, den Archegeten der Satire, in der Rolle eines angriffslustigen Kämpfers präsentieren. Bezeichnenderweise wird Lucilius nämlich mit einem martialischen Gegenstand, einem gezückten Schwert, ausgestattet, auch wenn die Metapher durch eine Vergleichspartikel abgemildert ist (1,165): *ense velut stricto*. Ebenso zielt die übrige Charakterisierung des Lucilius auf Aggressivität, wird er doch als feuriger Kämpfer präsentiert (1,165f.): *Lucilius ardens / infremuit, ...* Gleich mehrere Signale rufen eine Passage aus Vergils *Aeneis* (10,689–716) als Intertext auf, nämlich die Aristie des Mezentius.[24] Hier wird der Protagonist gleich zu Beginn als leidenschaftlicher Kämpfer vorgestellt (Aen. 10,689f.): *At Iovis interea monitis Mezentius ardens / succedit pugnae Teucrosque invadit ovantis* (Doch unterdessen rückt Mezentius auf Jupiters Mahnungen hin als Nachfolger ⟨des Turnus⟩ feurig in den Kampf und wirft sich auf die jubelnden Troer). *Lucilius ardens* (1,165) klingt wie ein Echo auf *Mezentius ardens* (Aen. 10,689): Mit *ardens*[25] am betonten Versende erhalten die Namen beider Kämpfer die gleiche Position: *Lucilius ardens – Mezentius ardens*. Juvenals Junktur *ense ... stricto* (165) nimmt darüber hinaus *stricto ... ferro* (Verg. Aen. 10,715) variierend auf.[26] Zusätzlich verweist auch *infremere*,[27] womit in Juvenals Satire Lucilius charakterisiert wird (*infremuit*, 1,166), auf genau diesen epischen Kontext. In der *Aeneis* wird der kampfbegierige Mezentius nämlich mit einem wütenden Eber verglichen (*ac velut ille ... aper*, Aen. 10,707f.), der angriffslustig seine Gegner erwartet (Aen. 10,711): *substitit infremuitque ferox*[28] (blieb er stehen und grunzte wütend auf). Durch die intertextuell

---

in Hectore tracto / sistere, sed tota iuvenem deducere Troia (Lass mich das ganze Heldenleben darstellen – dies ist mein sehnlicher Wunsch –, ... ohne bei Hektors Schleifung innezuhalten, sondern den jugendlichen Krieger durch den ganzen trojanischen Krieg zu besingen).

[24] Intertextuelle Bezüge auf die Mezentius-Aristie werden auch in den Kommentaren vermerkt, vgl. COURTNEY 1980 zu 164 und BRAUND 1996a zu 165–7.

[25] Vgl. auch HARRISON 1997 z. St.: »for *ardens* of heroic battle-rage cf. 514«.

[26] Die Junktur *stricto ... ferro* bezieht sich in der Mezentius-Aristie auf die zornigen, aber ängstlichen Gegner des Mezentius (Aen. 10,714f.): *haud aliter, iustae quibus est Mezentius irae / non ulli est animus stricto concurrere ferro* (Ebenso hat keiner von denen, die Mezentius mit Recht zürnen, den Mut, mit gezücktem Schwert gegen ihn anzurennen). In der Juvenalpassage erscheint *ira* dagegen nicht als Grund, sondern als Folge des Angriffs, vgl. 1,168a *inde ira et lacrimae* (Daher die Wut und die Tränen).

[27] Das Verb wird in Verbindung mit wilden Tieren gebraucht, vgl. ThLL VII 1,1487,40–45 s. v. *infremo*. Vorsichtig kommentiert BRAUND 1996a zu *infremuit*: »for *infremuit* + *stricto ferro* cf. Virg. Aen. 10,711–15 which J. may be echoing.« Ganz analog zu einem bissigen Satiriker lässt sich die weitere Beschreibung des Ebers im Gleichnis lesen (Aen. 10,717f.): *ille autem impavidus ... / dentibus infrendens* (jener aber, furchtlos, ... fletscht dabei die Zähne).

[28] Auch *ferox* begegnet wenige Verse zuvor: in Iuv. 1,162 (s. o. 49) wird Turnus als *ferox* bezeichnet. Hier zeigt sich Juvenals multiple Anspielungskunst: *ferox* könnte bereits auf die Mezentius-Aristie verweisen. In dieser Szene der *Aeneis* fungiert Mezentius nämlich als Ersatz für den zeitweilig aus der Schlacht entrückten Turnus, den Gegner des Aeneas. Zur Verwendung

vergegenwärtigte Aristie des Mezentius wird suggeriert, dass auch Lucilius dem glühenden Kampfgeist eines heroischen Kämpfers in nichts nachstehe. Indem aber dieser Held nicht in der fiktionalen Welt des Epos auftritt, sondern in der gegenwartsbezogenen Satire, bedeutet er für die Zuhörer eine reale Gefahr.

Wie der Ausdruck *multum quaesitus* (1,164) lässt sich auch der Hinweis auf Lucilius, je nach Perspektive, ambivalent lesen. Aus Sicht des warnenden Interlocutors dient Lucilius als abschreckendes Modell, setzt er sich doch mit seiner Kritik einer Gefahr aus, die aus dem Schuldbewusstsein seiner Zuhörer erwächst. In den Augen des Satirikers erscheint Lucilius aber gerade als der wahre Held, der gegen Laster zu Felde zieht. In der Nachfolge seines hier zum aggressiven Kämpfer stilisierten Satirenmodells Lucilius formt der Satiriker sein eigenes satirisches Ich, auch wenn er sich unmittelbar nach dieser Partie vom Interlocutor warnen lässt (1,168b–170a):

> tecum prius ergo voluta
> haec animo ante tubas: galeatum sero duelli
> paenitet.

> Erwäge dies also vorher in deinem Sinn, bevor die Kriegstrompeten ertönen: hat man erst den Helm aufgesetzt, ist es zu spät, den Kampf zu bereuen.

Die militärische Metaphorik zur Beschreibung der Tätigkeit des Satirikers wird hier mit *tubae, galeatus* und *duellum* fortgeführt.[29] Indem sich Juvenal dezidiert in die Nachfolge des Lucilius stellt, den er als epischen Kämpfer inszeniert, aber zugleich auch auf diese Rolle reduziert (vgl. 1,20 Rosselenker, 1,165 gezücktes Schwert), übergeht er seine unmittelbaren satirischen Vorgänger Horaz und Persius.

Anders als Lucilius, Horaz und auch Persius, die ihr eigenes Leben literarisch instrumentalisierten,[30] setzt Juvenal diesen schon als generische Konvention empfundenen Modus autobiographischer Selbstpräsentation[31] nicht fort. Vielmehr nimmt er die Haltung eines distanzierten epischen Erzählers

---

von *ferox* zur Charakterisierung von Turnus und Aeneas in der *Aeneis* vgl. Richard TARRANT (Virgil. *Aeneid*. Book XII, Cambridge 2012) zu Aen. 12,895.

[29] Zusätzlich wird eine epische Diktion durch das formelhafte *tecum ... voluta haec animo* (1,168f.) erzeugt, vgl. Verg. Aen. 4,533b *secumque ita corde volutat* (Dido); 6,157f. *volutat / ... animo secum* (Aeneas), 6,185 *haec ipse suo tristi cum corde volutat* (Aeneas), vgl. ferner 10,159f.

[30] Zu Horaz, der seine eigene Vita vielfach prominent in die Satire integriert hatte, s.o. 29, Anm. 66 und 67.

[31] Zumindest wird dies so retrospektiv von Satireforschern wahrgenommen, vgl. etwa ROCHE 2012, 191: »Although the construction of a speaker's *persona* is a cumulative process in each of our satirists, autobiographical reminiscences are a prominent convention of the genre«.

ein, der empörende Ereignisse und Figuren scheinbar objektiv präsentiert.[32] Der Eindruck von Juvenal als einem epischen Satiriker (s. u. Anm. 60) rührt nicht zuletzt von der Programmsatire her, in welcher er die Rolle seines bevorzugten Vorbildes Lucilius und damit auch sein eigenes satirisches Ich nach dem Modell eines heroischen Kämpfers konstruiert.

2.2 Die römische *satura* und Juvenals *farrago*

Neben der Referenz auf das autoritative Modell des Lucilius nimmt Juvenal auch eine thematische Ausrichtung in seiner Programmsatire vor – auch dies in Auseinandersetzung mit seinen Vorgängern. Nachdem der satirische Sprecher eine Reihe lasterhafter Zeitgenossen hat Revue passieren lassen, hebt er zu einer grundsätzlichen Bestimmung an, was der Gegenstand seiner Satire sei. Er will das Treiben der Menschen überhaupt und ihre Emotionen in den Blick nehmen (1,81–86):

> *ex quo Deucalion nimbis tollentibus aequor*
> *navigio montem ascendit sortesque poposcit*
> *paulatimque anima caluerunt mollia saxa*
> *et maribus nudas ostendit Pyrrha puellas,*
> *quidquid agunt homines, votum, timor, ira, voluptas,* 85
> *gaudia, discursus, nostri farrago libelli est.*

Seit Deucalion einst, als die Regenfluten die Meeresfläche ansteigen ließen, mit seinem Schiff den Berg bestiegen und einen Orakelspruch gefordert hat, und die Steine sich allmählich mit Leben erwärmten und weich wurden, und Pyrrha ihre nackten Mädchen den Männern vorführte – ist alles menschliche Tun und Treiben, nämlich Wünsche, Furcht, Zorn, Lust, Freuden, Geschäftigkeit, das Mischfutter meines Büchleins.

Dass sich der Satiriker jedoch allein auf die fehlgeleiteten menschlichen Aktivitäten und Leidenschaften beschränkt, geht aus der anschließenden, rhetorischen Frage hervor (87): *et quando uberior vitiorum copia?* (und wann war die Fülle an Lastern je üppiger?). Das verallgemeinernde *quidquid* (85) erfährt also eine Fokussierung auf *vitia*. Der Satiriker wählt sich für seine Darstellung aus der möglichen Fülle nur die dunklen Seiten menschlichen Treibens aus. An einem Punkt wie diesem lässt sich festmachen, wie sich die

---

[32] Auch BARCHIESI/CUCCHIARELLI 2005 sehen die im Kontrast zum Satiriker Horaz auffallende Unsichtbarkeit des eigenen Körpers sowie das Fehlen autobiographischer Äußerungen in Juvenals Satiren im Zusammenhang mit seinen epischen Ambitionen, vgl. 220: »If Juvenal eliminates from his *Satires* all detailed references to his body and to his personal biography, this relegation is actually an effect of his embracing the impersonal, ›objective‹ voice that he knew from the epic tradition.«

Vielfalt und Unbestimmtheit der ursprünglichen *satura* in Juvenals Satire auf das Satirische im heutigen Sinne verengt.

Juvenals programmatische Charakterisierung des Gegenstandes seiner Satire ist selbst schon im satirischen Modus gestaltet. So trägt die lange Periphrase der Zeitangabe »seit Beginn der Menschheit« (81–84) durch den respektlosen Umgang mit dem Mythos von Deucalion und Pyrrha, der in seiner Ausgestaltung auf den ovidischen Intertext (met. 1,262–415) verweist, satirische Züge. Dies wird neben der absurden Vorstellung, mit einem Schiff einen Berg zu ersteigen (*navigio montem ascendit*, 82), insbesondere durch unterschiedliche Stillagen bewirkt, indem die anfänglich episierende Tonhöhe (in den Versen 81–83)[33] im letzten Vers abrupt durch ein drastisches Bild abgelöst wird: Pyrrha, die als Bordellwirtin ihre Mädchen männlichen Kunden nackt feilbietet (V. 84).[34]

Mit dem Wort *libellus* (86) reiht sich Juvenal in die Tradition seiner beiden unmittelbaren Vorgänger ein. Als Bezeichnung für ein Satirenbuch begegnet *libellus* auch bei Horaz (sat. 1,10,92) und Persius (1,120). Das Deminutiv, womit das ganze erste Satirenbuch bezeichnet wird,[35] »impliziert jeweils eine urbane Abwertung der eigenen dichterischen Leistung bzw. der Satire als Gattung«[36]. In Juvenals Wendung *noster libellus* dürfte aber auch noch – gerade vor dem Hintergrund der zuvor katalogartig angeführten Verbrecher – die Bedeutung »Anklageschrift« mitschwingen.[37]

Besondere Aufmerksamkeit verdient das Wort *farrago* (86), welches in eigentlicher Bedeutung überwiegend bei Agrarschriftstellern begegnet und ein ursprünglich aus Getreidesorten bestehendes Mischfutter für Vieh bezeichnet. Juvenal ist der erste und einzige, der *farrago* im übertragenen Sinne gebraucht.[38] Indem er den Stoff seiner eigenen Satire als gemischtes Viehfutter bezeichnet, scheint er in ironisch-despektierlicher Art auch auf die verschiedenen Deutungspotentiale des Wortes *satura* anzuspielen.[39]

---

[33] Vgl. COURTNEY 1980 zu 81–4; BRAUND 1996a zu 81–6.

[34] Zu Pyrrha in der Rolle einer *lena* s. SCHMITZ 2000, 242/243.

[35] Vgl. auch BRAUND 1996a, 95/96 (zu Iuv. 1,86).

[36] KISSEL 1990, 268, Anm. 527 zu Pers. 1,120.

[37] Zu *libellus* von einer Schrift, in der jemand namentlich oder anonym diffamiert wird, s. ThLL s.v. VII 2,1263,55–76. Zu dieser gesetzessprachlichen Nuance von *libellus* in Hor. sat. 1,10,92, das als letztes Wort den Abschluss der 10. Satire und damit des ersten Satirenbuches bildet, vgl. FREUDENBURG 2001, 67, Anm. 85.

[38] Zur Etymologie und zum Vorkommen vgl. ThLL VI 285 s.v. *farrago*; s. auch KISSEL 1990 zu Pers. 5,77, S. 655, Anm. 162.

[39] Treffend bemerkt GOWERS 1993, 192 zu *farrago*: »Again, Juvenal is doing nothing by halves: the traditional etymology is reduced to its most ignominious form.«

2.3 Zur Etymologie und Wortgeschichte von *satura*[40]

Die Tatsache, dass ein spätantiker Grammatiker, Diomedes (4. Jh. n. Chr.), der sich selbst wiederum auf den bedeutenden römischen Universalschriftsteller Varro (116–27 v. Chr.) beruft, unterschiedliche Erklärungsversuche für den Ursprung des Wortes *satura* anführt, zeigt, dass von Anfang an mehrere Herleitungen vertreten wurden. Diomedes stellt vier Deutungen zur Diskussion.[41] Die an erster Stelle referierte Erklärung, welche die Satire von den Satyrn (*a Satyris*) herzuleiten versucht, lässt sich leicht als nachträgliche Konstruktion erweisen.[42] Ebenso kann die an letzter Stelle angebotene Herleitung aus der Gesetzessprache ausgeschieden werden.[43] Es wird zwar die Vorstellung der Vielheit evoziert, eine *lex satura* lässt sich aber nur bei Grammatikern nachweisen.[44] Bei der in diesem Zusammenhang von Diomedes als Beleg angeführten präpositionalen Wendung *per* (bzw. *in*) *saturam*, die bedeutet, dass etwas en bloc, in Form eines Gesetzespakets vorgebracht wird, handelt es sich um eine formelhaft erstarrte Fügung.

Am überzeugendsten sind die beiden in der Mitte angebotenen Deutungen. Die zunächst angeführte Erklärung für *satura* bezieht sich auf die Verwendung im Kult: *sive satura a lance, quae referta variis multisque primitiis in sacro apud priscos dis inferebatur et a copia ac saturitate rei satura vocabatur* (oder *satura* wurde von der Schüssel her ⟨benannt⟩, die vollgefüllt mit verschiedenartigen und vielen Erstlingsfrüchten als Opfer bei den Alten den Göttern dargebracht und von der Fülle und dem satten Inhalt her *satura* genannt wurde). PETERSMANN plädiert nun dafür, »daß der Name eines Gefäßes oder eines Gegenstandes, in dem ein Gericht zubereitet oder in dem bzw. auf dem es serviert wird, bisweilen für die Speise selbst eintritt«, *lanx* also nicht nur als »Schüssel«, »Platte«, sondern als Schüssel samt Inhalt zu verstehen sei, im Sinne von »Schüsselkuchen«, »Schüsselpudding«.[45] Es erscheine daher naheliegend, dass wir ebenso an den Stellen, an denen von *satura* im Kult die Rede sei, darunter »einen aus verschiedenen Früchten verfertigten Pudding oder eine Pastete verstehen.«[46] Auf diese Weise lässt sich auch die alternativ angebotene Erklärung aus der Küchensprache mit der Ver-

---

[40] Die Frage, wie die Satire zu ihrem Namen kam, behandelt PETERSMANN 1986, 13–24.

[41] Diomedes, *ars grammatica* III (*Grammatici Latini*, ed. KEIL I p. 485,30–486,16); Text und Übersetzung bietet PETERSMANN 1986, 13/14, zum Text vgl. auch SUERBAUM 2002, 298 f.

[42] Vgl. PETERSMANN 1986, 14 f., SUERBAUM 2002, 300 und 301.

[43] *Alii autem dictam putant a lege satura, quae uno rogatu multa simul comprehendat* (Andere aber glauben, sie ⟨sc. die *satura*⟩ sei nach der *lex satura* benannt, die in einem einzigen Gesetzesantrag vieles zugleich umfasst).

[44] Vgl. PETERSMANN 1986, 17; SUERBAUM 2002, 300.

[45] PETERSMANN 1986, 18.

[46] PETERSMANN 1986, 20.

wendung von *satura* in der Kultsprache in Einklang bringen.[47] Nach Diomedes kann *satura* nämlich eine mit verschiedenen Ingredienzien zubereitete Füllung bezeichnen, eine Art Pastete: *sive a quodam genere farciminis, quod multis rebus refertum saturam dicit Varro vocitatum* (oder von einer gewissen Art Füllsel, welches, wie Varro sagt, mit vielen Dingen angefüllt, *satura* genannt wurde). Beide Erklärungen treffen sich in der Vorstellung einer buntgemischten Vielfalt des Inhalts und hängen mit der Zubereitung von Gerichten zusammen.[48] Ferner scheint es sinnvoll, bei der etymologischen Herleitung vom Adjektiv *satur, -ura, -urum* (»satt«, »vollgestopft«) auszugehen (mit Ellipse einer Gefäßbezeichnung), wodurch die Fülle und wohl auch Mischung des so charakterisierten Produktes betont wird. Jeweils ist die im Kern übereinstimmende Grundidee von *satura* also Sattheit, Fülle und *varietas*. Auf Literatur übertragen ist das wesentliche Merkmal von *satura* Mischung und Vielfalt, wie sich auch andere, ursprünglich auf Speisen bezogene Begriffe im Sinne eines bunten Allerleis bequem auf nicht-kulinarische Bereiche übertragen lassen.[49] Diese in jeder Hinsicht offene Vielfalt passt zur anfänglichen Polymetrie des Lucilius ebenso wie zu den verschiedenen Ausdrucksformen (Fabel, Brief, Dialog etc.) als auch zur breiten Palette buntgemischter Themen in den einzelnen Gedichten eines Satirenbuches.

Diomedes grenzt in der erwähnten Passage über *satura* den von Lucilius, Horaz und Persius repräsentierten Typ der Satire von der älteren *satura* folgendermaßen ab: *olim carmen, quod ex variis poematibus constabat, satura vocabatur, quale scripserunt Pacuvius et Ennius* (in alter Zeit wurde eine Dichtung, die aus verschiedenen Einzelgedichten bestand, *satura* genannt, wie sie Pacuvius und Ennius geschrieben haben). Das Wort *satura* im Sinne von »vermischte Gedichte«, »poetisches Allerlei« scheint also zuerst für eine Sammlung[50] verschiedenartiger Gedichte des Ennius (239–169 v. Chr.) und vielleicht auch des Pacuvius[51] gebraucht worden zu sein. Die wenigen Fragmente aus und Testimonien über Ennius' *satura*[52] zeigen in der Tat

---

[47] Vgl. PETERSMANN 1986, 18–21 insgesamt zu *satura* in der Küchensprache bzw. als Opferterminus.

[48] Zur Rolle des Essens in der römischen Satire allgemein vgl. das Kapitel: »Black Pudding: Roman Satire« in GOWERS 1993, 109–219.

[49] Vgl. PETERSMANN 1986, 17: »Eine vergleichbare, ähnliche Übertragung hat ja auch in anderen Sprachen stattgefunden, wenn wir etwa an *farce, farsa, olla potrida, potpourri, mélange, hash, pie* usw. denken«.

[50] Zum Titel *satura* für eine wahrscheinlich von Ennius selbst vorgenommene Zusammenstellung verschiedener Einzelgedichte vgl. SCHOLZ 1986, 35.

[51] Aus der *Satura* des Pacuvius (ca. 220–130 v. Chr.), des Neffen des Ennius, gibt es noch nicht einmal ein einziges Fragment. Die Reihenfolge der Namen bei Diomedes hat keinen chronologischen Aussagewert.

[52] Zur Interpretation der Fragmente der *Satura* des Ennius, einer Sammlung vermischter Gedichte in vier Büchern, vgl. SCHOLZ 1986, 40–53.

eine große Vielfalt an metrischen und literarischen Formen. Während *satura* ursprünglich eine Sammlung verschiedenartiger Gedichte bezeichnete, verwendet Horaz *satura* in zweierlei Weise. Einmal als Name für ein einzelnes Gedicht (Hor. sat. 2,6,16 f.): *Ergo ubi me in montes et in arcem ex urbe removi, / quid prius illustrem saturis Musaque pedestri?* (Wenn ich mich also in die Berge und meine Burg aus Rom zurückgezogen habe, was sollte ich eher in den Satiren meiner prosaischen Muse verherrlichen?). Zum anderen auch zur Bezeichnung der Gattung überhaupt (sat. 2,1,1 f.): *Sunt quibus in satura videar nimis acer et ultra / legem tendere opus* (oben in Anm. 3 zitiert und übersetzt).

Bei Juvenals berühmtem Ausspruch in der Programmsatire (1,30) *difficile est saturam non scribere* changiert der Name zwischen der Bezeichnung eines Einzelgedichts und der Gattung insgesamt. In jedem Fall aber knüpft Juvenal in seiner Programmsatire an die mit *satura* assoziierte Vorstellung von gemischten Speisen an. Mit dem außergewöhnlichen Wort *farrago*, das eine modifizierte Form des zu erwartenden Begriffs *materia* darstellt, charakterisiert der Satiriker seine Version von Satire: er kündigt eine deftige Mischkost an.

3. Generische Polyphonie in Juvenals Satire

Die wandlungsfähige Gattung Satire entzieht sich immer wieder nach Art des Proteus einem festen Zugriff,[53] was mit der Vielfalt in Form und Inhalt zusammenhängt. Der in *farrago* (1,86) dominierende Aspekt der Mischung könnte neben der thematischen Vielfalt auch auf die heterogenen Gattungselemente, die der römischen *satura* von Anfang an innewohnen, zielen. Bei einer so offenen Gattung wie der *satura*, die als eine mit allen möglichen Zutaten angereicherte Ausdrucksform verstanden werden konnte, war es naheliegend, charakteristische Elemente anderer Gattungen zu integrieren. Wenn aber in einen satirischen Rahmen geradezu programmatisch unendlich viele Elemente anderer Gattungen inkorporiert werden können, stellt sich die Frage, was überhaupt das spezifisch Satirische ist. Als Modell für generische Komplexität eignet sich das von HARRISON für die augusteische Dichtung entwickelte Konzept der generischen An- bzw. Bereicherung (»generic enrichment«).[54] Ausgehend von KROLLS fundamentaler Idee der ›Kreuzung

---

[53] Vgl. CLASSENS 1993 bezeichnenden Aufsatztitel: »Die Satire – das vielgesichtige Genos«; in englischer Fassung: »Satire – the Elusive Genre«, SO 63, 1988, 95–121.
[54] Zur Definition sowie zur methodologischen und literarhistorischen Begründung des Konzepts vgl. HARRISON 2007, 1–33; allgemein zu literarischen Genres und ihren dynamischen Interaktionen, vor allem intergenerischen Konfrontationen s. auch HARRISON 2013a, 1–11.

der Gattungen‹[55] wurde das Phänomen generischer Überlagerungen in der Folgezeit immer weiter entwickelt. Auch mit dem von HARRISON eingeführten Terminus der generischen Anreicherung lässt sich der Akt der Anreicherung, der zugleich eine Transformation der adaptierten Elemente bedeutet, freilich noch nicht ganz adäquat umschreiben. Je nach thematischer Ausrichtung werden zwar charakteristische Bestandteile anderer Gattungen integriert, prinzipiell ist es aber schwierig, anzugeben, was die eigentliche Basisgattung, also die andere Elemente aufnehmende Gattung (»›host‹ genre« in HARRISONs Terminologie),[56] ausmacht. Pointiert könnte man auch sagen: gerade die Mischung, das Neben- und Ineinander verschiedener Gattungselemente ist ein konstitutives Merkmal der römischen Verssatire überhaupt und insbesondere von Juvenals Satire. In seinen Satiren können Elemente unterschiedlicher Provenienz miteinander in Dialog, aber auch in Konflikt treten, so dass insgesamt eine generische Polyphonie entsteht. Die aus anderen Gattungen importierten Elemente werden durch ihre satirische Kontextualisierung so umgeformt, dass ihre generische Verortung noch erkennbar bleibt, auch wenn sie im neuen Rahmen eine gänzlich andere Funktion erfüllen.

Das Paraklausithyron, die Klage vor der Tür der Geliebten, etwa ist ein Element, das in verschiedenen Gattungen verwendet werden kann. In Juvenals neunter Satire wird das vor allem aus der Liebeselegie bekannte Motiv des verschmähten und ausgesperrten Liebhabers variiert, zugleich aber auch völlig verkehrt.[57] Wenn Naevolus sich im Gespräch mit dem Satiriker über die fehlende Honorierung seiner Verdienste beklagt, richtet er sich direkt an seinen als anwesend imaginierten Patron, den er an die betreffende Situation erinnert (9,76–78): *tota vix hoc ego nocte redemi / te plorante foris. testis mihi lectulus et tu, / ad quem pervenit lecti*[58] *sonus et dominae vox* (Nur mit Mühe habe ich dies in einer ganzen Nacht wieder in Ordnung bringen können, während du vor der Tür heultest. Zeuge ist mir das Bettchen und du, zu dem das Geräusch des Bettes drang und die Stimme der Herrin). Üblicherweise klagt der Liebhaber, der um seine *puella* wirbt, vor der verschlossenen Tür. Hier aber befindet sich der Klient, der die gefährdete Ehe seines Patrons retten soll, im Gemach der Ehefrau, während ihr Ehemann wie ein ausgesperrter Liebender (*exclusus amator*) draußen vor der Tür weint. Aller-

---

[55] Wilhelm KROLL: Studien zum Verständnis der römischen Literatur, Stuttgart 1924, 202–224.
[56] Vgl. HARRISON 2007, 13; zur Metapher der Gastfreundschaft s. HARRISON 2007, 16.
[57] Zur Übertragung traditioneller Motive der römischen Liebeselegie auf das Patron-Klient-Verhältnis vgl. ausführlich SCHMITZ 2000, 221–227. Welche Implikationen die Übertragung des Paraklausithyrons in einen komischen Kontext hat, untersucht Stavros FRANGOULIDIS: Transformations of Paraclausithyron in Plautus' *Curculio*, in: Theodore D. PAPANGHELIS/Stephen J. HARRISON/S. FRANGOULIDIS (eds.): Generic Interfaces in Latin Literature. Encounters, Interactions and Transformations (Trends in Classics, Suppl. 20), Berlin; Boston 2013, 267–281.
[58] Zum Wechsel von *lectulus/lectus* s.u. 190.

dings fleht der Patron gerade nicht um Einlass ins Schlafzimmer, sondern beschwört seinen Klienten, an seiner Stelle mit seiner Ehefrau für Nachwuchs zu sorgen.[59] Wie hier genügt oft allein das Transponieren auf andere Verhältnisse, insbesondere auf ein vom Üblichen abweichendes Personal, um topische Elemente in der neuen Konstellation paradox erscheinen zu lassen.

Unter dem Aspekt der dynamischen Anverwandlung von Gattungselementen im satirischen Kontext lässt sich schließlich auch ein lange Zeit vorherrschender und noch nachwirkender Eindruck über Juvenals Stilhöhe relativieren. Dem Satiriker Juvenal wurde immer wieder ein für die Satire überraschend bzw. unangemessen hoher Ton attestiert. Im Vergleich zur satirischen Produktion des Horaz gilt Juvenal als der Epiker und Tragiker unter den Satirikern.[60] Diese impressionistische Lesart muss freilich differenziert werden. Allenfalls kann Juvenal als punktuell episierender und tragisierender Satiriker bezeichnet werden, wird doch eine scheinbar erhabene Diktion im nächsten Augenblick durch ein stilistisch abweichendes Register durchbrochen und wieder aufgehoben.

3.1 Ablehnung (*recusatio*) und parodistische Aneignung etablierter Gattungen

Die Entscheidung des Dichters für die Satire geht mit einer *recusatio* einher, indem er die konventionellen Gattungen als unpassend für die gegenwärtig aktuellen Themen ablehnt – auch dies ein starkes Indiz für Juvenals ausgeprägtes Gattungsbewusstsein. In seiner programmatischen ersten Satire grenzt sich der Satiriker von den durch ständige Rezitationen sattsam bekannten Dichtungen der gängigen Gattungen wie Epos, Togaten,[61] Elegien und Tragödie ab (1,2–6).[62] Insbesondere bewertet er mythologische Epen als abgedroschen, zum einen durch die immer wieder neu gestalteten gleichen Sujets, zum anderen durch die topischen Ekphraseis mythischer Haine und Höhlen sowie die in keinem Epos fehlenden Sturm- und Unterweltschilderungen (1,7–11). Angesichts der skandalösen Zustände in Rom erscheint dem Dichter jedoch die Satire als die einzig zeitgemäße Antwort auf die Anforderungen an ein poetisches Werk der Gegenwart. Entsprechend distanziert er sich von den realitätsfernen Stoffen mythologischer Epen (1,52b–54):

---

[59] Zur Besonderheit der Situation des Patrons *te plorante foris* (77) als »twisted parody« eines Paraklausithyrons vgl. auch HENDRY 2000, 86f.

[60] So etwa VON ALBRECHT in seiner Literaturgeschichte 2012, 208: »Iuvenal ist der rhetorischste und pathetischste der Satiriker. Bei ihm erhebt sich die Gattung Satire auf das stilistische Niveau von Tragödie und Epos.«

[61] Die Togata ⟨sc. *fabula*⟩ ist ein nach der Toga, dem offiziellen Gewand des römischen Bürgers, benannter Typ der Komödie, der im römischen Ambiente spielt.

[62] Zu 1,1–6 s. ausführlicher u. 69.

> *sed quid magis? Heracleas*
> *aut Diomedeas aut mugitum labyrinthi*
> *et mare percussum puero fabrumque volantem.*

Aber was ⟨soll ich⟩ denn eher ⟨traktieren⟩? Erzählungen über Herakles oder Diomedes oder das Gebrüll im Labyrinth und das von einem Knaben durchbrochene Meer und den fliegenden Handwerker?

In der Aufzählung der abgelehnten Epen zeigt schon die Periphrase *mugitum labyrinthi* (53), womit das Brüllen des Minotaurus im Labyrinth auf Kreta ins Zentrum einer *Theseis* (eines Theseusepos, vgl. Iuv. 1,2) gerückt wird, satirische Zuspitzung. Nach den bloßen, in den Plural gesetzten Titeln *Heracleas* und *Diomedeas*, womit massenhaft produzierte Heldenepen bezeichnet werden, kommt das konkrete akustische Moment in *mugitus* als überraschende Pointe. Die in einen einzigen Vers gedrängten Umschreibungen für den Absturz des Icarus und die Flucht des Daedalus mit Hilfe der von ihm entworfenen Flügel markieren durch die groteske Verschränkung der handelnden Figuren mit den Elementen Meer und Himmel die Realitätsferne: ein Knabe, der das große Meer durchstoßen hat, und ein Handwerker, der in der Lage ist, durch den Himmel zu fliegen. Die Ablehnung derartiger Themen wird schon allein durch die bombastischen Namen (*Heracleas / aut Diomedeas...*, 1,52 f.) illustriert, wobei die Monstrosität dieser poetischen Projekte noch durch den Spondiacus in *Heracleas* besonders akzentuiert wird.[63]

Der Satiriker tritt also in seiner Programmsatire mit dem Anspruch auf, seine Satire sei die neue, adäquate poetische Ausdrucksform für die gegenwärtigen Verbrechen. Im Gegensatz zu Gattungen herkömmlichen Zuschnitts, in denen mythische, also unwirkliche Figuren agieren, beansprucht er, reale Vorkommnisse und Menschen auf seiner satirischen Bühne zu präsentieren. Diese programmatischen Äußerungen der ersten Satire liegen auf einer Linie mit anderen poetologisch zu deutenden Partien, die im Kontext der Satiren begegnen.[64] In seiner poetischen Praxis zeigt sich die Ablehnung bestimmter Konventionen vor allem des traditionellen Epos darin, dass sich der satirische Dichter jeweils nur sporadisch einer solch erhabenen Diktion bedient, um sie aber sogleich durch einen gezielten Stilbruch zu durchkreuzen. So wehrt er bei der ausführlichen Schilderung eines Seesturms im narrativen Teil der 12. Satire (17–22a) eine mögliche generische Grenzüberschreitung seiner kleinen Gedichtform ins Epische und die damit verbundene hohe Stilebene selbstironisch ab, indem er seine episie-

---

[63] Das gleiche Phänomen (spondeische Hexameterklausel) begegnet beim Namen mythologischer Ungeheuer in 15,18 *inmanis Laestrygonas et Cyclopas* (die unmenschlichen ⟨d.h. menschenfressenden⟩ Laestrygonen und die Kyklopen).
[64] Zu vergleichen ist der ironische Selbsteinwand des Dichters im Finale der sechsten Satire (6,634–637), s.u. 66–68.

rende Schilderung zugleich metapoetisch reflektiert. Zunächst lässt er seine Sturmschilderung ganz konventionell mit der Beschreibung der aufziehenden Finsternis beginnen (18f.): *densae caelum abscondere tenebrae / nube una* (dichte Finsternis verbarg den Himmel in einer einzigen Wolke).[65] Mitten in seine episch anhebende Schilderung des Seesturms, in den sein Freund Catullus geraten war, fügt der Satiriker ganz unvermittelt eine parenthetische Bemerkung ein (12,22b–24a): *omnia fiunt / talia, tam graviter, si quando poetica surgit / tempestas* (alles geschieht in dieser Art, in dieser Erhabenheit,[66] wenn einmal in der Dichtung ein Sturm aufsteigt). Durch den selbstreflexiven Verweis auf die *poetica tempestas* distanziert sich der Satiriker von diesem vor allem in Epen beliebten Motiv.[67]

3.1.1 *Episierende Diktion*[68]

Schon aufgrund des gleichen Versmaßes gehören Epen zu den wichtigsten Referenztexten der römischen Verssatire. Auch wenn sich die Diktion zeitweilig zu epischer Höhe erhebt, holt Juvenal jeden Aufschwung doch wieder auf die satirische Ebene zurück, wie die abgebrochene Sturmschilderung zeigt. Ein anschauliches Beispiel für einen solch kalkulierten Stilbruch liegt in einem Zwischenproömium in der vierten Satire vor. Der Musenanruf als Zäsur innerhalb einer Erzählung ist ein traditionelles Bauelement des Epos. Bevor der satirische Sprecher über ein merkwürdiges Ereignis am Hofe des Kaisers Domitian berichtet, fügt er eine Museninvokation ein (4,34–36):

> *incipe, Calliope. licet et considere: non est*
> *cantandum, res vera agitur. narrate, puellae*   35
> *Pierides, prosit mihi vos dixisse puellas.*

---

[65] Zu vergleichen ist vor allem Verg. Aen. 3,198 f.: *involvere diem nimbi et nox umida caelum / abstulit* (Wolken hüllten das Tageslicht ein und eine Nacht voll Regen entzog den Himmel unserem Anblick) und Verg. Aen. 1,88 f. *eripiunt subito nubes caelumque diemque / Teucrorum ex oculis; ponto nox incubat atra* (Plötzlich entziehen Wolken Himmel und Tageslicht den Augen der Teucrer: über dem Meer lagert dunkle Nacht). Zur abbildenden Wortstellung in Iuv. 12,18 f. s. u. 200 f.

[66] Das Adverb *graviter* (23) als Stilbegriff zeigt zugleich die unangemessen bombastische Stilhöhe an, vgl. SCHMITZ 2000, 49.

[67] Gerade Sturmschilderungen gehören zu den topischen Bauelementen des Epos; in Juvenals Programmsatire erscheinen Unwetterbeschreibungen (*quid agant venti*, 1,9) zusammen mit Unterweltbeschreibungen in einer Liste immer wieder rezitierter und daher abgedroschener Gegenstände.

[68] Zum – freilich noch näher zu bestimmenden – Epischen als einem charakteristischen Merkmal von Juvenals Satire s. BRAUND 1996a, Introduction 21–24. Ob man die epischen Elemente in Juvenals Satiren prinzipiell als Anspruch des Satirikers, das Epos durch seine Satire zu ersetzen, verstehen will (vgl. BRAUND 1996a, 24: »in Juvenal's hands, satire can indeed claim to replace epic«), ist eine weitergehende Frage, die bei der Interpretation der einzelnen Satiren differenziert zu behandeln ist.

Heb an, Calliope! Man darf sich aber auch setzen: es steht keine Rezitation hoher Dichtung an, vielmehr geht es um eine wahre Begebenheit. Erzählt, ihr Mädchen des Pieros! Nützen soll es mir, euch »Mädchen« genannt zu haben.

Der Dichter bewegt sich anfänglich ganz im epischen Modus, aber nur, um sogleich wieder zu einem satirischen Ton zurückzukehren. Der feierliche Auftakt wird nämlich durch das nachfolgende Zugeständnis an die Musen, sich auch setzen zu dürfen, konterkariert. Die Begründung, dass es nicht um eine Rezitation erhabener Dichtung gehe, sondern eine wahre, historisch verbürgte Geschichte erzählt werden solle, setzt den abrupten Wechsel vom Sicherheben[69] zum Sichsetzen[70], von erhöhter zu niedriger Diktion fort. In Vers 34 wird der spannungsreiche Konflikt zwischen erhabenem Musenanruf und hiermit kontrastierender Erlaubnis, Platz zu nehmen, zusätzlich noch auf metrischer Ebene unterstützt.[71]

Genau dieses Umschlagen vom Erhabenen ins Gewöhnlich-Alltägliche vollzieht sich in der vierten Satire mehrmals auch auf stilistischer Ebene. So lässt sich ein Wechsel der Stilebenen in den Versen unmittelbar vor dem Musenanruf verfolgen: Crispinus, ein aus Ägypten stammender Emporkömmling, der in Rom zum Mitglied von Domitians Kronrat avanciert ist, präfiguriert mit seinem anstößigen Gebaren Domitians Verhalten. Dass er einen teuren Fisch als nur marginale Beilage verzehrte, veranlasst den empörten Satiriker zu der rhetorischen Frage (4,28–31):

qualis tunc epulas ipsum gluttisse putamus
induperatorem, cum tot sestertia, partem
exiguam et modicae sumptam de margine cenae, 30
purpureus magni ructarit scurra Palati?

Wie beschaffen müssen wir uns erst die Gerichte vorstellen, die der Oberfeldherr höchstselbst gierig verschluckt hat, wenn schon so viele tausend Sesterzen, eine winzige Portion eines ›bescheidenen‹ Mahls und bloß vom Rand genommen, der in Purpur gehüllte Possenreißer des großen Kaiserpalastes rülpsend verschlungen hat?

---

[69] Dies lässt sich zunächst ganz wörtlich als Aufforderung an die Muse, sich zu erheben und zu singen, verstehen; zu vergleichen ist die Beschreibung in Ovids *Metamorphosen* 5,338–340, wie Calliope sich zum Singen erhebt: *surgit et inmissos hedera collecta capillos / Calliope querulas praetemptat pollice chordas / atque haec percussis subiungit carmina nervis* (Calliope erhebt sich und, die frei herabwallenden Haare mit Efeu zusammengeknüpft, stimmt sie mit ihrem Daumen die klagenden Saiten prüfend an und lässt dann, die Saiten anschlagend, dieses Lied folgen).
[70] Vgl. FERGUSON 1979 zu *considere*: »this brings us down with a bump«.
[71] Zur satirischen Version des epischen Hexameters s. u. 192 f.

3. Generische Polyphonie in Juvenals Satire 63

Auf das derb-vulgäre Verb *gluttire*[72] lässt der Dichter ein für ein Epos geeignetes Wort mit archaisch-feierlichem Klang folgen, das von Ennius für seine *Annales* geprägt wurde: *induperator*.[73] Inkongruent ist auch die widersprüchliche Umschreibung für den vom Satiriker verächtlich zum Spaßmacher am Kaiserhof (*scurra Palati*) degradierten Crispinus in Vers 31.[74] Wie beim Musenanruf wird der episierende Stil jeweils durch stilistisch abweichende Wörter (*ructarit scurra*) konterkariert. Auch die narrative Partie setzt zunächst konventionell mit dynamischem *iam*[75] ein (37f.): *cum iam semianimum laceraret Flavius orbem / ultimus et calvo serviret Roma Neroni* ... (Als der letzte Flavier den bereits halbtoten Erdkreis zerfleischte und Rom dem glatzköpfigen Nero sklavisch dienen musste, ...). Hier führt die Antonomasie *calvus Nero* für Domitian den epischen Anflug wieder auf die satirische Ebene zurück. Wenig später verwendet Juvenal nochmals anaphorisch das topische *iam* für eine episierende Periphrase der Zeit (56f.): *iam letifero cedente pruinis / autumno, iam quartanam sperantibus aegris* (Schon wich todbringender Herbst dem Reif, schon hofften Kranke auf das Quartanfieber). Besonders die paradoxe Formulierung, dass die Kranken auf ein in kürzeren Abständen wiederkehrendes Fieber hoffen, bringt den episierenden Höhenflug wieder zu Fall.[76] Auch im weiteren Verlauf der Satire bedient sich der Erzähler einer für den epischen Stil typischen Diktion, die aber ange-

---

[72] Das unpoetische Wort *gluttire*, das den Aspekt des hastigen Verschlingens betont, wird bevorzugt auf Tiere bezogen (vgl. ThLL VI 2,2118,17–43), wodurch Domitians Verhalten an das eines wilden Tieres angeglichen wird.

[73] Das im Gegensatz zu *imperator* im Hexameter einsetzbare Wort *indŭpĕrātor* findet sich vor allem in Ennius' *Annales*: ann. 83. 326. 347. 565, ferner bei Lukrez. 4,967. 5,1227; vgl. ThLL VII 1,554,5–14 s.v. *imperator*. Unsere Juvenalstelle (zu vergleichen ist noch Iuv. 10,138) folgt unmittelbar auf Ennius und Lukrez.

[74] Treffend bemerkt BRAUND 1996a zu V. 31: »The grand words *purpureus* and *Palati* enclose and conflict with the lowly words *ructarit* and *scurra*«. Zum symmetrisch aufgebauten Vers (*versus aureus*) s.u. 193.

[75] Vom »geradezu obligatorischen« *iam* in epischen Zeitangaben spricht Hellfried DAHLMANN: Cornelius Severus (AAWM 6, 1975) Wiesbaden 1975, 28–37. Entsprechend eignet sich dieses *iam* besonders gut für einen nur vorgeblich epischen Erzählton in satirischen Kontexten wie z.B. Hor. sat. 1,5,9f. 2,6,100f. Sen. apocol. 2,1. 2,4.

[76] Ein weiteres instruktives Beispiel für die parodistische Abwandlung dieses typisch epischen Formelementes liegt in der fünften Satire vor (5,22f.): *illo tempore quo se / frigida circumagunt pigri serraca Bootae* (zu der Zeit, da sich der eisige Karren des trägen Bootes wendet). Als Modell für die Zeitperiphrase mittels des Sternbildes des Bootes kann Ov. met. 10,446f. angeführt werden: *Tempus erat, quo ... inter ... Triones / flexerat obliquo plaustrum temone Bootes* (Es war die Zeit, da Bootes zwischen den Sternen der Dreschochsen seinen Wagen so gelenkt hatte, dass die Deichsel schräg stand). Juvenal satirisiert die durch doppeltes Hyperbaton episch stilisierte Umschreibung der Zeit kurz nach Mitternacht durch ein Wort aus dem Register der Alltagssprache (*serracum* für gewöhnliches *plaustrum*). Zu diesem prosaischen Wort an Stelle des üblichen Wortes für das himmlische Gefährt vgl. URECH 1999, 195 und 100f. Hinzu kommt noch der satiretypische Versschluss mit zwei Monosyllaba (*quo se*, 22).

sichts des Gegenstandes unangemessen hervorsticht. Ein nach homerischem Muster gebildetes, im Epos geläufiges Stilmittel, das in der vierten Satire gleich mehrmals (39. 72. 81 und 107) zur Anwendung kommt, ist die Umgewichtung eines Ausdrucks nach dem Typ ἱερὴ ἲς Τηλεμάχοιο (»die erstaunliche Kraft des Telemachos« als poetische Umschreibung für »der erstaunlich kräftige Telemachos«, Hom. Od. 2,409).[77] Besonders auffällig ist die Periphrase für den großen Fisch in dieser feierlich-erhabenen Form (39): *Hadriaci spatium admirabile rhombi* (die erstaunliche Größe eines Adriabutts, d.h. ein Adriabutt von erstaunlicher Größe).[78] Ebenso heißt es in epischer Manier über einen der Teilnehmer des Kronrats (81b): *venit et Crispi iucunda senectus* (Es kommt auch das liebenswürdige Alter des Crispus, d.h. der liebenswürdige alte Crispus). Diese Umschreibung stellt eine auffallende Parallele zum ersten der vier überlieferten Verse aus dem fragmentarisch erhaltenen epischen Statiusgedicht De bello Germanico dar: *Nestorei mitis prudentia Crispi* (die sanfte Klugheit des nestorgleichen Crispus).[79] Eine weitere Umschreibung in diesem erhabenen Stil lässt Juvenal in Vers 107 folgen: *Montani quoque venter adest abdomine tardus* (auch der Wanst des Montanus, d.h. der feiste Montanus, ist zur Stelle, schwerfällig durch seinen Schmerbauch). Auch hier kontrastiert der episierende Stil mit dem prosaischen Verweis auf die Dickbäuchigkeit des Montanus.

Ebenso wird mit dem episierenden, bis zur Penthemimeres reichenden Auftakt *itur*[80] *ad Atriden* (Man geht zum Atriden, 65a) epische Sprache imitiert.[81] Der Herrscher Domitian selbst (vgl. 145 *dux magnus*) wird mit einem mythologischen Patronymikon (*Atrides*) umschrieben. Die Gleichsetzung Domitians mit Agamemnon, dem Oberbefehlshaber über das griechische Heer vor Troja, beschwört einen episch-kriegerischen Kontext, der angesichts des banalen Beratungsgegenstandes unpassend wirkt. Von einer durchgehend epischen Diktion kann also nicht die Rede sein. Adäquater lässt sich das Einsprengen episch-erhabener Versatzstücke als satirische Strategie erklären, mit der bestimmte Effekte erreicht werden sollen. Hier veranschau-

---

[77] Zu diesem Typ der Periphrase bei Juvenal vgl. FRIEDLAENDER 1895 zu Iuv. 4,39; COURTNEY 1980 zu 4,39 und 81; ADAMIETZ 1993b, Anm. 28; SCHMITZ 2000, 157. Ebenso wählt Horaz in sat. 2,1,72 eine feierlich-erhabene Umschreibung, die im Kontrast zum alltäglichen Kontext steht: *virtus Scipiadae et mitis sapientia Laeli* (Scipios Tatkraft und die milde Weisheit des Laelius, d.h. der tatkräftige Scipio und der weise und sanfte Laelius).

[78] Vgl. auch 72: *patinae mensura*: das passende Maß einer Schüssel, d.h. die passende Schüssel.

[79] Zur Frage der Parodie s.u. 95f.

[80] Der Ausdrucksweise *itur* (65) entspricht *surgitur* (144) bei der Entlassung der Berater. Zu diesem bei Vergil beliebten unpersönlichen Passivs bei intransitiven Verben (z.B. Aen. 6,179 *itur in antiquam silvam*), wodurch der Vorgang selbst gegenüber den Handelnden in den Vordergrund gerückt wird, vgl. Schmitz (2000) 254, Anm. 273.

[81] Vgl. auch KENNEY 2012, 126 zu 4,65–68: »the presentation of the gigantic turbot to Domitian moves from the epic to the everyday and back«.

3. Generische Polyphonie in Juvenals Satire 65

licht der auf stilistischer Ebene inszenierte Kontrast zwischen altepischer Bezeichnung des Herrschers als *induperator* (29) und seinem tatsächlichen Verhalten, dass der mit dem griechischen Heerführer Agamemnon identifizierte römische Kaiser seiner Aufgabe nicht gerecht wird, da der von ihm einberufene Kronrat einzig über Nichtigkeiten (vgl. *nugae*, 150), nämlich über eine adäquate Zubereitung des Riesenfisches, berät.

Mit Recht vertritt POWELL 1999 die Meinung, dass Juvenals Stil nicht insgesamt als erhaben bezeichnet werden kann,[82] da Passagen, die sich zu einer höheren Diktion erheben, in der Regel am Schluss durch ein stilistisch abweichendes, bevorzugt kolloquiales Wort destruiert werden. Ein Beispiel für eine solche stilistische Inkongruenz findet sich in Juvenals satirischer Abwandlung der Katalogform. Wie die Museninvokation gehört auch der Katalog zum Standardrepertoire epischer Dichtung. In der 13. Satire bedient sich der Satiriker dieses Elementes, allerdings wiederum in ironischer Brechung. So zählt der satirische Sprecher zur Veranschaulichung seiner These, dass die Menschen skrupellos Meineide leisteten (13,75), die Waffen der Götter auf, bei denen ein Meineidiger schwöre (13,78–82):

per Solis radios Tarpeiaque fulmina iurat
et Martis frameam et Cirrhaei spicula vatis,
per calamos venatricis pharetramque puellae   80
perque tuum, pater Aegaei Neptune, tridentem,
addit et Herculeos arcus hastamque Minervae, ...

Bei den Strahlen des Sonnengottes und den tarpejischen Blitzen schwört er, dem Speer des Mars und den Geschossen des Sehers von Cirrha, bei den Pfeilen und dem Köcher des jagenden Mädchens und bei deinem Dreizack, Neptun, Vater des Ägäischen Meeres; und er fügt noch den Bogen des Hercules hinzu und Minervas Lanze ...

Den wie eine Litanei nicht enden wollenden Katalog kürzt der Sprecher schließlich ab (83): *quidqud habent telorum armamentaria caeli* (und was sonst noch an Geschossen das Zeughaus des Himmels enthält). Spätestens[83] bei diesem saloppen Abbruch wird die Geringschätzung der Götter und ihrer Attribute, bei denen man schwört, aus der Perspektive des Meineidigen vor Augen geführt. Der wuchtige Versschluss *telorum armamentaria caeli* steht im krassen Gegensatz zur Furchtlosigkeit vor einer göttlicher Strafe. Das prosaische sechssilbige Wort *armamentaria*,[84] wodurch die göttlichen Attribute

---

[82] Diese Position gilt mittlerweile als selbstverständlich, vgl. MORGAN 2010, 345, Anm. 210.
[83] Mögliche despektierliche Elemente könnten bereits in der Wahl eines ungewöhnlichen (germanischen) Wortes für die Ausrüstung des Kriegsgottes (*framea*, 79) und in der Umschreibung der Jagdgöttin als jagendes Mädchen liegen, vgl. POWELL 1999, 329.
[84] Wie der Thesaurus-Artikel zeigt, ist unsere Juvenalstelle der einzige Beleg (ThLL II 602,43) für die Verwendung des ohnehin seltenen Wortes in der Dichtung.

als gewöhnliche Waffen disqualifiziert werden, markiert den Stilbruch gegenüber einem traditionellen Katalog.[85]

3.1.2 Tragödienaffine Themen

Von Juvenals ausgeprägtem Gattungsbewusstsein zeugen metapoetische Markierungen, die vor Augen führen, dass der Gegenstand seiner Satire die durch seine Vorgänger festgelegten Grenzen der Gattung[86] zu verlassen drohe. Innerhalb seiner Schilderung, zu welchen Freveltaten vornehme Matronen fähig seien, verlängert der misogyne Sprecher seine Aufzählung mütterlicher Verbrechen zu einer absurden Verallgemeinerung: einen Stiefsohn ermorden zu lassen, gehöre mittlerweile schon zum guten Ton (6,628b *iam iam privignum occidere fas est*). Seine Warnung gelte vielmehr vermögenden Mündeln, die vor ihren eigenen, habgierigen Müttern nicht sicher seien. An dieser Stelle hält der Sprecher inne, um einen möglichen Einwand zu erheben (6,634–637):

> *fingimus haec altum satura sumente coturnum*
> *scilicet, et finem egressi legemque priorum*   635
> *grande Sophocleo carmen bacchamur hiatu,*
> *montibus ignotum Rutulis caeloque Latino.*[87]

Ich erfinde dies natürlich nur, meine Satire legt den hohen Kothurn an, und die Grenze und das Gesetz meiner Vorgänger überschreitend dichte ich mit sophokleischem Mund in bacchantischer Begeisterung ein erhabenes Lied, welches den Rutulerbergen und Latiums Himmel unbekannt ist.

Der Kothurn, der Bühnenschuh des tragischen Schauspielers, verweist als gattungstypisches Requisit ebenso wie die Nennung des bekannten Tragö-

---

[85] Als Referenztext für einen solchen epischen Waffenkatalog verweisen die Kommentare (DUFF, FERGUSON, COURTNEY) auf eine Passage aus Lucans Bürgerkriegsepos, in der die Gigantomachie als Vergleich für die Schlacht von Pharsalos herangezogen wird (Lucan. 7,145–150). In diesem Kontext werden die Waffen der auch bei Juvenal genannten Götter (Mars, Neptun, Apollo, Minerva und Jupiter) aufgeführt.

[86] Auch Horaz, der sein zweites Satirenbuch mit dem Vorwurf seiner Kritiker eröffnet, er überschreite die Gattungsgrenzen, zeigt ein ausgeprägtes gattungspoetisches Bewusstsein (sat. 2,1,1f.): *Sunt quibus in satura videar nimis acer et ultra / legem tendere opus*; die Stelle ist oben Anm. 3 zitiert. Zum Konzept einer poetischen *lex* s. C. O. BRINK: Horace on Poetry, Cambridge 1971, 211f. zu Hor. ars 135 *operis lex*. Zu vergleichen ist auch Quintilians normative Anweisung in seiner *Institutio oratoria* 10,2,22 *sua cuique proposito lex, suus decor est: nec comoedia in cothurnos adsurgit, nec contra tragoedia socco ingreditur* (Jedes Vorhaben hat sein eigenes Gesetz, seinen eigenen angemessenen Schmuck: weder steigt die Komödie auf tragische Kothurn noch schreitet andererseits die Tragödie im Pantoffel der Komödie daher).

[87] Entgegen CLAUSENS 1992 Interpunktion fasse ich den Abschnitt, vor allem aufgrund des sarkastischen *scilicet* (635), nicht als rhetorische Frage, sondern als Aussage auf.

diendichters Sophokles auf die griechische Tragödie.[88] Themen, die sich für eine Tragödie und mithin erhabene Diktion eigneten,[89] seien hier zum Gegenstand der Satire avanciert. Das Bild des Überschreitens der Gattungsgrenze wird äußerst anschaulich evoziert, indem die personifiziert vorgestellte *satura* sich des hohen Theaterschuhs bemächtigt (*satura sumente*), mit dem sie eine Grenze überschreitet (*finem egressi*). Auf stilistischer Ebene wird die Unvereinbarkeit in der Juxtaposition *altum satura* (634) markiert, wodurch eine Art Oxymoron suggeriert wird, nämlich ein erhabener Satirenstil. Im wuchtigen Vers (636) *grande Sophocleo carmen bacchamur hiatu* erhebt sich die feierlich-pathetische Diktion dann auch wirklich, freilich nur vorübergehend, zu einem *grande carmen*.[90]

Der durch *scilicet* (635) von vornherein als ironisch markierte Einwand *fingimus haec* ... (634–637) wird sogleich durch den vergeblichen Wunsch (638) *nos utinam vani* (Wäre ich doch nur ein lügnerischer Erfinder!) widerlegt. Wie auch sonst öfter erwägt der satirische Sprecher etwas nur, um es anschließend zurückzuweisen. Natürlich liegt hier keine Transformation in eine Tragödie vor und kein Leser befindet sich im Zweifel, dass er es nach wie vor mit einer Satire zu tun hat. Gleichwohl wäre, so die Aussage des Satirikers, sein behandelter Gegenstand durchaus ein adäquater Stoff für eine Tragödie. Und in der Tat werden im Finale der sechsten Satire die mythischen Kindermörderinnen Medea (643) und Procne (644) aufgerufen, die *grandia monstra* (645) begingen. Schon die Wiederholung *grande* (636) – *grandia* (645) jeweils am Versanfang signalisiert die Analogie von Thema und Stilhöhe: gewaltige Verbrechen verlangen eine gewaltige Darstellung.

Zweifellos muss diese Einschaltung des Satirikers im Kontext der sechsten Satire gelesen werden. Mit Recht insistieren denn auch SMITH 1989 und POWELL 1999, 317 f. in ihrer Interpretation von 6,634–637 darauf, dass hier keine programmatische Aussage Juvenals über den von ihm für seine Satire prinzipiell bevorzugten hohen Stil oder gar eine Ankündigung einer stilisti-

---

[88] Zur Verwendung des *cot(h)urnus* als Fußbekleidung des Schauspielers in der Tragödie s. ThLL s.v. *cothurnus* IV 1087,26–54, metonymisch für die Tragödie ThLL 1087,68–1088,6.
[89] Sophokles repräsentiert innerhalb der Synkrisis mit Euripides den erhabeneren Tragödiendichter, vgl. Quint. inst. 10,1,68 *quibus gravitas et cothurnus et sonus Sophocli videtur esse sublimior*. Auch das transitiv gebrauchte Verb *bacchari* zeigt den poetischen Höhenflug an, vgl. ThLL s.v. *bacchor* II 1664,9–15: *captum esse divino quodammodo furore, de vatibus et poetis*.
[90] Performativ demonstriert Juvenal dies insbesondere mit Vers 636, den er in Wortstellung (doppeltes Hyperbaton), vor allem aber im Vokabular in ein erhabenes Gewand kleidet. So auch COURTNEY 1980 zu 636: »Juvenal's style rises to suit the context.« Vgl. auch WATSON/WATSON 2014, 275: »This denial J. satirically couches in high style (636–7 *Sophocleo ... hiatu, bacchamur, Rutulis, Latino*), pointedly bringing the register down to earth in 638–40 in order to suggest by lexical means that the crimes hitherto associated with tragedy have invaded contemporary life.«

schen Neuausrichtung seiner Satire vorliege.[91] Gleichwohl kann man aber fragen, warum der Dichter es so vehement ablehnt, dass sich seine Satire an diesem Punkt des hohen Kothurns und damit der Tragödienform bemächtige. Durch diese emphatische Negierung einer Gattungsüberschreitung setzt er seine Satire überhaupt erst in eine vergleichende Beziehung zur Tragödie. Die poetologische Reflexion bekräftigt in erster Linie die auch sonst in Juvenals Satire mehrfach behauptete Überzeugung, dass die gegenwärtigen Verbrechen alle früheren, aus Mythos und Geschichte bekannten Greueltaten der Literatur in den Schatten stellten. Darüber hinaus liefert eine solche selbstreflexive Überlegung aber auch eine Begründung, warum Juvenal mit verschiedenen, abrupt wechselnden stilistischen Registern operiert. In einigen Momenten lässt er nämlich auch stilistisch Tragödiensujets anklingen, aber nur, um mit diesen Reminiszenzen die literarische Erinnerung an Figuren und Situationen der Tragödie zu evozieren und mit der Alltagswelt zu messen. Seine Bühne ist und bleibt die Satire. Der Dichter bekräftigt in dieser poetologischen Einschaltung innerhalb der sechsten Satire seinen bereits in der Programmsatire erhobenen Anspruch, dass seine Satire die für die korrupte Gegenwart angemessene Form der Dichtung sei, übertreffen doch in der Darstellung des Satirikers die gegenwärtigen Verbrechen, die – anders als in der Tragödie – nicht mehr exzeptionell, sondern alltäglich sind, selbst die in der Tragödie dargestellten.[92]

In einer analogen Reflexion in der 15. Satire grenzt der Satiriker seine Darstellung von einer Tragödie ab, indem er das von ihm zu schildernde Geschehen als ein ungeheuerliches Verbrechen charakterisiert, das nicht von hochstehenden Persönlichkeiten, sondern von einem ganzen Volk verübt wurde (15,29): *nos volgi scelus et cunctis graviora coturnis ⟨referemus⟩*.[93] Die in seiner Satire behandelten Themen hätten nach Meinung des Satirikers durchaus das Potential, in einer Tragödie dargestellt zu werden. Da es sich jedoch um keine fiktiven Stoffe, sondern um reale, zeitgenössische Ereignisse handelt, ist die Satire die geeignete Form. Dieser zentrale Punkt in Juvenals Abgrenzung von der traditionellen Tragödie begegnet auch in der 12. Satire, in der ein zeitgenössischer Erbschleicher, der sogar bereit ist, seine eigene, heiratsfähige Tochter zu opfern, mit dem mythischen Agamem-

---

[91] Auch KISSEL 2014 lehnt jede über den Kontext hinausgehende Programmatik ab, vgl. 124. 126. 129. 131. 134. 154 und 286.

[92] In diesem Sinne verstehen auch WATSON/WATSON 2014, 5 zu 6,634–7 Juvenals Anleihen beim höheren Stil: »he is expropriating the stylistic modalities of the *genera grandia*, tragedy and epic, in order to underpin linguistically the (indubitably hyperbolic) claim which constitutes the climax of *Satire* 6, that the monstrous crimes previously associated with the impassioned females of Greek tragedy have become a reality in contemporary Rome, indeed that the cold-blooded criminality of Roman wives overtops that of the tragic paradigms.«

[93] Hierzu s.u. 155.

non verglichen wird. Die Synkrisis gipfelt in der Pointe, dass – anders als im Falle der mythischen Iphigenie – diesmal keine wunderbare Errettung der Tochter zu erwarten sei (12,120): *non sperat tragicae furtiva piacula cervae* (⟨Ein zeitgenössischer Erbschleicher⟩ kann nicht – wie in der Tragödie – auf das untergeschobene Ersatzopfer einer Hirschkuh hoffen).

3.2 Transformierende Adaption charakteristischer Formen und Motive aus weiteren Gattungen

Das Repertoire der in Juvenals Satiren adaptierten Gattungselemente ist freilich nicht auf die hohen Gattungen des Epos und der Tragödie beschränkt. Im Eingang der ersten Satire vermittelt der von vielen Rezitationen gequälte Dichter einen Einblick in den Literaturbetrieb seiner Zeit (1,1–6):

> *Semper ego auditor tantum? numquamne reponam*
> *vexatus totiens rauci Theseide Cordi?*
> *inpune ergo mihi recitaverit ille togatas,*
> *hic elegos? inpune diem consumpserit ingens*
> *Telephus aut ...* 5
> *... Orestes?*

Immer soll ich nur Zuhörer sein? Niemals heimzahlen, so oft gequält durch die *Theseis* des vom Krächzen schon heiseren Cordus? Ungestraft also soll mir jener Togaten, dieser Elegien rezitieren? Ungestraft soll mir ein gewaltiger *Telephus* oder ... ein *Orestes* einen ganzen Tag rauben?

In seiner Aufzählung lässt er mehrere zu seiner Zeit offenbar gepflegte Gattungen Revue passieren: Epos (*Theseis*), Togaten (s.o. Anm. 61), Liebeselegien (*elegi*), Tragödie (*Telephus* und *Orestes*).

Charakteristika bestimmter Gattungen wie vor allem der Liebeselegie, Bukolik, des Epigramms, auch der Historiographie bilden das auch den Rezipienten bekannte Arsenal, aus dem der Satiriker einzelne Elemente für seine Satire adaptieren kann. Wiedererkennbare Bestandteile aus etablierten Gattungen erscheinen im neuen Umfeld der Satire freilich in pervertierter Form. So begegnet im Finale der dritten Satire das Motiv des Abschiednehmens am Abend, das typischerweise auch am Ende eines bukolischen Gedichtes zu finden ist. Umbricius verabschiedet sich von seinem Gesprächspartner mit Hinweis auf die zur Abfahrt bereiten Zugtiere und die sich neigende Sonne (3,316): *sed iumenta vocant et sol inclinat: eundum est* (aber die Zugtiere rufen und die Sonne sinkt: es heißt aufbrechen). Dieses Motiv verweist auf Vergils *Bucolica* 1,83. 2,66f. 6,85f. 10,75–77.[94] Trotz der deutlichen

---

[94] Auch bei Calpurnius findet sich wie in Iuv. 3,315 (*his alias poteram et pluris subnectere causas*) eine typische Schlussformel (5,119 *plura quidem meminisse velim, nam plura supersunt*) vor der Schilderung des hereinbrechenden Abends, die jeweils mit *sed* eingeleitet wird, vgl.

Anklänge an dieses in der bukolischen Dichtung gängige Motiv könnte der Unterschied jedoch nicht größer sein. Während etwa Meliboeus, der voller Wehmut seine Heimat verlässt, von seinem Gesprächspartner Tityrus eingeladen wird, wenigstens noch die Nacht bei ihm zu verbringen (Verg. ecl. 1,79–83), verlässt Umbricius freiwillig seine Heimatstadt und fordert seinerseits den Gesprächspartner, einen Satiriker, auf, ihn von seinem neuen Aufenthaltsort Cumae zu einer Rezitation auf seinen Landsitz zu rufen. Durch Signalwörter (*iumenta, sol inclinat*) werden bestimmte Konventionen der bukolischen Dichtung evoziert,[95] aber nur, um die Lesererwartung zu täuschen, da es gerade nicht zum friedvollen Abschluss eines Tages kommt, sondern Umbricius vielmehr voller Indignation aus Rom fortzieht. Der gesuchte Anklang an eine pastorale Szenerie schafft hier also eine Kontrastfolie, vor der sich der desillusionierte Aufbruch und Abschied des Umbricius vollzieht. Der bukolisch getönte Abschluss knüpft an den innerhalb der dritten Satire immer wieder aufscheinenden Gedanken vom idealisierten Leben auf dem Lande im Gegensatz zu den satirisch verzerrten Lebensbedingungen in Rom an. Insofern stellt Juvenals Rom eine Verkehrung der pastoralen Lebenswelt und seine Romsatire entsprechend eine parodistische Umkehrung bukolischer Dichtung dar.[96]

In einzelnen Satiren finden sich zahlreiche in sich geschlossene, abgerundete Episoden, die auf kurzem Raum wie Epigramme mit einer Überraschung enden.[97] Dass der Satiriker auch dem Thema der elenden Situation der Rhetoriklehrer Pointen abzugewinnen vermag, zeigt ein Passus, der sich als eingelegtes Epigramm lesen lässt (7,150–154):

> *declamare doces? o ferrea pectora Vetti,*   150
> *cum perimit saevos classis numerosa tyrannos.*
> *nam quaecumque sedens modo legerat, haec eadem stans*
> *perferet atque eadem cantabit versibus isdem.*
> *occidit miseros crambe repetita magistros.*

Calp. ecl. 5,120f. *sed iam sera dies cadit et iam sole fugato / frigidus aestivas impellit Noctifer horas* und Iuv. 3,316 *sed iumenta vocant et sol inclinat.* Zum Abendbild am Ende von Eklogen vgl. auch Gloria BECKER: Titus Calpurnius Siculus. Kommentar zur 5. und 6. Ekloge (BAC 90), Trier 2012, 112.

[95] Zu Anspielungen auf Hirtengedichte vgl. WITKE 1962, 248.

[96] Zur Funktion der Imitation pastoraler Sprache in Vers 316 vgl. auch EDGEWORTH 2002, 319–322, insbes. 320/321: »Satire Three is a *vituperatio urbis*, a reverse-bucolic; by adopting the language of Vergil's herdsmen, Umbricius implies that he is going to escape from Rome into the idyllic existence of the countryside.«

[97] FERGUSON 1979 zeigt in seinem Kommentar durchgehend ein waches Gespür für Epigrammatisches, vgl. z.B. seine allgemeine Bemerkung zur siebten Satire (S. 231): »As always, the epigrams are masterly«; anschließend zitiert er einige epigrammatische Einzelverse. Der epigrammatische Modus geht oft mit der Tendenz zur Verallgemeinerung einher; hierzu s.u. 186f.

Du lehrst das Deklamieren? Welch eiserne Brust hat Vettius, wenn eine vielköpfige Klasse grausame Tyrannen tötet. Denn was auch immer sie eben sitzend vorgelesen hatte, genau dies wird sie stehend nochmals vortragen und dasselbe wird sie in genau denselben Zeilen auch nochmals herunterleiern. Der wieder aufgewärmte Kohl bringt die elenden Lehrer noch um.

Die Struktur der Verse 151 und 154 ist ganz parallel: am Anfang steht jeweils ein Verb des Tötens (*perimit, occidit*), gefolgt von einem Attribut, das mit seinem zugehörigen Substantiv durch Hyperbaton getrennt wird (*saevos ... tyrannos, miseros ... magistros*).[98] In der Mitte ist das handelnde Subjekt jeweils eingeschlossen: *classis numerosa* und *crambe repetita*. Wie in einem Epigramm steuert der Gedanke auf die abschließende Pointe zu, dass die enervierende Wiederholung die Lehrer letztendlich – wenn auch nur metaphorisch – umbringen wird. Aus der Perspektive der gequälten Lehrer, die wissen, was unweigerlich kommt, macht das Futur (*perferet, cantabit*) eindringlich deutlich, dass sie den monotonen Wiederholungen in keiner Weise entkommen können. Das lediglich metaphorische Umbringen der grausamen Tyrannen[99] in den Übungen der Schüler erfährt eine Transformation beim – ebenfalls metaphorischen – Töten der Lehrer, die aber im Gegensatz zu den Tyrannen wahrhaftige, ihren Schülern ausgelieferte Opfer sind.

---

[98] Durch klangliche Mittel wird das monotone Herunterleiern des ewig gleichen Stoffes eingehämmert: zum einen durch das polyptotische *idem* (*eadem*, 152. 153 und *isdem*, 153, vgl. COURTNEY 1980, 369), zum anderen durch die zahlreichen Homoioteleuta (auf *-os*).

[99] Zum Tyrannenmord als beliebtes und abgenutztes Thema in den Deklamationen des römischen Schulbetriebs vgl. SCHMITZ 2000, 200, Anm. 113.

III. Die einzelnen Satiren

Thematisch-strukturelle Organisation der Satiren

16 Satiren im Umfang von ca. 3800 Hexametern sind überliefert, wobei die letzte Satire unvollständig ist. Die Satiren sind folgendermaßen in fünf Büchern angeordnet:

Buch 1:   Satiren 1–5
Buch 2:   Satire 6
Buch 3:   Satiren 7–9
Buch 4:   Satiren 10–12
Buch 5:   Satiren 13–16 (bricht mit Vers 60 mitten im Satz ab)

Mit guten Gründen hat vor allem BRAUND dafür plädiert, das erste Buch als organische Einheit zu lesen.[1] Wichtige, immer wiederkehrende Themen, die bereits in der ersten Satire anklingen, sind vor allem: die Stadt Rom, das Patron-Klient-Verhältnis, rollenabweichendes Verhalten von Frauen und Männern der sozialen und politischen Elite, Essen (*cena*) als Abschluss eines typischen Tagesablaufs. Als Ort des Lasters markiert Rom den Dreh- und Angelpunkt innerhalb der ersten Pentade. Entsprechend bildet die Romsatire, die auch durch ihren Umfang herausragende dritte Satire, das Zentrum, um das sich die anderen Satiren gruppieren. Das zweite Buch besteht einzig aus der langen sechsten Satire (661 Verse), die folgenden Bücher weisen dann wiederum thematische Querverbindungen untereinander auf.[2]

Gleitende Übergänge lassen sich bei aufeinanderfolgenden Satiren erkennen. So bereitet das Finale der zweiten Satire, in welchem die korrupten Zustände in der Hauptstadt angeprangert werden, mit den zentralen Stichwörtern *urbs* (2,162 und 167) und *mores* (2,170 letztes Wort) das Thema der dritten Satire vor.[3] Während in den letzten Versen der zweiten Satire (2,162–170) nämlich ausgemalt wird, wie in Rom weilende und von einheimischen Römern korrumpierte Geiseln ihrerseits die depravierten römischen Sitten in ihre östliche Heimat zurücktragen, liegt der Fokus in der dritten Satire dann umgekehrt auf dem verderblichen Einfluss, der von ausländischen Völkern

---

[1] BRAUND 1996a, 30–36. Vgl. auch ihre konzise Bemerkung zu alternierenden Themen (BRAUND 1988, 178): »In Book I, Satires 1, 3 and 5 feature the patron-client relationship increasingly prominently, while Satires 2 and 4 focus on the perversion and corruption of the aristocracy.«

[2] Vgl. BRAUNDS differenzierte Charakterisierung der Bücher 3, 4 und 5 als Einheiten (BRAUND 1988, 178–198); gemäß ihrer *persona*-Orientierung schreibt sie den einzelnen Büchern freilich jeweils wechselnde *personae* zu.

[3] Zur thematischen Anbindung vgl. auch COURTNEY 1980, 17 (unten).

nach Rom importiert werde. Parallel zur geographischen Expansion erfolgt also auch eine Verbindung von Motiven über Gedichtgrenzen hinweg. Im Eingang der vierten Satire (4,1–33) fordert der vom Sprecher auf die satirische Bühne zitierte Crispinus, ein aus Ägypten stammender Höfling Domitians, den empörten Satiriker wiederum zur Kritik heraus, womit Umbricius' Wettern gegen ausländische Parvenüs in der dritten Satire eine Bestätigung und Fortsetzung in der nächsten Satire erfährt.

Aber auch über Buchgrenzen hinweg lassen sich vielfältige Linien zwischen einzelnen Satiren ziehen.[4] So knüpft die neunte Satire thematisch an die zweite Satire an: auch hier wird die Doppelmoral der gesellschaftlichen Elite vorgeführt, die eine Fassade in Form von vorgeblicher Männlichkeit aufrechtzuerhalten sucht. Ein gutes Beispiel für einen engen Konnex zweier aufeinanderfolgender Satiren, die durch eine Buchgrenze getrennt sind, ist das Ende der neunten und das Thema der zehnten Satire. Hier kommentiert eine nachfolgende Satire indirekt – allein durch die bloße Aufeinanderfolge – die in einer vorangehenden Satire selbst nicht direkt kritisierte, sondern nur vor Augen geführte verfehlte Haltung des Protagonisten.[5] Satiren können auch durch wiederkehrende Figuren untereinander verbunden sein. So begegnet etwa Gracchus, der in der zweiten Satire als Beispiel für die gegenwärtig degenerierten Adligen vorgeführt wird, in eben dieser Funktion in der achten Satire wieder.

Was die literarische Darstellungsform betrifft, liegt in der neunten Satire eine Variation gegenüber den anderen Satiren vor, indem diese Satire als Dialog gestaltet ist. Dadurch, dass sich der Klient darüber beklagt, dass seine sexuellen Verdienste nicht angemessen belohnt würden, begegnet wiederum das in früheren Satiren (vor allem in Satire 3 und 5) behandelte Thema des nicht mehr funktionierenden Patron-Klient-Verhältnisses. Kontrastiv ist die 11. Satire auf die fünfte durch das Thema Essen ausgerichtet: wird in der fünften Satire ein protziger Gastgeber vorgeführt, welcher selbst die erlesensten Köstlichkeiten speist, die ärmeren Klienten aber bei allen Gängen demütigt, präsentiert sich der Satiriker in der 11. Satire in der Rolle eines frugalen, aber großzügigen Gastgebers. In diesen hier nur exemplarisch aufgezeigten intratextuellen Referenzen zeigt sich ein Grundzug von Juvenals

---

[4] GOLD 2012 betont zwar *variatio* als leitendes Prinzip der fünf Bücher, versucht aber, alle Satiren auf eine einzige beherrschende Idee zu reduzieren: das einigende Band sei *Romanitas*, mithin die Frage, was es bedeute, ein Römer zu sein; vgl. 100: »Every idea in Juvenal's five books ultimately defines *Romanitas* by exemplifying an aspect of it or by occupying the position of its opposite.« Diese Verkürzung wiederkehrender Themen auf *Romanitas* ist jedoch zu allgemein und einseitig – bezeichnenderweise zieht GOLD für die ihrer Meinung nach dominanten Themen »Sex and Deviant Bodies in Rome« (100–105) und »The Women of Juvenal: Boar Hunters and Cross-Dressers« (106–110) fast ausschließlich die Satiren 2, 6 und 9 heran.

[5] Hierzu s. u. 127f.

Satiren: ein Thema wird nie einseitig, sondern in einzelnen Satiren unter wechselndem Blickpunkt dargestellt. Entsprechend gibt es in Juvenals satirischer Welt nicht nur geizige Patrone wie Virro (Satire 5), es kommen auch Klienten vor, die sich in verblendeter Hoffnung alle Demütigungen gefallen lassen (Trebius in Satire 5 und Naevolus in 9). Nicht nur Männer werden wegen ihres sexuellen Verhaltens, das von der gesellschaftlichen Norm bzw. der Norm eines moralisch strengen Satirikers abweicht, kritisiert (Satire 2 und 9), auch Frauen der sozialen Elite erhalten eine eigene, nicht enden wollende Invektive (Satire 6).

Die gedanklich-strukturelle Organisation der Juvenalsatiren ist sehr unterschiedlich. Häufig erlaubt die assoziativ verlaufende Gedankenfolge keine lineare Gliederung, zumal die Gedankenführung noch zusätzlich durch eine Fülle von Antithesen und Leitmotiven überlagert wird.[6] Angesichts der mehrsträngigen Kompositionsweise einiger Satiren können verschiedene Aufbauprinzipien und mithin Gliederungen gleichberechtigt nebeneinander existieren, je nachdem, wie man einzelne Gedankenlinien gewichtet.[7]

Im Rahmen einer Einführung ist es nicht möglich, alle Satiren umfassend vorzustellen. Um dennoch einen Eindruck von jeder Satire zu vermitteln, sollen über die thematische Bestimmung hinaus zentrale Probleme der Komposition und Interpretation behandelt sowie Dimensionen der Intertextualität aufgezeigt werden. Exemplarisch werden besonders charakteristische Beispiele von Juvenals Darstellungskunst vorgestellt. In epigrammatisch zugespitzten Detailszenen[8] manifestiert sich oft der Ton einer ganzen Satire.

1. Erste Satire: Programmsatire: Die Wahl der Gattung Satire als literarisches Manifest

Nach Art eines literarischen Manifestes verkündet der Dichter am Anfang seines Satirenbuches, dass die Satire die einzig adäquate Ausdrucksform der Gegenwart sei. In diesem apodiktischen Anspruch, den er mit einer emphatischen Abgrenzung von den zu seiner Zeit verbreiteten literarischen Gattun-

---

[6] So zieht sich etwa der Kontrast von gegenwärtiger Dekadenz und moralischer *virtus* der römischen Frühzeit durch ganze Satiren (Satiren 2 und 11).

[7] In seiner Besprechung von ADAMIETZ 1972 zeigt BRAUN 1975, 763 überzeugend, warum »das Gewebe der Juvenalischen Komposition aus zu vielen verschiedenen Fäden gewirkt ist, als daß ihm mit einer einfachen Sachgliederung beizukommen wäre.« Zu vergleichen ist auch KISSELS 2014, 144–149 Referat zur Struktur und Komposition der Juvenalsatiren.

[8] Juvenal bietet viele epigrammatische Partien, die innerhalb eines größeren Gedichts eine Einheit bilden, mit Anfang, Mittelteil und Pointe, in die sie abschließend münden, bevor eine neue Szene beginnt. Als Beispiel für innerhalb einer Satire eingelegte Epigramme seien 7,150–154 (s.o. 70f.) und 1,69–72 (s.u. 186f.) genannt.

gen verbindet, zeigt sich der programmatische Charakter der ersten Satire ebenso wie in Verweisen auf seine Vorgänger in der Gattung.[9]

Der abrupte Eingang mit der indignierten Frage *Semper ego auditor tantum?* (Immer soll ich nur Hörer sein?) rüttelt den Leser auf. Hier meldet sich einer zu Wort, der den Anspruch erhebt, literarische Konventionen hinter sich zu lassen. In wiederholten *cum*-Sätzen (1,22. 24. 26 zweimal) zählt der satirische Sprecher gleich zu Beginn beispielhaft vier empörende Fälle auf, die er mit zunehmender Ausführlichkeit präsentiert:[10] wenn ein effeminierter Eunuch eine Gattin heimführt, eine *matrona* im Gewand einer Amazone an einer Eberjagd im Amphitheater teilnimmt, ein früherer Barbier alle Adligen an Vermögen übertrifft und ein ägyptischer Parvenü mit seinem Reichtum protzt, ... Mit diesen ersten Beispielen unerträglichen Verhaltens, welches in Rom an der Tagesanordnung sei, illustriert er, wodurch sein Impuls, sich der Satire zuzuwenden, ausgelöst wird. Es sind diese paradoxen Erscheinungen, in denen gegen die mit Geschlecht und sozialer Hierarchie verbundenen Rollenerwartungen verstoßen wird,[11] die aus Sicht des Sprechers gleichsam nach Satire schreien: *difficile est saturam non scribere* (1,30). Als Begründung zählt er weitere Beispiele sozialen Fehlverhaltens auf, die wiederum mit *cum* (32. 37. 46) eingeleitet werden. Für den Dichter ergibt sich damit geradezu zwangsläufig die Aufgabe, diese und nur diese Phänomene zu behandeln (51–52a): *haec ego non credam Venusina digna lucerna?*[12] / *haec ego non agitem?* Die beiden rhetorischen Fragen dienen als Aufhänger, um mit der Reihe empörender Begebenheiten fortzufahren (*cum*: 55. 58. 64). Der Satiriker vermittelt den Eindruck, als ob es genüge, sich an einer belebten Straßenkreuzung in Rom aufzustellen,[13] wo ihm satirewürdige Objekte zwangsläufig begegneten (*occurrit matrona potens, quae* ... , 69).

Poetologische Passagen finden sich über das ganze Gedicht verstreut in die Darstellung integriert. Entsprechend der unpathetischen, alles Hehre meidenden Diktion der Satire präsentiert sich der Sprecher bescheiden in der Pose eines nur mittelmäßigen Dichters. So begründet er im Eingang der ersten Satire seine Partizipation am literarischen Betrieb damit, dass auch er eine rhetorische Ausbildung erfahren habe.[14] Auf den in epischer Dichtung üblichen Musenanruf mit der Bitte um Beistand zur Bewältigung eines großen Themas verzichtet der Satiriker, diktiere doch Entrüstung seine Verse (79 f.):

---

[9] Hierzu s.o. 44 und 48 f.
[10] Eine detaillierte Analyse der sorgfältig strukturierten Verse (22–29) gibt BRAUN 1989, 772 f.
[11] Zur satirischen Gesellschaftskritik vgl. 164 f.
[12] Mit der Venusinischen Lampe wird auf den Satirendichter Horaz als Modell angespielt, s.o. 48 f.
[13] Iuv. 1,63 f. *nonne libet medio ceras inplere capaces / quadrivio, cum* ... (Beliebt es nicht, mitten auf einer Straßenkreuzung die vielfassenden Wachstäfelchen zu füllen, wenn ...).
[14] Zu diesem Passus (1,15–17a) s.o. 25, Anm. 53.

III. Die einzelnen Satiren

si natura negat, facit indignatio versum[15] / *qualemcumque potest, quales ego vel Cluvienus* (Wenn mein Talent es mir verweigert, bringt meine Entrüstung den Vers hervor, so gut sie es eben kann, Verse von der Art, wie ich oder Cluvienus es vermögen). Nach diesem programmatischen Bekenntnis folgt eine Themenangabe allgemeiner Art. Das Treiben der Menschen bilde den Stoff seiner Dichtung (85f.).[16] Bereits im nächsten Vers wird aber deutlich, dass sich der Satiriker auf die Laster konzentrieren wird. Neben dieser expliziten Themenangabe werden in der ersten Satire mit den Fallbeispielen unerträglichen Fehlverhaltens, die den entrüsteten Satiriker auf den Plan rufen, wie in einem Proömium zugleich die Themen skizziert, die im Verlauf des ersten Buches entfaltet werden.

Wie am Anfang die Abgrenzung der Satire von den realitätsfernen Stoffen mythologischer Epen erfolgte (52b–54),[17] wird der eigene literarische Standort auch im Finale der ersten Satire thematisiert. Der Dichter hat sich für die Satire entschieden und damit für die gegenüber dem traditionellen Epos aktuellere, wenn auch gefährlichere Gattung. Auf die Warnung eines anonymen Interlocutors (150b–157 und 160–170a) vor möglichen Gefahren, die eine freimütige Anprangerung der Vergehen mächtiger Zeitgenossen mit sich bringe, lenkt der Satiriker überraschend ein und erklärt, seine Kritik gegen Tote richten zu wollen (170b–171): *experiar quid concedatur in illos / quorum Flaminia tegitur cinis atque Latina* (Ich will erproben, was gegen jene erlaubt ist, deren Asche von der *Via Flaminia* und *Latina* bedeckt wird). Das eskapistische Ausweichen auf Tote als gefahrlose Objekte satirischer Aggression bildet das pointierte Finale der programmatischen ersten Satire. Das hier erkennbare Ausweichmanöver wurde mit Recht als topischer Bestandteil in der Schlusspartie programmatischer Satiren bewertet. Ganz analog zu Iuv. 1,147–171 (Ende) sind die Warnung eines Interlocutors vor den Gefahren satirischer Dichtung und eine entsprechende Reaktion des Satirikers in Hor. sat. 2,1,57–86 (Ende), insbes. 83–86 und Pers. 1,103–123, insbes. 119–121 gestaltet.[18] Eine ebenso naheliegende wie überzeugende

---

[15] Ganz analog hatte der elegische Dichter Properz ebenfalls in einem *recusatio*-Gedicht, nämlich im Prologgedicht zum zweiten Buch, die *puella* selbst als Inspirationsquelle anstelle der Muse Calliope und des Dichtergottes Apollo angeführt (Prop. 2,1,1–4): *Quaeritis, unde mihi totiens scribantur amores, / unde meus veniat mollis in ora liber. / non haec Calliope, non haec mihi cantat Apollo. / ingenium nobis ipsa puella facit* (Ihr fragt, woher es kommt, dass ich so oft Liebesgedichte verfasse, woher es kommt, dass mein Buch mit zarten Versen von Mund zu Mund geht. Nicht singt dieses Calliope, nicht Apollo mir vor. Die Geliebte selbst gibt mir das schöpferische Talent ein).

[16] Zum Ausdruck *nostri farrago libelli* (1,86) und zur Verengung der thematischen Vielfalt auf Laster s. o. 53f.

[17] Zur *recusatio* mythologischer Sujets s. o. 59–61.

[18] KENNEY 1962, 33–36 und 40 hat aus der analogen Struktur in den Schlusspartien der programmatischen Satiren von Horaz, Persius und Juvenal ein apologetisches Modell (»pattern

Erklärung[19] für das Ausweichen auf eine zurückliegende Zeit besteht aber darüber hinaus darin, dass diese Strategie es dem Satiriker erlaubt, seine Kritik allgemeingültiger anzubringen, wenn nicht Zeitgenossen die Zielscheibe bilden, sondern die Laster selbst, deren Träger in gewisser Weise austauschbar sind.[20]

2. Zweite Satire: Normwidriges Verhalten römischer Aristokraten

Wurden in der Programmsatire verschiedene satirewürdige Themen skizziert, konzentriert sich die zweite Satire nun auf das heuchlerische Verhalten von Männern der gesellschaftlichen Elite, die ihre, jedenfalls in den Augen des satirischen Sprechers, von der Norm abweichende Homosexualität[21] hinter

---

of apology«, 36) folgender Art abgeleitet: hochfliegendes Bekenntnis des Dichters zur Satire, eine Warnung eines Freundes oder eines anonymen Interlocutors vor den Gefahren, die Berufung auf Lucilius als Vorbild, eine erneute Warnung und schließlich eine jeweils variierte Ausflucht, wie das Problem zu umgehen sei. Zu Formen und Funktionen eines solchen Abschlusses einer Programmsatire vgl. GRIFFITH 1970 und FREDERICKSMEYER 1990. Zu den apologetischen Scherzen, mit denen Verssatiriker ihre Programmsatiren abrunden (Hor. sat. 2,1,83–86. Pers. 1,119–121. Iuv. 1,170f.), vgl. PLAZA 2006, 37–50, zu Juvenal insbes. 46–50. Zum apologetischen Modell s. auch BRAUND 1996a, Essay, 119. Das wiederkehrende Muster am Ende programmatischer Satiren in Horaz, Persius und Juvenal verweist auf Lucilius (Buch 30) als Archegeten für eine solche Apologie, vgl. GRIFFITH 1970, 65–70, BRAUND 2004b, 421.

[19] Weitere Interpretationen referiert PLAZA 2006, 49.

[20] So steht gemäß einer programmatischen Äußerung Martials die Kritik an Lastern im Vordergrund (Mart. 10,33,9f.): *hunc servare modum nostri novere libelli, / parcere personis, dicere de vitiis* (Folgenden Grundsatz verstehen meine Büchlein zu bewahren: Menschen zu schonen, über Laster zu sprechen).

[21] Unter dem Einfluss der Diskursanalyse von Michel Foucault und der entsprechenden Dekonstruktion sexualhistorischer Kontinuitäten wurde oft problematisiert, warum sich der Terminus »Homosexualität« für sexuelle Beziehungen zwischen gleichgeschlechtlichen Partnern nicht ohne weiteres auf antike Phänomene übertragen lässt. Elke HARTMANN hebt in ihrem Artikel »Homosexualität« (DNP 5, 1998, Sp. 703–707) hervor, dass das sexuelle Verhalten des Menschen in der Antike »weniger durch die individuellen Neigungen als durch seine soziale Stellung als Freier und Unfreier, als junger oder alter Mensch, als Mann oder Frau determiniert« (Sp. 703) wurde.
Zum römischen Diskurs ist einschlägig: WILLIAMS 2010. Sexualität im augusteischen, zur Weltstadt avancierten Rom untersucht HABINEK 1997 vor allem anhand von Ovids Liebesdichtungen *ars* und *amores*. Zum Konzept der Homosexualität in der römischen Literatur des 1. nachchristlichen Jahrhunderts vgl. Hans Peter OBERMAYER: Martial und der Diskurs über männliche ›Homosexualität‹ in der Literatur der frühen Kaiserzeit (Classica Monacensia 18), Tübingen 1998. ROSEN/KEANE 2014 analysieren Sexualität als Thema und Metapher in satirischer Dichtung, vgl. insbes. 393f. zu Juvenals zweiter und neunter Satire. FÖGEN 2000 untersucht die literarische Auseinandersetzung mit dem Phänomen der Homosexualität in der römischen Antike anhand der zweiten und neunten Satire Juvenals.

der Fassade robuster Männlichkeit und philosophischer Sittenstrenge zu verbergen suchen.

Die zweite Satire beginnt mit einer Fluchtbewegung des satirischen Sprechers (*Ultra Sauromatas fugere hinc libet* ... Über Sauromatien hinaus möchte ich von hier fliehen, 2,1), der angesichts der gegenwärtigen Heuchler die zivilisierte Welt verlassen möchte. Diese geographische Perspektive über Rom hinaus bildet die Klammer innerhalb der zweiten Satire, die in der sarkastischen Feststellung gipfelt, dass die pervertierten römischen Sitten in den äußersten Osten des Imperium Romanum exportiert werden (2,170): *sic praetextatos referunt Artaxata mores* (So bringen sie die Sitten der römischen Teenager[22] heim nach Artaxata). Damit erweist sich auch der eingangs als Alternative geäußerte Fluchtgedanke als vergeblich.[23]

Gleich im dritten Vers erfolgt eine programmatische Aussage über die Zielscheibe der satirischen Kritik (2,3): *qui Curios simulant et Bacchanalia vivunt* (〈Moralisten,〉 die vorgeben, Männer vom Schlag eines Curius[24] zu sein und dabei ein Leben führen, das einem einzigen Trinkgelage gleicht). Die ganze Satire lebt von Gegensätzen: Die vorgeblichen Philosophen verfügen über keine Weisheit, auch wenn sie ihr Ambiente mit möglichst originalgetreuen Büsten großer Philosophen ausstatten (4–7 *indocti primum, quamquam* ...). Die Diskrepanz von Schein und Sein wird auf die knappe Formel gebracht (8): *frontis nulla fides* (Das zur Schau getragene Äußere verdient keine Glaubwürdigkeit). Unvermittelt wendet sich der satirische Sprecher nun direkt an einen aus der Gruppe der heuchlerischen Moralisten (9b–10): *castigas turpia, cum sis / inter Socraticos notissima fossa cinaedos?* (Du tadelst unzüchtiges Verhalten, obwohl du unter den sokratischen Kinäden[25] das berüchtigtste Loch bist?).

Seine abstrakte Behauptung eines Gegensatzes zwischen ihrem sittenstrengen Gebaren in der Öffentlichkeit und verborgenem Laster konkretisiert der satirische Sprecher am Körper der vermeintlichen Philosophen. Die

---

[22] Zur Enallage von *praetextatus* auf *mores* s. ThLL X 2,1051,22–26 s.v. *praetextatus*. Das genuin römische Kleidungsstück, die purpurverbrämte Toga, kennzeichnet hier die verkommene Moral ihrer Träger, der freigeborenen Söhne unter 17 Jahren.

[23] Vgl. BRAUND 1996a zu 170: »The spread of corruption from the rotten core outwards to the edges renders futile the opening desire to flee.«

[24] M'. Curius Dentatus, Muster altrömischer *virtus*, 272 v.Chr. Censor; vgl. auch Iuv. 2,153 und 11,78. In gleicher Funktion begegnet der generalisierende Plural z.B. in Mart. 1,24,3 *qui loquitur Curios adsertoresque Camillos*.

[25] Kinäden, die beim gleichgeschlechtlichen Sexualakt die passive Rolle übernehmen, werden in der griechischen und lateinischen Literatur durchgehend despektierlich dargestellt, vgl. Sabine VOGT: Die ›Widernatürlichkeit‹ des Kinäden. Zur Reflexion über *sex* und *gender* in der Antike, in: Therese FUHRER/Samuel ZINSLI (Hgg.): Gender Studies in den Altertumswissenschaften. Rollenkonstrukte in antiken Texten (Iphis. Beiträge zur altertumswissenschaftlichen Genderforschung 2), Trier 2003, 43–56.

2. Zweite Satire: Normwidriges Verhalten römischer Aristokraten

zur Schau gestellte üppige Körperbehaarung kontrastiere mit glattrasierten Körperteilen, die nur wenigen Blicken zugänglich seien.[26] Genau diese der Öffentlichkeit verborgene Seite gibt der Satiriker aber den Blicken seiner Rezipienten preis, bildet das Aufdecken des unter der Oberfläche Verborgenen doch die vornehmste Aufgabe eines Satirikers.[27] Entsprechend gehört es zu den topischen Motiven satirischer Dichtung, das struppige Äußere vorgeblich sittenstrenger Männer als bloße Fassade zu erweisen, hinter der sich Laster verbergen.[28] Im nächsten Abschnitt illustriert der Satiriker den Widerspruch zwischen eigenem Handeln und öffentlichem Reden am Beispiel historischer Figuren (23–28). Diese Reihe lässt er im Kaiser gipfeln, dessen Inzest mit seiner Nichte im Kontrast zur eigenen zensorischen Sittengesetzgebung stand (29–33), erneuerte der Ehebrecher Domitian doch um eben diese Zeit das von Augustus erlassene Gesetz gegen Ehebruch (*lex Iulia de adulteriis coercendis*).

Der satirische Sprecher wird dann von Laronia, einer von den Moralisten angegriffenen Ehebrecherin, abgelöst, die einen Vertreter dieser heuchlerischen Moralprediger ironisch (*subridens*, 38) zur Rede stellt. Mit ihrem Auftritt wird der empörte Ton des Sprechers gegen hintergründige Überlegenheit ausgetauscht. Im Aufdecken der Diskrepanz zwischen Schein und Sein knüpft Laronia aber an die Funktion des satirischen Sprechers an.[29] Juvenal verdichtet Laronias Dekuvrierung ihres sittenstrengen Anklägers in einer einzigen Frage, wodurch sie die unvereinbaren Gegensätze von Anspruch und Wirklichkeit mit Hinweis auf ein Detail in seinem körperlichen Erscheinungsbild schlagartig aufdeckt (40b–42a): *sed tamen unde / haec emis, hirsuto spirant opobalsama collo / quae tibi?* (Aber sag doch, wo kaufst du dieses luxuriöse Parfüm, das dir von deinem struppigen Hals her duftet?).

---

[26] Vgl. 2,11–13: *hispida membra quidem et durae per bracchia saetae / promittunt atrocem animum, sed podice levi / caeduntur tumidae medico ridente mariscae* (Struppige Beine und harte Borsten überall auf den Armen verheißen zwar einen grimmigen Charakter, aber der Arzt lacht, wenn er am glattrasierten Hintern geschwollene Feigwarzen wegschneidet).

[27] Auch KEANE 2006, 64 interpretiert den lachenden Arzt metaphorisch: »This doctor is a perfect alter ego for the satirist figure.« Der Eingriff bilde das Vorgehen des Satirikers in doppelter Weise ab, indem der Arzt das verborgene Gebrechen des Körpers nicht nur sehe, sondern auch bekämpfe; ferner: »this doctor takes pleasure in the discovery of secrets« (65).

[28] Zu vergleichen ist etwa das Martialepigramm 1,24 und hier insbesondere die Schlusspointe (1,24,4): *nolito fronti credere: nupsit heri* (Trau nicht seiner äußeren Fassade: er heiratete gestern einen Mann). Juvenal hat Martials *nolito fronti credere* zu *frontis nulla fides* (2,8) abgewandelt. Aus Mart. 1,24 wurde bereits der dritte Vers zitiert (s.o. Anm. 24). Weitere Parallelen führt GREWING 1997, 366 in seinem Kommentar zu Mart. 6,56 an.

[29] So wird Laronia – im Anschluss an die rhetorische Frage des Sprechers (24) *quis tulerit Gracchos de seditione querentes?* (Wer könnte die Gracchen ertragen, wenn sie über Aufruhr klagten?) – auktorial mit *non tulit* ... (36, nicht mehr ertrug Laronia) eingeführt. Zu Laronias sozialem Status und ihrer Rolle in der zweiten Satire vgl. BRAUND 1995.

Gezielt setzt Laronia dann in ihrer Synkrisis von Frauen und Männern ein militärisches Bild ein,[30] um die als *molles* (V. 47) bezeichneten Männer zu diffamieren.

Nach Laronias Auftritt bestätigt der satirische Sprecher ihre Kritik, indem er zum einen die Reaktion der von ihr Angegriffenen zeigt, und zum anderen explizit Laronias wahrheitskündende Rede kommentiert (64f.): *fugerunt trepidi vera ac manifesta canentem / Stoicidae; quid enim falsi Laronia?* (Ängstlich flohen vor ihr, die Wahres und Offensichtliches verkündete, die Möchtegern-Stoa-Jünger; denn was hatte Laronia Falsches gesagt?). Ein Vertreter dieser Gruppe wird anschließend vom Satiriker namentlich angesprochen: Creticus, der vor Gericht den strengen Sittenprediger spielt, wenn er gegen Ehebrecherinnen plädiert, gleichzeitig aber in einem durchsichtigen Seidengewand seine verzärtelte Lebensweise offenbart. Während die sich betont männlich gerierenden homosexuellen Heuchler im Eingang der Satire vom satirischen Sprecher bloßgestellt wurden, überführt sich Creticus, der jede Kontrolle über sein äußeres Erscheinungsbild verloren zu haben scheint, selbst. Anspruch und Wirklichkeit im Auftreten des Creticus stoßen auf engstem Raum aufeinander, indem als Versauftakt bis zur Penthemimeres ein Zitat aus Lucans *Pharsalia* (*acer et indomitus*, Lucan. 1,146) anklingt, das zur Charakterisierung Caesars dient. Umso größer ist die Fallhöhe, wenn der vor der Folie dieses Intertextes charakterisierte Creticus im nächsten Vers im wahrsten Sinne des Wortes entblößt wird (77f.): *acer et indomitus..., / Cretice, perluces* (Energisch und unbeugsam... Creticus, du bist durchsichtig). Die Pointe dieser Anklage liegt in der ambivalenten Bedeutung von *perlucere*, womit zunächst ganz anschaulich das am Körper getragene durchsichtige Gewand gemeint ist, das aber gleichzeitig auch als Metapher dient, um das effeminierte Verhalten seines Trägers erkennbar zu machen.

Neben dem Gegensatz von Schein und Sein begegnet in der zweiten Satire leitmotivisch ein anderer Gegensatz, nämlich der zwischen den tapferen und genügsamen Kriegern und Bauern der römischen Frühzeit und den verweichlichten Vertretern der gegenwärtigen Elite. So fordert der Sprecher den im anstößigen Seidengewand vor Gericht auftretenden Creticus auf (72–74): *en habitum quo te leges ac iura ferentem / vulneribus crudis populus modo victor et illud / montanum positis audiret vulgus aratris* (Sieh doch nur deinen Aufzug, in dem dich, wenn du Gesetze und Rechte beantragst, das soeben siegreiche Volk mit noch frischen Wunden und jenes berühmte Bergvolk, das seinen Pflug niedergesetzt hat, hören würde). Die Junktur *positis ... aratris* ruft in Erinnerung an einen Vers aus Ovids *Fasti* (fast. 1,207 *iura dabat populis posito modo praetor aratro*) die topisch gewordene Vorstel-

---

[30] 2,45f.: *sed illos / defendit numerus iunctaeque umbone phalanges* (aber sie schützt ihre große Zahl und ihre Schild an Schild geschlossenen Schlachtreihen).

2. Zweite Satire: Normwidriges Verhalten römischer Aristokraten 81

lung eines nahtlosen Wechsels von Kriegs- und Feldarbeit in der römischen Frühzeit hervor, eine Vorstellung, die sich in L. Quinctius Cincinnatus als Modell altrömischer *virtus* verkörpert hat.[31] Im Epilog lässt der Satiriker es schließlich zu einer imaginierten Begegnung der jetzigen Adligen mit den Schatten berühmter Kämpfer in der Unterwelt kommen (153b–159a):

> *Curius quid sentit et ambo*
> *Scipiadae, quid Fabricius manesque Camilli,*
> *quid Cremerae legio et Cannis consumpta iuventus,*   155
> *tot bellorum animae, quotiens hinc talis ad illos*
> *umbra venit? cuperent lustrari, si qua darentur*
> *sulpura cum taedis et si foret umida laurus.*
> *illic heu miseri traducimur.*

Was fühlte wohl Curius und die beiden Scipionen, was Fabricius und die Manen des Camillus, was die Legion von Cremera und die bei Cannae aufgezehrte Jugend, überhaupt die toten Seelen so vieler Kriege, sooft von hier ein solcher Schatten zu ihnen gelangt? Sie würden sich zu reinigen wünschen, wenn ihnen nur Schwefel mit Fackeln gegeben würde und wenn es dort angefeuchteten Lorbeer gäbe. Dort – welche Schande! – werden wir in all unserem Elend vorgeführt.

Der Wunsch nach Reinigung bei einer Konfrontation mit derartigen Schatten nimmt den für die zweite Satire zentralen Gedanken auf, dass sich die Laster nach Art einer ansteckenden Krankheit rasant ausbreiten, was mit einem Seuchengleichnis illustriert wird.[32] Bei der Begegnung mit dem echten Curius (vgl. dagegen V. 3 *qui Curios simulant*) und den kriegerischen Helden der Vergangenheit erfolgt die Zurschaustellung des wahren Wesens. Das mit räumlicher Bewegung konnotierte Verb *traducere* evoziert das Siegesritual des Triumphzuges,[33] das hier freilich in satirischer Brechung eingesetzt wird. Die Rollen haben sich verkehrt, befinden sich doch nunmehr die dekadenten Nachkommen im Angesicht ihrer tapferen Vorfahren in der Rolle der Besiegten. Die kriegerische Metapher des Siegens (vgl. *vicit*, 143) wird im Epilog wiederaufgenommen, allerdings nur, um den militärischen Sieg des römischen Volkes mit einer moralischen Niederlage der gegenwärtigen Elite zu kontrastieren (162f.): *sed quae nunc populi fiunt victoris in urbe /*

---

[31] Auch in der 11. Satire wird die bescheidene römische Frühzeit so präsentiert und idealisiert, dass höchste Würdenträger nach Beendigung eines Krieges wieder zur Feldarbeit zurückkehrten, vgl. 11,86–89.

[32] Vgl. 2,78b–80 *dedit hanc contagio labem / et dabit in plures, sicut grex totus in agris / unius scabie cadit et porrigine porci* (Ansteckung brachte diese Seuche und wird sie noch auf mehrere übertragen, so wie eine ganze Herde auf den Feldern durch die Krätze und den Grind eines einzigen Schweines verendet).

[33] Vgl. OLD 1957 s. v. *traduco* 3a: »To lead or carry past in a parade, procession, etc.; (esp. captives, prisoners, booty).« Die militärische Metapher wird in *referunt* (170) aufgenommen, s. u. Anm. 36.

non faciunt illi quos vicimus (was aber jetzt in der Hauptstadt des siegreichen Volkes getrieben wird, das treiben nicht jene, die wir ⟨Römer⟩ besiegt haben). Diese paradoxe Behauptung wird durch die Erzählung einer skandalösen Begebenheit illustriert: Zalaces, ein Repräsentant der besiegten Völker, gibt sich als sexuelles Objekt einem römischen Magistraten hin (163b–165): *et tamen unus / Armenius Zalaces cunctis narratur ephebis / mollior ardenti sese indulsisse*[34] *tribuno* (Und dennoch habe sich, wie erzählt wird, ein einziger, ein Armenier, Zalaces, weichlicher als alle Epheben, einem vor Liebe glühenden Tribun hingegeben). In der Verteilung von Subjekt und Objekt haben sich die Verhältnisse freilich verschoben, ist es doch der orientalische Ephebe, der zwar als Objekt erotischen Begehrens die unterlegene, weibliche Rolle einnimmt, aber als grammatisches Subjekt fungiert und darüber entscheidet, wem er seine Huld gewährt. Der römische Beamte wird dagegen als jemand charakterisiert, der aufgrund seiner Leidenschaft (*ardens*, 165) die Kontrolle über sein Verhalten verloren hat. Diese Umkehrung der Machtverhältnisse veranlasst den satirischen Sprecher zum sarkastischen Kommentar, dass in Rom aus Geiseln, insofern sie potentielle Liebespartner römischer Amtsträger sind,[35] gleichberechtigte Menschen würden. Das in der zweiten Satire leitmotivisch eingesetzte Drängen etwa eines Gracchus vom Privaten ins Öffentliche wird im Finale also nochmals gesteigert, indem die Ausbreitung der depravierten Sitten Roms bis ans Ende der Oikumene beschrieben wird (vgl. 170 *sic praetextatos referunt Artaxata mores*).[36]

---

[34] HABINEK 1997, 33 f. plädiert in seiner Analyse der Szene sogar für eine Umkehrung der Rollen. Er verweist mit pauschalem Hinweis auf OLD (34, Anm. 39) auf die ambivalente Bedeutung von *indulgere* und übersetzt: »is said to have taken his own pleasure with an ardent tribune«. OLD 4 findet sich zwar die von HABINEK für unsere Stelle postulierte Bedeutung »To take pleasure or indulge (in), gratify oneself (with), devote oneself (to an activity, etc.)«, die hier angeführten Beispiele zeigen aber, dass die Fälle jeweils anders gelagert sind. Unter OLD 5 »To grant as a favour, concede, bestow« ist Iuv. 2,165 eingeordnet; so wird unsere Stelle auch im ThLL VII 1,1254,55 verstanden: *indulgeo* ⟨in der Bedeutung *dono dare*⟩ sc. *stuprandum*.

[35] Ein attraktiver Jüngling kann sich in Rom seine Liebhaber aussuchen (2,168): *non umquam derit amator* (nie wird ihm ein Liebhaber fehlen). Ganz analog stellt der satirische Gesprächspartner in 9, 130 dem verzweifelten Naevolus zuversichtlich in Aussicht: *numquam pathicus tibi derit amicus*.

[36] Die in diesem Passus vorherrschende militärische Metaphorik von Siegern und Besiegten wird in diesem letzten Vers (s. o. 78) in *referre* (»eroberte Beute siegreich heimbringen«, vgl. ThLL XI 2,606,56–59 s. v. *refero*) fortgeführt.

2. Zweite Satire: Normwidriges Verhalten römischer Aristokraten 83

Einzelinterpretation: Iuv. 2,99–107: *speculum civilis sarcina belli* – Ein Spiegel als Gepäck im Bürgerkrieg!

Eine Szene, welche die völlige Verkehrung des von der politischen und militärischen Elite erwarteten Handelns widerspiegelt, kann zeigen, wie Juvenal einzelne Bilder in einen größeren Kontext einzufügen versteht. Was zunächst wie eine Ausmalung eines Details innerhalb der Schilderung des Festes der Bona Dea daherkommt,[37] trifft in Wirklichkeit Ton und Aussage der ganzen Satire. Mit *ille tenet speculum* (99) wird ein Teilnehmer an der nächtlichen Geheimfeier eingeführt, was dem Satiriker Anlass gibt, auf das weibische Gebaren des Thronprätendenten Otho einzugehen (2,99–107):

ille tenet speculum, pathici gestamen Othonis,
Actoris Aurunci spolium, quo se ille videbat   100
armatum, cum iam tolli vexilla iuberet.
res memoranda novis annalibus atque recenti
historia, speculum civilis sarcina belli.
nimirum summi ducis est occidere Galbam
et curare cutem, summi constantia civis   105
Bebriaci campis[38] *solium adfectare Palati*
et pressum in faciem digitis extendere panem.

Ein anderer wiederum hält einen Spiegel, die Ausrüstung des Kinäden Otho, »ein Beutestück vom Aurunker Actor«, in dem sich jener nach Anlegung der Waffen zu betrachten pflegte, als er schon befahl, die Fahnen zu erheben – eine Begebenheit, die verdient, in den neuen Annalen und der jüngsten Geschichtsschreibung erwähnt zu werden: ein Spiegel als Gepäck im Bürgerkrieg! Es zeichnet freilich den höchsten Befehlshaber aus, Galba zu töten und gleichzeitig die eigene Haut zu pflegen, es ist freilich Charakterfestigkeit des höchsten Bürgers, auf den Schlachtfeldern von Bebriacum nach dem Thron auf dem Palatin zu streben und gleichzeitig Brotteig mit den Fingern ins Gesicht zu massieren und zu verteilen.

Der Spiegel eines Teilnehmers an der Bona Dea-Feier fungiert als gleitender Übergang zur Schilderung der unkriegerischen Ausrüstung Othos, die im Gegensatz zu seinen machtpolitischen Ambitionen steht. Zur Präsentation des Spiegels bedient sich Juvenal einer episierenden Beschreibung einer Kriegsausrüstung, die sich centoartig aus zwei Halbversen aus Vergils *Aeneis* zusammensetzt: Aen. 3,286 *clipeum, magni gestamen Abantis* (einen Schild, den einst der gewaltige Abas trug) und – als wortwörtliches Zitat – Aen.

---

[37] Die Verse 102–109 werden von etlichen Kommentatoren als Parenthese ausgeklammert, so von FRIEDLAENDER 1895, WEIDNER 1889, COURTNEY 1980; vgl. dagegen BRAUND 1996a. Zur Diskussion, ob mit der Formulierung *res memoranda novis annalibus atque recenti / historia* (102 f.) auf das Geschichtswerk des Tacitus angespielt wird, s.o. 42.

[38] Zu den Problemen dieser Partie, die Nisbet veranlassten, *summi ... campis* (105b–106a) zu athetieren, vgl. COURTNEY 1980 und BRAUND 1996a, jeweils zu 104–7.

12,94 *Actoris Aurunci spolium*. Nach dem Prinzip der Substitution werden die markanten Wörter *clipeum* und *magni* jeweils durch gleichauslautende, aber diametral entgegengesetzte Wörter ersetzt: *speculum* und *pathici*. Das wörtliche Zitat verweist auf den Kontext des 12. Buches der *Aeneis*, wenn Turnus, der darauf brennt, seinen Gegner Aeneas zu töten, die wuchtige Lanze kampfbegierig ergreift (Aen. 12,93 *validam vi corripit hastam*), schüttelt und apostrophiert (96b–97a): *te maximus Actor, / te Turni nunc dextra gerit*. Die Übernahme des Speeres von seinem tapferen Vorgänger Actor erfüllt Turnus mit Stolz und Verpflichtung. Die Lanze, die Turnus vom (ansonsten unbekannten) Aurunker Actor erbeutete, geht nun gewissermaßen auf Otho über.[39] Jeweils steht die Apposition *Actoris Aurunci spolium* an gleicher Stelle (Iuv. 2,100 = Aen. 12,94). An *gerit* (Aen. 12,97) knüpft *gestamen* (Iuv. 2,99) auch sprachlich an. Juvenal setzt hier gezielt Vergilzitate ein, um die vergangene und literarisch beschworene Heroenwelt als Kontrastfolie zur Gegenwart aufscheinen zu lassen.[40] Doch der Abstand des gegenwärtigen ›Helden‹ zu Vergils Turnus und überhaupt zur epischen Welt der *Aeneis* könnte nicht größer sein, was schon durch die Charakterisierung Othos als *pathicus* (2,99) markiert wird. Durch die verdeckt präsenten Stellen aus der *Aeneis* wird überdeutlich, dass Schild (*clipeus*) und Speer (*hasta*), die kriegerische Verteidigungs- und Angriffswaffe, nun durch einen Gegenstand ganz anderer Art, einen Spiegel (*speculum*), ersetzt werden. Die unausgesprochene, aber allzu offenkundige Aussage dieses indirekten Vergleichs lautet: die Sorge um das eigene Äußere, die Beschäftigung mit Kosmetik hat die im Epos beschworene Tapferkeit in kriegerischen Auseinandersetzungen ersetzt. Die Degradierung des jetzigen Kämpfers wird noch dadurch gesteigert, dass er den unpassenden Gegenstand in der verwerflichsten Art eines Krieges, nämlich im Bürgerkrieg, mit sich führt: *speculum civilis sarcina belli* (103).

---

[39] Den Gegensatz zwischen der kriegerischen Tüchtigkeit des Vorbesitzers der Lanze und der Verweichlichung Othos lässt Juvenal in den beiden Appositionen, die *speculum* qualifizieren, anklingen: *pathicus* als derjenige, der den passiven Part beim Geschlechtsakt übernimmt, kontrastiert mit dem Eigennamen *Actor* (zugrunde liegt freilich: Ἄκτωρ), mit dem aktive Bewährung assoziiert werden kann.

[40] Die Technik, die Struktur eines Prätextes erkennbar abzuwandeln und einen Bestandteil wörtlich in einen anderen Kontext zu transponieren, wird gewöhnlich als Parodie bezeichnet. Man kann diese Bezeichnung beibehalten, sofern Parodie nicht als Verfahren verstanden wird, das sich gegen den Prätext richtet. Vielmehr werden die *Aeneis*-Stellen aus dem dritten und zwölften Buch als Kontexte eingeblendet, vor deren Hintergrund das Gebaren des gegenwärtigen Helden umso schärfer abgehoben werden kann. Zum so verstandenen Parodiebegriff vgl. SCHMITZ 2000, 180–192, zu 2,99–101 insbes. SCHMITZ 2000, 189–191.

2. Zweite Satire: Normwidriges Verhalten römischer Aristokraten

Nach diesem vernichtenden Auftakt werden Othos völlig gegensätzliche Aktionen, die mit der Konjunktion *et* koordiniert werden,[41] durch die sarkastische Partikel *nimirum* von vornherein in ihrer Absurdität markiert: *occidere Galbam / et curare cutem*[42] (104b–105a) und *solium adfectare Palati / et pressum in faciem digitis extendere panem* (106b–107). Das Töten des Rivalen im Kampf um den Kaiserthron und Haut- und Gesichtspflege[43] werden als parallele Aktionen dargestellt.[44] Die Paradoxie von Othos Spiegel als Gepäck im Krieg und die dazu passende Sorge um seine Körperpflege in einer Situation, in der eine kriegerische Ausrüstung und entsprechende Taten vom höchsten Repräsentanten des Staates zu erwarten wären, macht Juvenal besonders sinnfällig in der Wahl des Verbs *extendere*. Vor dem Hintergrund der intertextuell aufgerufenen *Aeneis*-Stellen wären andere Objekte als *panem* zu erwarten. So appelliert Anchises in seiner Vorstellung der Helden eindringlich an seinen Sohn (Verg. Aen. 6,806): *et dubitamus adhuc virtutem extendere factis* (Und da zögern wir noch, unsere Tapferkeit durch Heldentaten zu entfalten?).[45]

Der abschließende Vergleich mit den beiden orientalischen Herrscherinnen Semiramis und Cleopatra, die als Kriegerinnen präsentiert werden (108f.), macht deutlich, dass Otho nicht nur eine Frauenrolle angenommen hat, sondern sogar noch die ausländischen Frauen in der Körperpflege überbietet.[46] Otho, der einen Spiegel als Kriegsausrüstung mit sich führt, spiegelt seinerseits die depravierten Adligen wider, deren Gebaren bei einer Bona Dea-Feier kurz vorher geschildert wurde. Auch hier richtete sich die satirische Kritik gegen die Pervertierung eines religiösen Kultes, insofern das von den Männern gefeierte Fest eigentlich nur Frauen vorbehalten war,

---

[41] Zum pointierten Gebrauch von *et* (105 und 107) zur Verbindung der inkongruenten Aktionen s. WIESEN 1989, 720f.

[42] Die alliterierende Junktur *curare cutem* (2,105) ist hier (wie auch Pers. 4,18b *adsiduo curata cuticula sole*) ganz konkret auf die eigene Körperpflege zu beziehen, während die Wendung von Horaz (epist. 1,2,29 und 1,4,15) als Metapher für behagliches Wohlergehen eingesetzt wird.

[43] Dieses Element erscheint auch in Suetons Otho-Vita im Zusammenhang einer Aufzählung seiner effeminierten Züge (Suet. Otho 12,1): *faciem cotidie rasitare ac pane madido linere consuetum* (er soll sich täglich das Gesicht rasiert und mit feuchtem Brot bestrichen haben).

[44] Ebenso wird von einer reichen *matrona* in der sechsten Satire gesagt (6,481): *verberat atque obiter faciem linit* (sie lässt ihre Sklaven verprügeln und sich beiläufig eine Gesichtspflege auftragen).

[45] Neben *virtutem* begegnet etwa noch *famam* als Objekt zu *extendere*: Im zehnten Buch ist es Jupiter, der seinen Sohn Hercules angesichts des bevorstehenden Todes des jungen Pallas mit den Worten tröstet (Verg. Aen. 10,468f.): *famam extendere factis, / hoc virtutis opus* (den Ruhm durch Taten auszubreiten, dies ist Aufgabe der Tapferkeit).

[46] Der Vergleich mit den beiden Frauen ist ein Nachhall einer früheren Stelle, an der Laronia den effeminierten Adligen vorwirft, dass sie mit ihrer Tätigkeit sogar noch die berühmten mythischen Weberinnen Penelope und Arachne übertrumpften (2,54–56).

sowie gegen die Verkehrung der Geschlechterrollen, insofern die männlichen Teilnehmer sich nun ihrerseits als Frauen verkleideten.[47] An der Figur des weibischen Otho, eines der Thronprätendenten des sogenannten Vierkaiserjahres 68/69 n. Chr., exemplifiziert der Satiriker, dass die Umkehrung der Geschlechterrollen nicht nur einige wenige Aristokraten betrifft, sondern bis an die Spitze des Staates gedrungen ist.

3. Dritte Satire: Juvenals satirische Modellierung der Stadt Rom

Die Romsatire gehört zu den beliebtesten oder zumindest bekanntesten Satiren Juvenals. Gründe hierfür sind zum einen das immer aktuelle Thema »Leiden am Großstadtleben«, das hier in der satirischen Ausprägung entfaltet wird, dass es für einen weniger privilegierten, aber ehrlichen römischen Klienten unmöglich sei, in Rom auf rechtschaffene Art wirtschaftlich zu existieren. Das aufwendige Leben in Rom wird zudem mit dem idealisierten einfachen Leben auf dem Lande konfrontiert.[48] Zum anderen verdankt Juvenals Romsatire als Prototyp einer Großstadtsatire ihre Popularität der produktiven Rezeption. Als herausragende Beispiele seien genannt: Nicolas BOILEAUS »Les embarras de Paris« (1666) und Samuel JOHNSONS »London: A Poem in Imitation of the Third Satire of Juvenal« (1738).[49]

Die dritte Satire weist am Anfang einen Prolog auf, in dem in die Gesprächssituation eingeführt wird, wodurch zugleich zentrale Themen skizziert werden. Als Begründung dafür, dass er jeden noch so unbedeutenden Ort der Subura, Roms geräuschvollem Stadtviertel, vorzöge, führt der Satiriker einen Katalog von Gründen an, die gegen einen Aufenthalt in Rom sprechen (3,6–9):

> *nam quid tam miserum, tam solum vidimus, ut non*
> *deterius credas horrere incendia, lapsus*
> *tectorum adsiduos ac mille pericula saevae*
> *urbis et Augusto recitantes mense poetas?*
>
> Denn was haben wir je so elend, so verlassen und öde gesehen, dass man es nicht für schlimmer hielte, vor Feuersbrünsten zu schaudern, vor unablässigen Einstürzen von Häusern und vor den tausend anderen Gefahren der grausamen Hauptstadt und den sogar im August rezitierenden Dichtern?

---

[47] Vgl. hierzu u. 164.
[48] Zum Gegensatz von Stadt und Land in der römischen Satire allgemein vgl. BRAUND 1989a. Zu Juvenals satirischer Lesart der Stadt Rom vgl. auch Ulrich SCHMITZER: Rom im Blick. Lesarten der Stadt von Plautus bis Juvenal, Darmstadt 2016, hier Kap. 7: »Die nicht mehr schöne Stadt: Juvenals satirischer Abgesang auf Traians Rom«, 249–260; zur dritten Satire 252–258.
[49] Hierzu s. u. 225f.

3. Dritte Satire: Juvenals satirische Modellierung der Stadt Rom

Abgesehen von der paradoxen Klimax, wonach die im heißesten Monat in Rom rezitierenden Dichter als allergrößte Gefahr präsentiert werden, widmet sich Umbricius im Abschnitt über die unzähligen Gefahren, die in Rom für unbemittelte Bürger allgegenwärtig seien, ausführlich (190–222) den Feuersbrünsten und Einstürzen von Häusern. Ebenso wird durch die Art, wie die künstlichen Grotten im Hain der Egeria (*speluncas dissimiles veris*, 17f.) beschrieben werden, bereits im Prolog ein zentrales Thema der dritten Satire antizipiert (3,18–20):

> *quanto praesentius esset*
> *numen aquis, viridi si margine cluderet undas*
> *herba nec ingenuum violarent marmora tofum.*   20

Wieviel gegenwärtiger wäre die Gottheit dem Wasser, wenn Gras mit grünem Rand die Wellen einschlösse und Marmor den einheimischen Tuffstein nicht verletzte.

Der natürliche, einheimische Stein, der durch importierten Marmor, Sinnbild der luxuriösen zeitgenössischen Architektur, entstellt wird – das gewählte Verb *violare* lässt den religiösen Aspekt einer Entweihung anklingen –, symbolisiert die einfachen, einheimischen Klienten, die in Umbricius' Darstellung durch die aus Griechenland und dem Osten einströmenden Fremden, welche im Buhlen um die Gunst der Patrone weitaus erfolgreicher seien, verdrängt werden.

Die wohlgegliederte Satire[50] ist in eine Szenerie eingebettet, die Umbricius' Verlassen der Stadt Rom sinnbildlich an einer Grenze verortet. Topographisch wird mit der Porta Capena das Tor bezeichnet, von dem die Via Appia ihren Ausgang nahm. Zugleich markiert die Porta Capena als Tor eine Grenze, welche die Bewohner innerhalb und außerhalb der Stadt Rom trennt bzw. verbindet. Umbricius, der aus eigenem Entschluss ins Exil gehen will, befindet sich also sinnbildlich auf der Grenze. Diese liminale Situation wird noch durch die Assoziationen mit der Unterwelt verstärkt. Allein das Verb *descendere* (*in vallem Egeriae descendimus*, 3,17a) evoziert den Gedanken an einen Gang in die Unterwelt.[51]

Funktion, Historizität und Name des Umbricius waren und sind Gegenstand kontroverser Diskussionen. Die Erwähnung des Umbricius als *vetus amicus* im ersten Vers lässt zunächst an ein Freundschaftsverhältnis zwischen dem Satiriker und dem aus Rom auswandernden »alten Freund« denken. Insbesondere das Finale, wenn Umbricius den Satiriker auffordert, ihn auf sein Landgut einzuladen (319–321), ruft die Horazsatire 2,6 in Erinne-

---

[50] Selbst FRIEDLAENDER 1895, 189 spart nicht mit Lob: »Auch auf den Rahmen des Gedichts hat Juvenal eine ungewöhnliche Sorgfalt verwandt.«
[51] RASCHKE 2009, 139f., die den Fokus auf alle möglichen liminalen Markierungen im ersten Satirenbuch legt, hebt die Assoziationen mit Aeneas' Katabasis hervor.

rung, in welcher sich der Satiriker ebenfalls aus dem hektischen Rom auf sein Landgut zurückgezogen hat. In beiden Satiren wird der Gegensatz von Stadt und Land thematisiert. Innerhalb der Horazsatire spiegelt sich die Stadt-Land-Antithese in der Fabel von der Stadt- und Landmaus wider. So wird zu Beginn der Erzählung das Verhältnis der beiden Mäuse untereinander in kunstvoller Abwandlung der Wortstellung auf menschliche Beziehungen übertragen (sat. 2,6,80f.): *rusticus urbanum murem mus ... fertur / accepisse ..., veterem vetus hospes amicum* (Eine Landmaus soll einmal eine Stadtmaus empfangen haben, ein alter Wirt einen alten Freund). Unabhängig von den in den Rahmenpartien der dritten Juvenalsatire aufgerufenen Bezügen zur Horazsatire 2,6 kann aber *amicus* im weiteren Verlauf der dritten Satire noch eine weitere Dimension erfahren,[52] bildet doch die Klage über das ungerechte Los der römischen Klienten das beherrschende Thema im Monolog des Umbricius. Unter dem Aspekt eines Patron-Klient-Verhältnisses ist der im ersten Vers als *vetus amicus* eingeführte Umbricius dann nicht nur der »alte Freund« des Satirikers, sondern wird auch zum »altgedienten Klienten«.[53]

Beim Namen Umbricius ist vor allem *umbra* »Schatten« vernehmbar, »Schatten« im Sinne von »Schatten eines Toten«.[54] Demnach trägt Umbricius, der Protagonist der Satire, bereits einen Anklang an die Schatten der Unterwelt (*umbrae*) in seinem Namen. Umbricius selbst empfindet das Leben der unbemittelten Bürger in Rom denn auch als Schattendasein. Für ihn ist das gegenwärtige Rom gleichbedeutend mit einer Unterwelt auf Erden, jedenfalls kein Ort zum Leben. Entsprechend sagt er, man müsse dort leben, wo nicht ständig Gefahren, wie vor allem Feuersbrünste, bei Tag und Nacht drohten (3,197f.): *vivendum est illic, ubi nulla incendia, nulli / nocte*

---

[52] Zur wechselseitigen Bedeutung von *amicus* (Klient und Patron) vgl. ThLL I 1907,77–84; in Iuv. 1,146 z.B. bezeichnen die *amici* die Klienten, in 5,173 ist *amicus* der Patron. Zur Häufigkeit (39 mal) und zum meist ironischen Gebrauch von *amicus* s. COURTNEY 1980, 26f.; s. auch u. Anm. 210. In der dritten Satire bezeichnet *amicus* innerhalb des Patron-Klient-Verhältnisses am häufigsten den Patron, vgl. 57. 87. 101. 107. 112. 116. 121. Nach EHLERS 1996, 67 ist es beim Sprecher und Umbricius nicht möglich, zu entscheiden, ob es sich um Freundschaft oder ein Klientelverhältnis handelt. Zur Konnotation der verschiedenen Termini bei Martial vgl. GANTER 2015, 225, Anm. 86 und 227, Anm. 95.
[53] Eindeutig werden die Klienten in 1,132 als *veteres lassique clientes* bezeichnet.
[54] Ausgehend vom Namen wurde auch eine symbolische Interpretation des Umbricius als »Schatten« oder »Geist« im Sinne von »letzter Vertreter« des guten alten Römertums vorgeschlagen, vgl. BRAUND 1996a, 232 »he is the *umbra*, the ›ghost‹, of Roman-ness (*Romanitas*)«. Ferner kann *umbra* »ungeladener Begleiter eines bedeutenden Gastes« bedeuten, vgl. z.B. Hor. sat. 2,8,22. epist. 1,5,28. Zu den vielfältigen Assoziationen des Namens vgl. BRAUND 1996a, 177. 234f., s. auch RASCHKE 2009, 139, Anm. 27 und MANZELLA 2011, 66–68.

metus.⁵⁵ In seiner Schilderung der Verhältnisse in Rom begegnen Züge, die für Unterweltbeschreibungen charakteristisch sind. Vor allem das Motiv der Finsternis ist in diesem Zusammenhang typisch. So wird das billige Wohnen in Landstädten in sarkastischer Weise mit dem kostspieligen Wohnen in Rom kontrastiert (3,223–225): *si potes avelli circensibus, optima Sorae / aut Fabrateriae domus aut Frusinone paratur / quanti nunc tenebras unum conducis in annum* (Wenn du dich von den Circusrennen losreißen kannst, kann das vortrefflichste Haus in Sora, Fabrateria oder Frusino zu einem Preis gekauft werden, zu dem man jetzt ein finsteres Loch für ein einziges Jahr mietet). Der abstrakte Ausdruck *tenebrae* (225) für eine düstere Behausung verweist auf die Unterwelt.⁵⁶

Umbricius, der nach einer knappen Eingangsszene der alleinige Sprecher bis zum Ende der Satire ist (*hic tunc Umbricius ... inquit*, 21), wird in der Juvenalforschung einerseits als bloßes Sprachrohr des Satirikers angesehen,⁵⁷ andererseits als ein vom Satiriker der Kritik preisgegebenes Objekt. So schlägt BRAUND in ihrem Essay eine negative Charakterisierung von Umbricius vor, der sich im Kampf um die Gunst der Patrone seinen ausländischen Konkurrenten unterlegen fühle und die gute alte Zeit zurückwünsche.⁵⁸ Einiges spricht in der Tat für diese Interpretation. So bewertet der Sprecher gleich im Eingang der Satire den Weggang des Umbricius in folgender Weise (3,2f.): *laudo tamen, vacuis quod sedem figere Cumis / destinet atque unum civem donare Sibyllae* (lobe ich doch seinen Entschluss, seinen Wohnsitz im menschenleeren Cumae fest aufzuschlagen und der Sibylle wenigstens einen einzigen Bürger zu schenken). Ironiesignale sind zum einen

---

⁵⁵ Das Verb *vivere* im prägnanten Sinne von »würdig leben und nicht nur physisch existieren« begegnet noch an weiteren Stellen in der dritten Satire: So will Umbricius freiwillig ins Exil gehen und skrupellosen Parvenüs das Feld überlassen (3,29f.): *cedamus patria. vivant Artorius istic / et Catulus* (Laßt mich meine Vaterstadt verlassen. Leben sollen dort Artorius und Catulus). Beim Gegenbild vom Leben außerhalb Roms findet *vivere* wiederum Verwendung (3,228): *vive bidentis amans* (Wähle ein Leben als Liebhaber der Hacke). Über das eingeschränkte Leben der Klienten in Rom sagt er (3,182f.): *hic vivimus ambitiosa / paupertate omnes* (Hier in Rom leben wir alle in anspruchsvoller Armut).
⁵⁶ Vgl. z.B. Verg. Aen. 7,325 *infernae tenebrae*, s. auch BRAUND 1996a zur Stelle: »The shadows inhabited by the poor client reflect Umbricius' ›shadowy‹ name«.
⁵⁷ So MANZELLA 2011, 4 in der Einleitung zu ihrem Kommentar zur dritten Satire: »Ad Umbricio, eteronimo di Giovenale, frutto della sua fantasia creatrice, il poeta presta la sua più autentica voce, e con essa i suoi più sinceri sentimenti, ...«, vgl. auch ihre Position zur *persona*-Theorie in Anm. 6. Entschieden wendet sich auch KISSEL 2014, 233, für den »eine substantielle Distanzierung Juvenals von Umbricius letztlich gar nicht vorstellbar« ist, gegen eine »Satirisierung der Umbricius-Gestalt«.
⁵⁸ Vgl. BRAUND 1996a, 234–236, insbes. 234: »These factors together suggest an alternative symbolic interpretation of Umbricius' name as ›Mr Shady‹ in a less than favourable sense: he is a manifestation of the petty greed and jealousy which haunts the city of Rome.«

das Lob,[59] zum anderen die satirische Hyperbole, womit die Leere der Stadt Cumae beschrieben wird (vgl. *vacuis ... Cumis* und *unum civem*).[60] Darüber hinaus ist die Wahl seines Zufluchtsortes ebenso ambivalent wie das Lob des Satirikers. Dass Umbricius nach dem Vorbild des Griechen Daedalus[61] ausgerechnet Cumae, die älteste griechische Kolonie auf italischem Boden, als Zufluchtsort bei seiner Flucht aus der *Graeca urbs* (61, s. u. Anm. 62) wählt, trägt zur Verunsicherung des Lesers bei, wie ernstgemeint das Lob des Satirikers ist.

Auch wenn Umbricius zeitweilig den satirischen Modus übernimmt und ganz im Ton des indignierten Sprechers Exemplum an Exemplum reiht,[62] ist er doch nicht identisch mit dem satirischen Sprecher oder schlechthin das *alter ego* des Satirikers. Dies geht besonders aus dem Finale der Satire hervor, wenn Umbricius, der sein Gegenüber während seiner langen Klage nicht zu Wort hatte kommen lassen, beim Abschied darum bittet, der Satirendichter möge ihn, sooft er sich auf sein Landgut begebe, aus Cumae zur Rezitation von Satiren einladen.[63] Wie das satirische Ich findet auch Umbricius gewisse Zustände unerträglich; im Gegensatz zum Satiriker, der eine Flucht nur theo-

---

[59] Vgl. Iuv. 12,121 *laudo meum civem*, wo ein Erbschleicher gerühmt wird, weil er bereit ist, seine Tochter zu opfern; vgl. auch 4,18. Zum ambivalenten Lob des Satirikers vgl. SCHMITZ 2000, 63. Im Zusammenhang mit der zunehmenden Desillusionierung des epigrammatischen Ichs angesichts der provinziellen Atmosphäre von Bilbilis, seines Rückzugsortes in der spanischen Heimat, erinnert HOWELL 1998 an den prägenden Einfluss, den Martial auf Juvenal ausübte, und an das an einen (vermutlich mit dem Satiriker identischen) Juvenal adressierte Epigramm 12,18; zu Mart. 12,18 s. auch o. 34f. Auch vor diesem Hintergrund erhält das Lob des Satirikers zu Beginn der dritten Satire eine ambivalente Bedeutung, vgl. HOWELL 1998, 185: »It is inconceivable that Juvenal could have written this satire without having in mind, not just the poem which Martial had addressed to him from Spain, but also the reality of what happened when Martial did what Umbricius recommends.«

[60] Einen ähnlich ironisch-distanzierten Eindruck hinterlässt die paradoxe Ausmalung des bescheiden-idyllischen Landlebens (3,230f.): *est aliquid, quocumque loco, quocumque recessu, / unius sese dominum fecisse lacertae*, hierzu s. u. 181.

[61] Neben der ersten Erwähnung des Daedalus in Iuv. 3,25 ist auch 3,79f. zu vergleichen: *non Maurus erat ... qui sumpsit pinnas, mediis sed natus Athenis* (schließlich war es kein Maure ..., der sich Federn anlegte, sondern jemand, der mitten in Athen geboren wurde).

[62] Vor allem das Motiv der Unerträglichkeit rückt ihn in die Nähe des Satirikers, der etwa in der Programmsatire verallgemeinernd fragt (1,30–32): *quis iniquae / tam patiens urbis, tam ferreus, ut teneat se, / ... cum ...* (s. o. 26 und 23, Anm. 48). Entsprechend leitet Umbricius seine Aufzählung der ausländischen Konkurrenten, die einen ehrenhaften römischen Klienten wie ihn verdrängen, ein (3,58–61): *quae nunc divitibus gens acceptissima nostris / et quos praecipue fugiam, properabo fateri, / nec pudor obstabit. non possum ferre, Quirites, / Graecam urbem* (Welches Volk heutzutage unseren Reichen am willkommensten ist und vor welchem ich in erster Linie die Flucht ergreife, will ich eilends bekennen und kein Schamgefühl soll mir im Weg stehen. Nicht kann ich ertragen, ihr Mitbürger, ein griechisches Rom).

[63] Zum Finale der dritten Satire vgl. SCHMITZ 2000, 50–57. Zu den Rahmenpartien der Satire (3,1–20 und 315–322) s. auch MÜLKE 2009.

3. Dritte Satire: Juvenals satirische Modellierung der Stadt Rom 91

retisch in Betracht zieht (vgl. 2,1 *Ultra Sauromatas fugere hinc libet* ...), setzt Umbricius seinen Entschluss, Rom für immer zu verlassen, in die Tat um. Der Satiriker selbst muss dagegen in der Stadt verharren, bietet doch nur sie ihm den Stoff für seine Satire. In seiner Programmsatire hatte er suggeriert, es genüge, an einem belebten Punkt der Stadt (*medio* ... *quadrivio*, 1,63 f.) seinen Beobachtungsposten einzunehmen, wo ihm satirewürdige Objekte von selbst entgegenkämen.

Umbricius umschreibt den Ort, an den er auswandern will, in folgender Weise (3,25): *fatigatas ubi Daedalus exuit alas* (wo Daedalus seine erschöpften Flügel ablegte). Mit dieser erlesenen Periphrase für Cumae verweist Umbricius auf Daedalus, der ebenfalls Cumae als Zufluchtsort wählte. Zugleich wird in einer Art Dreieck über die Figur des Daedalus die Verbindung zu Aeneas hergestellt, wird doch zu Beginn des sechsten *Aeneis*-Buches die Daedalussage skizziert: Daedalus habe sich nach seiner Flucht aus Kreta in Cumae niedergelassen und dort den Apollotempel errichtet, auf dessen Türflügeln er sein eigenes Schicksal dargestellt habe (Verg. Aen. 6,14–33a). Aeneas wiederum, der mit seinen Trojanern an eben diesem Ort gelandet ist, vertieft sich in die Betrachtung der Bilder seines vor ihm in Cumae gelandeten Schicksalsgenossen, bevor er unter Führung der Sibylle den Gang in die Unterwelt antritt. Nach dem Modell seiner berühmten mythischen Vorgänger will auch Umbricius in Cumae Zuflucht suchen. Bei Umbricius und Aeneas handelt es sich freilich um eine gegenläufige Bewegung. Während Aeneas von Cumae aus aufbricht, um letztendlich Rom zu gründen, verlässt Umbricius nun seinerseits Rom, um sich nach Cumae zu begeben, da für einen wahren Römer in Rom kein Platz mehr sei.[64] Darüber hinaus werden in der dritten Satire zahlreiche Assoziationen zwischen dem von Griechen erstürmten Troja, das Aeneas verlassen muss, und dem – in Umbricius' Augen – von griechischen und orientalischen Einwanderern belagerten Rom geknüpft.[65] So sind die Gefahren in Rom, denen Umbricius sich und seinesgleichen im harten Überlebenskampf bei Tag und Nacht ausgesetzt sieht, mit den Gefahren im brennenden Troja vergleichbar, zumindest in Umbricius' Perspektive und Darstellung. Entsprechend oft wird denn auch das zweite *Aeneis*-Buch

---

[64] Catharine EDWARDS (Writing Rome. Textual Approaches to the City, Cambridge 1996, 127–129) bringt noch eine weitere intertextuelle Verkehrung ins Spiel, indem sie Umbricius' Klage über Rom und sein freiwilliges Verlassen der Stadt als Spiegelbild der Sehnsucht nach Rom deutet, die der *poeta exul* in Ovids Exilpoesie artikuliert.

[65] Die Analogie zwischen Umbricius, dem letzten wahrhaften Römer, und Aeneas, dem Gründer Roms, sowie insbesondere das zweite *Aeneis*-Buch als Intertext der dritten Satire sind in der Forschung öfter herausgearbeitet worden, vgl. ESTÉVEZ 1996, insbes. 299: »the last Roman and the first, Umbricius and Aeneas, each leaving a city in flames and fallen to the Greeks, each heading for the same physical place from opposite points in time«; s. auch BAINES 2003, insbes. 221.

durch intertextuelle Verweise aufgerufen. Nicht zuletzt befindet sich Umbricius, der von den Gefahren in Rom und seinem Auszug erzählt, in der gleichen Rolle wie der Ich-Erzähler Aeneas, der im zweiten Buch der *Aeneis* von Trojas Untergang und seiner Flucht berichtet.

Das bukolisch geprägte Ende der dritten Satire[66] ist wiederum sehr bezeichnend für Umbricius' unrealistische Sehnsucht nach einem einfachen Leben auf dem Lande ohne Lug und Trug. Aus der Perspektive des desillusionierten Stadtbewohners übt das idealisierte Landleben immer große Anziehungskraft aus. In einer Ringkomposition verweist die Bitte des Umbricius, der Satirendichter möge ihn zu einer Rezitation der Satiren auf sein kühles Landgut bei Aquinum einladen, zurück auf den Anfang der dritten Satire, wo die im heißen August rezitierenden Dichter vom Satiriker selbst als größte Gefahr in Rom präsentiert wurden (V. 9).[67] Nachdem Umbricius in einer langen Hasstirade den satirischen Part übernommen und den Satiriker nicht zu Wort hat kommen lassen, signalisiert seine Ankündigung, den Satirendichter auf seinem Landgut zu besuchen, um sich nun seinerseits als Zuhörer (*auditor*, 322) einer Rezitation von Satiren einzufinden, wiederum die Umkehrung der Rollen von Sprecher und Zuhörer.

Einzelinterpretation: Iuv. 3,196–202: Brand in einem römischen Mietshaus – Der Brand Trojas

Umbricius wird nicht müde, bei seiner Schilderung der lebensbedrohlichen Gefahren in Rom immer wieder die unterschiedliche Behandlung von arm und reich hervorzuheben. Im Abschnitt über Häusereinstürze und Feuersbrünste (190–222) lenkt er den Blick vor allem darauf, welchen Gefahren gerade die ärmeren Bewohner von Mietshäusern ausgesetzt seien (196–202):

securos pendente iubet dormire ruina ⟨sc. vilicus⟩.
vivendum est illic, ubi nulla incendia, nulli
nocte metus. iam poscit aquam, iam frivola transfert
Ucalegon, tabulata tibi iam tertia fumant:
tu nescis; nam si gradibus trepidatur ab imis,   200
ultimus ardebit quem tegula sola tuetur
a pluvia, molles ubi reddunt ova columbae.

⟨Der Hausverwalter⟩ fordert uns auf, ohne Sorge zu schlafen, während doch der Zusammenbruch bevorsteht. Leben[68] müsste man dort, wo es keine Feuersbrünste gibt, keine Furcht in der Nacht. Schon ruft nach Wasser, schon schleppt Ucalegon

---

[66] Zur Affinität des Finales, insbes. von Iuv. 3,316 *sed iumenta vocant et sol inclinat. eundum est*, mit Motiven der Bukolik s.o. 69f.
[67] Vgl. BRAUND 1996a und MANZELLA 2011 zu 315–322, ferner SCHMITZ 2000, 50–57.
[68] Zur prägnanten Verwendung von *vivere* s.o. Anm. 55.

3. Dritte Satire: Juvenals satirische Modellierung der Stadt Rom 93

seine Habseligkeiten fort, in dem von dir bewohnten Mietshaus qualmt schon die dritte Etage:[69] du weißt es noch nicht; denn wenn von der untersten Treppe her Unruhe entsteht, dann wird zuoberst der brennen, den allein ein Ziegeldach vor dem Regen schützt, wo sanfte Tauben ihre Eier legen.

Die trügerische Sicherheit trotz des ständig drohenden Einsturzes von Mietshäusern wird in Vers 196 durch zwei ineinander verschränkte Hyperbata (*securos ... dormire* und *pendente ... ruina*) veranschaulicht, wodurch es zur Juxtaposition der gegenteiligen Begriffe *securos pendente* und *dormire ruina* kommt. Der sprechende Name Ucalegon (»Ohnesorge«)[70] zu Beginn des Verses 199 weist in etymologisierender Manier auf *securos* am Beginn des Verses 196 zurück. Der Name des epischen Helden erhält im neuen Kontext eine weitere Dimension: Ucalegon ist im römischen Mietshaus ein Nachbar, der sich beim Brand nicht um die anderen Mitbewohner kümmert, sondern zunächst einmal um seinen armseligen Hausrat besorgt ist. Juvenal versetzt die Figur des Ucalegon, die in Aeneas' Erzählung von Trojas Untergang begegnet, direkt in das gegenwärtige Rom. Nach Art eines Zitats ruft dieser auffallende Name die Schilderung des brennenden Troja in Vergils *Iliupersis* als Intertext auf (Aen. 2,309–312):

> *tum vero manifesta fides, Danaumque patescunt*
> *insidiae. iam Deiphobi dedit ampla ruinam*   310
> *Volcano superante domus, iam proximus ardet*
> *Ucalegon; Sigea igni freta lata relucent.*

Da aber wurde die Zuverlässigkeit ⟨dessen, was Hector Aeneas im Traum gesagt hatte⟩ offenbar, der Hinterhalt der Danaer kommt ans Licht. Schon stürzte das weiträumige Haus des Deïphobus zusammen, von Flammen besiegt, schon brennt Ucalegon[71] ganz in der Nähe; Sigeions Meerenge strahlt weithin im Widerschein.

Wortanordnung und Versrhythmus sind ganz analog gebildet: Jeweils wird der viersilbige Name Ucalegon mit Enjambement an den Versanfang gesetzt (Iuv. 3,199 und Aen. 2,312), und mit einer Trithemimeres[72] folgt ein deutlicher Einschnitt. Auch in der Gliederung des Verses durch ein dynamisches *iam* richtet sich Juvenal ganz nach dem epischen Modell: in der *Aeneis*-Partie erscheint *iam* zweimal (Aen. 2,310 und 311), im Satirenabschnitt in dreimali-

---

[69] Vgl. HUDSON-WILLIAMS 1977, 29: *iam* gehört zu *tertia*, nicht *fumant*. Das ahnungslose Opfer wohnt oberhalb des dritten Stockwerkes.

[70] Ukalegon ist ein trojanischer Geront (Hom. Il. 3,146), dessen Haus bei Trojas Eroberung in Flammen aufging. Juvenal macht sich die Etymologie des Namens zunutze: Οὐκαλέγων aus οὐκ ἀλέγων, »sich nicht kümmernd um«. Skeptisch äußert sich etwa HORSFALL 2008, 265 zur etymologischen Funktion des Namens im Kontext der *Aeneis*-Stelle. Zur Frage des sprechenden Namens in der dritten Juvenalsatire vgl. jedoch SCHMITZ 2000, 65, Anm. 2.

[71] Zur gewagten Metonymie des Namens *Ucalegon* (für das Haus des Ucalegon) s. Quint. inst. 8,6,25.

[72] Zu dieser Zäsur vgl. CRUSIUS/RUBENBAUER (s. u. 192, Anm. 49) 50 f.

ger Anapher (Iuv. 3,198 und 199), jeweils an gleicher Stelle. Auf diese Weise werden der Brand im römischen Mietshaus und das brennende Troja parallelisiert. Zugleich werden aber auch die Unterschiede sichtbar. Während der Träger des trojanischen Namens im Rom der Satire seine wenigen Habseligkeiten in Sicherheit zu bringen sucht, besitzt der wahre Trojaner Ucalegon ein stattliches Haus in unmittelbarer Nachbarschaft zur *ampla ... domus* des Deïphobus (Aen. 2,310f.). Das prosaische Wort *frivola* (Iuv. 3,198, vgl. auch 5,59), »Plunder«, stimmt den hohen Ton wieder auf den römischen Alltag herab. Mit dem nur scheinbar idyllischen Bild der sanften Tauben, die unter dem Dach des Mietshauses ihren Nistplatz haben, endet Umbricius' Schilderung der desolaten Situation eines armen Römers, der dem Feuer schutzlos ausgeliefert ist.[73]

Als Funktion des zitatartigen Verweises auf die Schilderung von Trojas Untergang im zweiten *Aeneis*-Buch lässt sich festhalten: Die Gefahren der Großstadt werden von Umbricius als vergleichbar mit den Gefahren im brennenden Troja empfunden und entsprechend parallelisiert oder geradezu identifiziert, wie deutlich aus der Verwendung des signifikanten Namens Ucalegon, der auf einen anonymen Bewohner eines römischen Mietshauses übertragen wird, hervorgeht. Auf metapoetischer Ebene bedeutet dies eine Verschränkung von Satire und Epos in dem Sinne, dass Juvenals dritte Satire als aktueller, satirischer Gegenentwurf zum traditionellen Heldenepos verstanden werden kann.[74]

4. Vierte Satire: Die Fischsatire oder »Der Fisch stinkt vom Kopf her«

»Die 4. Satire ist das am stärksten politische und an den Realitäten des Prinzipats orientierte Gedicht Juvenals.«[75] Aber auch hier richtet der Satiriker seinen Blick nicht allein auf den Tyrannen Domitian, sondern fasst auch die

---

[73] Nach dem Muster der vergilischen Wendung *proximus ardet Ucalegon* heißt es in Iuv. 3,201 *ultimus ardebit quem ...* – *ultimus* kann wie Vergils *proximus* (2,311) räumlich die äußerste Wohnung im mehrstöckigen Mietshaus zuoberst bezeichnen; zur Deutung von *ultimus* im räumlichen Sinne vgl. O'SULLIVAN 1978. Ebenso kann *ultimus* zeitlich die grausame Zukunftsaussicht (*ardebit*) des zuoberst Wohnenden angeben, der erst dann den Brand bemerkt, wenn es schon zu spät ist. Zum intertextuellen Dreieck zwischen Vergil, Horaz und Juvenal ist AUSTIN 1964, 141 f. zu vergleichen, der in seinem Kommentar zu Aen. 2,312 noch Hor. sat. 1,5,71–74 und epist. 1,18,84 *tua res agitur, paries cum proximus ardet* einbezieht.
[74] Zu dieser Tendenz vgl. ausführlicher SCHMITZ 2000, 208–221, woraus einige der obigen Ausführungen entnommen sind; zu Iuv. 3,196–202 vgl. insbes. 188f. und 211f.
[75] ADAMIETZ 1986, 258. Gleichwohl werden einzelne Adlige auch in anderen Satiren (vor allem in der zweiten und achten Satire) als Beispiele einer versagenden Führungselite vorgeführt.

servilen und korrupten Höflinge ins Auge, die Domitians grausames Regime erst ermöglichen.

Die strukturelle und inhaltliche Einheit der vierten Satire wurde lange als zentrales Interpretationsproblem angesehen.[76] Im Eingang der Satire wird Crispinus, ein ägyptischer Emporkömmling, nämlich ausführlich präsentiert (1–27); nach einer knappen Überleitung (28–33) folgt der Hauptteil, in dem eine Debatte in Domitians Kronrat geschildert wird. In einem Katalog der Berater wird auch Crispinus (108 f.) nebenbei erwähnt, jedoch ohne expliziten Rückbezug auf den Anfang der Satire und ohne entscheidende Rolle bei der Beratung. Mittlerweile wurde aber erkannt, dass Crispinus eine präfigurierende Funktion für Domitians Auftritt zukommt, und auch die chiastische Komposition des Gedichts mit einem Wechsel zwischen schwerwiegenden und banalen Vergehen gilt als gegeben.[77] Ein weiterer Lösungsansatz liegt darin, gerade die Disproportionalität der ungleichen Abschnitte als aussagekräftig zu betrachten.

Dem 154 Verse umfassenden Gedicht liegt eine chiastische Makrostruktur zugrunde, wie die bisherige Forschung herausgearbeitet hat:[78] beginnend mit den Freveltaten des Crispinus (1–10) widmet sich der Einleitungsteil den harmlosen Vergehen des Crispinus (11–33), während im Hauptteil zunächst die absurde Erzählung über nichtige Angelegenheiten (*nugae*) in Domitians *villa Albana*[79] im Zentrum steht (37–149), bevor am Ende seine Schreckensherrschaft thematisiert wird (150–154). Den *facta leviora* (12) des Crispinus entsprechen die *nugae* (150) Domitians, allerdings mit weiterreichenden politischen Konsequenzen, da Domitian an der Spitze des Staates steht.

Neben Fragen der Struktur ist die Charakterisierung der vierten Satire als Parodie ein weiteres Interpretationsproblem.[80] Den Juvenalscholien zu Iuv. 4,94 verdanken wir nämlich vier von Valla zitierte Verse, die dem Statiusgedicht *De bello Germanico* zuzuordnen sind.[81] Im Fragment werden

---

[76] Zur Komposition und Interpretation s. BRAUNDS Essay 1996a, 269–275. Zur Rolle des Essens: GOWERS 1993, 202–211. Struktur und Inhalt der vierten Satire zeichnet FÖGEN 2009, 169–181 vor dem Hintergrund der einschlägigen Forschung nach.

[77] Gleichwohl verdächtigt WILLIS 1997 in seiner Teubneriana mit RIBBECK als Autorität die gesamte Einleitungspartie (1–36) als interpoliert; entsprechend disqualifiziert er die Überleitungspartie (28–33) als unpassend, vgl. SCHMITZ 2000, 283 mit weiterer Literatur zur inneren Verbindung zwischen den beiden Teilen.

[78] Vgl. KISSEL 2014, 254 zur strukturellen Einheit des Gedichts.

[79] Zur negativen Konnotierung (*Albana ... arx*, 4,145) von Domitians am Ort des alten Alba Longa gelegenen Kaiserresidenz s. u. Anm. 100.

[80] Zur Frage der Parodie in der vierten Satire allgemein s. ADAMIETZ 1993b; zur Parodie eines *consilium* bei Lucilius s. COURTNEY 1980, 197 und BRAUND 1996a, 271.

[81] Eine kritische Sichtung der Literatur zum epischen Statiusgedicht *De bello Germanico* bietet Walter KISSEL: Statius als Epiker (1934–2003), Lustrum 2004/46, Göttingen 2006, 123 f. Die vier erhaltenen Verse sind abgedruckt in WESSNER 1931, p. 61 f.; das Statiusfragment wird

drei Ratgeber genannt (Crispus, Fabricius[82] Vei[i]ento und Acilius), die auch in Juvenals vierter Satire vorkommen. Versuche, die Gesamtkonzeption der Juvenalsatire im Sinne einer Parodie zu diesem epischen Gedicht des Statius in Beziehung zu setzen, bewegen sich angesichts der fragmentarischen Überlieferung[83] auf einer dünnen Grundlage. Entsprechend ist die Charakterisierung der vierten Satire insgesamt als epische Parodie[84] problematisch; zumindest müsste noch näher differenziert werden, worin sie eigentlich besteht bzw. wogegen sie sich richtet. Dass sich die deutlichen intertextuellen Signale zum Gedicht des Statius aber pauschal gegen diesen richten, wie in der Forschung oft behauptet wird,[85] ist nicht sicher. Für das Verhältnis der vierten Satire zu Statius' epischem Gedicht lässt sich der Begriff »Parodie« im Sinne einer Kontrafaktur oder auch instrumentalen Parodie verwenden. Mit einem solchen Verständnis von Parodie ist Juvenals abwandelnde oder auch zitierende Anspielung nicht polemisch *gegen* einen bestimmten Text oder Stil gerichtet, sondern evoziert die durch intertextuelle Signale aufgerufenen Prätexte. Bei diesem Typ des parodistischen Verfahrens scheint ein literarisches oder strukturelles Modell als Folie auf, vor deren Hintergrund der neue Text gelesen werden will.[86] Entsprechend lassen sich die Anklänge an das Statiusgedicht interpretieren. So richtet sich der Katalog der Mitglieder des kaiserlichen Rates (Iuv. 4,72b–118) nicht gegen Statius' Gedicht insgesamt. Vielmehr kommt die genuin epische Bauform des Katalogs besonders wirksam bei der satirischen Präsentation der Mitglieder des kaiserlichen Rates zum Zug, dient der Kronrat in der vierten Satire doch dazu, das Missverhältnis zwischen dem nach epischem Modell inszenierten großartigen Rahmen der Versammlung und dem banalen Gegenstand der Beratung vor Augen zu führen.

---

näher besprochen von COURTNEY 1980, 195 und BRAUND 1996a zu 72–118 (mit Übersetzung).

[82] Zur alternativen Namensform Fabius im Statiusfragment vgl. BRAUND 1996a zu 113–18.

[83] Schon die untypische Handhabung des Hexameters im zweiten Vers (*et Fabius Veiento: potentem signat utrumque* ... – Fehlen der zu erwartenden Penthemimeres) mahnt zu einer skeptischen Haltung gegenüber der häufig anzutreffenden Meinung, es handle sich hier um das von Statius realisierte Eposprojekt zur panegyrischen Würdigung von Domitians Tugenden als Feldherr. Vielmehr ist von einem Gelegenheitsgedicht anlässlich des Albanischen Agon zum Lobpreis Domitians auszugehen, vgl. KISSEL (wie Anm. 81), 124.

[84] So etwa GOWERS 1993, 202: »*Satire* 4 is an epic parody.«

[85] Vgl. etwa GOWERS 1993, 202: »Like a courtier, Juvenal flatters the trivial event, and this choice of style may be in part political: it is an attack on epic poets like Statius who misapplied their art to fawn on the emperor« oder BRAUND 1996a, 251: »This catalogue constitutes epic parody, almost certainly of Statius' *De Bello Germanico*, now lost to us.«

[86] Zur Begrifflichkeit vgl. SCHMITZ 2000, 181.

4. Vierte Satire: Die Fischsatire

Abrupt wird Crispinus, der schon in der ersten Satire (26–29) Erwähnung fand, vom satirischen Sprecher erneut[87] herbeizitiert, um als geeignetes Satireobjekt seine Rolle auf der satirischen Bühne zu spielen (4,1f.): *Ecce iterum Crispinus, et est mihi saepe vocandus / ad partes.*[88] Gleich zu Beginn wird er als leibhaftiges *monstrum*[89] charakterisiert (4,2), dessen Laster (*vitia*) durch keinerlei Tugend aufgewogen würden. In wenigen Strichen werden seine *libido* und protzig zur Schau gestellte *luxuria* angeprangert. Diese summarische Charakterisierung des notorischen Ehebrechers Crispinus (vgl. 4b *viduas tantum aspernatus adulter*, ein Ehebrecher, der lediglich Unverheiratete verschmäht) gipfelt in der Erwähnung eines Sakrilegs: Crispinus wird ein Verhältnis mit einer Vestalin vorgeworfen, das als religiöser Inzest bewertet wurde (9f.). In bewusstem Gegensatz zu dieser skizzenhaften Präsentation widmet sich der satirische Sprecher dann ausführlich einem trivialeren Vergehen des Crispinus (11f.): *sed nunc de factis levioribus. et tamen alter / si fecisset idem caderet sub iudice morum* (Doch jetzt über ein geringeres Vergehen: wenn freilich ein anderer dasselbe begangen hätte, würde er vor dem Tribunal des Sittenrichters zu Fall kommen). Diese Überleitung stellt bereits eine Beziehung zwischen Crispinus und Kaiser Domitian her, der (seit 85) den Titel *censor perpetuus* führte und in dieser Funktion das Verhalten seines Höflings nicht mit einer Rüge ahndete. Worin besteht nun das weniger gravierende Vergehen? Crispinus kaufte einen riesigen Fisch für eine enorme Summe und dies auch noch zum persönlichen Verzehr. Der teuer erworbene Fisch dient als Symbol für Crispinus' extravagante Schwelgerei, was der indignierte Sprecher noch dadurch steigert, dass er ausführt, der Fisch habe für Crispinus lediglich eine unbedeutende und nur vom Rande genommene Beilage einer noch relativ bescheidenen Mahlzeit dargestellt (*partem / exiguam et modicae sumptam de margine cenae*, 29f.).[90] Mit einem *a fortiori*-Argument wird der Blick von Crispinus auf den Kaiser selbst gelenkt:

---

[87] Zum möglichen Einwand, ob der Rückbezug der vierten auf die erste Satire nicht voraussetzen würde, dass die üblicherweise erst ganz am Ende geschriebene Einleitungssatire zum ersten Buch schon vorliegen müsse, s. COURTNEY 1980, 200.

[88] Hierzu s.o. 28.

[89] Das religiös konnotierte Wort *monstrum* (über- und widernatürliche Erscheinung, die Unheil ankündigt, das durch Entsühnung abzuwenden ist) setzt Juvenal noch an zwei weiteren Stellen ein: wie Crispinus wird auch der Riesenfisch als *monstrum* bezeichnet (45f.): *destinat hoc monstrum cumbae linique magister / pontifici summo* (dieses Wundertier bestimmt der Meister des Kahns und des Netzes für den obersten Priester ⟨d.h. Domitian⟩). Ebenso wird Catullus, einer der Berater Domitians, als *grande et conspicuum nostro quoque tempore monstrum* (115, ein großes und selbst in unserer Zeit auffallendes Ungeheuer) charakterisiert. Der gewaltige Vers erinnert an Vergils Beschreibung des geblendeten Kyklopen Polyphem in Aen. 3,658 *monstrum horrendum, informe, ingens, cui lumen ademptum*, so auch FERGUSON 1979; vgl. auch insgesamt BRAUNDS 1996a, S. 237 Hinweise zu *monstrum*.

[90] Hierzu s.o. 62.

wenn schon Domitians Höfling ein solch verschwenderisches Verhalten an den Tag legt, was muss man da erst vom Kaiser selbst erwarten? Damit ist die Überleitung zu Domitian gegeben.

Die auffallenden Stilwechsel in dieser Übergangspartie skizzieren die verkehrte Welt des Kaiserhofes, an welchem der gierig schlingende *induperator* Domitian und sein purpurtragender Clown agieren. In einem symmetrisch ausgewogenen goldenen Vers (*purpureus magni ructarit scurra Palati*, 31) wird durch das Oxymoron *purpureus ... scurra* der paradoxe Aufstieg des ägyptischen Parvenüs hervorgehoben.[91] Der in Purpur[92] gekleidete Clown des großen Palastes ist ein typischer Repräsentant des Kaiserhofes: seine rasante Karriere unter Domitian (*iam princeps equitum*[93], jetzt der Erste unter den Rittern, 32) veranlasst den empörten Sprecher, in satirischer Verzerrung eine übertrieben niedrige Herkunft des aus Ägypten nach Rom gekommenen Crispinus auszumalen (32f.): *magna qui voce solebat / vendere municipes fracta de merce siluros* (der mit lauter Stimme Fische, seine Landsleute, aus beschädigter Fracht zu verkaufen pflegte).[94] Auch Crispinus' Kleidung dient dem Satiriker als Mittel, um den Abstand zwischen seiner vorgeblich niedrigen ägyptischen Herkunft und seiner jetzigen hohen Position am Kaiserhof zu markieren: der nun in Purpur gehüllte Emporkömmling war früher mit dem Papyrus seiner Heimat bekleidet (*succinctus patria quondam, Crispine, papyro*, 24).

Inkongruenzen stilistischer und inhaltlicher Art an dieser Scharnierstelle (4,28–31) zwischen dem einleitenden Porträt des Crispinus und dem folgenden Hauptteil weisen auf die Verkehrung der Verhältnisse in Domitians Umgebung voraus, die der Satiriker exemplarisch durch die detaillierte Schilderung eines Ereignisses vorführen wird. Ein Musenanruf[95] leitet die narrative Partie ein, in welcher geschildert wird, wie einem Fischer ein außergewöhnlich großer Fisch ins Netz geht, den er gezwungenermaßen dem Kaiser schenkt. Andernfalls hätten – so die bissige Erläuterung des Satirikers – Domitians Denunzianten den Fisch ohnehin als Eigentum des Kaisers rekla-

---

[91] Zum häufigen Wechsel der Stilebene von episch-erhabener Diktion (bes. *induperator*) zu derb-vulgären Ausdrücken (wie *gluttire, ructare*) s.o. 63.

[92] Zur Vorliebe des Crispinus für Purpur s. Iuv. 1,27.

[93] Zu diesem nicht offiziellen Titel vgl. COURTNEY 1980 z. St.

[94] Dieser Relativsatz ist voll von sarkastischen Anspielungen. So zeigt *vendere* den Umschwung der Verhältnisse an: Crispinus, der jetzt für seinen persönlichen Gebrauch einen extravaganten Fisch kaufen kann (*emit sibi*, 22), sei früher ein Straßenverkäufer von billigen Nilfischen gewesen, wobei die Ware noch zusätzlich durch das Detail der Beschädigung (*fracta de merce*) geschmälert wird.

[95] Der episch anhebende Musenanruf wird sogleich satirisch unterlaufen (34–36); zum episierenden Stil s.o. 61f. Zum ständigen Wechsel der Stilebenen in der vierten Satire vgl. auch ADAMIETZ 1993b.

miert (46b–55a). Wie die Überleitung ist auch die Schilderung im Hauptteil durch ein auffallendes stilistisches Design gekennzeichnet: immer wieder bedient sich der Erzähler zeitweilig einer gehobenen Diktion. Eine pauschale Interpretation der vierten Satire als epische Parodie trägt dem auffallenden Wechsel der Stilebenen und der damit bewirkten Inkongruenz jedoch zu wenig Rechnung. Mit Sicherheit kann aber gesagt werden, dass die epischen Einsprengsel im Widerspruch zum trivialen Gegenstand stehen.[96] Der Sprecher weist am Ende der Satire selbst auf die Diskrepanz zwischen dem dekadenten Hofleben und dem von einem Imperator zu erwartenden Verhalten hin, wenn er vor Augen führt, was der angemessene Gegenstand einer Beratung gewesen wäre, zu der Domitian seine Höflinge auf seine Burg zitiert hatte (147–149):

> *tamquam de Chattis aliquid torvisque Sygambris*
> *dicturus, tamquam ex diversis partibus orbis*
> *anxia praecipiti venisset epistula pinna.*
>
> als ob er etwas über die drohenden Chatten oder Sygambrer verkünden werde, als ob aus entlegenen Teilen des Erdkreises auf eilenden Flügeln ein besorgter Brief gekommen sei.

Die im Verhältnis zum banalen Gegenstand, den *nugae* (150), unangemessen großtönende Diktion bildet die Vertauschung der Prioritäten unter Domitians Regime ab, für den ein zu großer Fisch einen ebenso bedeutenden Beratungsgegenstand darstellt wie die Bedrohung des Reiches durch äußere Feinde. Die Diskrepanz zwischen episch-erhabener Diktion und trivialem Gegenstand der Beratung scheint sich in dem Problem widerzuspiegeln, eine passende Schüssel für den übergroßen Fisch zu finden (72a): *sed derat pisci patinae mensura* (aber es fehlte dem Fisch das passende Maß einer Schüssel, d.h. es fehlte die passende Schüssel, die für den Fisch groß genug gewesen wäre). Dieser Satz wird von GOWERS 1993, 210 als Schlüssel zur Interpretation der vierten Satire angesehen. In der Tat lässt sich die Aussage über das unpassende Gefäß für den riesigen Fisch metapoetisch auf das Projekt des Satirikers, Domitians Verbrechen im Rahmen einer Satire darstellen zu wollen, übertragen. Auch in der Satire stimmen die Proportionen nicht. Die trivialen Vergehen Domitians und seines Höflings Crispinus erhalten weiten Raum, während die wirklichen Verbrechen nur marginal im wahrsten Sinne des Wortes, d.h. am Anfang und am Ende gestreift werden. Im Hauptteil werden nicht Domitians Greueltaten angeprangert, sondern ein verhältnismäßig harmloses Vergehen, nämlich die eilige Einberufung der Höflinge zur Beratung über das nichtige Problem einer adäquaten Zubereitung des Rie-

---

[96] Hier greife ich auf Überlegungen zurück, die in SCHMITZ 2000, 105f. und 254f. ausführlich entwickelt wurden.

senbutts. Nach GOWERS 1993 dienen die Anleihen beim epischen Genus der indirekten Kritik an Domitians gewaltigen Verbrechen, insofern suggeriert werde, dass selbst eine mit epischen Elementen angereicherte Satire nicht das adäquate Gefäß für die ungeheuerlichen Verbrechen Domitians sei,[97] übersteige Domitians Terrorregime doch das Fassungsvermögen der Satire.[98] Es ließe sich freilich einwenden, dass die Satire prinzipiell nicht in erster Linie darauf zielt, wirkliche Geschehnisse wahrheitsgemäß zu beschreiben.

Das geräuschvolle Übergehen der unsagbar großen Verbrechen[99] findet aber in der Tat in der Unausgewogenheit der Größenverhältnisse eine adäquate Form, spiegeln doch die ungereimten Proportionen die grotesken Absurditäten unter Domitians Regime wider.

In der vierten Satire wird Domitian, der den Dreh- und Angelpunkt bildet, als Tyrann porträtiert, auch ohne dass seine Verbrechen ausführlich dargestellt werden. Bei der Einberufung des Rates wird thematisiert, welchen Preis die *amici Caesaris* zu bezahlen bereit sind, um dazuzugehören. Die beklemmende Atmosphäre in Domitians Kronrat verdichtet Juvenal nämlich zu *proceres, quos oderat ille, / in quorum facie miserae magnaeque sedebat / pallor amicitiae* (seine Vornehmsten, die Er hasste, auf deren Gesicht die bleiche Furcht vor der elenden ›Freundschaft‹ mit dem großen Caesar lag, 73–75). Der von Domitian ausgehende Terror bleibt zwar unsichtbar, ist aber indirekt insofern allgegenwärtig, als der körperlich weitgehend abwesende Willkürherrscher gerade in der dienstbeflissenen und ängstlichen Reaktion seiner Berater äußerst präsent ist. Erst spät und auch dann nur durch eine knappe Frage tritt er direkt in Erscheinung, wenn er im Kronrat fragt, ob der Antrag gestellt werde, den Fisch in Stücke zu hauen (130): ›*quidnam igitur censes? conciditur?*‹ (Was also ist dein Antrag? Soll man ihn zerstückeln?). Bei der Entlassung der Vornehmen, die Domitian in seine kaiserliche Villa hatte kommen lassen, heißt es dann (145f.): (*proceres*), *quos Albanam dux magnus in arcem / traxerat attonitos* (die vornehmen Berater, die der große Feldherr zu ihrer Bestürzung in seine Burg von Alba zitiert hatte). Die Wortstellung evoziert hier die Vorstellung des in seiner Festung residierenden Tyrannen, wird doch der ironisch ›großer Feldherr‹ (*dux magnus*) genannte Herrscher

---

[97] GOWERS 1993, 203: »even epic satire, it is implied, is inadequate to describe the real monstrosities.«

[98] Zur Undarstellbarkeit von Domitians Terrorregime vgl. GOWERS 1993, 210: »he also wants to suggest that Domitian's monstrosity is almost out of his range« und 211: »Juvenal seems to be saying that he wants to extend the *lanx satura*, to serve up the whole world on a plate; at the same time some subjects, in this case Domitian's reign of terror, are out of its sphere.«

[99] In diesem Sinne beurteilt auch KEANE 2007, 45 die indirekte Präsentation Domitians als satirisches Objekt: »the parenthetical references to the greater outrages of Domitian's reign highlight the gap between the most terrible stories associated with the emperor and Juvenal's present choice of narrative topic.«

von seiner *Albana arx*[100] umgeben. Im Finale der vierten Satire wirkt die komprimierte, direkte Anprangerung von Domitians grausamer Herrschaft dann umso nachhaltiger (151 f.): *tempora saevitiae, claras quibus abstulit urbi / inlustresque animas inpune et vindice nullo* (Zeiten der Grausamkeit, in denen er Rom seiner berühmten und erlauchten Seelen beraubte, und zwar ungestraft und ohne einen Rächer). Durch den zitatartigen Verweis auf Vergils Heldenschau[101] wird der Tyrann Domitian als Vernichter der von Anchises als zukünftige Helden Roms angekündigten Männer präsentiert.

5. Fünfte Satire: Ein asymmetrisches Gastmahl

Wie in der vierten Satire spielt »Essen« auch in der fünften Satire eine Rolle, wenn auch in gänzlich anderer Weise. Essen eignet sich hervorragend als Mittel für satirische Darstellungsziele, wie insbesondere die Horazsatiren 2,4 und 2,8 (*cena Nasidieni*), Petrons *Cena Trimalchionis* und etliche Martialepigramme (z. B. Mart. 3,60 und 82) zeigen.[102] Auch in Juvenals Satiren liefert die hyperbolische Verwendung des Themas keine objektive Beschreibung der Realität.[103] Gastmähler bilden vielmehr seit jeher ein genuin satirisches Motiv, weshalb GOWERS 1993, 109 in ihrem Kapitel zur römischen Satire an den kulinarischen Ursprung des Wortes »Satire« erinnert. Thema der fünften Satire ist die ungleiche Bewirtung beim Gastmahl und damit rückt das Patron-Klient-Verhältnis nach der ersten und dritten Satire erneut in den Mittelpunkt.

Die fünfte Satire orientiert sich am Verlauf eines Gastmahls: nacheinander werden die verschiedenen Gänge bis zum Nachtisch und zum Unterhaltungsprogramm thematisiert. Jeweils werden die erlesenen Köstlichkeiten, die dem Patron Virro und den reichen Klienten serviert werden, und die qualitativ schlechteren, stellenweise auch ekelerregenden Getränke und Speisen, mit denen Trebius und die anderen Klienten niederen Standes abge-

---

[100] Zur Konnotation von *arx* im prägnanten Sinne von »Tyrannensitz« vgl. SCHMITZ 2000, 199 f. mit Anm. 115.
[101] Anchises prophezeit seinem Sohn in der sogenannten Heldenschau bedeutende Gestalten der römischen Geschichte, die auf ihre Inkarnation warten (Aen. 6,758): *industris animas nostrumque in nomen ituras* (glorreiche Seelen, die dazu bestimmt sind, einst unseren Namen zu tragen).
[102] Für Lucilius lässt sich in Buch 30 der Themenkomplex »Ein schäbiges Gastmahl« mit den Fragmenten 992–1006 ausmachen, vgl. CHRISTES/GARBUGINO 2015, S. 372 f. und 385–391. Zum Thema Gastmahl vgl. auch die Fragmente 451–52. 455. 1017–18 in Werner KRENKEL: Lucilius, Satiren. Lateinisch und deutsch, Leiden 1970.
[103] Zur Tradition von Essen in der Satire vgl. Matthew LEIGH: Food in Latin Literature, in: John WILKINS/Robin NADEAU (eds.): A Companion to Food in the Ancient World, Malden; Oxford; Chichester 2015, 43–52, hier 44 f. Zu Juvenals 11. Satire s. u., insbes. Anm. 202.

fertigt werden, einander gegenübergestellt. Dieser sich konstant wiederholende Ablauf läuft auf eine Pointe hinaus: nach einer ausführlichen Präsentation eines erneuten Ganges für Virro (114–119) markiert eine Leerstelle das Fehlen eines entsprechenden Gerichtes für Trebius. Umso zynischer wirkt die Aufforderung des Sprechers an ihn, als bloßer Zuschauer zu fungieren (120f.): *structorem interea, ne qua indignatio desit, / saltantem spectes ...* (Dem Trancheur[104] schau unterdessen zu, damit auch hier ein Grund zur Empörung nicht fehlt, wie er tänzerisch agiert). Ganz aus der Perspektive des Patrons, für den der Aufwand betrieben wird, folgt die Bemerkung, dass es ohne Zweifel von lebenswichtiger Bedeutung sei, auf welche Weise Wild und Geflügel kunstgerecht zerteilt würden (123f.): *nec minimo sane discrimine refert / quo gestu lepores et quo gallina secetur* (und wahrhaftig macht es keinen geringen Unterschied aus, mit welcher Gebärde Hasen zerlegt werden und mit welcher ein Huhn). Die für den leer ausgehenden Adressaten bittere Ironie kommt durch *sane* (123) zum Ausdruck.

Obwohl Trebius im Verlauf des Gastmahls eine permanente Demütigung erlebt und auch selbst erkennt (76–79), ist er nicht in der Lage, seine Lebensweise zu ändern. Die im Eingang gestellte Frage (9b): *tantine iniuria cenae?* (Ist die Beleidigung beim Mahl so viel wert?), findet am Ende eine Antwort (166a): *spes bene cenandi vos decipit* (Die Hoffnung auf ein gutes Diner täuscht euch). Der Satiriker lässt den beim Gastmahl immer wieder leer ausgehenden Klienten auch selbst zu Wort kommen, indem er mögliche Äußerungen der geduldig hoffenden Klienten mit lebhaft vergegenwärtigendem *ecce* imaginiert (166b–168a): ›*ecce dabit iam / semesum leporem atque aliquid de clunibus apri, / ad nos iam veniet minor altilis*‹ (»Schau nur, er wird uns gleich einen halbgegessenen Hasen schicken und ein Stück von den Hinterkeulen des Ebers, zu uns wird gleich ein kleineres Huhn gelangen«). Bezeichnenderweise sind die Erwartungen der Klienten schon von vornherein erheblich eingeschränkt (vgl. *semesum, aliquid, minor*).[105]

Die Diskrepanz zwischen permanentem Hoffen und Nicht-Erfüllung der Erwartungen wird im Bild des Klienten festgehalten, der mit »gezücktem Brot« (*stricto pane*, 169) vergeblich auf Teilhabe am Gastmahl des Patrons hofft (168f.): *inde parato / intactoque omnes et stricto pane tacetis* (Daher bleibt ihr alle mit bereitem, noch unberührtem und gezücktem Brot stumm). Die Vergeblichkeit kommt in *intacto* (169) zum Ausdruck, das in einer Linie

---

[104] Zu diesem Diener, der einzig für das Vorschneiden und Präsentieren der Speise bei luxuriösen Gastmählern zuständig war, s. auch u. 173.

[105] Schon vorher war dem armen Klienten in Aussicht gestellt worden, dass er sich im Gegensatz zum üppigen Fischgang für Virro mit einer reduzierten Portion zufrieden geben müsse (84f.): *sed tibi dimidio constrictus cammarus ovo / ponitur exigua feralis cena patella* (Aber dir wird ein Flusskrebs vorgelegt, der mit einem halben Ei festgebunden ist, ein rechtes Totenmahl auf winzigem Teller).

mit den anderen auf *pane* bezogenen Partizipien *parato* und *stricto* zunächst die Erwartung ausdrückt, die aber, wie der Leser weiß, bis zum Ende des Gastmahls (und der Satire) unerfüllt bleiben wird, so dass *intacto* ambivalent verstanden werden kann: »mit ⟨von Delikatessen⟩ noch unberührtem, aber auch unberührt bleibendem« Brot. Wie der Klient wird auch der Leser in seinen Erwartungen getäuscht: die Partizipien *parato*, *intacto* und *stricto* laufen auf eine Ergänzung wie *ense* (vgl. z.B. Iuv. 1,165) hinaus;[106] stattdessen folgt jedoch paradoxerweise *pane*, wodurch sich auch das unmittelbar folgende Verb *tacetis* erklärt. Die Klienten wagen, wie Virro einkalkulieren kann (*ille sapit,*[107] *qui te sic utitur*, der hat Geschmack, der dich in dieser Weise bei seinem Gastmahl instrumentalisieren kann, 170a), keinen offenen Protest. Schon vorher war dem Klienten in einer auktorialen Einschaltung prophezeit worden, dass er gewaltsam hinausgeworfen werde, wenn er es auch nur wage, seinen Mund aufzutun (126f.). Eine wahre Partizipation der ärmeren Klienten am Gastmahl findet also nicht statt, auch nicht in Form einer Kommunikation. Virro vermeidet darüber hinaus auch eine körperliche Kontaktaufnahme mit Trebius, wie in der Geste des verweigerten Zuprostens und Trinkens aus dem gleichen Becher deutlich wird (127b–129a).

Die Satire endet mit einem Paukenschlag: Durch seine Bereitschaft, sich demütigen zu lassen, verdiene der Klient einen solchen Patron (170b–173): *omnia ferre / si potes, et debes. ... his epulis et tali dignus amico* (Wenn du in der Lage bist, dir alles gefallen zu lassen, verdienst du es auch, ... du, der du eines solchen Festmahls und solch eines ›Freundes‹ würdig bist).

6. Sechste Satire: Invektive gegen unkonventionelle Frauen der gesellschaftlichen Elite

Die ungewöhnlich lange sechste Satire vom Umfang eines Eposbuches (661 Verse) füllt das ganze zweite Buch aus. In der sechsten Satire bevölkert der misogyne Sprecher seine satirische Bühne mit weiblichen Figuren, deren Verhalten gegen die von ihm als gültig vorausgesetzten Normen verstößt. Sie

---

[106] Die mit militärischen Metaphern durchsetzte Ausdrucksweise nimmt die Vorstellung auf, dass sich das Gastmahl für die Klienten zu einer Schlacht verwandelt, eine Vorstellung, die zu Beginn der Schilderung ausgemalt wurde (26–29): *iurgia proludunt, sed mox et pocula torques / saucius et rubra deterges vulnera mappa, / inter vos quotiens libertorumque cohortem / pugna Saguntina fervet commissa lagona* (Streitigkeiten bilden das Vorspiel, aber bald schleuderst du auch Becher, selbst verwundet, und wischst dir mit blutbefleckter Serviette die Wunden ab, sooft zwischen euch und der Kohorte der Freigelassenen die Schlacht wütet, die mit saguntinischen Flaschen ausgetragen wird).

[107] Vgl. GOWERS 1993, 213: »the verb *sapere*, used of Virro at 170 (... ›he must have good taste, if he treats you like this‹), is another sick gastronomic pun.«

bildet ein Pendant zur zweiten Satire, in welcher der Sprecher gegen normwidriges Verhalten von Männern der sozialen Elite anrennt.

Die Architektur der sechsten Satire[108]

In dieser scheinbar nachlässig komponierten Satire wird eine Form ins Extrem getrieben, die sich auch in anderen Satiren Juvenals beobachten lässt: das Thema wird durch eine Fülle von Beispielen entfaltet. Durch die schiere Aneinanderreihung von immer neuen Fällen, die das aus Sicht des Sprechers kritikwürdige Verhalten der vornehmen römischen Frauen beleuchten, wird der Eindruck einer unabschließbaren Aufzählung suggeriert. Der häufig geäußerte Vorwurf der fehlenden strukturellen Einheit sagt mehr über die Erwartungen der Kritiker als über die tatsächliche Komposition aus. Im Gegensatz zu einer narrativ fortschreitenden Handlung besteht die Architektur der sechsten Satire gerade darin, dass sich ein Laster katalogartig an das andere reiht. Überhaupt scheint es in dieser langen Satire weniger auf eine stringente Gliederung als auf in sich abgeschlossene Szenen anzukommen. Postumus, der in Vers 21 und dann nochmals in 377 direkt angesprochen wird, gerät als Adressat zunehmend ganz aus dem Blickfeld.

Ein gutes Beispiel dafür, wie die vom Autor geweckten Erwartungen der Rezipienten mit Absicht nicht erfüllt werden, liegt in 474–507 vor. Der satirische Sprecher leitet den Abschnitt mit folgender Ankündigung ein (474f.): *est pretium curae penitus cognoscere toto / quid faciant agitentque die* (es ist der Mühe wert, gründlich in Erfahrung zu bringen, was sie ⟨sc. die Frauen⟩ den ganzen Tag über so tun und treiben). Es folgt eine Beschreibung der Toilette, welche Kosmetik, Auswahl der Garderobe und Frisur beinhaltet. Im Zentrum aber steht die Grausamkeit der Herrin, die bei der Herrichtung für ein Rendezvous mit einem Liebhaber ihre Unzufriedenheit mit dem eigenen Aussehen an ihren Dienerinnen auslässt. Zahlreiche Interpreten sehen in der Diskrepanz zwischen Ankündigung und fehlender Ausführung einen Beweis für die nachlässige Gliederung der sechsten Satire.[109] Adäquater dürfte aber

---

[108] Konzis haben WATSON/WATSON 2014, 8f. die Probleme der Struktur der sechsten Satire und mögliche Gründe für die lockere Komposition (18/19) dargelegt.

[109] Vgl. FRIEDLAENDER 1895 zu 474: »Obwohl Juvenal hier eine Beschreibung der Beschäftigung der Frauen während des ganzen Tages ankündigt, beschreibt er im Folgenden nur, was sie in den Morgenstunden thun.« Vgl. auch WEIDNER 1889 zu 474: »*toto die* ist mir nicht verständlich; wenn man auch den Abschnitt über 508 u. f. ausdehnen wollte, der Dichter führt keineswegs aus, was das Weib den ganzen Tag über thut.« Ähnlich FERGUSON 1979 zu 474–5 *toto ... die*: »note how this embraces the activities. But J does not fulfil this programme.« Ebenso wirft DUFF 1962 dem Dichter sorglose Komposition vor, vgl. zu 475 *agitent*: »Juv. seems to forget what he promises; he gives the episode of the dressing-room but does not go on to the rest of the day's occupations.«

6. Sechste Satire: Invektive gegen unkonventionelle Frauen 105

die Deutung sein, dass die Pointe gerade darin besteht, nur eine einzige Aktivität der *matrona* in den Fokus zu rücken. Außer der beschriebenen grausamen Behandlung ihres Hauspersonals während der aufwendigen Toilette gibt es keine weitere Tätigkeit der reichen *matrona*. Die implizite Aussage ist also: die *matronae* verbringen den ganzen Tag mit ihrer Toilette.[110]

Während der Mittelteil durch eine Abfolge einzelner Vignetten geprägt ist, in denen jeweils neue Fälle angeführt werden, zeichnen sich Anfang und Ende der Satire durch eine Ringkomposition aus.[111] Der Auftakt der Satire verwendet das Motiv des Goldenen Zeitalters[112] unter einer höchst eingeschränkten Perspektive. In singulärer Weise werden die verschiedenen, aufeinanderfolgenden Zeitalter nämlich nach dem Vorkommen von Ehebruch kategorisiert. Bereits das Silberne Zeitalter sei durch das (mithin älteste) Laster des Ehebruchs gekennzeichnet, während erst das Eiserne Zeitalter dann alle anderen Frevel hervorgebracht habe (23f.): *omne aliud crimen mox ferrea protulit aetas: / viderunt primos argentea saecula moechos* (Jegliches andere Verbrechen brachte bald darauf das Eiserne Zeitalter hervor, die ersten Ehebrecher aber sah bereits die Silberne Epoche). Im Epilog der sechsten Satire ist das Eiserne Zeitalter dann endgültig eingetreten.[113] Ein deutlich intertextuelles Signal liegt in einem Vers vor, der inhaltlich und formal in Dialog mit einem entsprechenden Vers in Ovids Version der Abfolge der Zeitalter zu Beginn der *Metamorphosen* tritt (met. 1,89–150). Zu vergleichen ist Iuv. 6,631 *livida materno fervent adipata veneno* (bläulich machende[114] Kuchen glühen vom Gift der Mutter) mit Ov. met. 1,147 *lurida terribiles miscent aconita novercae* (bleichmachendes Gift mischen schreckliche Stiefmütter). Juvenal hat den Gedanken aber gegenüber Ovids Version nochmals gesteigert: während die Ermordung eines Stiefsohnes schon längst moralisch legitim sei (*iam iam privignum occidere fas est*, 6,628b), seien mittlerweile sogar die eigenen Söhne nicht mehr vor ihren habgierigen Müttern sicher. In der ausgewogenen Form eines *versus aureus*[115] wird jeweils auf dem Gipfel

---

[110] Als beabsichtigte Leerstelle interpretieren auch WATSON/WATSON 2014 das Fehlen weiterer Aktivitäten, zu 474–5: »the implication is that their whole day is devoted to vacuous activities, especially their toilet.«

[111] Überzeugend haben WATSON/WATSON 2014, 11–13 in ihrer Einleitung die Korrespondenzen zwischen Prolog und Epilog (Ringkomposition) herausgearbeitet, vgl. insbes. Punkt IV.

[112] Zu den ironischen Elementen, welche die Rezipienten freilich davon abhalten, ein zu verklärtes Bild vom Goldenen Zeitalter in der Satire zu erwarten, vgl. Anm. 116.

[113] Mit Recht heben WATSON/WATSON 2014, 12 Juvenals einseitige Fokussierung auf Frauen hervor: »To suit the context, J. adapts the conventional wickedness of the Iron Age so that the murderous crimes are carried out solely by women.«

[114] In dem Sinne, dass das Gift eine dunkel-bläuliche Verfärbung des Leichnams bewirkt. DUFF 1962 verweist auf 1,72 *nigros efferre maritos*; zur kausativen Bedeutung von *livida* vgl. auch WATSON/WATSON 2014.

[115] Zu diesem Verstyp s.u. 193f.

des Verwandtenmordes die Tötung von Kindern thematisiert. Während am Anfang der Satire das Goldene Zeitalter retrospektiv aufgerufen wird (6,1–14), ist am Ende der Satire also der Gipfel der Verbrechen – in der römischen Gegenwart töten Mütter nicht nur ihre Stiefkinder (627f.), sondern auch ihre eigenen erbfähigen Söhne (629–646a), Ehefrauen ermorden ihre Ehemänner (651–661) – und damit das Eiserne Zeitalter endgültig etabliert.

Gesamtsatire

Die Schlüsselfrage zum Verständnis der sechsten Satire ist die Haltung des Sprechers, einer als Ratgeber oder vielmehr Warner auftretenden *persona*. Sind die vehement vorgebrachten Argumente gegen Frauen der römischen Nobilität überhaupt ernstgemeint? Oder trägt der Sprecher lediglich die altbekannten Topoi der Ehekritik vor, ohne persönlich beteiligt zu sein? Für eine distanzierte Position des satirischen Sprechers lassen sich einige, insbesondere die mit Ironie durchsetzten Passagen ins Feld führen. Die Zuverlässigkeit des vorgeblich moralisch strengen Sprechers gerät jedenfalls in Zweifel, je genauer man seine Haltungen und Klagen analysiert. Schon im Prolog schlägt er mit der überzeichneten Primitivität der wenig attraktiven Urfrau[116] einen ironischen Ton an, den er im Rat, sich doch lieber mit einem Lustknaben (*pusio*) zu amüsieren, fortführt (33–37). Bei seiner streng verurteilenden Position gegenüber moralischen Vergehen potentieller Heiratskandidatinnen oder bereits verheirateter Frauen muss es verwundern, wenn selbst eine perfekte Frau abgelehnt wird (*quis feret uxorem cui constant omnia?* Wer wird eine Ehefrau ertragen können, bei der alles stimmt? 166, vgl. auch 181b–183). Nach dieser rhetorischen Frage bekräftigt der Sprecher mit emphatischer Wiederholung, dass er einer gewöhnlichen Frau den Vorzug vor Cornelia, Mutter der Gracchen und Inbegriff weiblicher Tugend, gebe (166f.): *malo, / malo Venustinam quam te, Cornelia, ...* Allenfalls passen die Äußerungen zu einem misogynen und misogamen Sprecher, der konsequent alle Frauen ablehnt. Überzeugender ist aber eine Interpretation, wonach in dieser Satire das Thema der römischen *matronae* einseitig verzerrt und übertrieben, dabei aber möglichst pointiert, also in satirischer Manier abgehandelt wird. Die Machart auch der sechsten Satire zeigt einen Dichter, der auf der Suche nach immer neuen Aspekten ist, mit denen die Leser konfrontiert, vor allem aber unterhalten werden. Die moralische Entrüstung der *persona* ist ein Mittel lebendig-glaubwürdiger Präsentation, nicht aber notwendigerweise Ausdruck eines konservativen Zeitkritikers namens Juvenal.

---

[116] Vgl. vor allem die Charakterisierung der zusammen mit dem Vieh in einer Höhle hausenden Ehefrau in V. 10 *saepe horridior glandem ructante marito*; zum durchaus positiv konnotierten struppigen Äußeren s. u. 175.

6. Sechste Satire: Invektive gegen unkonventionelle Frauen

Auf ästhetischer Ebene sind die Darlegungen alles andere als unmittelbare Ausfälle gegen Frauen; vielmehr appelliert Juvenal an das literarische Gedächtnis seiner Leser. So macht sich der intertextuelle Vergleich mit den berühmten *puellae* des Properz und Catull (6,7 f.) gleich zu Beginn der Satire die Liebeselegie als Kontrastfolie zunutze. Von Martials Epigrammen zeigt sich dann etwa die Passage inspiriert, in der von einer Ehefrau die Rede ist, die acht Ehemänner in fünf Herbsten aufzuweisen hat (229 f.),[117] oder das Motiv unehelicher Kinder, die den Ehebruch der Gattin vor aller Augen offenbaren.[118] Der Tragödie schließlich werden im Finale der sechsten Satire (627–661) Heroinen entnommen, die mit der römischen Realität konfrontiert werden, wodurch die fiktiven Figuren ihrerseits als real erwiesen werden (*credamus tragicis quidquid de Colchide torva / dicitur et Procne;* Glauben wir also den Tragikern, was immer man über die finstere Kolcherin und Procne sagt, 643 f.). So werden mit den mythischen Kinds- und Gattenmörderinnen Medea (643), Procne (644), den Danaiden (655), Eriphyle (655) und Clytaemestra (656) Figuren der Tragödie aufgerufen, die freilich von den in der Satire auftretenden Frauen der Gegenwart in ihren Verbrechen übertroffen[119] bzw. im Fall des einzig positiven Vorbildes Alcestis (653) nicht erreicht werden.

Ein raffiniertes Mittel zur Steigerung der Invektive gegen Frauen, dessen sich der Satiriker auch sonst gerne bedient, ist die Verallgemeinerung,[120] die vor allem in der sechsten Satire eingesetzt wird, um Verfehlen einzelner, auch namentlich benannter Frauen als typisch für alle Frauen zu erweisen. Neben direkten Ausdrücken wie *imperium sexus*[121] ist es vor allem der unvermittelte Wechsel von der dritten Person Singular in die dritte Person Plural, wodurch das ganze Geschlecht diskreditiert wird. In der Eppia-Episode etwa erweist der Übergang zur dritten Person Plural das Verhalten einer Senatorengattin als repräsentativ für alle adligen Frauen (94b–97):

---

[117] Zu Martials Telesilla im Epigramm 6,7 vgl. GREWING 1997, 107–111, mit weiterführenden Hinweisen zum Paradoxon eines legalen Ehebruchs aufgrund der schnellen Aufeinanderfolge von Ehescheidungen und -schließungen. Den literarischen Aspekt heben auch WATSON/WATSON 2014, 45 hervor: »It seems that the theme of serial marriages and divorces has more to do with literature than real life.«

[118] Zu Anklängen von Iuv. 6,76–81 und 598–601 an das hyperbolische Ehebruchepigramm Mart. 6,39 vgl. GREWING 1997, 274–277 und WATSON/WATSON 2014 zu 76–7 und 600–1.

[119] Hierzu s.u. 187.

[120] Zur Tendenz und zum Effekt der Verallgemeinerung s. auch u. 185–187 und WATSON/WATSON 2014, 51.

[121] 6,134 f.: *faciunt graviora coactae / imperio sexus minimumque libidine peccant* (Sie begehen noch Schlimmeres, vom Gebot ihres Geschlechtes angetrieben, und sündigen am wenigsten aus Wollust). Zur Frage der Echtheit der Verse 6,133–135 vgl. KISSEL 2014, 290 und WATSON/WATSON 2014, 115.

> *iusta pericli*
> *si ratio est et honesta, timent pavidoque gelantur* 95
> *pectore nec tremulis possunt insistere plantis:*
> *fortem animum praestant rebus quas turpiter audent.* [122]

Wenn der Grund, eine Gefahr auf sich zu nehmen, gerechtfertigt und ehrenvoll ist, fürchten sie ⟨sc. die Frauen⟩ sich und erstarren vor Angst im Herzen und können nicht mit ihren zitternden Fußsohlen auftreten: tapferen Mut zeigen sie dagegen in Affären, die sie schändlich wagen.

Wie so oft in Juvenals Satiren avancieren diese Verse zu einer allgemeingültigen Sentenz. Insbesondere der epigrammatisch anmutende Vers 97 hat sich durch das verallgemeinernde *res* von seinem ursprünglichen Kontext gelöst. Ähnlich verallgemeinernd wird in 6,268 ein Abschnitt mit *semper* eingeleitet, der von vornherein auf die namentliche Nennung einer Frau verzichtet (268 f.): *semper habet lites alternaque iurgia lectus / in quo nupta iacet; minimum dormitur in illo* (Immer herrschen Streitigkeiten und gegenseitige Vorwürfe in einem Bett, in dem eine verheiratete Frau liegt, am wenigsten wird in ihm geschlafen). Entsprechend allgemein wird dieser Passus beendet (284 f.): *nihil est audacius illis / deprensis: iram atque animos a crimine sumunt* (Nichts ist frecher als sie, wenn sie ertappt worden sind: Zorn und Kühnheit beziehen sie aus ihrem Fehltritt). Ein auch in anderen Satiren Juvenals beliebtes Mittel ist die Erhebung von Einzelfällen zur Regel. So ist die Behauptung des Sprechers in 242 f. als übertrieben zu bewerten: *nulla fere causa est in qua non femina litem / moverit* (Es gibt kaum einen Prozess, in dem nicht eine Frau den Streit in Bewegung gesetzt hat).[123] Wie die nicht enden wollende Reihung von Beispielen skandalösen Verhaltens von Frauen den Eindruck beliebiger Fortsetzbarkeit evoziert, ist auch die Verallgemeinerung Programm. All diese Mittel dienen dazu, die Laster römischer *matronae* als verbreitet und unendlich darzustellen.

Einzelinterpretation: Iuv. 6,352–365: Schein und Sein: Ogulnias gemieteter Auftritt

Ein typisches Beispiel für Tenor und Machart der sechsten Satire ist die Charakterskizze der Ogulnia (6,352–365):

---

[122] Ein ähnlich unvermittelter Wechsel zur dritten Person Plural erfolgt gegen Ende der Eppia-Episode als Fazit (6,112): *ferrum est quod amant* ⟨sc. *feminae*⟩ (das Schwert ist es, was sie lieben).

[123] Die Übertreibung wird auch nicht durch die Partikel *fere*, wodurch eine kleine Einschränkung markiert wird, abgeschwächt, vgl. auch WATSON/WATSON 2014, 44: »what J.'s speaker represents in 242–3 as routine behaviour is in truth highly exceptional.«

6. Sechste Satire: Invektive gegen unkonventionelle Frauen

ut spectet ludos, conducit Ogulnia vestem,
conducit comites, sellam, cervical, amicas,
nutricem et flavam cui det mandata puellam.
haec tamen argenti superest quodcumque paterni   355
levibus athletis et vasa novissima donat.
multis res angusta domi, sed nulla pudorem
paupertatis habet nec se metitur ad illum
quem dedit haec posuitque modum.
...
prodiga non sentit pereuntem femina censum.   362
...
non umquam reputant[124] *quanti sibi gaudia constent.*   365

Um die Spiele zu schauen, mietet Ogulnia ein ⟨passendes⟩ Kleid, sie mietet Begleiter, eine Sänfte, ein Polster, Freundinnen, eine Amme und ein blondes Mädchen, dem sie Aufträge erteilen kann. Sie jedoch verschenkt, was auch immer vom väterlichen Silber noch übrig ist, an bartlose Athleten, selbst noch ihr letztes Geschirr. Viele haben einen Engpass zu Hause, aber keine empfindet Scham angesichts ihrer Armut und misst sich an dem Maß, das diese vorgegeben und gesetzt hat. ...
Eine verschwenderische Frau merkt nicht, wenn ihr Vermögen dahinschwindet. ...
Niemals rechnen sie nach, wieviel ihre Vergnügungen sie kosten.

Für ihren Auftritt als Zuschauerin von Spielen hüllt sich die verarmte Ogulnia im wahrsten Sinne des Wortes in die vom vestimentären Code her geforderte Kleidung, die sie jedoch, ebenso wie die anderen Statussymbole, mieten muss. Das auf engem Raum wiederholte *conducit* (352 und 353) beschreibt nachdrücklich die Situation, dass Ogulnia nicht mehr dauerhaft über die notwendige Ausstattung für ihren Auftritt auf der öffentlichen Bühne verfügt, sondern sich die erforderlichen Bestandteile mieten muss. Den Auftakt des Katalogs bildet bezeichnenderweise *vestis*, woran sich eine asyndetische Aufzählung (353) anschließt. Menschliche Begleiter und Sachgegenstände werden recht heterogen aneinandergereiht (352b–354): *vestem, comites, sellam, cervical, amicas, nutricem, flavam puellam*. Zwar gelingt es der verarmten Frau aus altem Geschlecht, sich mit den nur gemieteten Statussymbolen in der von ihr gewünschten Position innerhalb der sozialen Hierarchie temporär zu inszenieren, allerdings beschleunigt dieses Verhalten nur ihren Ruin. Das in Juvenals Satiren wiederkehrende, genuin satirische Thema von Schein und Sein begegnet in dieser Szene besonders anschaulich, insofern die von Ogulnia gemieteten Objekte wie Kleidung, Sänfte, Amme und Dienerin äußere Statussymbole sind, die einzig zur Vortäuschung des alten Glanzes zur Schau gestellt werden.

---

[124] So die Überlieferung; einige jüngere Handschriften bieten den weniger auffälligen Singular *reputat*.

Das verschwenderische Ausgeben aller Frauen ohne Rücksicht auf die tatsächlichen Verhältnisse wird im folgenden vom vorausschauenden Verhalten einiger Männer, die sich die haushälterische Ameise zum Modell nähmen, abgegrenzt (359b–361). Verknüpft wird das Thema der Verschwendungssucht mit der verhängnisvollen Leidenschaft römischer *matronae* für Athleten, an welche Ogulnia ihr letztes Silber verschenke (355f.), wobei über den Vorwurf der Verschwendung hinaus insinuiert wird, dass es sich auch um sexuelle Maßlosigkeit handle.[125] Das fehlende Schamgefühl wird anschließend im sorglosen Ausgeben nicht vorhandener Mittel ausdrücklich thematisiert (*nulla pudorem / paupertatis habet*, 357f.). Wie in anderen Partien insbesondere der sechsten Satire erhebt der unvermittelte Wechsel in die dritte Person Plural im letzten Vers dieser Skizze (365) den vorgeführten Fall der Ogulnia zur Regel: *non umquam*[126] *reputant quanti sibi gaudia constent*. Dadurch erhält der abschließende Vers den Charakter einer allgemeinen Sentenz.[127]

7. Siebte Satire: Die desolate Lage der Intellektuellen

In Juvenals Satiren ist das Spektrum der satirischen Themen um gesellschaftliche Gruppen wie Intellektuelle (Satire 7) oder Soldaten (Satire 16) erweitert. So konzentriert sich die siebte Satire zur Gänze auf das elende Los der Dichter, Historiker, Anwälte, Rhetoren und *grammatici*.[128] Juvenal bettet die Lage der Intellektuellen in ein Panorama gesellschaftlicher Fehlentwicklungen im zeitgenössischen Rom ein. Der Eindruck, der Satiriker gebe seine Objekte, die Literaten, dem Spott und Gelächter preis,[129] ist ebenso verfehlt wie die gelegentlich anzutreffende Erwartung, Juvenal wolle mit sei-

---

[125] COURTNEY 1980 verweist zu *levibus* (356) auf Mart. 4,28 (über eine Frau, die einen enthaarten Knaben mit Geschenken überhäuft); s. auch WATSON/WATSON 2014 zu *donat* (356): »it is strongly implied that the gifts are in return for sexual favours, as in Mart. 4.28«.

[126] Zum verallgemeinernden *non umquam* vgl. das positive *semper* in 6,268 (s. o. 108).

[127] Vgl. auch schon das pauschalisierende *nulla* in Vers 357, den WEIDNER 1889 treffend kommentiert: »Die Indignation veranlaßt den Dichter sich vom speziellen Fall zur generellen Betrachtung zu erheben.«

[128] Die Tätigkeiten eines *grammaticus*, für dessen Unterricht die Dichterlektüre und -erklärung zentral waren, entsprechen ungefähr denen eines Philologen, ein Begriff, der aber erst seit der Neuzeit den *grammaticus* umschreibt; zum Terminus vgl. Raphael SOBOTTA und Nigel WILSON, Art. »Philologie«, DNP 9, 2000, 836. Zum Berufsstand des *grammaticus* vgl. den konzisen Artikel »Grammaticus, Grammatikos« von Johannes CHRISTES: DNP 4, 1998, 1198 (mit weiterführenden Literaturangaben).

[129] Für eine ironische Lesart plädieren etwa WIESEN 1973 und JONES 1989. Verwiesen sei insgesamt auf die von KISSEL 2014, 308–317 kritisch referierten einschlägigen Interpretationen der siebten Satire.

7. Siebte Satire: Die desolate Lage der Intellektuellen

nem siebten Gedicht ein authentisches Bild des geistigen Lebens und Schulbetriebs vermitteln. Vielmehr konstruiert er im Medium der Satire eine möglichst drastische Darstellung der Situation der Intellektuellen und ist auf der Suche nach komischen Übertreibungen und Pauschalisierungen, Paradoxien und überraschenden Pointen. Satirisch übertrieben ist etwa die Verlegung des Unterrichtbeginns mitten in die Nacht.[130] In Wirklichkeit wird also auch dieser Gegenstand ganz in Juvenals gewohnter satirischer Technik präsentiert, indem das Thema aus verschiedenen Perspektiven beleuchtet und bisweilen *ad absurdum* geführt wird.

Die Eröffnung gibt bereits die Richtung der ganzen Satire vor (7,1–3a):

Et spes et ratio studiorum in Caesare tantum;
solus enim tristes hac tempestate Camenas
respexit.

Sowohl Hoffnung als auch Antrieb zum geistigen Schaffen gründen sich einzig auf den Kaiser; er allein nämlich hat den in dieser Zeit trauernden Camenen Beachtung geschenkt.

Die einzige Hoffnung für geistig Schaffende gründet sich allein (*tantum*, *solus*) auf die Förderung durch den Kaiser. Im Verlauf der Satire wird deutlich, dass angesichts des egoistischen Verhaltens der Reichen eine kaiserliche Förderung tatsächlich die einzige Hoffnung der Literaten in einer sonst desolaten Situation wäre. Auch bleibt bis zum Schluss offen, ob sich die hochgesteckten Erwartungen an den Kaiser (wohl Hadrian)[131] erfüllen werden. Dass es darüber hinaus keine Aussicht auf weitere Patronage gebe, geht aus der Fortsetzung hervor und wird auch ausdrücklich festgehalten (30a): *spes nulla ulterior*. Damit erneuert der Sprecher seine auch in anderen Satiren (vor allem 3, 5 und nachher in 9) vorgebrachte Klage gegen reiche Patrone, die ihre Pflichten gegenüber den mittellosen Klienten vernachlässigen. Die stereotype Figur des *dives avarus* (7,30b), ein beliebtes Satireobjekt,[132] begegnet in dieser Satire in vielfachen Erscheinungsformen. So wird ein knausriger Patron porträtiert, der sich selbst für den größten Dichter nach

---

[130] Zu den vielfältigen Zumutungen, denen sich der *grammaticus* ausgesetzt sieht, gehört, dass er selbst noch um seinen geringen Lohn streiten muss, von dem sich der Sklave, der den Schüler zur Schule begleitet, vorher ein Stück abbeißt (*praemordet*, 218) ebenso wie auch der Vermögensverwalter etwas für sich abbricht (*frangit sibi*, 219). Sarkastisch fordert der satirische Sprecher den so um sein Honorar Betrogenen auf, diese Abzüge zuzulassen (222 f.): *dummodo non pereat mediae quod noctis ab hora / sedisti, qua nemo faber ...* (wenn nur nicht das ganze Geld dahinschwindet, wofür du seit mitternächtlicher Stunde dasaßest, zu einer Zeit, zu der kein Handwerker seinem Gewerbe nachgehen würde).

[131] FERGUSON 1979, 217 und COURTNEY 1980, 349 plädieren dafür, die siebte Satire in die Zeit kurz nach Hadrians Regierungsantritt zu datieren.

[132] Vgl. etwa Hor. sat. 1,1,65 *sordidus ac dives*.

Homer hält,[133] aber nicht bereit ist, Rezitationen seines dichtenden Klienten finanziell zu protegieren (36–49). Dass der anonym bleibende Patron mit poetischen Ambitionen kein Einzelfall ist, sondern repräsentativ für andere potentielle Patrone steht, geht aus einer Verallgemeinerung hervor (45–47): *nemo*[134] *dabit regum quanti subsellia constant...* (Keiner der ›Könige‹ wird dir die Kosten für die Miete der Sitzbänke ersetzen...). Exorbitante Ausgaben potentieller Patrone für eigene Interessen gehen gewöhnlich mit Geiz einher, wenn es um die finanzielle Förderung von Dichtern geht. Mit Numitor tritt ein typisches Beispiel eines *dives avarus* namentlich in Erscheinung (74 f.): *non habet infelix Numitor quod mittat amico, / Quintillae quod donet habet* (Unglücklicherweise hat Numitor nicht, was er dem Freund schicken könnte, was er aber seiner lieben Quintilla schenkt, das hat er). Numitor, dessen Name an einen römischen König aus der Gründungssage Roms erinnert, kommt seiner Verpflichtung als Patron gegenüber einem Klienten, der hier euphemistisch mit *amicus* bezeichnet wird, nicht nach. In *infelix* hört man das vorgetäuschte Bedauern, mit dem er ihm mitteilt, dass er ihm leider nichts zukommen lassen könne. Im gleichen Atemzug wird aber eine Geliebte genannt, für die er bereitwillig sein Geld ausgibt, ebenso wie für eine kostspielige Liebhaberei, einen gezähmten Löwen (75b–77). Dieses aus Sicht des Sprechers, der hier die Position des vernachlässigten Dichters einnimmt, paradoxe Verhalten eines geizig-verschwenderischen Patrons kommt in der chiastischen Wortstellung zum Ausdruck: *non habet... amico, / Quintillae... habet*.

Die Klage über die ausweglose ökonomische Situation der Dichter beschränkt sich nicht auf Rom, sondern betrifft auch entlegene Provinzstädte (3b–5a): *cum iam celebres notique poetae / balneolum Gabiis, Romae conducere furnos / temptarent* (da bereits berühmte und bekannte Dichter eine Badeanstalt in Gabii, in Rom Backöfen zu pachten versuchen). Das Provinzstädtchen Gabii trifft in der Mitte des Verses mit der Hauptstadt zusammen. Die zu betreibenden Gewerbe werden durch die den Vers umrahmenden Objekte präsentiert. Mit einem despektierlichen Deminutiv (*balneolum*) wird ein öffentliches Bad bezeichnet, mit *furni* als *Pars pro toto* eine Bäckerei. Eine Verschärfung der schwierigen Lage wird mit dem für den Schluss aufgesparten Verb *temptare* ausgedrückt: es ist nicht einmal sicher, ob es den

---

[133] Juvenal versieht dieses Selbstbewusstsein mit einer typischen Zusatzbemerkung aus der Perspektive des dichtenden Patrons (38 f.): *uni cedit Homero / propter mille annos* (er lässt allein Homer den Vorrang, und dies auch nur wegen der tausend Jahre).

[134] Die auch in dieser Satire vorherrschende Tendenz zur Pauschalisierung manifestiert sich etwa noch innerhalb des Abschnittes über die Rhetoriklehrer in folgendem sentenzartigen Abschluss einer Aufzählung von Argumentationsstrategien (157): *nosse volunt omnes, mercedem solvere nemo* (diese wollen alle kennenlernen, ein Honorar zahlen will jedoch niemand).

Dichtern gelingt, den Wechsel zu einem einträglicheren Gewerbe zu vollziehen.

Im nächsten Schritt steigert der Satiriker seine desillusionierende Darstellung noch dadurch, dass er die Laufbahn eines Dichters als verfehlte Lebenswahl überhaupt präsentiert. Bevor er nämlich – eingeleitet durch die Aufforderung *accipe nunc artes* (36a) – die trickreichen Methoden der reichen Patrone ausführt, mit denen sie sich ihren Pflichten entziehen (36b–97), skizziert er in nur wenigen Versen die gescheiterte Lebensform einer Dichterexistenz (30–35):

> *spes nulla ulterior; didicit iam dives avarus*   30
> *tantum admirari, tantum laudare disertos,*
> *ut pueri Iunonis avem. sed defluit aetas*
> *et pelagi patiens et cassidis atque ligonis.*
> *taedia tunc subeunt animos, tunc seque suamque*
> *Terpsichoren odit facunda et nuda senectus.*   35

Keinerlei Hoffnung gibt es darüber hinaus. Der reiche Geizhals ist längst versiert darin, die Redegewaltigen nur anzustaunen, nur zu loben, ganz so wie Knaben dies bei Junos Vogel tun. Aber die Zeit der Jugend, die noch geeignet wäre, Meer, Helm und Hacke zu ertragen, schwindet dahin. Ekel beschleicht dann die Herzen, dann hasst sich selbst und seine Terpsichore das wortgewandte und doch mittellose Alter.

Die Anonymität von Patron und Klient bewirkt eine Ausweitung ins Allgemeine, was noch durch den Plural (*disertos, animos*) und ein Abstraktum (*senectus*) verstärkt wird. Der Satiriker wählt mit dem Pfau (*Iunonis avem*, 32) als Inbegriff eitler Schönheit ein sehr effizientes Bild für die nur äußerliche Bewunderung der talentierten Dichter, die jedoch keine materielle Förderung erfahren.[135] Zunächst ist das bloße Anstaunen ganz aus der Perspektive der geizigen Patrone geschildert, die nicht bereit sind, das Objekt ihrer Bewunderung finanziell zu fördern. Mit *sed* nach der Hephthemimeres[136] (32) erfolgt dann der Umschwung zum Objekt selbst und damit dem Dichter, dem Bewunderung und Lob eine Zeitlang genügten,[137] bis er realisiert, dass ihn dies allein nicht ernährt, was im Alter zu Verdruss und Selbsthass führt. Das den Abschluss der Vignette bildende *senectus* (35) macht klar, dass sich für die armen Dichter am Ende ihres Lebens – anders als noch am Beginn – die Frage nach der rechten Lebenswahl nicht mehr stellt.[138] Juvenal lässt die

---

[135] Ebenso lakonisch heißt es in 1,74b *probitas laudatur et alget* (Die Redlichkeit wird gelobt – und muss doch frieren).
[136] Zu dieser Zäsur vgl. CRUSIUS/RUBENBAUER (s. u. 192, Anm. 49) 50 f.
[137] COURTNEY 1980 hebt zu *Iunonis avem* (32) mit Verweis auf Ovid, ars 1,627 *laudatas ostendit avis Iunonia pinnas* (wenn man ihn bewundert, zeigt Junos Vogel seine Federn) als Pointe des Vergleichs hervor: »praise makes the peacock preen itself, but does not feed it«.
[138] Die Frage der Berufswahl erinnert an den Beginn der ersten Horazsatire, wo die Unzufriedenheit einzelner Vertreter mit ihrem Los thematisiert wird (sat. 1,1,1–12: *miles, mercator,*

Desillusionierung der Dichter in einer inkongruenten Kombination gipfeln, wodurch die Paradoxie zum Ausdruck gebracht wird, dass die schriftstellerische Beredtheit nicht zum materiellen Erfolg führt (35): *facunda et nuda senectus*. Die Bilanz eines ganzen Dichterlebens fällt negativ aus, steht der Dichter doch am Ende mit leeren Händen da.

Auf dem gleichen Effekt, dem Missverhältnis zwischen Anstrengung und tatsächlicher Belohnung, beruht auch die Pointe im Ausdruck *scalarum gloria* (118), wodurch der Erfolg eines *causidicus* veranschaulicht wird, der zwar vor Gericht siegt, aber dennoch nicht reich wird. Der satirische Sprecher fordert einen Anwalt nämlich scheinbar mitleidig, in Wirklichkeit aber sarkastisch auf, sich ins Zeug zu legen, wobei er ihm den zu erwartenden Ruhm vor Augen führt (117f.): *rumpe miser tensum iecur, ut tibi lasso / figantur virides, scalarum gloria, palmae* (Spanne, armer Tropf, deine Leber[139] an, bis sie zerspringt, damit man dir, wenn du dann erschöpft bist, grüne Palmzweige, Ruhm deiner Treppe, anbringt). Die gesucht poetische Wortordnung, nämlich die von *virides palmae* eingeschlossene Apposition *scalarum gloria*, steht im scharfen Kontrast zum Inhalt, dem minimalen Ertrag des Anwalts.[140] Der geringe Profit des Anwalts geht zum einen aus den wertlosen Palmzweigen, einem nur symbolischen Siegeszeichen, hervor, zum anderen indirekt aus der Erwähnung von *scalae*, womit angedeutet wird, dass der vor Gericht erfolgreiche Anwalt kein eigenes Haus besitzt, sondern lediglich eine Mietwohnung, zu der ihn eine Treppe führt.

Über den Gegensatz von kunstvoller Form und wertlosem Inhalt hinaus ist die siebte Satire insgesamt durch die für Juvenals Satiren charakteristische Antithese von Schein und Sein gekennzeichnet. Bezeichnenderweise werden nämlich die Anwälte, die große Einnahmen vortäuschen, mit Blasebälgen identifiziert (111): *tunc inmensa cavi spirant mendacia folles* (Dann pusten die bauchigen Blasebälge maßlose Lügen hervor), vgl. auch (108a): *ipsi magna sonant* (sie selbst tönen von hohen Summen). Das Gebaren der im Bild aufgeblähter Blasebälge präsentierten Anwälte wird sogleich korrigiert und relativiert, indem ihr tatsächlicher Verdienst in Beziehung zum Vermö-

---

agricola, iuris legumque peritus). In Juvenals Satire hat sich die Lage gegenüber der ersten Horazsatire drastisch verschärft, da die Wahl eines anderen Berufsfeldes (Seefahrt, Kriegsdienst und Landbau) aufgrund des Alters nicht mehr möglich ist, selbst wenn, wie in der Horazsatire, ein Gott die Möglichkeit eines Wechsels böte (sat. 1,1,15 *si quis deus... dicat*).

[139] Die Leber gilt (wie in 1,45 und 6,648) als Sitz heftiger Affekte; vgl. die von KISSEL 1990 zu Pers. 5,129 gesammelten Stellen.

[140] Diese auffallende Anordnung der eingefügten Apposition wiederholt sich zwei Verse später (120): *veteres, Maurorum epimenia, bulbi* (ältliche Zwiebeln, die Monatsration für Mauren). Hierdurch klingt die bescheidene Belohnung in Form kärglicher Naturalien wie ein höhnisches Echo auf *virides... palmae*. Zur kunstvollen Form der parenthetisch eingeschobenen Apposition vgl. SCHMITZ 2000, 198f., insbes. Anm. 108.

7. Siebte Satire: Die desolate Lage der Intellektuellen

gen eines erfolgreichen Rennfahrers im Circus Maximus gesetzt wird (112b–114): *veram deprendere messem / si libet, hinc centum patrimonia causidicorum, / parte alia solum russati pone Lacertae* (Wenn du die wahre Ernte erfassen möchtest, leg auf die eine Seite die Vermögen von hundert Anwälten, auf die andere allein das des Lacerta von der roten Partei).[141] Der Satiriker deckt aber auch den Mechanismus auf, der erklärt, weshalb die Anwälte sich zu diesem protzigen Auftreten gezwungen sehen. Ausgangspunkt bildet die indignierte Zwischenfrage eines Vertreters der Anwälte, warum Aemilius stets das höchste zulässige Honorar erhalte, obwohl andere weitaus besser plädiert hätten (124f.): ›*Aemilio dabitur quantum licet, et melius nos / egimus*‹. Als Begründung (*enim*, 125) wird der aus einem adligen Geschlecht stammende Aemilius vorgestellt, in dessen Vorhalle ein vierspänniger Triumphwagen eines seiner Vorfahren und eine Reiterstatue, die ihn selbst in kriegerischer Haltung darstellt,[142] stehen (125b–128). Das Adjektiv *lusca* am Versende ergänzt die Beschreibung um ein für Juvenals Satiren typisch sarkastisches Detail, indem hervorgehoben wird, dass sich das Standbild in keinem guten Zustand befindet (128): *et statua meditatur proelia lusca* (und er sinnt in[143] seinem nur noch einäugigen Standbild auf Kämpfe). Der im Gegensatz zur martialischen Pose ruinöse Zustand[144] der Reiterstatue offenbart die Kluft zwischen pompöser Selbstdarstellung und Wirklichkeit.[145] Am Modell des Aemilius, der seinen Erfolg allein seinem gesellschaftlichen Status zu verdanken hat, orientieren sich andere Anwälte, obwohl sie nicht auf ein solches, wenn auch ramponiertes Prestige zurückgreifen können. Die Konsequenz wird gleich vorweggenommen: sie machen Bankrott, wie in dreimaliger Variation ausgeführt wird (129f.): *sic Pedo conturbat, Matho deficit, exitus hic est / Tongilii* (So macht Pedo Bankrott, zahlungsunfähig wird Matho, dies bedeutet das Ende des Tongilius). In seiner Analyse hebt der Satiriker hervor, dass die Anwälte nicht aus eigenem Antrieb zum Mittel der Vorspiegelung von Vermögen greifen, sondern nur auf die

---

[141] Auf der gleichen Pointe beruht auch das Ende der Satire (242f.), s.u. 117.
[142] Grammatikalisch lässt sich *ipse* (126) am natürlichsten auf Aemilius beziehen; anders BRAUND 2004a, 309, Anm. 28: »Aemilius' ancestor who celebrated the triumph commemorated by the statue«. Als Beispiel für eine Reiterstatue eines Anwalts führt DUFF 1962 z. St. Mart. 9,68,6 an.
[143] Der das Verb und Objekt einschließende Ablativ *statua ... lusca* (128) kann auch als Abl. abs. aufgefasst werden im Sinne von »wobei die Statue nur noch einäugig ist«.
[144] Zur Diskussion um die adäquate Bedeutung der Adjektive *curvatum* (127) und *lusca* (128) vgl. COURTNEY 1980, z. St. und KISSEL 2014, 321 f. mit weiterer Literatur.
[145] Der sich hier im schadhaften Zustand der Reiterstatue manifestierende Kontrast zwischen äußerem Erscheinungsbild und tatsächlichem Zustand ist schon ein Vorverweis auf die nächste Satire, in der das Verhältnis von Adel und Leistung thematisiert wird. Die achte Satire nimmt nämlich ihren Ausgang von Standbildern, an denen der Zahn der Zeit bereits genagt hat (8,4f.).

in Rom herrschenden Erwartungen reagieren. Entsprechend suchen sich die weniger bemittelten Anwälte mit Luxusgütern zu umgeben (zu vergleichen ist der Katalog begehrter Objekte, die ein Anwalt erwerben will: *empturus pueros, argentum, murrina, villas* [um Sklaven zu kaufen, Silber, Gefäße aus Flussspat, Villen], 133). Um kreditwürdig zu erscheinen, tritt ein Anwalt im kostbaren Purpurgewand auf, welches zu den wichtigsten Statussymbolen zählte: ›Kleider machen Leute‹. Wieder wird der für diese Satire typische Gegensatz von Schein und Sein inszeniert. Der Satiriker legt aber auch dar, was die Anwälte zu diesem Verhalten zwingt (134–138):

> *spondet enim Tyrio stlattaria purpura filo.*
> *causidicum vendunt amethystina;*[146] *convenit illi*   136
> *et strepitu et facie maioris vivere census,*
> *sed finem inpensae non servat prodiga Roma.*

Das ausländische Purpurgewand aus tyrischem Faden bürgt nämlich für ihn. Den Anwalt empfiehlt amethystfarbene Kleidung, es bringt ihm Vorteil, mit Getöse und unter dem Anschein eines größeren Vermögens zu leben, aber das verschwenderische Rom wahrt keine Grenze im Aufwand.

Genau dieses kostspielige Inszenieren eines höheren Lebensstils (*facie maioris vivere census*, 137), treibe die Anwälte schließlich in den Ruin, da das gegenseitige Überbieten in der öffentlichen Zurschaustellung von Reichtum in der für ihren extravaganten Luxus berüchtigten Hauptstadt keine Grenzen kenne. Im idealisierenden Lob der besseren Vergangenheit, in der ein Maecenas die Dichter förderte, wird die Antithese zur gegenwärtigen Situation auf die knappe Formel gebracht (96a): *tum par ingenio pretium* (Damals stimmte der Lohn mit dem Talent überein). Nach diesem in Juvenals Satiren häufig anzutreffenden Denkmuster, wonach die gute alte Zeit der dekadenten Gegenwart entgegengehalten wird, heißt es entsprechend im Abschnitt über die Anwälte (139f.): *fidimus eloquio? Ciceroni nemo ducentos / nunc dederit nummos, nisi fulserit anulus ingens* (Vertrauen wir der Redekunst? Einem Cicero gäbe heutzutage niemand zweihundert Sesterzen, wenn nicht ein gewaltiger Ring an seinem Finger funkelte). Dass die Anwälte tatsächlich nach ihrem Prestige, nicht nach ihrer Leistung taxiert und honoriert würden, wird hier an Cicero demonstriert, dem Inbegriff der Redegewalt, der heutzutage einen riesigen Ring vorzeigen müsste, um erfolgreich sein zu können. Der Sprecher, der sich durch die Verwendung der ersten Person Plural in den gegenwärtigen Trend einbezieht (*fidimus*), zeigt sogar Verständnis für das Verhalten der Anwälte, die sich mit Luxusobjekten umgeben, da

---

[146] In den Versen 134 und 136 wird der kostbare Purpurstoff als Subjekt in Szene gesetzt: *spondet ... purpura ... / ... vendunt amethystina*; *amethystina* ⟨sc. *vestimenta*⟩: eine besonders geschätzte und entsprechend teure Purpurschattierung. Der abundant wirkende Vers 135 wird überwiegend als Interpolation angesehen, vgl. CLAUSENS 1992 textkritischen Apparat.

die Welt betrogen werden wolle und folglich auch solle. Für ihren öffentlichen Auftritt mieten verarmte Rechtsanwälte Statussymbole,[147] was sie für potentielle Kunden auch wirklich attraktiver gegenüber ihren Konkurrenten macht (143b–145a): *ideo conducta Paulus agebat / sardonyche, atque ideo pluris quam Gallus agebat, / quam Basilus* (Daher plädierte Paulus mit einem gemieteten Sardonyxring, und daher plädierte er gegen ein höheres Honorar als Gallus, als Basilus). Dieses wiederholt zu beobachtende Phänomen (vgl. zweimaliges *agebat* im Imperfekt) wird anschließend, mit typischer Ellipse eines Verbs, ins Gnomische gewendet (145b): *rara in tenui facundia panno* (selten ist Beredsamkeit in ärmlichen Lappen anzutreffen). Aus dem Kontext geht hervor, dass hier nicht die auktoriale Stimme des Satirikers zu vernehmen ist, sondern eine häufig anzutreffende Meinung referiert wird, die durch den Erfolg des Paulus eine erneute Bestätigung erfahren hat.

Im Finale der siebten Satire ist die curriculare Reihenfolge der Lehrberufe umgedreht, bildete der Elementar- und Grammatikunterricht doch das Fundament für die nächsthöhere Stufe des Rhetorikunterrichts. Die sozial und finanziell schlechter gestellten *grammatici* (vgl. 217) eigneten sich jedoch besser für das Ende der Satire als die Rhetoriklehrer, unter denen ein so privilegierter Rhetorikprofessor wie der berühmte Quintilian herausragte, auch wenn der Satiriker sich bemüht, dessen Wohlstand als Ausnahmeerscheinung darzustellen (188b–198). Das geringere Ansehen der *grammatici* bildet also eine passendere Vorlage, um die Satire über die intellektuellen Berufe in einer Pointe gipfeln zu lassen: das Schulgeld eines Lehrers für ein ganzes Jahr entspricht dem Preisgeld eines siegreichen Gladiators für einen einzigen Sieg (242 f.).

8. Achte Satire: Noblesse oblige? *Virtus* vs. Geburtsadel

In der achten Satire behandelt Juvenal ein bekanntes Sujet: den Vorrang persönlicher Tüchtigkeit vor einer privilegierten gesellschaftlichen Position aufgrund edler Abstammung.[148] Auch bei diesem konventionellen Thema versteht er es, seiner Darstellung durch Paradoxien, Inkongruenzen und konstruierte bizarre Gegensätze satirischen Charakter zu verleihen.

Die rhetorische Eingangsfrage *Stemmata quid faciunt?* (Welchen Wert haben schon Ahnentafeln?, 8,1a) stimmt sogleich auf das Thema der achten

---

[147] Auch Ogulnia mietete sich für ihren Auftritt als Zuschauerin von Spielen Statussymbole (vgl. *conducit* 6,352 und 353); hierzu s. o. 109.
[148] Vgl. W. SPEYER: Art. »Genealogie«, RAC 9, 1976, 1145–1268, hier bes. 1200: »Der Gedanke, Leistung gegen adelige Abkunft auszuspielen, wurde zu einem literarischen Topos« (mit zahlreichen Belegen).

Satire ein, das in vielfachen Variationen ausgebreitet wird: Ahnenstolz und Berufung auf berühmte Vorfahren genügen nicht, um einen Nachfahren als adlig anzuerkennen. Dies geht aus der tadelnden Paränese an Rubellius Blandus,[149] einen vor Adelsstolz aufgeblähten[150] Repräsentanten der Nobilität (39–70) hervor. Vielmehr müssen sich die Erben eines großen Namens durch ihre eigene Leistung bewähren. Bei der Beschreibung der Triumphalstatuen in den Eingangshallen vornehmer Häuser verweist der Satiriker gleich im Eingang seines Gedichtes auf den bröckelnden Zustand.[151] Einzelne Körperteile der Statuen fehlen oder sind ramponiert, wodurch die ostentativ aufgestellten Ahnenbilder etwas von ihrer Würde einbüßen (4 f.): ⟨*quid prodest ... ostendere ...*⟩ *Curios iam dimidios umeroque*[152] *minorem / Corvinum et Galbam auriculis nasoque carentem* (⟨Was nützt es,⟩ schon halb versehrte Curier, einen um eine Schulter gekürzten Corvinus und einen Galba, dem Öhrchen und Nase fehlen, ⟨zu präsentieren⟩). Diesem äußeren Verfall der in Form von Standbildern repräsentierten Ahnen entspricht das gegenwärtige Erscheinungsbild der Nachkommen.

An die Frage *Stemmata quid faciunt?* als Auftakt der ganzen Satire schließt sich eine Reihe weiterer rhetorischer Fragen an (bis V. 18), was an den fulminanten Eingang der ersten Satire (1,1–6) erinnert. Die rhetorischen Fragen sind analog strukturiert: jeweils folgt auf eine Frage nach dem Nutzen des Ahnenstolzes ein durch *si* (9. 10. 11. 14 [bis]. 16) eingeleiteter Satz, in welchem die dekadenten Nachkommen im Vergleich zu ihren großen Vorgängern als unwürdig vorgeführt werden. Immer wieder lässt der Satiriker

---

[149] Dieser wird zwar vom Satiriker wie ein lebender Zeitgenosse angesprochen, in Wirklichkeit ist er aber in die Zeit Neros zu datieren. Nach FRIEDLAENDER 1895 und COURTNEY 1980, die zu V. 39 einen Stammbaum abdrucken, handelt es sich um einen anderweitig unbekannten Bruder des Rubellius Plautus, den Nero 62 als potentiellen Rivalen ermorden ließ (Tac. ann. 14,59,2). Zur Prosopographie des Rubellius Plautus vgl. Werner ECK: DNP 10, 2001, 1144: [5] R. Plautus; ebendort zum Vater: [3] C. R. Blandus, (*cos. suff.* 18 n. Chr.), der durch seine Heirat mit Iulia, der Tochter des jüngeren Drusus, Mitglied der julisch-claudischen Familie wurde (Tac. ann. 6,27,1). Der durch seine Abstammung mütterlicherseits dem höchsten Adel angehörige Rubellius Blandus (vgl. Tac. ann. 14,22,1 über seinen Bruder: *Rubellius Plautus ..., cui nobilitas per matrem ex Iulia familia*) eignet sich als Beispiel für den vom Satiriker kritisierten unbegründeten Adelsstolz.

[150] Das Bild des stolzen Aufgeblähtseins rahmt die Charakterisierung des Rubellius Blandus: am Anfang heißt es (40): *tumes* ⟨sc. *Blande*⟩ *alto Drusorum stemmate* (Du bist geschwollen vor Stolz auf den erhabenen Stammbaum der Drusi); abschließend wird der so Getadelte, der als Kontrastfolie für den im folgenden angesprochenen Ponticus (75) dient, förmlich entlassen (71 f.): *haec satis ad iuvenem quem nobis fama superbum / tradit et inflatum plenumque Nerone propinquo* (Dies genüge für den jungen Mann, den uns die Überlieferung als hochmütig schildert, aufgebläht und ganz erfüllt von seiner Verwandtschaft mit Nero).

[151] Eine vergleichbare spottende Bemerkung über die schon im Schwinden befindliche Pracht der Ahnenbilder findet sich auch in 7,125b–128, s.o. 115.

[152] COURTNEY 1980 diskutiert ausführlich die verschiedenen Lesarten *umeros* und *umero*.

8. Achte Satire: Noblesse oblige? *Virtus* vs. Geburtsadel

es hierbei zu einer Konfrontation der Nachkommen mit ihren Ahnen kommen, vor deren Anblick sie sich bewähren müssen. Typisch für den Tenor der ganzen Satire ist die rhetorische Frage, was es nütze, stolz auf die Ahnen zu verweisen, *si coram Lepidis male vivitur?* (wenn man vor Lepidern ein schändliches Leben führt, 9a).

Angesichts des vergänglichen Zustandes der Ahnenstatuen (4f.) und des unwürdigen Verhaltens der Nachkommen (9–18) präsentiert der Satiriker seine Definition von Nobilität, indem er wahren Adel von der Zurschaustellung von Ahnenbildern abgrenzt (19f.): *tota licet veteres exornent undique cerae / atria, nobilitas sola est atque unica virtus* (Mögen auch alte Ahnenbilder aus Wachs ringsum das ganze Atrium schmücken, Tugend ist der einzige und alleinige Adel). In Antithese zur Omnipräsenz (*tota* und *undique*) der äußeren Symbole setzt er *nobilitas* emphatisch (*sola ... atque unica*) mit *virtus* gleich. Entsprechend fordert er seinen Adressaten auf, sich unabhängig von der Herkunft in seiner persönlichen Lebensführung als adlig zu erweisen (21): *Paulus vel Cossus vel Drusus moribus esto.*

Die Satire endet mit einer Pointe. Ganz in der Tradition der *nobiles* selbst, die ihr Geschlecht auf eine möglichst edle Abstammung zurückzuführen pflegten, verfährt auch der satirische Sprecher. Er erinnert seinen Adressaten Ponticus daran, dass seine Genealogie, wieweit er sie auch auf den Ursprung zurückführe, doch stets beim Asyl[153] ende (272–275):

et tamen, ut longe repetas longeque revolvas
nomen, ab infami gentem deducis asylo:
maiorum primus, quisquis fuit ille, tuorum
aut pastor fuit aut illud quod dicere nolo.   275

Und magst du deinen Namen auch weit herholen und weit zurückverfolgen, so leitest du dein Geschlecht dennoch aus dem verrufenen Asyl ab: der erste deiner Vorfahren, wer immer es gewesen ist, war entweder ein Hirt oder was ich nicht nennen möchte.

Damit wird das Bestreben römischer Familien, ihren Stammbaum auf mythische Heroen oder Götter zurückzuführen, parodiert. Zugleich wird der etwa von Seneca für seine Argumentation eingesetzte, philosophisch begründete

---

[153] Zur pejorativen Konnotation, die dem *infame asylum* (273) anhaftet, sei auf Livius verwiesen, der über das vom legendären Stadtgründer Romulus eingerichtete Asyl im ersten Buch seiner römischen Geschichte berichtet. Um Einwohner für die soeben gegründete Stadt Rom zu gewinnen, habe sich Romulus der bewährten Methode von Städtegründern bedient, die eine Menge dunkler Gestalten und Leute von niedriger Herkunft an sich zogen (*obscuram atque humilem conciendo ad se multitudinem*, Liv. 1,8,5). Dieses Asyl habe Freien und Sklaven unterschiedslos einen Zufluchtsort geboten.

Gedanke, wonach alle Menschen letztendlich von Göttern abstammten,[154] ins Gegenteil verkehrt.

Einzelinterpretation: Iuv. 8,215–229a: Neros künstlerische Aktivitäten als Klimax seiner Verbrechen

In einer Synkrisis vergleicht der Satiriker Neros Verbrechen mit Orests Muttermord (8,215–221a):

> *par Agamemnonidae crimen, sed causa facit rem*   215
> *dissimilem. quippe ille deis auctoribus ultor*
> *patris erat caesi media inter pocula, sed nec*
> *Electrae iugulo se polluit aut Spartani*
> *sanguine coniugii, nulla aconita propinquis*
> *miscuit, in scena numquam cantavit Oresten,*[155]   220
> *Troica non scripsit.*

Gleich war das Verbrechen des Agamemnonsohnes, doch das Motiv macht die Sachlage verschieden. Jener war freilich auf Veranlassung der Götter Rächer seines Vaters, der mitten zwischen den Trinkbechern erschlagen worden war, aber er befleckte sich nicht mit einem Mord an Electra oder mit dem Blut seiner spartanischen Gattin, mischte kein Gift für seine Verwandten, auf der Bühne sang er niemals den Orestes, verfasste kein Trojaepos.

Nero übertrifft den mythischen Muttermörder freilich noch durch Bühnenauftritte und seine epische Produktion, was der Satiriker als sein schlimmstes Verbrechen wertet.[156] Noch pointierter als die überlieferte Lesart *Orestes* in Vers 220 scheint WEIDNERs Konjektur *Oresten* zu sein, da sich der Muttermörder auf diese Weise selbst als Muttermörder inszeniere.[157]

Wie der Satiriker in der dritten Satire als Klimax aller Gefahren in Rom παρὰ προσδοκίαν Rezitationen im heißen Monat August aufführt,[158] gipfelt

---

[154] Sen. epist. 44,1: (*philosophia*) *stemma non inspicit; omnes, si ad originem primam revocantur, a dis sunt* (Die Philosophie berücksichtigt den Stammbaum nicht; alle stammen, wenn man sie auf ihren ersten Ursprung zurückführt, von den Göttern ab). Berühmte Vorfahren allein brächten noch keinen Adligen hervor (epist. 44,5): *Non facit nobilem atrium plenum fumosis imaginibus* (Nicht adelt ein Atrium, angefüllt mit rauchgeschwärzten Ahnenmasken).

[155] WEIDNER 1889 schlug *Oresten* mit Verweis auf Suet. Nero 21,3 vor: *inter cetera cantavit ... ›Oresten matricidam‹* (Unter anderem trat er in »Der Muttermörder Orest« als Sänger auf).

[156] Ausführlicher zu 220f. vgl. SCHMITZ 2000, 119–121.

[157] In diesem Sinne lobt auch FERGUSON 1979, der die überzeugende Konjektur allerdings zu Unrecht C. P. JONES (CR 23, 1972, 313) zuschreibt, die Lesart *Orestes*: »It is an effective thought that Orestes was Orestes in real life and did not play Orestes on the stage.« Zu WEIDNERs 1889 Konjektur *Oresten* vgl. auch COURTNEY 1989, 841: »Weidner's conjecture ... gives the excellent joke that Orestes never performed the role of himself (whereas Nero did perform this role)« und KISSEL 2014, 332.

[158] Iuv. 3,6–9, s.o. 86f.

die Reihe von Neros Verbrechen in seinen künstlerischen Aktivitäten. Auf dieser Pointe beruhen auch die von Tacitus, wie er schreibt, wörtlich wiedergegebenen Worte[159] des Tribunen Subrius Flavus (Tac. ann. 15,67,2): ›odisse ⟨sc. te⟩ coepi, postquam parricida matris et uxoris, auriga et histrio et incendiarius extitisti‹ (»ich habe dich zu hassen begonnen, nachdem du zum Mörder deiner Mutter und deiner Gattin, zum Wagenlenker und Schauspieler und Brandstifter geworden warst«). Juvenals Abfolge von Vorwürfen gegen Nero ist noch wirkungsvoller als die in ihrer Lakonie kraftvollen Worte des Tribunen, da sie im Bühnenauftritt und Verfassen eines Epos kulminieren, während die Verbrechen, die der von Nero in die Enge getriebene Tribun Subrius Flavus dem Kaiser entgegenschleudert, eine heterogene Anordnung (parricida ..., auriga et histrio et incendiarius) aufweisen. Der Satiriker malt den Gedanken dann noch weiter als der Historiograph aus, indem er in scheinbar panegyrischem Ton die Verdienste des Kaisers auflistet (224–226):

> *haec opera atque hae sunt generosi principis artes,*
> *gaudentis foedo peregrina ad pulpita cantu*   225
> *prostitui Graiaeque apium meruisse coronae.*

Dies sind die Leistungen, dies die Fertigkeiten eines Herrschers aus edlem Geschlecht, der sich daran erfreut, sich auf ausländischen Bühnen mit schändlichem Gesang zu prostituieren und den Eppich des griechischen Siegeskranzes zu verdienen.

Der demonstrative Hinweis auf die *artes* (das ambivalent eingesetzte Wort bezeichnet sowohl Fertigkeiten als auch Künste im engeren Sinne)[160] in Vers 224 (*hae sunt ... artes*) ruft Anchises' Worte an Aeneas über die zukünftige Bestimmung der Römer in Erinnerung (Verg. Aen. 6,851f.): ›*tu regere imperio populos, Romane, memento / (hae tibi erunt artes), pacique imponere morem, ...*‹ (»Du, Römer, sollst, dessen sei dir bewusst, Völker unter deiner Hoheit lenken – dies werden die dir verliehenen Fertigkeiten sein – und dem Frieden Zivilisation verordnen«). Dieser gesuchte Anklang an die feierlichen Worte des Anchises über die Mission der Römer verdeutlicht Neros von der Tradition abweichende Rolle. Nicht militärische Triumphe, sondern Triumphe auf der Theaterbühne sucht der Kaiser zu erringen. Entsprechend fordert der Sprecher ihn auf, die Requisiten seiner Bühnenerfolge als Trophäen vor die Abbilder seiner Ahnen zu legen (227–229a):

> *maiorum effigies habeant insignia vocis,*
> *ante pedes Domiti longum tu pone Thyestae*
> *syrma ...*

---

[159] Tac. ann. 15,67,3 *ipsa rettuli verba* (ich habe seine eigenen Worte wiedergegeben).
[160] Vgl. auch SCHMITZ 2000, 192, Anm. 83 zu *opera* und Anm. 84 zu *artes*.

Die Statuen der Vorfahren sollen die Auszeichnungen seiner Stimme empfangen, vor den Füßen des Domitius lege das lange Schleppgewand des Thyestes!

Diese sarkastische Aufforderung ist vor der Folie der üblichen Vorstellung zu sehen, wonach sich die nachwachsende Generation in die ruhmvollen Taten der hier durch ihre Statuen repräsentierten Vorfahren mit entsprechenden Leistungen einreiht. Nero soll statt der kriegerischen Insignien eines Triumphators die von ihm als Kitharöde und Tragöde errungenen Trophäen zu Füßen seiner Ahnen niederlegen.[161]

9. Neunte Satire: Die Klagen eines alternden Gigolos

Die neunte Satire ist die einzige Satire, in der sich Juvenal einer ausgeprägten Dialogform bedient.[162] In dieser letzten Satire des dritten Buches werden Themen, die bereits in anderen Satiren begegnen, in modifizierter Form aufgenommen: neben dem Patron-Klient-Verhältnis (vor allem in Satire 3 und 5) ist es das in der zweiten Satire prominent behandelte Thema der Homosexualität.[163] Wie in der zweiten Satire spielt das Motiv der Verschwiegenheit und Doppelmoral des reichen Patrons[164] eine zentrale Rolle: Ehe und Kinder in der Öffentlichkeit vs. homosexuelle Praktiken im Verborgenen.

Ein wesentlicher Aspekt der Charakterisierung des Naevolus liegt in seiner Ausdrucksweise, die ihn als gebildeten Ritter mit geistreichem Witz erweist. Sein urbaner Witz manifestiert sich etwa in der variierenden Anverwandlung eines Homerverses für seine eigene Situation (37): αὐτὸς γὰρ ἐφέλκεται ἄνδρα κίναιδος (denn von selbst zieht ein Kinäde den Mann an). Indem Naevolus nur ein einziges Wort ersetzt (κίναιδος statt σίδηρος), liefert er eine Parodie von Hom. Od. 16,294 (= 19,13): αὐτὸς γὰρ ἐφέλκεται ἄνδρα σίδηρος (denn von selbst zieht das Eisen den Mann an). Ebenso erweisen

---

[161] Vgl. COURTNEY 1980 zu 227–30: »The *insignia vocis* are implicitly contrasted with the *insignia* of triumphs ... which the *gens* had won«.

[162] Gelegentlich führt er einen Interlocutor ein, wie z.B. im Finale der ersten Satire (1,150b–171), wo sich der satirische Sprecher von einem imaginären Gesprächspartner vor den Gefahren, eine Satire zu schreiben, warnen lässt und eine Strategie entwickelt, wie er auf die Einwände reagieren kann.

[163] Zum Terminus und Konzept »Homosexualität« s. o. Anm. 21.

[164] Unklar bleibt, ob der Patron der neunten Satire identisch mit dem in der fünften Satire genannten Virro ist, vgl. FRIEDLAENDER 1895, 24 und COURTNEY 1980, 424. Der Name Virro könnte in der neunten Satire (Vers 35) auch stellvertretend für den aus Sicht des Klienten geizigen Patron stehen, vgl. BRAUND 2004a, 353, Anm. 8: »Virro, the name of the sadistic patron in Satire 5, here seems to represent any mean patron«. Andere gehen von einer Identität des Namens (vgl. KISSEL 2014, 335, Anm. 733) bzw. der Person (vgl. KISSEL 2014, 336, Anm. 735) aus.

ihn seine Vergleiche der eigenen Situation mit Szenen aus der *Odyssee* als versierten Homerleser.[165]

Entsprechend der Praxis des Sprechers in anderen Satiren begründet auch Naevolus seine eindringliche Bitte um Schweigen mit einer allgemeinen Sentenz (95): *nam res mortifera est inimicus pumice levis* (denn eine todbringende Angelegenheit ist ein durch Bimsstein glattrasierter Feind). Seine Angst vor einer Preisgabe des dem Gesprächspartner anvertrauten Geheimnisses bekräftigt er noch, indem er seinen Patron durch einen intertextuellen Verweis in die Rolle der verlassenen und rachsüchtigen Medea versetzt (96b): *ardet et odit* (glüht vor Hass). Mit dieser Hexameterklausel zitiert er den Adoneus *ardet et odit* aus einem Chorlied in Senecas *Medea* (582).[166]

Wenn Naevolus die Zeitverschwendung angesichts seines zunehmenden Alters beklagt, wechselt er in einen geradezu lyrischen Ton[167] (126b–129): *festinat enim decurrere velox / flosculus angustae miseraeque brevissima vitae / portio; dum bibimus, dum serta, unguenta, puellas / poscimus, obrepit non intellecta senectus* (Es eilt nämlich – nur eine flüchtige Blüte – die sehr kurze Spanne unseres knappen und elenden Lebens schnell vorbei; während wir trinken, während wir nach Girlanden, Parfüms, Mädchen rufen, schleicht das Greisenalter heran, ohne bemerkt zu werden). Nicht ohne Pathos, das in einem gewissen Widerspruch zu dem sonst profitorientierten Naevolus steht, formuliert er diese topische Klage über die flüchtige Zeit.

Der Satiriker selbst beschreibt seinen Gesprächspartner am Anfang der Satire als satirischen Doppelgänger[168] (9b–11):

> *certe modico contentus agebas*
> *vernam equitem, conviva ioco mordente facetus*   10
> *et salibus vehemens intra pomeria natis.*

Zweifellos mit Bescheidenem zufrieden gabst du den in Rom aufgewachsenen Ritter, warst ein geistreicher Gast mit beißendem Humor und stark im Spott, wie er innerhalb der Stadtgrenzen zur Welt kommt.

---

[165] Zu den mythologischen Vergleichen in der neunten Satire vgl. auch SCHMITZ 2000, 262–269.

[166] Zu 95f. vgl. ausführlicher SCHMITZ 2000, 228. Mit Recht erweist auch BISHOP 1976, 597 Sen. Med. 582 als Modell für Juvenals Adaption: »Juvenal may well admix Seneca's dramatic purpose or deride it in 9.96«. Von »Parodie« kann hier freilich nur insofern die Rede sein, als eine Formulierung auf einen neuen Kontext übertragen wird, womit angedeutet wird, dass der verratene Patron genauso gefährlich wie Medea werden könnte.

[167] Vgl. etwa insbes. Hor. carm. 1,11,6–8; hierzu s. SCHMITZ 2000, 267.

[168] ROSEN 2007, 217 etwa bezeichnet Naevolus als eine Art *alter ego*: »Juvenal accomplished all this by embedding within the poem a kind of alter-ego, an interlocutor character named Naevolus, who behaves like a satirist even though he is not one. At the same time, Juvenal plays the expected role of the satirist *in propria persona*, interacting with a bitter, complaining, satirical Naevolus, and interviewing him, in fact, as if he were interviewing himself.«

Allerdings habe sich gegenwärtig alles ins Gegenteil verkehrt (12a): *omnia nunc contra*. Am ungepflegten Erscheinungsbild, das im Gegensatz zum früheren Aussehen steht, wird vor allem der verstärkte Haarwuchs am ganzen Körper hervorgehoben (12b–15),[169] wodurch auf Naevolus' Karriere als Kinäde in der Vergangenheit angespielt wird. Der Gesprächspartner schließt aus der äußeren Erscheinung des Naevolus auf eine geänderte Lebenseinstellung (20b–21): *igitur flexisse videris / propositum et vitae contrarius ire priori* (Also scheinst du deinen Plan geändert zu haben und einen von deiner früheren Lebensart abweichenden Weg zu gehen). Wenn Naevolus dann selbst zu Wort kommt, straft er die Charakterisierung des Satirikers, der ihn als *modico contentus* (9) beschrieben hatte, Lügen. Am Anfang und am Ende der Satire gibt er nämlich einen Katalog, der seine vorgebliche Bescheidenheit in einem anderen Licht erscheinen lässt. So beklagt er sich in seiner ersten direkten Rede über die dürftigen Geschenke, die er vom Patron als Gegenleistung für seine langjährigen Dienste erhalten habe. In der Auflistung überwiegt die pejorative Charakterisierung der Gaben – bezeichnend ist *male* (30) – (28b–31):

>   *pingues aliquando lacernas,*
> *munimenta togae, duri crassique coloris*
> *et male percussas textoris pectine Galli*   30
> *accipimus, tenue argentum venaeque secundae.*
>
> Bisweilen erhalte ich dicke Mäntel zum Schutz für die Toga, von rauher und grober Qualität, schlecht durchgeschlagen vom Kamm eines gallischen Webers, Silbergeschirr, dünn und zweiter Wahl.

Wenn Naevolus im Finale der Satire seine Hausgötter um etwas bittet, wodurch sein Alter vor Matte und Stab eines Bettlers sicher sei (*quo sit mihi tuta senectus / a tegete et baculo*, 139f.), wird der Bezug zum früheren Katalog über das Silbergeschirr hergestellt. Während sich Naevolus dort über das dürftige Geschenk des Patrons beklagte (vgl. *tenue argentum venaeque secundae*, 31), artikuliert er hier seine speziellen Wünsche. So listet er in der Aufzählung seiner Wünsche für eine angemessene Altersabsicherung auch Silbergeschirr auf (141b–142): *argenti vascula puri, / sed quae Fabricius censor notet* (Gefäßlein aus blankem[170] Silber, die aber der Zensor Fabricius rügen würde). Während das Deminutiv *vasculum* (141) noch Bescheidenheit signalisiert, fährt Naevolus mit einer für ihn charakteristischen Spezifizierung fort: *sed* (142). Naevolus wünscht sich seine Silbergefäße freilich von der Art, dass ein strenger Zensor der guten alten Zeit wie Fabricius eine

---

[169] Zur Konnotation von glattrasiert (s. auch o. 123: *pumice levis*, 9,95) und struppig s.u. 168.
[170] »Blank« im Sinne von »nicht ziseliert bzw. ohne Reliefarbeit«, vgl. ThLL X 2,2720,20–25 s.v. *purus*.

9. Neunte Satire: Die Klagen eines alternden Gigolos   125

Rüge (*nota censoria*) erteilen müsste. Auch bei seinem nächsten Wunsch nach zwei einträglichen Kunsthandwerkern[171] entwickelt er ganz detaillierte Vorstellungen (145f.): *sit mihi praeterea curvus caelator, et alter / qui multas facies pingit cito* (haben möchte ich außerdem einen gebeugten Ziseleur, und noch einen, der viele Gesichter malt, und zwar schnell). Der Ziseleur wird mit dem Attribut *curvus* versehen, d.h. seine Haupteigenschaft besteht darin, dass er sich unablässig auf seine Arbeit herabbückt. Auch beim Porträtmaler spezifiziert Naevolus durch zwei bezeichnende Hinzufügungen seine Wünsche: er soll große Mengen produzieren (*multas*) und das auch noch schnell (*cito*),[172] d.h. im Akkord. Nach diesem mit *praeterea* eingeleiteten Wunsch wirkt das abschließende *sufficiunt haec*[173] (Dies genügt, 146b) ironisch.

Die Naivität des Naevolus, der glaubt, das Geheimnis eines Reichen könne unentdeckt bleiben, veranlasst seinen Gesprächspartner zu einer zitathaften Anrede (102): *o Corydon, Corydon, ...* Vor dem Hintergrund von Vergils zweiter Ekloge wird beim Leser sogleich die Fortsetzung aufgerufen, mit der Corydon sich selbst zur Räson ruft (Verg. ecl. 2,69): *a, Corydon, Corydon, quae te dementia cepit!* (Ach, Corydon, Corydon, welcher Wahn hat dich ergriffen!). Der durch den Intertext vergegenwärtigte Corydon der zweiten Vergilekloge ist kontrastiv auf den in der Satire als Corydon angesprochenen Naevolus bezogen. Während der Hirte Corydon am Ende seines leidenschaftlichen Monologs selbst zur Einsicht gelangt, dass seine Werbung um den abweisenden Alexis vergeblich ist, gelangt der Gigolo Naevolus nicht zur Erkenntnis, seine Haltung ändern zu müssen. Dies zeigt sich daran, dass er seine Indiskretion bereut und seinen Gesprächspartner bittet, die ihm anvertrauten Klagen über den Patron für sich zu behalten.

Schon vorher war ein Anklang an Vergils zweite Ekloge zu vernehmen: Naevolus schildert als Reaktion des Patrons auf sein Klagen, dass er ihn verstoßen habe (Iuv. 9,92): *neglegit atque alium bipedem sibi quaerit asellum* (er vernachlässigt mich und sucht sich einen anderen zweibeinigen Esel). Vergils Corydon führt sich am Ende seines Monologs als Trost vor Augen, dass er einen anderen Geliebten finden werde (ecl. 2,73): *invenies alium, si*

---

[171] Die beiden Handwerker würden ihm als Lohnsklaven dauerhafte Einkünfte sichern; vgl. FRIEDLAENDER 1895 zu 145: »Jedenfalls wünscht sich Nävolus die beiden Kunsthandwerker, um durch ihre Vermiethung an Unternehmer sein Einkommen zu vergrössern«; s. auch COURTNEY 1980 mit einschlägigen Literaturhinweisen.

[172] Der durch viele Pausen abgehackt wirkende Rhythmus des Verses 146 hebt die isolierte Stellung von *cito* hervor: *cito* wird durch eine Hephthemimeres vom Vorhergehenden getrennt, bevor eine bukolische Diärese die knappe Aussage *sufficiunt haec* als eigenständigen Satz anfügt. Das auf diese Weise nachgetragene *cito* unterstützt das stoßweise Hinzufügen eines weiteren Sonderwunsches.

[173] Hiermit ist Naevolus' frühere Klage zu vergleichen (66): *namque hic* ⟨sc. *puer unicus*⟩ *non sufficit* (denn dieser genügt nicht).

te hic fastidit, Alexin (Du wirst schon einen anderen Alexis finden, wenn dich dieser verschmäht). Durch Hyperbaton und Assonanz verweist das neue Liebesobjekt des Patrons (*alium ... asellum*, 9,92) auf Corydons *alium ... Alexin* (ecl. 2,73). Auch hier hebt der intertextuelle Verweis den Unterschied hervor: während der verzweifelte Corydon sich mit dem Gedanken an einen neuen Geliebten tröstet, wird der Patron als jemand charakterisiert, der seine Partner ohne Bedenken nur austauscht. Aber auch für Naevolus seinerseits ist das Verhältnis zum Patron lediglich eine Zweckgemeinschaft; entsprechend ist auch er einzig an einer neuen Einnahmequelle interessiert. Naevolus kritisiert die Doppelmoral des Patrons, der seine homosexuelle Neigung, die von Naevolus als Krankheit (*morbus*, 49) bezeichnet wird,[174] mit seiner Hilfe in Form der sexuellen Verfügbarkeit auch in der Ersatzrolle des Ehemanns verbergen kann. Zugleich aber ist Naevolus nicht bereit, sein Lebenskonzept trotz seiner nüchternen Bilanz zu ändern. Vielmehr fordert er seinen Gesprächspartner eindringlich auf, das ihm anvertraute Geheimnis nicht zu verraten, und ihm einen über den von ihm als zu allgemein empfundenen Rat des *vivendum recte* (118) hinausgehenden konkreten Ratschlag zu erteilen. Wie in der fünften Satire bedingen sich der Geiz des Patrons einerseits und die Willfährigkeit des Klienten andererseits gegenseitig. Auch in der neunten Satire ist die Kritik des Satirikers nicht einseitig. Nicht nur der aus der Perspektive des Klienten beklagte Geiz des Patrons ist Gegenstand der Kritik. Vielmehr wird Naevolus, der ständig Kritik an seinem undankbaren Patron übt, auch selbst zum Gegenstand der Kritik. Im Verlauf der Satire wird nämlich deutlich, dass er nur auf eine Verbesserung seiner Situation hofft. Sein Gesprächspartner lässt sich auf diese Haltung ein, indem er Naevolus ironisch-sarkastisch in seiner falschen Hoffnung bestärkt (*altera maior / spes superest*, eine zweite, noch größere Hoffnung bleibt dir noch, 133f.), und ihm einen neuen passiven Partner als Patron (*pathicus amicus*, 130) in Aussicht stellt. In seiner Illusion und Uneinsichtigkeit ist Naevolus mit Trebius, dem Protagonisten der fünften Satire, vergleichbar, verharren doch beide in ihren falschen Hoffnungen auf eine bessere Zukunft, ohne ihr Lebenskonzept ändern zu wollen.

Der Witz der neunten Satire liegt in der völligen Selbstverständlichkeit, mit der sich Naevolus gegenüber seinem Gesprächspartner über die mangelnde Dankbarkeit und Entlohnung seiner langjährigen Dienste durch den

---

[174] Das gegen die Normen der römischen Gesellschaft Verstoßende liegt darin, dass der Patron die Rolle des *pathicus* (*pathicus amicus*, 130) übernimmt, galt doch insbesondere passives Sexualverhalten als Indiz für Unmännlichkeit. Über einen Homosexuellen, der sein ›Laster‹ nicht verbirgt, heißt es in der zweiten Satire (2,16b–17): *hunc ego fatis / inputo, qui vultu morbum incessuque fatetur* (Diesen rechne ich dem Schicksal zu, der seine krankhafte Veranlagung in seinem Gesicht und Gang bekennt); zu *morbus* vgl. ausführlich COURTNEY 1980 zu 2,16.

Patron beklagt. Naevolus wird als Ritter an der unteren Vermögensgrenze charakterisiert, dessen Konzept der materiellen Lebensabsicherung auf seiner sexuellen Verfügbarkeit beruht. Angesichts des Geizes und der Hartherzigkeit seines Patrons inszeniert er sich in der Doppelrolle des vernachlässigten Klienten und der verlassenen Geliebten.[175] Naevolus enthüllt also im Verlauf der Unterredung seinen wahren Charakter – dies ist eine wesentliche Funktion der dialogischen Einkleidung, wodurch der Protagonist ungefiltert selbst zu Wort kommt. Er beklagt sich über die Strapazen (*labores*, 42) seiner Tätigkeit als männlicher Prostituierter, die er ohne Freude, aber auch ohne Scham ausübt. Obwohl er erkannt hat, dass sein bisheriges Lebenskonzept gescheitert ist (*damnum temporis et spes deceptas*, 125 f.), sieht er keinen Anlass, sein Leben zu ändern. Vielmehr schiebt er die Verantwortung für ein glückliches Leben auf höhere Mächte. So macht er die Gestirne für sein gegenwärtiges Unglück verantwortlich (*nam si tibi sidera cessant, ...*, 33b), nicht jedoch sein eigenes Handeln. Im Gegensatz zu anderen sei einzig er glücklos (*haec exempla para felicibus*, 135). Nachdem er eine sehr detaillierte, aus seiner Sicht bescheidene Wunschliste zur materiellen Vorsorge für sein Alter aufgezählt hat (140b–146), stellt er resigniert fest, dass ihm selbst dieser minimale Wunsch versagt bleibe (147 f.): *quando ego pauper ero? votum miserabile, nec spes / his saltem* (Wann werde ich auch nur arm sein? Ein erbärmlicher Wunsch, aber selbst darauf kann ich nicht hoffen). Voller Resignation bekräftigt er abschließend sein fehlendes Glück, indem er konstatiert, dass Fortuna ihre Ohren vor seinen Wünschen verschließe (148–150).

10. Zehnte Satire: Verkehrte und kontraproduktive Wünsche

Die zehnte Satire gehört, wie die dritte Satire, vor allem durch JOHNSONs Imitation zu den bekannteren Juvenalsatiren. JOHNSONs Titel »The Vanity of Human Wishes«[176] wurde denn auch prägend für die Benennung dieser Juvenal-Satire.

Bei linearer Lektüre wirkt die zehnte Satire, das Eröffnungsgedicht des vierten Buches, wie ein abstrakter Kommentar zu den Wünschen, die Naevolus im Finale der neunten Satire im Gebet an seine Hausgötter äußerte, wird doch in der zehnten Satire gezeigt, wie fehlgeleitet Wünsche sein können. Hatte Naevolus in der neunten Satire das letzte Wort, tritt der satirische Sprecher in der zehnten Satire wieder selbst in Erscheinung und zeigt die

---

[175] Zu vergleichen sind die Anklänge an diesen Topos in seiner in direkter Hinwendung zum undankbaren Patron vorgebrachten Klage über die fehlende Entlohnung seiner Verdienste (9,82 f.), hierzu s. u. 190 f.
[176] Hierzu s. u. 225.

128   III. Die einzelnen Satiren

gefährlichen Konsequenzen des am häufigsten geäußerten Wunsches nach Reichtum.[177] Bezeichnenderweise wird eine Hexameterhälfte aus der neunten Satire wörtlich aufgenommen und damit auch intratextuell kommentiert (10,19–22):

> *pauca licet portes argenti vascula puri*
> *nocte iter ingressus, gladium contumque timebis*   20
> *et mota ad lunam trepidabis harundinis umbra:*
> *cantabit vacuus coram latrone viator.*

Magst du auch nur wenige Gefäßlein aus blankem Silber bei dir tragen, wenn du dich nachts auf eine Reise begeben hast, so wirst du doch Schwert und Stoßlanze fürchten und angesichts des im Mondlicht schwankenden Schattens eines Schilfrohrs zittern; singen wird ein Wanderer ohne Gepäck vor einem Räuber.

Während sich der Wunsch nach *argenti vascula puri* im Katalog der Wünsche des Naevolus findet (9,141b, s. o. 124), begegnen eben diese *argenti vascula puri* (10,19b) nun in einem Kontext, der sie als unnötigen und, da sie Räuber anlocken, zudem gefährlichen Ballast erweist. Endete die neunte Satire mit Naevolus' Klage, dass Fortuna stets taub für sein doch so bescheidenes Wunschgebet (*votum miserabile*, 147) sei, gipfelt die zehnte Satire darin, dass das satirische Ich in die Rolle eines philosophischen Ratgebers schlüpft, der zeigt, dass der Weg zu einem glücklichen Leben nicht in der Erfüllung der Wünsche durch höhere Mächte, sondern einzig in einem tugendhaften Leben bestehe[178] (363 f.): *monstro quod ipse tibi possis dare: semita certe / tranquillae per virtutem patet unica vitae* (Ich zeige dir, was du dir selbst geben kannst: der Weg zu einem ruhigen Leben eröffnet sich zweifellos allein durch die Tugend).

Gleich im ersten Vers greift die Satire weit aus (1 f.): *Omnibus in terris, quae sunt a Gadibus usque / Auroram et Gangen, …* (In allen Ländern, die sich von Gades bis zur Morgenröte und dem Ganges erstrecken, …). Und in der Tat stammen die Fallbeispiele nicht nur aus Rom, sondern auch aus Karthago, Griechenland und Persien. Die Universalität menschlicher Wün-

---

[177] Die Reihe der Gebetswünsche wird programmatisch mit *prima* eingeleitet (23 f.): *prima fere vota et cunctis notissima templis / divitiae* (Das gewöhnlich erste und in sämtlichen Tempeln bekannteste Gebet gilt dem Reichtum).

[178] Ganz analog fällt Senecas Rat an Lucilius aus (epist. 31,2): *bono animo mala precantur. Et si esse vis felix, deos ora ne quid tibi ex his quae optantur eveniat* (in guter Absicht erbitten sie ⟨sc. diejenigen, die dich am meisten lieben⟩ Schlechtes für dich. Und wenn du glücklich sein willst, bete zu den Göttern, dass dir nichts von dem, was man ⟨für dich⟩ wünscht, in Erfüllung gehe). Wenig später folgt die Anweisung (§ 5): *Quid votis opus est? fac te ipse felicem; facies autem, si intellexeris bona esse quibus admixta virtus est …* (Was sollen Wünsche? Mach dich selbst glücklich; machen aber wirst du dich dazu, wenn du das als gut erkannt hast, an dem sittliches Verhalten teilhat). Auch zu Beginn des 41. Briefes empfiehlt er seinem Adressaten die eigene Vervollkommnung als Lebensmaxime (epist. 41,1).

10. Zehnte Satire: Verkehrte und kontraproduktive Wünsche

sche demonstriert der Satiriker dadurch, dass er Feldherren verschiedener Nationen in einem Vers vereinigt (138): *Romanus Graiusque et barbarus induperator*. In der Einleitung werden bereits zentrale Themen skizziert, die dann innerhalb der zehnten Satire ausgeführt werden (8–10): *nocitura toga, nocitura petuntur / militia; torrens dicendi copia multis / et sua mortifera est facundia* (Schädliches wird in der Toga, Schädliches im Kriegsdienst erstrebt; die sich ergießende Fülle der Worte und die eigene Beredsamkeit sind für viele todbringend). Das Streben nach Macht in der Toga, d. h. im zivilen Staatsleben, wird 56–113 behandelt, das nach militärischem Ruhm 133–187 und die Bitte um Beredsamkeit 114–132.

Die Anordnung der zehnten Satire ist äußerst linear: fünf Wünsche, nämlich politische Macht, Beredsamkeit, Kriegsruhm, langes Leben (188–288) und Schönheit (289–345), werden mit deutlicher Themenangabe zu Beginn systematisch abgehandelt, wobei jeweils das Scheitern der mit den scheinbaren Glücksgütern versehenen Menschen vor Augen geführt wird. Der Sprecher leitet seine Leser planvoll durch die Reihe der Exempla, indem er Übergänge deutlich markiert. Im Abschnitt über den törichten Wunsch nach einem langen Leben etwa erläutert er detailliert sein Vorgehen. Nach den mythischen Figuren, die im Zusammenhang mit dem Trojanischen Krieg stehen,[179] kündigt er nämlich an, nun römische Beispiele folgen zu lassen. Gleichzeitig teilt er in Form einer *Praeteritio* mit, welche historischen Gestalten anderer Völker (Mithridates und Croesus) er übergehen werde (273f.): *festino ad nostros et regem transeo Ponti / et Croesum* (Ich eile jetzt zu den Unseren und übergehe den König von Pontus und Croesus). Nach dem Abschnitt über die Sinnlosigkeit aller Gebete um Schönheit (289–345) folgt angesichts der Verkehrtheit bzw. Nichtigkeit menschlicher Wünsche als Fazit die Frage (346a): *nil ergo optabunt homines?* (Um nichts also sollen die Menschen bitten?). Der Sprecher empfiehlt, den Göttern die Entscheidung zu überlassen, was für die Menschen nützlich sei.[180]

Bereits die geographische Ausweitung zu Beginn der zehnten Satire (1f.) deutet auf einen universalen Anspruch des Themas. Allgemeingültigkeit wird auch dadurch erzielt, dass die zehnte Satire durch einen exzessiven Gebrauch an mythologischen und historischen Beispielen charakterisiert ist. Darüber hinaus ist die Satire reich an epigrammatisch zugespitzten Sentenzen, wodurch wiederum Allgemeingültigkeit beansprucht wird. So fügt der Sprecher zum beliebten Wunsch nach Reichtum gleich mehrere Sentenzen ein, welche die Gefahren bei Erfüllung dieses Wunsches veranschaulichen,

---

[179] An letzter Stelle hatte er als Klimax das grausame Ende des greisen Königs Priamus (258–271a) mit dem noch elenderen Schicksal seiner Gattin Hecuba kontrastiert (271b–272).
[180] Zum vielzitierten, in seiner Echtheit aber umstrittenen Vers 356 *orandum est ut sit mens sana in corpore sano* s. u. 206f.

wie etwa (18b): *rarus venit in cenacula miles* (Nur selten kommt ein Soldat in ein Dachkämmerlein).[181] Die Sentenz entwickelt sich hier antithetisch aus dem Kontext, wird doch vorher geschildert, wie Soldaten im Zuge der Pisonischen Verschwörung im Auftrag des Kaisers in die prachtvollen Häuser reicher Leute (etwa Senecas) kommen, um den Todesbefehl zu überbringen. In die gleiche Richtung zielt die allgemeine Erfahrung in V. 25f. *sed nulla aconita bibuntur / fictilibus* (Doch keinerlei Gift trinkt man aus Tongeschirr). Ebenso schließt eine Sentenz, die wie ein Epigramm innerhalb der Satire wirkt, den Passus über den Wunsch nach politischer Macht ab (112f.): *ad generum Cereris sine caede ac vulnere pauci / descendunt reges et sicca morte tyranni* (Zum Schwiegersohn der Ceres ⟨d.h. zu Pluto, dem Gott der Unterwelt⟩ steigen nur wenige Könige ohne Ermordung und Wunden hinab und Tyrannen unblutigen Todes).

Einzelinterpretation: Iuv. 10,159–167: Hannibals Reduzierung auf einen Gegenstand der Deklamation

Um die Nichtigkeit des Wunsches nach Kriegsruhm vor Augen zu führen, ist die Darstellung der berühmten Heerführer Hannibal, Alexander und Xerxes auf ihr klägliches Ende als Fluchtpunkt ausgerichtet. Der Satiriker lässt den Abschnitt über Hannibals eitle Ruhmbegierde (147–167)[182] mit dem Ende des großen Feldherrn beginnen, indem er dazu auffordert, seine Asche zu wiegen (147f.): *expende Hannibalem: quot libras in duce summo / invenies?* (Leg Hannibal auf die Waage:[183] wieviel Pfund wirst du bei dem größten Heerführer finden?). Danach thematisiert er nach Art eines rühmenden Nachrufs den unaufhaltsamen Eroberungsdrang des punischen Feldherrn,[184] vgl. 148: *hic est quem non capit Africa* (Er ist es, den Africa nicht zu fassen vermag) und 154: *iam tenet Italiam, tamen ultra pergere tendit* (Schon gehört ihm Italien, dennoch sucht er weiter vorzudringen). In einem plötzlichen Wechsel lässt er ihn sein höchstes Ziel, Rom zu erobern, selbst formulieren (155f.): ›*acti*‹ inquit ›*nihil est, nisi Poeno milite portas / frangimus et media vexillum pono Subura*‹ (»Nichts,« spricht er, »ist vollbracht, wenn wir nicht mit punischen Kriegern die Tore zerbrechen und ich mitten in der Subura mein Banner aufpflanze«). *Subura* wirkt als letztes Wort im Munde des kar-

---

[181] Besonders aufmerksam registriert FERGUSON 1979 jeweils epigrammatische Passagen in seinem Kommentar. Zu V. 18 konstatiert er: »The whole sentence is one of J's best epigrams«; zu V. 22 *cantabit vacuus coram latrone viator* bemerkt er dann: »An even finer epigram«.
[182] Vgl. auch die detaillierte Einzelinterpretation der Passage (10,133–167) durch FACCHINI TOSI 2006.
[183] D.h. Hannibals Asche, vgl. ThLL V 2,1639,44f. s.v. *expendo*.
[184] Treffend hebt FACCHINI TOSI 2006, 107/108 die dynamische Darstellung der »velocità della conquista« (107/108) in den asyndetischen Sätzen 151–153 hervor.

thagischen Heerführers unerwartet komisch. Dass der ausländische Feldherr über so genaue Ortskenntnisse verfügt, dass er ausgerechnet das belebteste Viertel Roms[185] als Ziel seines Angriffs benennt, bildet den überraschenden Abschluss seiner direkten Rede. Im Gegensatz zur dynamischen Skizzierung von Hannibals rastlosem Vorwärtsstreben wird sein unrühmliches Ende ausführlich dargestellt (159–167):

> *exitus ergo quis est? o gloria! vincitur idem*
> *nempe et in exilium praeceps fugit atque ibi magnus* 160
> *mirandusque cliens sedet ad praetoria regis,*
> *donec Bithyno libeat vigilare tyranno.*
> *finem animae, quae res humanas miscuit olim,*
> *non gladii, non saxa dabunt nec tela, sed ille*
> *Cannarum vindex et tanti sanguinis ultor* 165
> *anulus. i, demens, et saevas curre per Alpes*
> *ut pueris placeas et declamatio fias.*

Was schließlich ist das Ende? O Ruhm! Eben dieser Mann wird freilich besiegt und flieht kopfüber ins Exil und muss dort, ein großer und bewundernswerter Klient, vor dem Palast des Königs sitzen, bis es dem bithynischen Tyrannen endlich beliebt, wach zu sein. Das Ende dieses Lebens, das einst die ganze Menschheit in Verwirrung stürzte, werden nicht Schwerter, nicht Felsen noch Geschosse bringen, sondern jener berühmte Bestrafer der Niederlage von Cannae und Rächer so viel vergossenen Blutes, ein kleiner Ring. Geh jetzt, du Wahnsinniger, und eile über die grausamen Alpen, damit du Schuljungen gefällst und Gegenstand ihrer Deklamationen wirst!

Der große Feldherr wird in der demütigenden Lage eines Klienten gezeigt, der bei der morgendlichen *salutatio* darauf warten muss, bis es dem Patron (vgl. das ambivalente *rex*, 161) beliebt, seinen Klienten zu empfangen. Die Schilderung seines Endes gipfelt in der paradoxen Pointe, dass es zur Vergeltung für die große Niederlage der Römer nur eines kleinen Gegenstandes bedurfte. Zunächst wird eine große Erwartung aufgebaut, indem naheliegende Todesursachen (*gladii*, *saxa*, *tela*, 164) ausgeschlossen werden. Stattdessen wird suggeriert, ein leibhaftiger Rächer (*vindex et ... ultor*, 165) trete auf, bevor dann der wahre Grund genannt wird. Das mit Spannung erwartete, nochmals mit Enjambement verzögerte Wort kommt nach dem sehr wuchtigen spondeischen Vers 165 leichtfüßig als Daktylus am Beginn des folgenden Verses daher: *anulus* (166a). Damit wird Hannibals Suizid durch Gift, das er in seinem Ring verwahrte, angedeutet. Mit der ironischen Aufforderung *i ... et ... curre* (166b) beendet der Satiriker seine Darstellung von Hannibals Schicksal als abschreckendes Beispiel für den Wunsch nach

---

[185] Eher erwartet man das Kapitol als Symbol der Macht, vgl. COURTNEY 1980 zu *Subura*: »a humourless writer would have made Hannibal name the Capitol«.

Kriegsruhm. Der große Römerfeind wird zum Gegenstand von Deklamationsübungen römischer Rhetorikschüler degradiert!

11. Elfte Satire: Ein Gastmahl im Haus des Satirikers

Das satirische Ich, das in der neunten Satire im Dialog mit Naevolus als Gesprächspartner begegnet, ansonsten aber überwiegend nur als körperlose Stimme in den Satiren vernehmbar ist, tritt in dieser Satire in der Rolle eines bescheidenen Gastgebers leibhaftig in Erscheinung.[186] Die biographische Implikation, wonach die Figur im Text, die eine Konstruktion des Autors ist, mit der historischen Persönlichkeit Juvenal identisch sei, dem dann die aus dem Text der 11. Satire zu gewinnenden Daten wie Besitz eines kleinen Landgutes bei Tibur (*Tiburtinus ager*, 65),[187] fortgeschrittenes Alter (*nostra ... contracta cuticula* ⟨unsere runzlige Haut⟩, 203) etc. zuzuschreiben seien, ist nicht unwahrscheinlich, aber keineswegs zwingend. Für die Interpretation der 11. Satire ist diese Frage jedoch letztlich ohne Belang.

Was die Form des Gedichts betrifft, zeigt es einige Übereinstimmungen mit einem Einladungsgedicht,[188] ohne selbst zu diesem Typ zu gehören, da die Einladung an Persicus bereits ausgesprochen und von diesem auch angenommen wurde (vgl. 60 *cum sis conviva mihi promissus*, da du mir als Gast dein Kommen zugesagt hast). Die 11. Satire ist insgesamt durch eine starke Antithetik geprägt. Eingebettet zwischen seiner Vorschau auf das eigene schlichte Gastmahl und Kritik am gegenwärtigen Tafelluxus erweitert der Satiriker seine kontrastierende Darstellung um einen Blick auf die anspruchslose römische Frühzeit. Neben dieser zeitlichen Dimension verlaufen die Gegensätze aber innerhalb der zeitgenössischen Gesellschaft. So werden vor allem Land- und Stadtleben miteinander konfrontiert, was zugleich den Gegensatz zwischen eigenen und importierten Produkten für die *cena* impliziert.

Der Satiriker beendet seine einleitende Kritik an den verschwenderischen Feinschmeckern mit der Klage, dass allenthalben Schamlosigkeit herrsche und Ehrgefühl die Ausnahme sei (54f.): *morantur / pauci ridiculum et fugientem ex urbe pudorem* (nur wenige halten das lächerliche und aus

---

[186] Vgl. KEANE 2015, 150: »In *Satires* 11 and 12, Juvenal makes his most vivid appearance since *Satire* 1. He performs not only as the ›I‹, that delivers satire but as a person with a body, a house, and a fairly ordinary social identity.«
[187] Hierzu s.o. 14, Anm. 15.
[188] Zur Funktion und Abgrenzung literarischer, fiktiver Einladungsgedichte von realen Einladungen s. GOWERS 1993, 220–228.

11. Elfte Satire: Ein Gastmahl im Haus des Satirikers 133

Rom fliehende Ehrgefühl zurück).[189] Mit dem Fortgang einer personifiziert gedachten sittlichen Scham (*Pudor*) tritt der Zustand des Endzeitalters ein und damit die Verneinung des Goldenen Zeitalters.[190] Juvenals Formulierung *fugientem ... pudorem* (11,55) erinnert an die Flucht der personifizierten *Pudicitia*, die im Goldenen Zeitalter noch lange unter den Menschen weilte (vgl. Iuv. 6,1 f. *Credo Pudicitiam Saturno rege moratam / in terris visamque diu*, Die Keuschheit verweilte, so glaube ich, unter König Saturnus auf Erden und wurde lange gesehen), dann aber von der Erde floh (6,19 f.): *paulatim deinde ad superos Astraea recessit / hac ⟨sc. Pudicitia⟩ comite, atque duae pariter fugere sorores* (Allmählich zog sich darauf Astraea mit ihr als Begleiterin zu den Göttern zurück, und beide Schwestern flohen zugleich).

Der Ich-Sprecher inszeniert nun seine *cena* als ein Ereignis, das Assoziationen mit dem Goldenen Zeitalter weckt, freilich eines Zeitalters unter Saturns Herrschaft.[191] Der Mythos vom Goldenen Zeitalter konnte in dieser spezifisch italisch-römischen Ausprägung dadurch zum Ideal vom einfachen Leben umgedeutet werden, dass den Lastern einer überzivilisierten Zeit eine genügsame Lebensweise entgegengehalten wurde, eine Tendenz, die auch in der ständigen Kritik am gegenwärtigen Luxus erkennbar ist. Der Satiriker bedient sich nämlich zur Vorstellung der bei ihm zu erwartenden Speisen und Diener, des Bestecks und Mobiliars und schließlich der Unterhaltung eines typischen Darstellungsmittels, das in Schilderungen des Goldenen Zeitalters seinen festen Platz hat: mit Hilfe von Negationen wird die eigene schlichte Ausstattung vom luxuriösen Ambiente der dekadenten Zeitgenossen abgegrenzt. Gleich zu Beginn seiner Vorschau verwendet er eine emphatische Verneinung (64): *fercula nunc audi nullis ornata macellis* (Vernimm jetzt die Gänge, die mir kein Speisemarkt ausgerichtet hat). Hierdurch setzt sich der Gastgeber von der üblichen Praxis seiner Zeitgenossen ab, um anschließend positiv zu schildern, wie er seine Tafel mit eigenen Produkten versieht (65–76). Auch in seiner idealisierenden Schilderung der Frühzeit Roms kontrastiert er den damals gewährten göttlichen Beistand mit der luxuriösen Ausschmückung von Götterstatuen in der Gegenwart (115 f.): *hanc rebus Latiis curam praestare solebat / fictilis et nullo violatus Iuppiter auro* (diese Fürsorge pflegte Jupiter dem latinischen Staat zu gewähren, als er aus

---

[189] Zur Analyse der mehrsträngigen Kompositionsweise innerhalb der 11. Satire s. ADAMIETZ 1972, 117–159, insbes. 122 und 158, der den Zusammenhang der einleitenden Verse 1–55 mit der folgenden Partie überzeugend dargelegt hat.

[190] In Hesiod, *Erga* 197–200 verlässt Aidos zusammen mit Nemesis im Eisernen Zeitalter die Erde.

[191] Vgl. Verg. Aen. 8,324 f. *aurea quae perhibent illo sub rege fuerunt / saecula* (Das Zeitalter, das man »golden« nennt, herrschte unter jenem König).

Ton geformt und noch durch kein Gold entweiht war).[192] Ebenso hebt der Satiriker im Abschnitt über die Diener (142–160) die Unterschiede zwischen seinem und luxuriösen Haushalten hervor. Die schlichten und keuschen Sitten seiner Diener setzt er von denen der teuer erworbenen ausländischen ab. So werden die Diener ganz analog zu den für wenig Geld gekauften Trinkbechern beschrieben (145f.): *plebeios calices et paucis assibus emptos / porriget incultus puer atque a frigore tutus* (Gewöhnliche Trinkbecher, für wenige Münzen gekauft, wird dir ein nicht fein herausgeputzter, doch vor der Kälte sicherer Knabe darreichen). Der Satiriker hebt als Detail im äußeren Erscheinungsbild seiner Diener hervor, dass ihre Haare nur anlässlich des festlichen Gastmahls gekämmt seien (*hodie tantum propter convivia pexi*, 150). Damit wird wiederum der eigene schlichte Haushalt von dem der Reichen abgesetzt, bei deren vor allem aus den östlichen Provinzen importierten Luxussklaven übertriebene Haarpflege vorausgesetzt wird. Wie die von seinem Landgut nach Rom geschickten Speisen sind auch seine Diener keine Importware (vgl. 147 *non Phryx aut Lycius*), sondern stammen vom Lande, vgl. 159f. *hic tibi vina dabit diffusa in montibus illis / a quibus ipse venit, quorum sub vertice lusit* (Dieser wird dir Wein servieren, der auf jenen Bergen abgefüllt ist, von denen er selbst kommt, unter deren Gipfel er spielte). Hier kommt der topische Stadt-Land-Gegensatz wieder zum Zuge: die ländliche Herkunft garantiert zugleich ihre sittliche Integrität, wodurch sie sich von Dienern, die als Lustknaben (*pueri delicati*) fungieren, unterscheiden, vgl. 151–158, insbes. 154 *ingenui voltus puer ingenuique pudoris* (ein Knabe mit dem Gesicht eines Freigeborenen und dem Schamgefühl eines Freigeborenen). Auch hier steht die Charakterisierung wieder ganz unter negativem Vorzeichen, indem der Sprecher das Schamgefühl seiner Diener von der Praxis der Luxusdiener abgrenzt (156–158): *nec pupillares defert in balnea raucus / testiculos, nec vellendas iam praebuit alas, / crassa nec opposito pavidus tegit inguina guto* (und er ⟨sc. *puer ingenui ... pudoris*⟩ trägt nicht, mit schon rauher Stimme, seine noch kindlichen[193] Hoden ins Bad, hat sich noch nicht in den Achseln die Haare ausrupfen lassen und verdeckt auch nicht ängstlich mit vorgehaltenem Ölkrug sein üppiges Glied). Auch bei der Vorschau auf die bei sei-

---

[192] Ganz analog findet sich dieser Gedanke im Finale des Senecabriefes 31 unmittelbar nach dem (weiter unten [136] im Zusammenhang mit dem Verweis auf Vergils Euander zitierten) Vergilvers aus Aen. 8,364f. (epist. 31,11): *Finges autem non auro vel argento: non potest ex hac materia imago deo exprimi similis; cogita illos, cum propitii essent, fictiles fuisse* (Werden aber wirst du es ⟨sc. *dignum ... deo*⟩ nicht durch Gold und Silber: nicht kann aus diesem Material Gottes Ebenbild gestaltet werden; bedenke, dass jene, als sie sich geneigt zeigten, aus Ton geformt waren). Zur vergleichbaren Verwendung von *violare* in diesem Kontext s. auch o. 87.

[193] KISSEL 2014 referiert zu 11,156 »die auf jung gemachten (= depilierten) Hoden« als überzeugende Erklärung des schwierigen Ausdrucks *pupillares testiculi*.

11. Elfte Satire: Ein Gastmahl im Haus des Satirikers 135

nem Gastmahl zu erwartende Unterhaltung wählt der Satiriker eine negative Form, um sich von seinen Zeitgenossen abzugrenzen (171a): *non capit has nugas humilis domus* (kein Platz ist für Frivolitäten dieser Art in meinem bodenständigen Haus).

Sich selbst präsentiert der Satiriker als genügsamen Gastgeber, indem er sich ausdrücklich in die Rolle des vergilischen Euander versetzt, der die Helden Hercules und Aeneas gastfreundlich in seinem bescheidenen Haus bewirtete. Zwar lebt er in der Stadt, einem Ort, der das Gegenbild zum idealisierten Landleben darstellt, dennoch erinnert seine Lebensweise noch an die der Vorfahren, trägt sein Mahl doch Spuren altrömischen Zuschnitts.[194] Dies zeigt sich daran, dass die Güter für sein Gastmahl nicht auf Roms Delikatessenmarkt (*macellum*, 64) gekauft, sondern von seinem Landgut herbeigebracht wurden.[195] Damit transportiert er ein Stück ländlicher Einfachheit in das städtische Ambiente. Bei der Aufzählung der Produkte blendet er wie bei seinen Dienern zudem ein Detail ein, das die Aura ländlicher, mit Sittsamkeit gepaarter Schlichtheit symbolhaft zum Ausdruck bringt (68f.): *et montani / asparagi, posito quos legit vilica fuso* (und Bergspargel, welchen die Verwalterin erntete, nachdem sie die Spindel aus der Hand legte). Durch die eher beiläufige Angabe *posito ... fuso* wird die Verwalterin als sittsam charakterisiert, gehört doch die Handarbeit mit Wolle zu den topischen Elementen, wodurch besonders keusche Frauen gekennzeichnet werden.[196]

Der Adressat des Gedichts wird nach der allgemeinen Einleitung in V. 57 direkt angesprochen: *Persice*. Die Wahl des Namens des eingeladenen Gastes ist sicher kein Zufall, ist dieser Name doch mit orientalischem Reichtum assoziiert. In der dritten Satire dient ein Persicus als Beispiel für einen Reichen, der ein attraktives Objekt für viele Erbschleicher darstellt (3,221): *Persicus orborum lautissimus* (Persicus, der begütertste der Kinderlosen). Auch das Adjektiv *Persicus*, das in der 14. Satire im Zusammenhang mit unermesslichem Reichtum begegnet,[197] ruft entsprechende Konnotationen hervor. In der 11. Satire ist nun ein Persicus mit dem sprechenden Namen, der

---

[194] Zu dieser Umkehrung der Verhältnisse von Stadt und Land vgl. BRAUND 1989b, 46: »Juvenal cleverly creates a *country* meal – such as that envisaged by Horace in Satire 2.6 – in a *city* setting« und 47: »In short, ›Juvenal‹ is inviting his friend to a country banquet which is, paradoxically, set in the city.«

[195] Zum Gegensatz von Stadt und Land im Spiegel kulinarischer Semantik vgl. allgemein TIETZ 2013, 255–279, zur ländlichen Eigenproduktion der Speisen insbes. 257; zum städtischen Fleisch- und Fischmarkt 262f.

[196] Vgl. die analoge Junktur *positis ... aratris* (2,74), s.o. 80f.

[197] 14,327–329: *si nondum implevi gremium, si panditur ultra, / nec Croesi fortuna umquam nec Persica regna / sufficient animo nec divitiae Narcissi* (Falls ich dir den Schoß noch nicht gefüllt habe, er sich noch weiter streckt, dann werden deinem Herzen nicht die Glücksgüter des Croesus, nicht das Perserreich je genügen noch der Reichtum des Narcissus).

an importierte orientalische Luxusgüter denken lässt, als Gast bei dem Sprecher eingeladen, der sich selbst als einen zweiten Euander inszeniert (60–62): *nam cum sis conviva mihi promissus, habebis / Euandrum, venies Tirynthius aut minor illo / hospes, et ipse tamen contingens sanguine caelum* (Denn da du mir als Gast dein Kommen zugesagt hast, wirst du an mir einen Euander haben, du wirst wie der tirynthische Gast kommen oder jener, der ihm nachstand, doch ebenfalls durch sein Blut mit dem Himmel verwandt war). Indem Juvenal auf eine berühmte Szene im achten *Aeneis*-Buch verweist, ruft er zugleich die Worte, die Euander an seinen Gast richtet, in Erinnerung (Aen. 8,364f.):[198] ›*aude, hospes, contemnere opes et te quoque dignum / finge deo, rebusque veni non asper egenis*‹[199] (»Wage es, mein Gast, Reichtum geringzuschätzen, zeige auch du dich würdig des Gottes und tritt in meine Hütte ein, ohne meine dürftigen Verhältnisse zu verachten«). Während sich der Gastgeber mit Euander identifiziert, steht Persicus in Antithese zu den im Prätext eingeladenen Gästen, den Helden Hercules und Aeneas. Indem der Satiriker seinem Gast Persicus ankündigt, dass er in ihm einen Euander vorfinden werde, stimmt er ihn auf ein schlichtes Mahl ein und mahnt seinen verwöhnten Gast zugleich, jede Form von Arroganz abzulegen.[200] So lässt er bei der Schilderung der für die Reichen typischen Vorliebe für Tische aus kostbarem Material das persönliche Bekenntnis einfließen (129b–131): *ergo superbum / convivam caveo, qui me sibi comparat et res / despicit exiguas* (Also hüte ich mich vor einem arroganten Gast, der mich mit sich selbst vergleicht und meine anspruchslose Ausstattung verachtet).

Das angekündigte Mahl im Haus des Satirikers erhebt bei aller Schlichtheit doch den Anspruch, von optimaler Qualität und Provenienz zu sein. So wird die erlesene Auswahl gleich bei der erstgenannten Speise hervorgehoben (65f.): *pinguissimus ... haedulus et toto grege mollior* (ein Böcklein, äußerst feist und zarter als die ganze übrige Herde). Die Eier werden als *gran-*

---

[198] Die Bedeutung der *Aeneis* hebt der Gastgeber selbst im Passus über die Unterhaltung hervor: Im Gegensatz zu spanischen Tänzerinnen bei den üppigen Gelagen der Reichen halte sein schlichtes Gastmahl eine andere Art der Unterhaltung bereit, nämlich die kunstlos vorgetragene Rezitation Homers und Vergils (179–182): *nostra dabunt alios hodie convivia ludos: / conditor Iliados cantabitur atque Maronis / altisoni dubiam facientia carmina palmam. / quid refert, tales versus qua voce legantur?* (Mein Gastmahl wird heute eine andere Art der Unterhaltung bieten: der Schöpfer der *Ilias* wird rezitiert werden und des erhaben tönenden Maro Gesänge, welche die Siegespalme umstritten sein lassen: Was macht es aus, mit welcher Stimme solche Verse vorgelesen werden?).
[199] Diese Verse wurden von Seneca in stoischer Tendenz adaptiert: epist. 18,12f. und 31,11.
[200] Die Einladung an Persicus allein kann noch nicht als Dokument der Freundschaft gesehen werden; zur Frage der Freundschaft des Satirendichters mit Persicus vgl. COURTNEY 1980, 491f. und MAYER 1989, 19: »the reference at 186–9 to the wife of Persicus, whose adultery distresses him, can hardly be tactful if he is a real friend of the poet's. ..., therefore, Persicus is reckoned to be a lay-figure, an excuse for a disquisition on culinary luxury.«

11. Elfte Satire: Ein Gastmahl im Haus des Satirikers 137

dia (70) charakterisiert und auf die ausführliche Schilderung der Begleitumstände ihres Transports wird besonderer Wert gelegt (70f.): *grandia praeterea tortoque calentia feno / ova adsunt ipsis cum matribus* (Stattliche Eier stehen außerdem zu Gebote, noch warm vom Heunest, samt ihren Müttern). Von den Äpfeln wird gesagt, dass sie zwar ohne großen Aufwand in denselben Körben wie die Birnen nach Rom gebracht wurden; gleichwohl können sie mit den besten in Wettstreit treten (73 f.): *Signinum Syriumque pirum, de corbibus isdem / aemula Picenis et odoris mala recentis* (Birnen aus Signia und syrische, aus denselben Körben Äpfel, die mit Picenischen wetteifern und noch frisch duften).

Mit dem gnomisch wirkenden letzten Satz *voluptates commendat rarior usus* (seltenerer Genuss macht Vergnügungen reizvoller, 208b) empfiehlt der Sprecher am Ende der Satire Maßhalten auch bei Vergnügungen unter Freunden[201] und bestätigt damit nochmals, wie sehr seine Lebensführung mit den von ihm gegebenen Maximen übereinstimmt. Eben dazu, die Probe aufs Exempel zu machen, fordert der Satiriker den von ihm eingeladenen Persicus auf (56–59): *experiere hodie numquid pulcherrima dictu, / Persice, non praestem vita et moribus et re, / si laudem siliquas occultus ganeo, pultes / coram aliis dictem puero, sed in aure placentas* (Erfahren wirst du heute, ob ich das, was sich wunderschön daherreden lässt, Persicus, etwa nicht in meinem Lebenswandel, in den Sitten, in der Tat beweise, wenn ich nämlich als heimlicher Schlemmer Hülsenfrüchte preise, laut vor anderen Speltbrei beim Sklaven bestelle, dagegen ihm ins Ohr hinein flüstere »Kuchen!«). Anders als in der zweiten Satire, wo der Satiriker den Widerspruch zwischen Schein und Sein am Beispiel heuchlerischer Sittenprediger, *qui Curios simulant et Bacchanalia vivunt* (2,3, s. o. 78), aufgedeckt hatte, führt er nun seine eigene Lebensweise als Beweis für die Übereinstimmung von Wort und Tat vor. Diente das Gastmahl häufig der satirischen Diffamierung des Gastgebers, der seinen Reichtum und erlesenen Geschmack zur Schau stellen will,[202] verwendet der Satiriker hier sein eigenes Gastmahl zur Demonstration seiner Genügsamkeit in Zeiten allgemeiner Dekadenz.

---

[201] Zu einigen epikureisch geprägten Partien innerhalb der 11. Satire vgl. SCHMITZ 2000, 172–174.
[202] Erinnert sei nur an die *cena Nasidieni* in Hor. sat. 2,8 und die *cena Trimalchionis* in Petrons *Satyrica*; s. auch o. 101 mit Anm. 102 und 103. Die Tradition der satirischen Darstellung eines Gastmahls in der römischen Satire lässt sich bis auf Lucilius zurückverfolgen, vgl. SHERO 1923, 142f. zu Iuv. 11. Zur Kritik an übertriebener Schlemmerei in der Tradition der römischen Satire vgl. auch ADAMIETZ 1972, 119–121.

12. Zwölfte Satire: Juvenals Erbschleichersatire

Die 12. Satire, mit 130 Versen die kürzeste im gesamten Corpus, führte lange ein Schattendasein, bevor auch diese oft unterschätzte Satire Gegenstand unterschiedlicher Interpretationen wurde.[203] Im letzten Teil dominiert ein satiretypisches Motiv, die Erbschleicherei,[204] ohne dass sich das Thema der Satire in der Polemik gegen Erbschleicherei erschöpft. Erst die Verfluchung eines Erbschleichers am Schluss führt die verschiedenen Linien zu einem kohärenten Ganzen zusammen.

Auch in dieser Satire wird das Haus des Satirikers als Kulisse in die Erzählung mit einbezogen, erwähnt das satirische Ich doch seine Sklaven (*pueri*, 83), seine Hausgötter (*Lares paterni*, 89) und die mit Zweigen geschmückte Tür seines Hauses (*ianua*, 91).[205] Anknüpfend an die vorherige Satire verweist der satirische Sprecher auch hier auf seine bescheidenen Besitzverhältnisse (10): *si res ampla domi … esset* (Wenn ich häuslichen Besitz in Fülle hätte). Entsprechend wird beim Wechsel des Schauplatzes von den öffentlichen Opferfeierlichkeiten zum privaten Opfer der eigene Hausaltar als klein charakterisiert (87f.): *inde domum repetam, graciles ubi parva coronas / accipiunt fragili simulacra nitentia cera* (von dort werde ich nach Hause zurückkehren, wo die kleinen, von brüchigem Wachs glänzenden Götterbilder zierliche Kränze empfangen).

Corvinus, der zweimal in der Satire angesprochene Adressat (1 und 93), trägt wie Persicus, der Adressat der 11. Satire, einen sprechenden und zum Thema passenden Namen.[206] Der deutlich an *corvus* (Rabe) anklingende Name spielt auf den im Kontext von Erbschleicherei häufig assoziierten Vogel an, der die Konnotation »Habgier« hervorruft.[207] Die in der jeweiligen

---

[203] Als Ausgangspunkt seiner eigenen Neubestimmung des Themas gibt EHLERS 1996, 58f., Anm. 3 einen ausführlichen Überblick über die ihm vorliegenden Interpretationen. Zu vergleichen ist auch die kritische Einschätzung der verschiedenen Ansätze durch KISSEL 2014, 359–362.

[204] Verwiesen sei auf einen Passus in der fünften Satire (132–139) und auf die Horazsatire 2,5; hierzu vgl. SALLMANN 1970.

[205] Zur prominenten Rolle des Satirikers in den beiden aufeinanderfolgenden Satiren vgl. KEANE 2015, 150 (in Anm. 186 zitiert); vgl. auch COURTNEY 1980, 517: »Thus Juvenal appears in very much the same light as in Eleven, the only other poem in which the author himself is at all prominent.«

[206] Zu sprechenden Namen in Juvenals Satiren s.o. Anm. 70 (Ucalegon), 135 (Persicus) und SCHMITZ 2000, 69, Anm. 18 und 19.

[207] Verwiesen sei auf Hor. sat. 2,5,56 *corvum deludet hiantem* (wird den gierenden Raben foppen) und auf Petron. 116,9, wo die gefräßigen Raben begierig nach Leichnamen schnappen (über Kroton, die Stadt der Erbschleicher): *in quibus* ⟨sc. *campis*⟩ *nihil aliud est nisi cadavera, quae lacerantur, aut corvi, qui lacerant* (ein Gebiet, in dem es nichts anderes gibt als Kadaver, die zerfetzt werden, oder Raben, die sie zerfetzen).

12. Zwölfte Satire: Juvenals Erbschleichersatire

Satire geäußerte Kritik wendet sich also als Warnung stellvertretend an einen Adressaten, der durch seinen Namen zu erkennen gibt, dass er die gleichen Tendenzen wie die Kritisierten hat: Persicus repräsentiert den auf Tafelluxus versessenen Gast und Corvinus den gierigen Erbschleicher.[208] Wie im Falle des Persicus dürfte es sich, unabhängig von der Frage, ob die namentlich benannten Figuren nicht ohnehin fiktiv sind, auch bei Catullus (*amicus*, 16 und 96; *noster Catullus*, 29) nicht um einen persönlichen Freund des Satirikers handeln.[209] Vielmehr ist aufgrund der asymmetrischen Vermögensverhältnisse von einem Klientelverhältnis auszugehen.[210] Die in der Forschung häufig diskutierte Frage, ob Catullus als sympathischer Zeitgenosse charakterisiert werde,[211] hat den Fokus auf Catullus verlagert. In Wirklichkeit steht aber eher die uneigennützige Haltung des Satirikers im Mittelpunkt, die mit dem berechnenden Verhalten der Erbschleicher kontrastiert wird.[212] Der Satiriker, der in der vorangehenden Satire gegen Tafelluxus und insbesondere gegen aus aller Welt nach Rom importierte Luxusgegenstände polemisiert hatte, dürfte den Handel mit Luxusgütern kaum gutheißen.[213] Zwar

---

[208] So auch COURTNEY 1980, 517 und LITTLEWOOD 2007, 391.

[209] Vgl. auch COURTNEYs Skepsis, was eine Freundschaft betrifft, COURTNEY 1980, 516: »The ›friend‹ in Juvenal's poem is Catullus, but an element of irony in Juvenal's attitude to him is clearly apparent (...; since this irony persists after 37 sqq., we cannot suppose that Catullus is finally cured of greed).«

[210] EHLERS 1996, 67–70 erinnert mit Recht daran, dass der Begriff *amicus* in den Satiren Juvenals häufig ein Patron-Klient-Verhältnis bezeichnet. Überzeugend argumentiert er dafür, die Beziehung zwischen dem Sprecher und Catullus im Sinne eines Klientelverhältnisses zu verstehen. Da Patron-Klient-Beziehungen mit dem euphemistischen Begriff der Freundschaft (*amicitia*) bezeichnet werden können, ist eine Unterscheidung oft schwierig; s. auch o. Anm. 52. WINTERLING 2008, 299 bietet folgende hilfreiche Definition: »Während sich Freundschaft als egalitäre Form von Interpersonalität beschreiben lässt, die eine symmetrische Struktur, d.h. eine gewisse Gleichheit der Beteiligten erfordert, sind Klientelbeziehungen durch Hierarchie, durch Ungleichheit der Beteiligten und eine asymmetrische Struktur gekennzeichnet.«

[211] EHLERS 1996 etwa will in Catullus einen »vorbildlichen Kaufmann« (63) sehen; vgl. auch EHLERS 1996, 65: Catullus sei »kein Vertreter der *avaritia* und deshalb auch nicht Gegenstand eines satirischen Angriffs«.

[212] Vgl. EHLERS 1996, 68: »Das durchgehende Thema dieser Satire ist demnach also das angemessene und das unangemessene, das selbstlose und das eigennützige *officium* eines Klienten.«

[213] Ein Katalog der kostbaren Güter, mit denen der Überseekaufmann Catullus Handel treibt, wird in dem Moment gegeben, in dem er diese, um den Untergang seines Schiffes zu verhindern, über Bord werfen will (38–47). Die Bereitschaft, auch das Schönste aus dem Besitz zu opfern, verbindet Catullus und Pacuvius. So heißt es von Catullus (38): *praecipitare volens etiam pulcherrima* (bereit, auch das Schönste hinabzustürzen), über den Erbschleicher Pacuvius wird gesagt (115–117): *mactare vovebit / de grege servorum magna et pulcherrima quaeque / corpora* (er wird aus seiner Sklavenherde die großgewachsenen Körper und gerade die schönsten zu schlachten geloben). Die Beweggründe sind freilich verschieden: Während Catullus sein Leben retten will, strebt Pacuvius den bevorzugten Platz im Testament an.

äußert er keine direkte Kritik am Verhalten seines ›Freundes‹ Catullus, aber er macht aus seinen prinzipiellen Vorbehalten gegenüber der Seefahrt kein Geheimnis. So wendet er sich angesichts des Beinahe-Schiffbruchs in einer sarkastischen Aufforderung an diejenigen, die ihr Leben durch Seefahrt aufs Spiel setzen (57–59): *i nunc et ventis animam committe dolato / confisus ligno, digitis a morte remotus / quattuor aut septem, si sit latissima, taedae* (Auf denn, überlass dein Leben den Winden im Vertrauen auf das behauene Holz, vom Tod getrennt durch die vier oder, wenn sie sehr dick ist, sieben Finger starke Fichte).

Zu Beginn der Satire präsentiert die *persona* des Satirikers sich in der Rolle eines loyalen Freundes bzw. Klienten, der anlässlich der Rückkehr des Catullus das den Göttern gelobte Tieropfer (*promissa deis*, 12,2) darbringen will. Es folgt eine Rückblende, in der die Gefahren, die dem Handelsschiff des Catullus während eines Seesturms widerfuhren, geschildert werden (17–82). An diese Erzählung schließt sich – in einer Ringkomposition – die Ankündigung eines privaten Opfers an, das der Satiriker auf seinem Hausaltar darbringen will (83–92). Die ausführliche Schilderung des zweifachen (öffentlichen und privaten) Opfers provoziert geradezu eine Rechtfertigung vor dem zu erwartenden Vorwurf, es auf das Erbe des Catullus abgesehen zu haben. In dieser Hinsicht sei, so beugt er einem imaginären Einwand vor, Catullus ein unattraktives Objekt, da er drei kleine Erben habe (93–95a): *neu suspecta tibi sint haec, Corvine, Catullus, / pro cuius reditu tot pono altaria, parvos / tres habet heredes* (Und dies soll dir, Corvinus, nicht verdächtig erscheinen, hat doch Catullus, für dessen Rückkehr ich so viele Altäre errichte, drei kleine Erben). Das Stichwort *heredes* veranlasst den Sprecher dann zu einer ausführlichen Kritik an der gegenwärtigen Erbschleicherei (95b–130). Damit erweist sich die Zurückweisung des Verdachts, er handle aus Berechnung (93–95a), als Dreh- und Angelpunkt des Gedichts, was auch dadurch unterstrichen wird, dass der Adressat erneut angeredet wird.

Am Ende der Satire relativiert der Sprecher den scheinbaren Triumph eines erfolgreichen Erbschleichers. Zum einen deutet er durch ein beiläufig gesetztes *forsan* (125) an, dass die Rechnung, wie so oft bei Testamenten,[214] unter Umständen nicht aufgehen könnte. Zum anderen beendet er die Satire mit einer Verfluchung des Pacuvius (128–130): *vivat Pacuvius quaeso vel Nestora totum, / possideat quantum rapuit Nero, montibus aurum / exaequet, nec amet quemquam nec ametur ab ullo* (Leben mag Pacuvius, so bitte ich, selbst eines Nestors sämtliche Jahre, er mag so viel besitzen, wie Nero raubte, er mag Berge von Gold aufhäufen: er soll doch weder irgendjemanden lieben,

---

[214] Dies könnte auch der Fall des in seinen Hoffnungen getäuschten Erbschleichers Nasica lehren (Hor. sat. 2,5,55b–69). Auch hier ist eine Tochter der Köder, den der Vater einsetzt; Juvenals Version ist allerdings ins Groteske gesteigert.

12. Zwölfte Satire: Juvenals Erbschleichersatire

noch von irgendeinem geliebt werden!). Wie in einem Epigramm verleihen diese letzten drei Verse dem Gedicht den entscheidenden Aufschluss. Der Versauftakt *vivat* im Finale (128) erinnert an den hintergründigen Wunsch, mit dem sich Tiresias ganz am Schluss der Erbschleichersatire des Horaz von Odysseus verabschiedet (Hor. sat. 2,5,110): ›*vive valeque.*‹[215] Der vergiftete Wunsch für ein langes Leben (Iuv. 12,128) erweist sich als grausame Strafe angesichts des im letzten Vers ausgesprochenen Fluchs. Die ironisch-sarkastischen Wünsche für Pacuvius' Zukunft (hohes Alter, unermesslicher Reichtum),[216] die ihn möglichst lange in den ›Genuss‹ der drohenden sozialen Isoliertheit kommen lassen sollen, greifen ein Motiv aus der ersten Horazsatire auf, einer Diatribe gegen Geiz und Habgier. Als Konsequenz seiner Fixierung aufs Geld wird dem Habgierigen hier der Verlust aller familiären und sozialen Beziehungen vor Augen geführt (Hor. sat. 1,1,84f.): *non uxor salvum te vult, non filius; omnes / vicini oderunt, noti, pueri atque puellae* (Weder deine Frau wünscht deine Genesung, noch dein Sohn; alle deine Nachbarn hassen dich, alle deine Bekannten, Jungen und Mädchen). Auch in dieser Satire wendet sich der Sprecher mit einer rhetorischen Frage direkt an den so Charakterisierten (sat. 1,1,86f.): *miraris, cum tu argento post omnia ponas, / si nemo praestet quem non merearis amorem?* (Wunderst du dich, da du alles dem Geld hintansetzt, wenn dir niemand die Liebe, die du deinerseits nicht verdienst, erweist?).

Mit einer vergleichbaren Pointe wartet auch der allerletzte Vers von Juvenals 12. Satire (*nec amet quemquam nec ametur ab ullo* 130b) auf. Hier entwirft der Sprecher für den potentiell zu Reichtum gekommenen Erbschleicher eine trostlose Zukunftsperspektive: selbst wenn er lange lebe und alle Reichtümer der Welt erlange, fehle ihm doch das Entscheidende, nämlich die Integration in ein funktionierendes soziales Gefüge (aktives und passives *amare*). Pacuvius, der nicht zögern würde, selbst die eigene Tochter zu opfern, wäre, wenn er sein Ziel erreichte und Alleinerbe würde, seinerseits zum Opfer neuer Erbschleicher prädestiniert. Der Reigen könnte also wieder von neuem beginnen. Vom Ende her ergibt sich als einigendes Band der gan-

---

[215] Zu diesem ambivalenten Abschiedsgruß des Tiresias an Odysseus vgl. SALLMANN 1970, 202: »Was heißt es, wenn der tote Seher zum Abschied dem lebenden, aber bis zum Tode vergeblich am Tode verdienenden, darüber gar nicht zum Leben kommenden künftigen Captator zuruft ›Vive valeque!‹ (110)? Hohn oder Rückruf zu Leben und Sophrosyne?«

[216] Vor dem Hintergrund der satirischen Kritik an den fehlgeleiteten Wünschen der Menschen in der zehnten Satire erscheinen die vom Satiriker für den Erbschleicher Pacuvius geäußerten Wünsche ohnehin ironisch. RAMAGE 1978, 236 führt aus, wie Juvenal mit der Nennung von Nestor und Nero auch direkt an die betreffenden Passagen in der zehnten Satire anknüpft. So begegnet Nestor im Abschnitt über den verkehrten Wunsch nach einem langen Leben (10,188–288, hier 246–255) und Nero im Abschnitt über den Wunsch nach Reichtum (10,12–53, hier 15).

zen Satire die Kontrastierung zwischen dem aufrichtigen Verhalten des Satirikers und der geheuchelten, profitorientierten ›Liebe‹ der Erbschleicher.[217]

13. Dreizehnte Satire: Satirische *consolatio* in einer verkehrten Welt

Die 13. Satire leitet das fünfte und letzte Buch (Satiren 13–16) ein. Die an einen Calvinus adressierte Satire nimmt ihren Ausgang von einem konkreten Vorfall, der Veruntreuung einer eher geringfügigen Geldsumme. Einzelne Passagen sind von Topoi geprägt, die in der Konsolationsliteratur ihren Platz haben. Unübersehbar sind aber auch ironische Momente, die vor allem in der Schilderung der guten alten Zeit begegnen. Die in der Forschung nach wie vor diskutierte Frage, ob in der 13. Satire eine Parodie der literarischen Form der *consolatio* vorliege,[218] soll einer kritischen Prüfung unterzogen werden.

In der 13. Satire werden Themen zunächst angeschnitten und dann im Verlauf des Gedichts aufgenommen, um variiert, gesteigert, abgerundet, aber auch korrigiert zu werden. So wird die in den Eingangsversen (1–4) aufgestellte These, wonach der Täter durch seine Gewissensqualen die verdiente Strafe erleide, im Finale breit ausgemalt (192b–239a) und zum Abschluss gebracht.[219]

Juvenal wählt in dieser Satire eine besondere Form der Präsentation. Er lässt seinen Sprecher nicht einfach gegen Treubruch und Meineid zu Felde ziehen. Vielmehr macht sich dieser zunächst die Argumente der Menge zu eigen, um aber letztendlich ihre ganze Absurdität vorzuführen. Dass der

---

[217] Diese Bestimmung des Gesamtthemas ändert sich nicht, wenn man, mit EHLERS 1996, *amicitia* im Sinne der Klientel (s. o. Anm. 210 und 212) und nicht als Freundschaft im landläufigen Sinne versteht. Allerdings sollte man die Verfluchung im letzten Vers *nec amet quemquam nec ametur ab ullo* (130b) nicht wie EHLERS auf das Klientelverhältnis und auch nicht auf das Verhältnis des Sprechers zu Catullus begrenzen. In diesem Sinne versteht EHLERS 1996, 69 die Verfluchungsformel: »Der Erbschleicher soll keine Klienten haben, der ihn mag, keinen Klienten, den er mag, also keinen Klienten wie den Sprecher, sondern ausschließlich gewinnorientierte, skrupellose Erbschleicher, er soll zeitlebens auf das Verhältnis verzichten, das für die römische Gesellschaft und gerade für die Vertreter konservativer Moral konstitutiv ist …« Wenn man die Bedeutung des Verbs *amare* im letzten Vers aber auf das Klientelverhältnis einschränkt, würde man die folgenschwere Verfluchung um den Aspekt der familiären Bindung, der in der Satire vor allem in der bereitwilligen Opferung der eigenen Tochter eine Rolle spielt, verkürzen.
[218] PRYOR 1962 verfolgte als erster konsequent diesen Ansatz. Auch BRAUND 1997 sieht die 13. Satire als Parodie einer konventionellen *consolatio* oder auch als »*mock-consolatio*« (z. B. 81). Eine kritische Sichtung der Forschungsliteratur zur 13. Satire gibt KISSEL 2014, 365–371.
[219] Auch innerhalb einzelner Abschnitte verläuft ein Gedankengang oft nicht gradlinig. Eine kurze und übersichtliche Strukturierung der 13. Satire gibt BRAUN 1989, 789.

Sprecher hier nicht seinen eigenen Standpunkt vertritt, sondern lediglich referiert, was die allgemeine, gegenwärtig vorherrschende Meinung ist, geht aus seiner einleitenden Frage an Calvinus hervor (5f.): *quid sentire putas homines, Calvine, recenti / de scelere et fidei violatae crimine?* (Was glaubst du, Calvinus, denken die Menschen über den jüngst geschehenen Frevel, das Verbrechen des Treubruchs?). Auf dieser Grundlage, also im Sinne der *communis opinio*, erteilt er nun Ratschläge, wenn er Calvinus auffordert, das ihm widerfahrene Unrecht als Normalität hinzunehmen. Diese Konstruktion, vorerst ironisch den Standpunkt der allgemeinen sittlichen Verkommenheit einzunehmen, erlaubt es dem Satiriker, zu zeigen, wie verkehrt die Welt ist, wenn Verbrechen als alltäglich gelten. Auf Basis dieses zunächst scheinbar akzeptierten Wertesystems bewegen sich auch die vorgebrachten Trostgründe, die der konsolatorischen Tradition entstammen. Die beiden Hauptargumente referiert der Sprecher gleich zu Beginn unter negativem Vorzeichen mit *nec* (6b–8a) – *nec* (8b–10). Angesichts seines Vermögens erleide Calvinus einen nur mäßigen Verlust (*mediocris iactura*, 7f.). Zudem habe man es mit einem alltäglichen Vorgang zu tun (8b–10): *nec rara videmus / quae pateris: casus multis hic cognitus ac iam / tritus et e medio fortunae ductus acervo* (noch sehen wir selten, was du erleidest: ein solcher Fall ist vielen vertraut und heute schon alltäglich und mitten aus Fortunas Haufen entnommen). In polarer Ausdrucksweise wird argumentiert, dass Calvinus' Fall nicht einzigartig sei, sondern ganz gewöhnlich. Der Sprecher schließt sich hier der allgemeinen Erfahrung an, indem er seine Person mit »wir« (*videmus*, 8) einbezieht.

Wenn der Satiriker dem geschädigten Calvinus empfiehlt, sein Klagen über den Treubruch einzustellen, dient dieser Rat dazu, zu zeigen, wie alltäglich derartige Verbrechen bereits geworden seien. In dieser Satire ist Calvinus nicht die eigentliche Zielscheibe satirischer Kritik,[220] sondern bietet lediglich den Anlass, die gegenwärtige Verkehrung der Wertvorstellungen vorzuführen. Dies lässt sich am Motiv des Lachens zeigen. In den Augen der Menge muss seine Forderung, keinen Meineid zu begehen, als Naivität erscheinen (34b–36): *nescis / quem tua simplicitas risum vulgo moveat, cum / exigis a quoquam ne peieret?* (Weißt du nicht, welches Gelächter deine Naivität allgemein erregt, wenn du von jemandem verlangst, dass er keinen Meineid leiste?). Calvinus' scheinbare Naivität (*simplicitas*, 35), die Anlass zum Lachen gibt, wird jedoch in einem späteren Abschnitt (162–173) vom Satiriker selbst relativiert. Hier führt er aus, dass ein ungewohnter Anblick Lachen errege (170b–173a): *si videas hoc / gentibus in nostris, risu quatiare; sed illic, / quamquam eadem adsidue spectentur proelia, ridet / nemo* (Wenn

---

[220] Calvinus gilt vielen Interpreten allerdings als kritikwürdiges Objekt; s.u. Anm. 227 und Anm. 235.

du dies in unseren Landen erblicktest, würdest du von Lachen geschüttelt; aber dort, obwohl man dauernd eben diese Kämpfe sieht, lacht niemand). Das Gewöhnliche weckt also kein Erstaunen, selbst wenn ein und dasselbe Ereignis anderswo ungewohnt und mithin komisch wirke. Entsprechend seien Verbrechen gegenwärtig in Rom an der Tagesordnung und redliches Verhalten so sehr aus der Mode gekommen, dass die Forderung des Calvinus bei seinen Zeitgenossen Lachen errege.

Nach einem Abschnitt, in dem die Beweggründe und Überlegungen der Meineidigen offengelegt werden, folgt ein deutlicher Einschnitt.[221] Nun erhebt der Satiriker wieder seine eigene Stimme. Im Ton eines Lehrdichters[222] wendet er sich an Calvinus (120f.): *accipe quae contra valeat solacia ferre / et qui...* (Vernimm nun, welche Trostgründe dir jemand dagegen zu bieten vermag, der ...).[223] Hier werden die beiden Trostargumente (Geringfügigkeit des Verlusts[224] und Häufigkeit des Meineids), die schon zu Beginn vorgebracht wurden (6b–10), aufgenommen und ausgeweitet. Der Satiriker setzt diese in der Konsolationsliteratur geläufigen Argumente jedoch nicht ein, um den Adressaten Calvinus über einen finanziellen Verlust hinwegzutrösten. Vielmehr wird mit diesen konventionellen Argumenten demonstriert, dass Verbrechen wie Unterschlagung und Meineid in einer allenthalben korrupten Welt verbreitet und geradezu normal seien. Wie immer übertreibt der Satiriker die Verhältnisse, wenn er das Vorkommen eines Aktes von Treue einem zu sühnenden Prodigium gleichsetzt[225] und konstatiert, dass ausnahmslos überall Freveltaten anzutreffen seien.[226] Calvinus soll also nicht wirklich getröstet werden. Vielmehr dienen die *solacia* (120) als Vorwand,

---

[221] Die Aufforderung in 120 *accipe quae contra valeat solacia ferre* befindet sich ungefähr in der Mitte der Satire (249 Verse).

[222] Zur Diktion des Lehrgedichts gehören wiederholte Aufforderungen (*accipe* [120], *confer* [144], *confer et* [147 und 154]), aber auch typische Überleitungsformeln wie *praeterea* [229]).

[223] Vergleichbar ist die feierliche Ankündigung des Tiresias, der Odysseus in die Kunst der Erbschleicherei einweist (Hor. sat. 2,5,10): *accipe qua ratione queas ditescere*. Mit *accipe nunc artes* leitet Juvenal in seiner siebten Satire (V. 36) den Abschnitt ein, in welchem er einen unbemittelten Dichter über die Schliche des reichen Patrons belehrt. Zu vergleichen ist auch die Ankündigung in Iuv. 15,31 f.: *accipe nostro / dira quod exemplum feritas produxerit aevo*.

[224] Die zu beklagende Unterschlagung von 10000 Sesterzen (71) wird jeweils als nur mäßiger Verlust eingestuft (vgl. 7f.: *mediocris / iacturae* und 143 *rem pateris modicam et mediocri bile ferendam* [Geringfügig ist, was du erleidest, und mit mäßiger Galle zu ertragen]).

[225] In gewohnt hyperbolischer Weise wird redliches Verhalten als Ausnahme von der Regel deklariert (60–62): *nunc si depositum non infitietur amicus, / si reddat veterem cum tota aerugine follem, / prodigiosa fides* (Wenn jetzt ein Freund ein Depositum nicht verleugnet, wenn er den alten Geldsack samt allem Grünspan zurückgibt, ist diese Treue widernatürlich).

[226] Zu vergleichen ist folgende Fallunterscheidung: 126f. *si nullum in terris tam detestabile factum / ostendis, taceo* (⟨Der Sprecher würde Calvinus das Jammern erlauben,⟩ wenn du ⟨sc. Calvinus⟩ mir auf Erden keine so verabscheuungswürdige Tat zeigen kannst, will ich schwei-

13. Dreizehnte Satire: Satirische *consolatio*   145

noch schlimmere Verbrechen (*maiora crimina*, 144) aufzuzählen (144–161). Damit lässt sich auch die Frage beantworten, ob Calvinus wirklich, wie oft behauptet, wegen seiner exzessiv emotionalen Einstellung zu seinem Geldverlust vom Satiriker scharf getadelt werde.[227] Wenn der Sprecher Calvinus zur Mäßigung ermahnt (11–18) und ihm trotz seines Alters und seiner Lebenserfahrung Naivität (35) vorwirft,[228] ist das Teil der satirischen Strategie. Die Aufforderung, Veruntreuung einer anvertrauten Geldsumme und Meineid als Normalzustand zu akzeptieren (33–37), lässt sich nur ironisch lesen.[229] Der Sprecher nimmt also nur scheinbar den Standpunkt der Zeitgenossen ein; in Wirklichkeit ist diese Art der Darstellung aber ein Mittel, um den allgemeinen Tiefstand der Moral vorzuführen und anzuprangern.

Nach BRAUND 1997 wird Calvinus von Anfang an als zorniger, ab Vers 174 auch als auf Strafe und Rache sinnender Charakter gezeichnet.[230] Dieser anhaltende Zorn sei Gegenstand satirischer Kritik. Zugleich impliziere die zornige, verurteilungswürdige Haltung des Calvinus eine Kritik an der vom satirischen Sprecher in den ersten beiden Büchern an den Tag gelegten *indignatio*.[231] Die Beobachtung, dass bei der Darstellung der emotionalen Reaktion des betrogenen Calvinus Schlüsselbegriffe verwendet werden, die auch zur *indignatio* des satirischen Sprechers passen, trifft durchaus zu.[232] Allerdings bedeutet dies kein programmatisches Widerrufen einer

---

gen) und 135 *sed si cuncta vides simili fora plena querella,* ... (Doch wenn du alle Fora von ähnlicher Klage erfüllt siehst, ...).

[227] Vgl. etwa COURTNEY 1980, 534 »The very exaggeration of Calvinus' fury over pecuniary loss implies that he is no less avaricious than his defrauder (cf. 129–34); the mature Juvenal, who has developed a Democritean side, can see this and ridicule the anger of Calvinus, whereas the indignant satirist of the earlier poems would have sympathised with it.«

[228] Dass »harte Worte an den *consolandus* wie *senior bulla dignissime* (V. 33) ihren festen Platz in einer *consolatio*« haben, legt BRAUN 1989, 788 dar.

[229] Anders als COURTNEY 1980, 534 »One notes throughout the poem a tone of weary acceptance of contemporary dishonesty, which should be countered by a measure of impassivity« vermag ich in der 13. Satire keine Resignation angesichts der gegenwärtigen Unehrlichkeit zu sehen.

[230] BRAUND 1997, 87: »a character of persisting and excessive anger«, vgl. auch BRAUND 1997, 83 »In fact, the speaker's ironic words of solace and advice, far from soothing him, instead fuel Calvinus' anger by reminding him of the injury he has suffered and impel him to outbursts which reveal his enduring anger.«

[231] Hier bekräftigt BRAUND 1997 nochmals ihre prinzipielle Auffassung, dass es in Juvenals Satire eine Entwicklung vom indignierten zum ironischen Sprecher in den späteren Satiren gebe, der sich von der anfänglich zornigen Haltung distanziere, vgl. 87: »And the effect of the satire is to condemn Calvinus' anger. This in turn implies a critique of the anger of the speaker of Books I and II and indicates the distance which Juvenal has travelled in his satiric development.«

[232] Das Vokabular ist in der Tat mit der Haltung der *indignatio* assoziiert. So lässt der Satiriker in der ersten Satire einen Interlocutor die Frage stellen (1,151b–153a): *unde illa priorum / scribendi quodcumque animo flagrante liberet / simplicitas?* (Woher jener Freimut früherer Generationen zu schreiben, was immer dem entflammten Gemüt gefiel?). Neben *flagrans*

früheren Haltung, da der Sprecher den betrogenen Calvinus in dieser Satire lediglich ironisch auffordert, sich nicht über ein mittlerweile als selbstverständlich empfundenes Unrecht zu empören, sondern sich der allgemeinen Moral anzupassen, die in der rechtmäßigen Rückgabe eines Depositums eine Widernatürlichkeit sehe.

Juvenal betreibt freilich keine Schwarz-Weiß-Malerei. Wie vor allem im Falle des Trebius (Satire 5) und Naevolus (Satire 9) bleiben auch die Opfer nicht von satirischer Kritik verschont. Auch Calvinus wird stellvertretend ermahnt, den Verlust einer eher unerheblichen Geldsumme nicht zu sehr zu betrauern. Allerdings ist die sarkastische Analyse des Satirikers, dass gegenwärtig niemand beim Verlust von Geld seine Trauer heuchle, nicht allein auf Calvinus gemünzt. Die verallgemeinernde unpersönliche Ausdrucksweise zeigt vielmehr an, dass diese Diagnose auf die Mehrheit zutrifft (130–134):

> *et maiore domus gemitu, maiore tumultu*　　　　　　130
> *planguntur nummi quam funera; nemo dolorem*
> *fingit in hoc casu, vestem diducere summam*
> *contentus, vexare oculos umore coacto:*
> *ploratur lacrimis amissa pecunia veris.*

Und mit größerem Jammern, mit größerem Aufruhr wird im Haus Geld beklagt als Leichen; niemand heuchelt seinen Schmerz bei diesem Unglücksfall, sich damit begnügend, sein Gewand nur oben am Saum anzureißen, seine Augen mit erzwungener Feuchtigkeit zu quälen: mit wahrhaftigen Tränen wird der Verlust von Geld beweint.

In Vers 134 ist der Gegenstand der Trauer, *amissa pecunia*, vom Hyperbaton *lacrimis ... veris* umgeben; auf diese Weise treffen die entscheidenden Begriffe aufeinander: *pecunia veris*. Das bis zum Versende aufgesparte Adjektiv *veris* betont den paradoxen Vorgang, der bereits in der Antithese *nummi – funera* (131) zum Ausdruck kam. Emphatisch wird das jeweils am Versanfang stehende Verb des Weinens *planguntur* (131) in *ploratur* (134) aufgenommen.[233] Dieser Passus zeigt die allgemeine Umwertung der Werte:

---

dient auch *simplicitas* in der 13. Satire zur Charakterisierung des Calvinus (13,35). Die Feuermetaphorik *flagrantior aequo* (13,11) und *spumantibus ardens / visceribus* (13,14f.) erinnert darüber hinaus an den vor Zorn glühenden Lucilius (*Lucilius ardens*, 1,165). Insbesondere die Tendenz, etwas nicht ertragen zu können (vgl. 13,14 *vix ferre potes*; 21 *felices, qui ferre incommoda vitae*; 143 *rem pateris modicam et mediocri bile ferendam*), zeichnet auch den satirischen Sprecher aus; zum Motiv der Unerträglichkeit s.o. Anm. 62.

[233] Anders als COURTNEY 1980 zu 130–1 »A parody of Verg. *Aen.* 2.486–7 *at domus interior gemitu miseroque tumultu / miscetur ... plangoribus*« würde ich hier nicht von einer Parodie sprechen; vielmehr nutzt Juvenal das pathetische Potential des Intertextes, um die Aufrichtigkeit der Trauer zu betonen, die hier allerdings einem banalen Geldverlust gilt. Der Anklang an die Szene im zweiten Buch der *Aeneis* zeigt die Unverhältnismäßigkeit. Während der Erzähler Aeneas den Untergang seiner Heimatstadt Troja beschreibt, geht es hier nur um den Verlust von Geld.

Geldverlust wird wahrhaftiger beklagt als der Tod eines Menschen. Vor diesem Hintergrund, der Verkehrung des Objektes der Trauer (*nummi* statt *funera*), lässt sich auch die Funktion der konsolatorischen Elemente bestimmen. Die übliche Konsolationstopik wird satirisch adaptiert, um die allgemeine Verbreitung und Akzeptanz von Treubruch und Meineid zu demonstrieren und gleichzeitig auch zu kritisieren. Mit Recht hat bereits ADAMIETZ 1984, 482 PRYORs These, wonach die Konsolationsgattung überhaupt parodiert werde,[234] zurückgewiesen. Wie gerade auch die Passage 130–134 zeigt, dient Calvinus' Fall lediglich als Ausgangspunkt zu einer generellen Abrechnung mit der derzeitigen Moral.[235] Die Person des Calvinus gerät gelegentlich sogar ganz aus dem Blick. Das genuin Satirische dieser Satire liegt in der ironischen und verzerrten Perspektive: Verbrechen sind der Normalfall, *fides* die Ausnahme.

14. Vierzehnte Satire: Erziehung zur *avaritia*

Bei dem Laster der *avaritia* mit den beiden Seiten Geiz und Habsucht handelt es sich um ein ganz traditionelles, populärphilosophisches Motiv, das schon Horaz für die satirische Dichtung adaptiert hatte. In seiner Neugestaltung verbindet Juvenal nun dieses Thema mit dem der Erziehung.[236]

Auch in dieser Satire gibt es einen Adressaten, nämlich Fuscinus, der gleich im ersten Vers direkt angesprochen wird.[237] Im Anklang an *fuscus*

---

[234] PRYOR 1962, 179: »I suggest then that Satire 13 is not a *consolatio*, but rather a satire on Calvinus and on *consolationes*, a *reductio ad absurdum* of the whole genre.«

[235] JONES 1993, 88 sieht dagegen in diesem Abschnitt einen persönlichen Angriff auf Calvinus: »The purpose of the passage (126ff.) is to suggest that greed is the paramount emotion and that this is the cause of Calvinus' lack of proportion.« ... »now it becomes clear that all Calvinus' attitudes and values are based on money.«

[236] Eine Gliederung des Gedankengangs gibt BRAUN 1989, 798.

[237] Ein solcher Einstieg in eine Satire begegnet verstärkt in den späteren Satiren: 8,1 *Pontice*; 9,1 *Naevole* (in der neunten Satire liegt allerdings die Form des Dialogs vor); 12,1 *Corvine*; im letzten Buch ist sie sogar die Regel: 14,1 *Fuscine*; 15,1 *Volusi Bithynice*; 16,1 *Galli*. In Satire 13 gilt die ›verspätete‹ Anrede an Calvinus in Vers 5 als ein Argument für die Tilgung der vier vorgeschalteten Eingangsverse, vgl. KISSEL 2014, 372, Anm. 814: »In keiner anderen Juvenalsatire geht der Nennung des Adressaten ein vergleichbarer ... Vorspruch voraus.« Ein Sonderfall liegt, was die namentliche Anrede am Beginn einer Satire betrifft, in der fünften Satire vor. Der Sprecher wendet sich im ersten Vers mahnend an den Klienten Trebius (*Si te propositi nondum pudet*, Wenn du dich deines Lebenskonzeptes noch nicht schämst), der jedoch nirgends namentlich angesprochen wird. Vielmehr wird in der dritten Person nur über ihn gesprochen (*Trebius*, 19 und *Trebio, Trebium*, 135).

Auch wenn die Anrede zu Beginn ein typisches Briefelement ist, liegt damit jedoch noch keine Briefform vor. LINDO 1974, 26 dagegen glaubt, dass im fünften Buch ein Prozess kulminiere, der mit dem dritten Buch begonnen, und sich dann stufenweise entwickelt habe, (dunkel)[238] könnte man wie bei Persicus in der 11. und Corvinus in der 12. Satire eine Anspielung auf ein zentrales Anliegen der jeweiligen Satire sehen. In der 14. Satire, in der bereits zu Beginn die antithetischen Begriffe *nitidus* und *macula* aufeinandertreffen (*nitidis maculam haesuram figentia rebus*, was glänzenden Dingen einen bleibenden Makel anheftet, 2), kontrastiert der Satiriker die Sorge eines Vaters um ein makelloses Erscheinungsbild seines Hauses mit der fehlenden Fürsorge für ein von Lastern freies Haus (68f.): *illud non agitas, ut sanctam filius omni / aspiciat sine labe domum vitioque carentem?* (das aber kümmert dich nicht, dass dein Sohn ein sittenreines Haus erblickt, das ohne jeden Makel und frei vom Laster ist?) lautet die an den Vater gerichtete rhetorische Frage. Allerdings spielt Fuscinus im weiteren Verlauf der Satire keine Rolle mehr.

Zwei Themen bestimmen die 14. Satire: die Erziehung der nachfolgenden Generation und das Laster der *avaritia*. Die beiden Themen werden aber nicht lose, wie noch der Vorwurf in älteren Kommentaren lautete,[239] nebeneinander behandelt, sondern bilden von Anfang an eine Einheit.[240] Das zunächst eingeführte Erziehungsthema legt das Fundament für das sich anschließende Thema der *avaritia*. Am Schnittpunkt, an dem die beiden Themen zusammentreffen, wird nun deutlich, warum sich das Laster der *avaritia* so verhängnisvoll auf alle Bereiche des privaten und öffentlichen Lebens auswirkt. Das den Kindern anerzogene Laster erweist sich nämlich als Übel, das in der Lage ist, die gesellschaftliche Ordnung außer Kraft zu setzen. Angesichts der Dimension dieses Lasters stellt der Satiriker zunächst die Paradoxie dar, die darin besteht, gerade ein solch destruktives, die Grundlagen menschlichen Zusammenlebens erschütterndes Verhalten auch noch planmäßig der heranwachsenden Generation anzuerziehen. Hierbei nehmen seine Ausführungen nicht nur die unmittelbaren Auswirkungen dieses Lasters in den Blick, sondern auch die weitreichenden Konsequenzen einer solchen von

---

nämlich die Annäherung der späteren Satiren in Form, Ton und Geist an die *Episteln* des Horaz. An erster Stelle führt er als Argument für die von ihm behauptete Briefform den mit Namen eingeführten Adressaten an.

[238] Vgl. FERGUSON 1979 zu 14,1 »the person addressed is as dark as his name«. Allerdings ist die übertragene Bedeutung von *fuscus* im Sinne von »unmoralisch«, »schuldig« selten, vgl. ThLL VI 1,1654,59f.: *magis de moribus*: Apul. Plat. 2,14 p. 239 *animas ... fusciores* (opp. *facetae et urbanae*) und christlich inspirierter Sprachgebrauch, vgl. ThLL VI 1,1654,70–72 fere i. q. *noxius*: Ennod. opusc. 4,28 p. 390,4 *fusca ... contagione* (opp. *candidus*).

[239] So etwa FRIEDLAENDER 1895, 544: »Zwei Drittel dieser Satire (v. 107–331) handeln von der Habsucht: mit diesem Abschnitt hängt das erste Drittel (1–106) von der Wirkung des elterlichen Beispiels auf die Kinder nur lose zusammen.« Ebenso urteilt auch DUFF 1962, 413: »The connexion between the two is but slight.«

[240] Zum Gedanken- und Argumentationszusammenhang der beiden Themen Erziehung und *avaritia*, die sich in der Mitte überschneiden (107–255), vgl. BRAUN 1989, 799f.

14. Vierzehnte Satire: Erziehung zur *avaritia* 149

Kindheit an eingeübten Einstellung, die sich in den beiden Aspekten Geiz und Habsucht manifestiert.

Die Ausführungen zum schädlichen Einfluss der Eltern auf ihre Kinder bilden also die Grundlage für den Übergang zum absurden Gedanken, dass man das Laster der *avaritia* sogar systematisch einübe (107f.): *sponte tamen iuvenes imitantur cetera, solam / inviti quoque avaritiam exercere iubentur* (Von selbst jedoch ahmen junge Leute alles übrige nach, allein den Geiz heißt man sie sogar gegen ihren Willen einüben). Es folgt eine längere Begründung (109–118), in der dieses Laster geradezu personifiziert eingeführt wird (109f.): *fallit enim vitium specie virtutis et umbra, / cum sit triste habitu vultuque et veste severum* (Dieses Laster trügt nämlich unter dem Deckmantel und durch den Anschein einer Tugend, da es ernst in der Haltung ist und streng in Miene und Kleidung). Die Beschreibung des im Gewand einer Tugend daherkommenden Lasters[241] erinnert an den Auftritt der Heuchler in der zweiten Satire (2,8–15). In beiden Fällen macht es sich der Satiriker zur Aufgabe, hinter die Fassade zu schauen und die Gegensätze von außen und innen, zwischen Schein und Sein aufzudecken. Genau diese Praxis wird als charakteristische Leistung des Archegeten der Satire im Eröffnungsgedicht zum zweiten Satirenbuch des Horaz gerühmt (Hor. sat. 2,1,62b–65): *cum est Lucilius ausus / primus in hunc operis conponere carmina morem, / detrahere et pellem, nitidus qua quisque per ora / cederet, introrsum turpis* ... (Als Lucilius es wagte, als erster in diesem Stil eines Werkes Gedichte zu verfassen, und die Hülle herabzuziehen, unter der ein jeder glänzend vor den Leuten einherging, im Innern aber hässlich, ...). Diese Aufgabe leistet auch der Satiriker in der 14. Satire, wenn er das wahre Wesen der *avaritia* enthüllt und Ursachen, Entwicklung und Folgen dieses Grundübels zeigt.

In der 14. Satire ist also nicht, wie es das Narrativ vom milderen Ton in den letzten Satiren suggeriert, ein anderer Ton, eine positivere Haltung des Satirikers erkennbar. Vielmehr verweilt er, wie von einem Satiriker nicht anders zu erwarten, länger bei der Ausmalung der Schattenseiten, als dass er konstruktive Ratschläge erteilt. Auch in dieser Satire zieht er gegen ein Laster zu Felde, diesmal gegen das Hauptlaster der *avaritia*, das in Gestalt der Unzufriedenheit und des Strebens nach immer mehr an zentraler Stelle als Ursache aller Verbrechen identifiziert wird (173a): *inde fere scelerum causae* (Daher rühren gewöhnlich die Ursachen von Verbrechen).[242] Positive

---

[241] Der Gedanke, dass sich ein Laster unter dem Deckmantel einer Tugend verbirgt, begegnet häufig, vgl. etwa Sall. Catil. 11,1 ⟨über die *ambitio*⟩ *quod tamen vitium propius virtutem erat* (ein Fehler, der immerhin der Tatkraft näher stand).

[242] Zu vergleichen ist auch die als Vorwurf an den Vater gerichtete Diagnose in 226: *mentis causa malae tamen est et origo penes te* (Ursache und Ursprung der üblen Gesinnung liegen jedoch bei dir).

Momente finden sich einzig in Rückblicken auf das einfache Leben der guten alten Zeit, in denen thematisiert wird, dass die Menschen mit wenig Land (159–171) und mit dem Vorhandenen (179–189) zufrieden waren. Diese freilich durch satirische Übertreibung gewohnt verzerrten Gegenbilder werden jeweils durch *nunc* (172) bzw. *at nunc* (189) von der in der Gegenwart verbreiteten Habsucht abgesetzt. Auch in der 14. Satire spürt der Satiriker die Ungereimtheiten und Paradoxien im menschlichen Verhalten auf. So führt er einem Vater, dessen scheinbare Sparsamkeit er als Geiz erweist, den ganzen Widersinn seines mühevollen Anhäufens von Reichtümern mit der pointiert formulierten rhetorischen Frage vor Augen, ob es nicht Wahnsinn sei, nur um als Reicher zu sterben, das Leben eines Bettlers zu führen (137): *ut locuples moriaris, egentis vivere fato?*

Die Länge der 14. Satire ist aussagekräftig. Mit 331 Versen ist die 14. Satire die drittlängste (nach der sechsten mit 661 und der zehnten mit 366 Versen). Damit wird auf literarischer Ebene ein Motiv aufgenommen, das in dieser Satire eine prominente Rolle spielt, nämlich die unaufhörliche Habgier, die kein Ende findet. So heißt es über die Erziehung des Vaters zur Habsucht (125): *adquirendi docet insatiabile votum* (er lehrt den unersättlichen Wunsch zum Raffen). In knapper Sentenz zeigt der Satiriker, wie sich mit wachsendem Geld eine Eigendynamik entwickelt, die nicht mehr zu beherrschen ist (139): *crescit amor nummi quantum ipsa pecunia crevit* (die Liebe zu jeder einzelnen Münze wächst in dem Maße, wie das Geld selbst angewachsen ist). Die Folge ist ein immer neuer Zuerwerb (140b–141): *ergo paratur / altera villa tibi, cum rus non sufficit unum.* Die zufriedene Genügsamkeit der Frühzeit wird als Gegenbild zur zeitgenössischen Habsucht eingeblendet, indem der Satiriker drei mittelitalische Repräsentanten ländlicher Einfachheit direkt zu Wort kommen lässt (179–188). Die am Anfang (›*vivite contenti casulis et collibus istis, / o pueri,*‹ »Lebt zufrieden mit euren Hüttchen und den Hügeln hier, ihr Söhne«, 179 f., vgl. auch *satis est*, 182) thematisierte Genügsamkeit wird schließlich als krönender Abschluss der Passage variierend aufgenommen (*non suffecerat – sufficient*), in der das Schicksal eines schiffbrüchigen Überseekaufmanns geschildert wird. Seine unersättlichen Wünsche finden spätestens dann ein Ende, wenn er sich mit einem Existenzminimum an Kleidung und Nahrung begnügen, ja sogar betteln muss (298–300): *sed cuius votis modo non suffecerat aurum / quod Tagus et rutila volvit Pactolus harena, / frigida sufficient velantes inguina panni* … (Doch ihm, dessen Wünschen eben noch nicht das Gold genügt hatte, das der Tagus und der Pactolus im rötlichen Sand wälzen, werden Lumpen genügen müssen, die seine frierende Scham verhüllen).

Das Thema des wachsenden Verlangens fordert einen Vergleich mit der Satirendichtung des Horaz heraus, die ohnehin an vielen Punkten in der 14. Satire präsent ist. Insbesondere ein Charakter erweist sich als Geistes-

14. Vierzehnte Satire: Erziehung zur *avaritia*

verwandter eines in der ersten Horazsatire als zugleich geizig und reich (*sordidus ac dives*, 65) charakterisierten Mannes in Athen, der sich nicht um seinen schlechten Ruf schert (sat. 1,1,65b–67): *populi contemnere voces / sic solitus: ›populus me sibilat, at mihi plaudo / ipse domi, simul ac nummos contemplor in arca‹* (der Volkes Stimmen mit diesen Worten zu vernachlässigen pflegte: »Das Volk zischt mich aus, doch ich meinerseits klatsche mir zu Hause Beifall, sobald ich die Münzen in meinem Geldkasten betrachte«). Ebenso lässt Juvenal einen skrupellosen Habgierigen, der sich nicht um das Gerede seiner Nachbarn kümmert, sondern mit allen, auch kriminellen Mitteln, stets neue Ländereien zu seinem vorhandenen Grundbesitz erwerben will, direkt zu Wort kommen (153–155): *›quid nocet haec?‹ inquit ›tunicam mihi malo lupini / quam si me toto laudet vicinia pago / exigui ruris paucissima farra secantem‹* (»Was schadet das schon«, entgegnet er, »lieber möchte ich für mich eine Lupinenhülse, als dass mich die Nachbarschaft in der ganzen Gegend preist, während ich nur spärlichen Spelt auf winzigem Feld mähe«). In der ersten Horazsatire münden die Ausführungen über das unersättliche Streben in der moralischen Mahnung (sat. 1,1,92): *denique sit finis quaerendi* (Kurz, es sei dem Gelderwerb eine Grenze gesetzt). Diesem Tenor entsprechend bezieht der satirische Dichter das Motiv des Beendens auch auf sein eigenes Tun, indem er sein Gedicht abrupt aufhören lässt (sat. 1,1,120): *iam satis est* (Jetzt ist es genug)[243] – dies in direktem Kontrast zur *communis opinio* (1,1,61f.): *at bona pars hominum, decepta cupidine falso, / ›nil satis est‹, inquit* (Doch ein guter Teil der Menschen, getäuscht von falscher Begierde, sagt »Nichts ist genug«). Anders als diese entschlossene Selbstaufforderung, dem Gedicht nun ein Ende zu setzen, lässt Juvenal seinen Sprecher gerade nicht frühzeitig aufhören. Vielmehr erhält das wahrhaft endlose Thema der *avaritia* in der Länge der literarischen Präsentation einen adäquaten Ausdruck.

Einzelinterpretation: Iuv. 14,166b–172: Arm, aber zufrieden!

Nach einem schon bekannten Muster fügt Juvenal in seine Darstellung des rastlosen Strebens nach immer mehr Land als Gegenbild einen Rückblick auf die gute alte Zeit ein, in der Veteranen kaum zwei Joch Land (*vix iugera bina*, 163) als Lohn für ihre militärischen Verdienste erhielten (166b–172):

>   *saturabat glebula talis*
> *patrem ipsum turbamque casae, qua feta iacebat*
> *uxor et infantes ludebant quattuor, unus*
> *vernula, tres domini; sed magnis fratribus horum*
> *a scrobe vel sulco redeuntibus altera cena*   170

---

[243] Zu diesem Gestus des Beendens s. auch GOWERS 2012, 84.

amplior et grandes fumabant pultibus ollae.
nunc modus hic agri nostro non sufficit horto.

Es sättigte eine solch winzige Erdscholle den Vater selbst und die ganze Schar in der Hütte, in der seine Ehefrau im Kindbett lag und vier Kinder spielten, nur einer ein Haussklave, drei kleine Herren; für deren erwachsene Brüder aber, wenn sie von der Grube oder Furche heimkehrten, gab es eine zweite, reichlichere Mahlzeit und mächtige, mit Brei gefüllte Töpfe rauchten dampfend. Jetzt hingegen reicht ein Acker dieser Größe nicht einmal für einen Küchengarten unserer Ausmaße.

Im Tempus der Zustandsbeschreibung (*saturabat, iacebat, ludebant, fumabant*) schildert der Satiriker die behagliche Häuslichkeit und Zufriedenheit als typisches Merkmal des Landlebens früherer Zeit, wovon die Gegenwart mit *nunc* (172) abgesetzt wird. Mit *saturabat* (166) als Auftakt begegnet gleich zu Beginn der Schilderung ein Schlüsselbegriff, der durch den etymologischen Anklang an *satis* und *satur* das in dieser Satire allgegenwärtige Thema der Genügsamkeit aufnimmt. Das zugehörige Subjekt *glebula* bildet aufgrund der Deminutivform einen gewissen Gegensatz zum Verb *saturabat*, da man von einem so kleinen Landbesitz kaum erwartet, dass es zur Ernährung einer ganzen Familie ausreicht. Im Kontrast zu den geringen Ausmaßen des Ackerlandes begegnen auffallend viele Ausdrücke, die Größe, Fülle und Fruchtbarkeit betonen: *magnis fratribus* (169), *altera cena amplior* (170f.) und *grandes ... ollae* (171). Die mit *turba*[244] bezeichnete Gesamtheit der Hausbewohner wird in die einzelnen Familienmitglieder unterteilt, nämlich Vater, Gattin, vier Kinder, wozu auch ein im Haus geborenes Sklavenkind gezählt wird, und deren große Brüder. Durch diese Aufzählung allein entsteht schon der Eindruck einer größeren Zahl. Die Gattin wird als *feta*[245] »fruchtbar«, »gebärfreudig« bezeichnet, ein Detail, das zudem einen gesuchten Kontrast zu den verzärtelten stadtrömischen Matronen der Gegenwart darstellt, deren Abstinenz von Schwangerschaften der Satiriker in der sechsten Satire ausmalte.[246] Auch sonst bezieht die ganze Passage ihre satirische Wirkung aus nicht ausgeführten, aber präsenten Gegensätzen. Wie im Fall der gebärfreudigen Gattin die zeitgenössischen Damen als Gegenbild aufscheinen, wird auch bei der Angabe des Zahlenverhältnisses von Dienern und Herren (*unus vernula, tres domini*, 168f.) die Genügsamkeit im Kontrast zu gegenwärtigen Ansprüchen betont. So beklagt sich etwa Naevolus in der

---

[244] Zur Bedeutung von *turba* s. Duff 1962: »*turba* is often used in Latin of the whole of a number, not large in itself.«

[245] Das Adjektiv *fetus* wird im eigentlichen Sinne überwiegend von Tieren gebraucht, die trächtig sind oder gerade geworfen haben, vgl. ThLL VI 1,639,63–640,15.

[246] Ein ganzer Abschnitt (6,592–609) handelt über Abtreibung, Geburt von unehelichen und untergeschobenen Kindern. Insbesondere zu 6,594 *sed iacet aurato vix ulla puerpera lecto* (Dagegen liegt im vergoldeten Bett kaum jemals eine Gebärende) bildet *qua* ⟨sc. *casa*⟩ *feta iacebat / uxor* (167f.) einen direkten Kontrast.

14. Vierzehnte Satire: Erziehung zur *avaritia* 153

neunten Satire darüber, dass er nur einen einzigen Sklaven habe (*puer unicus*, 9,64), also mindestens noch einen zweiten kaufen müsse, da dieser nicht ausreiche (9,66): *alter emendus erit, namque hic non sufficit.*

Die von harter Feldarbeit (*a scrobe vel sulco*, 170) am Abend heimkehrenden großen Brüder erwartet eine zweite, reichhaltigere Mahlzeit (*altera cena amplior*, 170 f.) als die, welche die Bewohner der Hütte bereits eingenommen hatten. Als Abschluss des idealisierten Bildes des einfachen, ländlichen Lebens erfolgt die im gravitätischen Rhythmus gegebene Information, woraus diese Mahlzeit, die in großen Töpfen zubereitet wird, besteht (171): *et grandes fumabant pultibus ollae.* Das hier einzig – wenn auch im Plural – genannte Nahrungsmittel, *pultes*, ein dicker Brei aus Speltmehl, galt als typische Kost der alten Römer und Inbegriff des einfachen Lebens.[247] Mit seiner Schilderung des Zusammenlebens unter einem Dach evoziert der Satiriker das Bild urtümlicher Einfachheit, wie es auch in der satirischen Darstellung der Menschen im Goldenen Zeitalter zu Beginn der sechsten Satire gezeichnet wurde.[248] Wie *puls* als topische Nahrung der Menschen der Frühzeit fungiert, findet sich auch in der Beschreibung des Hausinnern ein Element, das in Schilderungen des anspruchslosen Landlebens nicht fehlen darf, nämlich *fumabant* (171): das rauchgeschwärzte Interieur ist typisch für einfaches Wohnen bei offenem Feuer.[249] Mit *nunc* wendet sich der Blick vom ländlichen Idyll wieder der Gegenwart zu (172). Nicht von ungefähr bildet *modus hic agri*[250] *nostro non sufficit horto* (172) ein Echo auf *cum rus non sufficit unum* (141). In diesem Passus (140b–144) wird vorgeführt, wie maßlos die sich unaufhörlich steigernden Wünsche nach Erweiterung des eigenen Besitzes, der mit dem des Nachbarn verglichen wird, sind.

---

[247] Zu diesem einfachen Nahrungsmittel des römischen Volkes in der guten alten Zeit vgl. KISSEL 1990, 821 zu 6,40 *pultes* (hier ebenso zum Vorkommen des Wortes im Plural). Die gleiche Hexameterklausel findet sich bei Mart. 13,8,1 *imbue plebeias Clusinis pultibus ollas* (Imprägniere plebejische Töpfe mit Speltbrei aus Clusium).

[248] 6,2b–4: *cum frigida parvas / praeberet spelunca domos ignemque laremque / et pecus et dominos communi clauderet umbra* (als noch eine frostige Höhle enge Behausung bot und das Herdfeuer, den Schutzgott, das Vieh und seine Herren mit gemeinsamer Düsternis umschloss). Durch die Anhäufung von Substantiven in Vers 3 wird der Eindruck der Überfüllung evoziert, vgl. WATSON/WATSON 2014 zu 2–4.

[249] Vgl. etwa Ovids Hyrieuserzählung (fast. 5,505): *tecta senis subeunt nigro deformia fumo* (sie ⟨sc. Götter⟩ betreten das Haus des Greises, das durch dunklen Rauch geschwärzt war).

[250] Die Junktur *modus agri* evoziert den Anfang der Horazsatire 2,6,1: *Hoc erat in votis: modus agri non ita magnus* (Dies gehörte zu meinen Wünschen: ein Stück Land, das nicht allzu groß sein sollte). Hier heißt es wenig später (Hor. sat. 2,6,4): *bene est. nil amplius oro* (Es ist gut. Ich erbitte nichts weiter).

15. Fünfzehnte Satire: Ein Fall von Kannibalismus als Exemplum gegenwärtiger Dekadenz

Obwohl der Satiriker das abscheuliche Ereignis im entfernten Teil des römischen Imperiums verortet, nimmt er den Vorfall doch zum Ausgangspunkt für allgemeine Reflexionen über das menschliche Geschlecht überhaupt (131b–174, vgl. *humanum genus*, 132). Am Ende der Einleitung kündigt er seine Erzählung als Exemplum an (31 f.): *accipe nostro / dira quod exemplum feritas produxerit aevo* (Vernimm, welches Beispiel schreckliche Roheit in unserer eigenen Zeit hervorgebracht hat). Wenn er den im folgenden erzählten Fall von Kannibalismus als Exemplum bezeichnet, impliziert dies, dass es sich um keinen Einzelfall, sondern um einen zwar extremen Fall von Unmenschlichkeit handelt, der sich aber überall und jederzeit ereignen könnte. Dies knüpft an die auch sonst in den Satiren gegebene Diagnose an, dass die gegenwärtigen Laster nicht mehr zu überbieten seien.[251] Erst ganz am Ende wird nochmals auf den Vorfall in Ägypten Bezug genommen, allerdings werden auch hier die Täter nicht konkret genannt, sondern es ist nur generalisierend von *populi* (169) die Rede.

Der Satiriker stellt von Anfang an die paradoxe Verkehrung der Praktiken und Vorstellungen römischer Religion in Ägypten heraus. Nachdem er zunächst die religiösen Kulte einzelner Gegenden Ägyptens (*pars haec, illa* [3], *illic ... hic ... illic* [7]) dargelegt hat, wird der Diversität der verehrten Tiere ein abruptes *nemo Dianam* (8) entgegengesetzt. Die religiöse Scheu der Ägypter wird noch gesteigert, indem zahlreiche Speisetabus angefügt werden (*nefas*, 9 und 12). Mit ironischer Parenthese kommentiert der Satiriker die Abstinenz von bestimmten Gemüsesorten (9–11a): *porrum et caepe nefas violare et frangere morsu / (o sanctas gentes, quibus haec nascuntur in hortis / numina!)* (Porree und Zwiebel zu entweihen und mit den Zähnen in kleine Stücke zu zerteilen, ist Frevel: welch religiöses Volk, dem solche Götter in den Gärten wachsen!). Nach der Einschränkung beim Gemüsekonsum folgt das Verbot beim Verzehr bestimmter Tiere, das sich diesmal ohne Ausnahme auf alle Ägypter bezieht (11 f.): *lanatis animalibus abstinet omnis / mensa, nefas illic fetum iugulare capellae* (jeder Tisch enthält sich der wolletragenden Tiere, als Frevel gilt es dort, das Junge einer Ziege zu schlachten). Angesichts des Respektes, der Pflanzen und dem kleinsten Tier (*fetum ... capellae*) erwiesen wird, folgt nach dem Deminutiv *capella*[252] umso schockierender das, was den Ägyptern an Speise erlaubt ist (13a): *carnibus humanis vesci licet* (aber Menschenfleisch zu essen ist erlaubt). Damit

---

[251] In Iuv. 13,28b–30 wird beklagt, dass die Unmoral der Gegenwart die des Eisernen Zeitalters noch übertreffe; zu dieser hyperbolischen Ausdrucksweise s.u. 183 f.
[252] Zum Deminutiv in diesem Kontext vgl. SCHMITZ 2000, 85.

15. Fünfzehnte Satire: Ein Fall von Kannibalismus 155

ist ein Punkt höchster Verkehrtheit erreicht, indem mit der Abstinenz von bestimmten Gemüse- und Tierarten die Erlaubnis des Verzehrs von Menschenfleisch kontrastiert wird.

Bevor aber dieser Gedanke ausgeführt wird, steigert der Satiriker die Ungeheuerlichkeit des von ihm zu erzählenden Geschehnisses noch dadurch, dass er vergleichbare Begebenheiten aus der literarischen Tradition heranzieht, freilich nur, um die Andersartigkeit des aktuellen Vorfalls zu betonen. Zunächst wird Odysseus' Erzählung am Hofe des Alkinoos über die Laestrygonen und Kyklopen ausdrücklich als Fiktion bezeichnet (18): *fingentem inmanis Laestrygonas et Cyclopas*.[253] Als weiteres Unterscheidungsmerkmal zieht der Satiriker die Quantität heran (29–31): *nos volgi scelus et cunctis graviora coturnis; / nam scelus, a Pyrrha*[254] *quamquam omnia syrmata volvas, / nullus apud tragicos populus facit* (Ich dagegen ⟨werde⟩ über ein Verbrechen des Mobs und über etwas ⟨berichten⟩, das schwerwiegender als sämtliche Tragödien ist; denn ein Verbrechen begeht, wenn man auch von Pyrrha an alle tragischen Stoffe entrollt, bei den Tragikern nie ein ganzes Volk).[255]

Der Vergleich mit fiktiven Freveln ähnlicher Dimension im Epos und in der Tragödie dient als Kontrastfolie zum auffälligen Wahrheitsanspruch. Während Odysseus seine Geschichten von Menschenfressern am Hofe des Alkinoos erzählt habe, ohne sich auf Zeugen berufen zu können, vermag der Satiriker nämlich Zeit und Ort präzise zu benennen (26–28): *solus enim haec Ithacus nullo sub teste canebat. / nos miranda quidem sed nuper consule Iunco / gesta super calidae referemus moenia Copti* (Allein nämlich sang dies der Ithaker, ohne irgendeinen Zeugen. Ich dagegen werde, was zwar Verwunderung erregen muss, doch kürzlich unter dem Konsul Iuncus jenseits der Mauern des heißen Coptos geschah, berichten). Sein Bericht über den ungeheuerlichen Kannibalismus in Ägypten hebt sich darüber hinaus von Erzählungen ab, deren Glaubwürdigkeit angezweifelt werden kann. So führt er einen scheinbar vergleichbaren historischen Fall von Kannibalismus mit distanzierender Parenthese ein (93f.): *Vascones, ut fama est, alimentis talibus usi / produxere animas* (Die Vasconen haben, wie das Gerücht geht, mit derartigen Nahrungsmitteln ihr Leben verlängert). Auch beim Menschenopfer im Heiligtum der taurischen Diana macht er eine skeptische Einschränkung (117f.): *ut iam quae carmina tradunt / digna fide credas* (gesetzt einmal, dass

---

[253] Wie in der ersten Satire (1,52 *Heracleas*, s.o. 60) lenkt der Satiriker die Aufmerksamkeit auf die mythologischen Figuren, indem er den wuchtigen Namen der exotischen Menschenfresser mit einem Spondiacus nachdrücklich ans Versende setzt: *et Cyclopas*.

[254] Der Name (vgl. 1,84) spielt auf die Sintflut an; zur satirischen Zeitperiphrase »seit Beginn der Menschheit« (1,81–84) s.o. 53f.

[255] Zur Bewertung und Darstellung des gegenwärtigen Verbrechens als *cunctis graviora coturnis* vgl. SCHMITZ 2000, 38–43.

man für glaubwürdig hält, was die Dichtung überliefert). Die Art der Einführung des Themas zeigt, wie sehr der Satiriker seine Leser lenkt,[256] indem er sie bereits vor der eigentlichen Erzählung auf den Vorfall einstimmt. Wenn als Kennzeichen des ägyptischen Aberglaubens *carnibus humanis vesci licet* (13) vorausdeutend genannt wird, handelt es sich um eine typisch rhetorische Verallgemeinerung, die in Wirklichkeit aus nur einem einzigen Fall abgeleitet ist. Von verschiedenen Seiten her grenzt der Sprecher das von ihm erzählte, gegenwärtige Verbrechen ab, um zu zeigen, dass es alles bisher Dagewesene und Denkbare qualitativ und quantitativ bei weitem noch übertreffe. Fälle von Kannibalismus, die sich aus der Geschichte anführen lassen, werden relativiert und durch die besonderen Umstände entschuldigt. Auch im Vergleich mit wilden Tieren, die ihre Artgenossen nicht essen, zeige sich die Singularität menschlicher Grausamkeit (159–164).

Ausgehend vom konkreten Einzelfall nutzt Juvenal die völlige Verkehrung der gewohnten Verhältnisse zu einer absurden Verallgemeinerung am Schluss, indem er Kannibalismus zum Regelfall bei einigen Völkern erklärt (169–171a): *aspicimus populos quorum non sufficit irae / occidisse aliquem, sed pectora, bracchia, voltum / crediderint genus esse cibi* (Wir sehen heutzutage Völker, deren Zorn es nicht genügt, jemanden zu töten, sondern die seine Brust, Arme und Gesicht für eine Art Speise halten). Als extremes Gegenbild zum vorliegenden Fall von Kannibalismus stellt sich der Satiriker die Reaktion des Pythagoras vor (171b–172): *quid diceret ergo / vel quo non fugeret, si nunc haec monstra videret* (Was also würde er sagen oder wohin nicht fliehen, wenn er jetzt diese Frevel sähe). Die Gestalt des Philosophen ist besonders passend gewählt, da Pythagoras sich des Fleischgenusses enthielt und nicht einmal alle Gemüsesorten aß (173f.): *Pythagoras, cunctis animalibus abstinuit qui / tamquam homine et ventri indulsit non omne legumen* (Pythagoras, der sich sämtlicher Lebewesen enthielt, als handle es sich um einen Menschen, und der seinem Magen nicht jede Hülsenfrucht gönnte). Wie bei einem Epigramm lässt Juvenal seine Satire in der Pointe des berühmten Bohnentabus[257] gipfeln. Damit wird das Verhalten des Pythagoras in denkbar großen Kontrast zu menschenfressenden Völkern gesetzt. Die Abstinenz vom Verzehr sämtlicher Lebewesen, die mit Verweis auf eine mögliche Metempsychose begründet wird, steht in gesuchtem Kontrast zu den ägyptischen Gewohnheiten, wie sie in der Einleitung dargelegt wurden (11–13). Während *cunctis animalibus abstinuit* (173) noch wie ein Echo auf *lanatis animalibus abstinet* (11) wirkt, wird der den Ägyptern erlaubte Ver-

---

[256] TENNANT 1995, 123: »The Satire is a masterpiece of persuasive and manipulative propaganda.«
[257] Witzig wird die Bohne in der Horazsatire 2,6 als Verwandte des Pythagoras bezeichnet (63): *faba Pythagorae cognata*; s. u. 174, Anm. 40.

zehr von Menschenfleisch *carnibus humanis vesci licet* (13) mit der Sorge des Pythagoras konfrontiert, eine menschliche Seele könnte in ein Tier übergegangen sein (*tamquam homine*, 174). Zielscheibe satirischer Kritik ist das Volk der Ägypter insgesamt, das äußerst despektierlich dargestellt wird, indem der Satiriker den unvereinbaren Widerspruch zwischen ihrer hasserfüllten Grausamkeit und lächerlichen Winzigkeit aufzeigt (124-128):

> *qua nec terribiles Cimbri nec Brittones umquam*
> *Sauromataeque truces aut inmanes Agathyrsi,*   125
> *hac saevit rabie inbelle et inutile volgus*
> *parvula fictilibus solitum dare vela phaselis*
> *et brevibus pictae remis incumbere testae.*

Mit einer Raserei, mit der weder die schrecklichen Kimbern noch die Britannier noch die grimmigen Sauromaten oder die unmenschlichen Agathyrser je wüteten, mit derartiger Raserei wütete der unkriegerische und unbrauchbare Pöbel, der winzige Segel auf seinen tönernen Booten zu setzen und sich in die kurzen Riemen einer bemalten Scherbe zu legen pflegte.

Im Gegensatz zu den schrecklichen Völkern (*terribiles, truces, inmanes,* 124 f.) werden die Ägypter als ein für Krieg und Frieden untaugliches Volk bezeichnet.[258] Zu diesem effeminierten Wesen steht ihr ungeheuerlicher Frevel im Kontrast, ein unvereinbarer Kontrast, der durch den Hiat zwischen *rabie* und *inbelle* (126) versinnbildlicht wird. Um die Ägypter als völlig unkriegerisch zu diskreditieren, bemüht der Satiriker bei der Schilderung ihrer Fortbewegung eine epische Wendung, die jedoch im Kontext mit der Ausstattung ihrer winzigen Boote kontrastiert. Die Junktur *incumbere remis* (128) findet sich nämlich dreimal in Vergils *Aeneis* (5,15. 8,108. 10,294) in Nachahmung des homerischen ἐμβαλέειν κώπης (Od. 10,129, sich in die Riemen werfen). Diese ursprünglich auf Situationen eiligen und kraftvollen Ruderns auf dem Meer gemünzte Wendung kontrastiert mit der lächerlichen Winzigkeit der ägyptischen Boote, die zudem aus ungewöhnlichem Material (*testa*, 128) gefertigt sind.

Der hier erzielte komische Kontrast korrespondiert mit der despektierlichen Beschreibung ägyptischer Kampfkraft. Der Erzähler kommentiert nämlich den immer heftiger werdenden Kampf der untereinander verfeindeten Ägypter dadurch, dass er an das Schleudern von Steinen einen negativen Vergleich anschließt, der ganz im episierenden Ton gestaltet ist (65-70): *nec*

---

[258] Schon vorher war die Feigheit der ägyptischen Angreifer betont worden: sie warten eine günstige Gelegenheit (*occasio*, 39) ab und greifen die Nachbarstadt nur an, wenn diese durch Trunkenheit während ihrer mehrtägigen, ausgelassenen Feier geschwächt ist (38b-50). Aber auch die angegriffenen Ägypter selbst werden als Menge charakterisiert, die eine Neigung zur Ausschweifung zeigt (41-46, vgl. *luxuria*, 45).

hunc lapidem, qualis et Turnus et Aiax, / vel quo Tydides percussit pondere coxam / Aeneae, sed quem valeant emittere dextrae / illis dissimiles et nostro tempore natae. / nam genus hoc vivo iam decrescebat Homero, / terra malos homines nunc educat atque pusillos (⟨sie schleudern Steine⟩, doch nicht einen Stein von der Art, wie ihn Turnus und Ajax schleuderten, oder einen von solchem Gewicht wie der, mit dem der Tydide die Hüfte des Aeneas traf, sondern wie ihn Hände zu werfen vermögen, die jenen unähnlich und in unserer Zeit geboren sind. Dieses Menschengeschlecht degenerierte nämlich schon zu Lebzeiten Homers, die Erde bringt jetzt boshafte und winzige Menschen hervor). Nach homerischem und vergilischem Modell gilt die Größe der von Helden geschleuderten Steine bzw. Felsblöcke jeweils als Ausweis der körperlichen Stärke früherer Heldengenerationen.[259] Durch Nennung der Namen Turnus, Aiax, *Tydides* (= Diomedes) und Aeneas (15,65–67) werden ganz gezielt diese epischen Modelle aufgerufen. In der 15. Satire knüpft entsprechend der ausführliche Hinweis auf den stetigen Verfall der Kräfte an diesen topischen Vergleich an. So bildete Vergils *qualia nunc hominum producit corpora tellus* (Aen. 12,900, Körper von Männern, d.h. Männer von der Statur, wie sie heutzutage die Erde hervorbringt) das Pendant zum homerischen οἷοι νῦν βροτοί εἰσι (Il. 5,304 und 12,383). Hieran schließt sich Juvenals *terra malos homines nunc educat atque pusillos* (70) direkt an. Die Distanz gegenüber den Helden früherer Zeit vergrößert sich in einer permanenten Abwärtsbewegung. Am Ende bringt die Erde nur noch boshafte Zwerge im Vergleich zu den früheren edlen Helden hervor. Hier hat sich der Vergleich, der seinen Ausgang vom Kampf der verfeindeten ägyptischen Stämme nahm, von der konkreten Auseinandersetzung zu einer allgemeinen Betrachtung der gegenwärtig degenerierten Menschheit entwickelt. Emphatisch ruft sich der Erzähler zum Thema zurück (72a): *a deverticulo repetatur fabula* (Nach der kurzen Abschweifung wieder zurück zu unserer Geschichte). Wie so oft bei Juvenal ergänzen die scheinbaren Digressionen wesentlich die Aussage der Satire. Ausführungen über die verachtenswerte Winzigkeit der Menschen allgemein (*pusillos*, 70) und insbesondere der Ägypter gehören durchaus zum Tenor der 15. Satire. Auch an anderen Stellen wird auf die lächerliche Ausstattung der Ägypter hingewiesen: so steht die Winzigkeit ihrer Boote (*parvula*, 127) im Gegensatz zu ihrem Anspruch, wie Helden auf dem Meer zu fahren (*remis incumbere*, 128).

Auch wenn Juvenal den stetigen Abstieg der Menschheit in episierender Manier schildert, verzichtet er nicht auf satirische Beimischungen. So durch-

---

[259] In der *Ilias* wird das Schleudern von Felsblöcken im Zweikampf folgender Heroen ausgeführt: Hom. Il. 5,302b–310 Diomedes gegen Aineias, 7,264–272 Hektor gegen Aias und Aias gegen Hektor, 12,378–386 Aias gegen Epikles. In Vergils *Aeneis* 12,896–902 schleudert Turnus einen Felsblock gegen Aeneas.

bricht in Vers 66 nach dem Patronymikon *Tydides* und der durch Alliteration hervorgehobenen wuchtigen Wendung *percussit pondere* das stilistisch abweichende und in Verbindung mit dem Helden Aeneas irritierende Wort *coxa* (66) die Illusion, handelt es sich doch bei dieser präzisen Bezeichnung des von der Wucht des Steinwurfs getroffenen Körperteils um ein prosaisches Wort.[260] Satirischer Einschlag ist auch die Feststellung, dass die moralische Depravierung der Menschheit zunehmend voranschreite (*malos*, 70), konzentriert sich die Degeneration der Helden in den epischen Modellen doch stets nur auf den Körperbau.

16. Sechzehnte Satire: Die Privilegien der Soldaten auf Kosten der Zivilisten

In der letzten Satire wendet sich der satirische Blick wieder auf die römische Gesellschaft. Mit seinem Thema betritt der Satiriker Neuland, da die privilegierte Stellung des Militärs ein Gegenstand ist, der anders als traditionelle Sujets wie etwa Erbschleicherei oder *avaritia* erst satirisch modelliert werden musste. Die fragmentarische Satire 16 bricht mit Vers 60 mitten im Satz ab, sei es, dass Juvenal diese Satire nicht mehr vollendet hat oder dass das Fehlen des Schlusses auf einen mechanischen Überlieferungsverlust zurückzuführen ist.[261]

Die Privilegien des Militärs bedeuten zugleich Benachteiligungen der Zivilisten. Auch in dieser Satire geht es also nicht etwa, wie die Ankündigung *commoda tractemus primum communia* (7) zunächst erwarten lässt, um eine positive Darlegung. Vielmehr nimmt der Satiriker auch hier die unterlegene Position derjenigen, die nicht dem Militär angehören, in den Blick. Dies ergibt sich aus der Perspektive, aus der erzählt wird, nämlich aus der Sicht eines rechtlosen, ja ohnmächtigen Bürgers, der die körperlichen Misshandlungen durch Soldaten ohne Aussicht auf einen fairen Prozess hinnehmen muss. Die ungleiche und ungerechte Behandlung aus der Perspektive der Verlierer verleiht der Satire einen ironisch-entrüsteten Ton, wie er auch in früheren Satiren vernehmbar ist. Auch unter diesem Aspekt erweist sich die These, dass die *persona* in einer linearen Entwicklungslinie von einer indignierten zu einer ironisch-abgeklärten Haltung gelange, als zu konstruiert.

Abrupt führt der Satiriker bei seiner Aufzählung der Privilegien, die Angehörige des Militärs genießen, an erster Stelle das Recht an, einen Zivilisten straflos verprügeln zu dürfen (7–12):

---

[260] Vgl. SCHMITZ 2000, 102–104.
[261] Zu den beiden Möglichkeiten s. COURTNEY 1980, 613, vgl. auch CLARK 1988, 113, Anm. 2; s. auch o. 36, Anm. 87.

commoda tractemus primum communia, quorum
haut minimum illud erit, ne te pulsare togatus
audeat, immo, etsi pulsetur, dissimulet nec
audeat excussos praetori ostendere dentes 10
et nigram in facie tumidis livoribus offam
atque oculum medico nil promittente relictum.

Als erstes wollen wir die allen Soldaten gemeinsamen Vorteile behandeln, von denen nicht der geringste darin besteht, dass dich kein Zivilist zu schlagen wagt, ja sogar, auch wenn er geschlagen wird, es verheimlicht und nicht wagt, dem Praetor seine ausgeschlagenen Zähne zu zeigen und seine schwärzlich verfärbte und mit blauen Flecken angeschwollene Beule im Gesicht und das Auge, das ihm zwar noch blieb, für das der Arzt jedoch nichts versprechen kann.

Mit diesem Auftakt ist zugleich der Tenor der folgenden Ausführungen gesetzt, erweisen sich doch die Vorteile von Soldaten im wesentlichen als Nachteile für Bürger. Wenn an erster Stelle als Privileg der Soldaten angeführt wird, dass Zivilisten es nicht wagen, sie zu verprügeln und, selbst wenn sie umgekehrt von einem Soldaten verprügelt würden, es nicht wagen, ihre Rechte geltend zu machen, wirkt diese Zuspitzung auf eine aus Angst von vornherein unterlassene Aktion einseitig und dadurch komisch. Eindringlich wird der fehlende Wagemut der Bürger gegenüber Soldaten durch das negierte, in zwei aufeinanderfolgenden Versen am Anfang wiederholte *audeat* (9 und 10) betont. Die satirische Technik besteht darin, ein Verhalten, das die Soldateska als notorisch gewalttätig charakterisiert, aus Sicht des schutzlosen Zivilisten als erstrebenswertes Privileg zu präsentieren.

Die ungerechte Behandlung, die der Zivilist gegenüber dem Soldaten erfährt, bietet Anknüpfungspunkte an frühere Satiren. So erinnert die Rechtlosigkeit des verprügelten Zivilisten, vor allem das Motiv der ausgeschlagenen Zähne, an eine Passage in der Romsatire (3,297–301). Auch in der dritten Satire wird die Ohnmacht eines armen Mannes angesichts der körperlichen Misshandlung durch einen betrunkenen reichen Rowdy in Roms nächtlichen Straßen aus der Perspektive des Unterlegenen geschildert. Komisch wirkt hier die bereits erheblich eingeschränkte Bitte des verzweifelten Passanten, der es von vornherein für aussichtslos hält, gänzlich unversehrt davonzukommen (3,300f.): *pulsatus rogat* ⟨sc. *pauper*⟩ *et pugnis concisus adorat / ut liceat paucis cum dentibus inde reverti* (verprügelt bittet der Arme und von Fäusten zerschlagen fleht er demütig, dass ihm erlaubt werde, wenigstens mit noch ein paar Zähnen von dort heimzuziehen). Handelte es sich in der dritten Satire um das asymmetrische Verhältnis zwischen einem armen und reichen Römer, befindet sich der Soldat in der 16. Satire im Vergleich zum Zivilisten in einer privilegierten Stellung. Obwohl der geschädigte Bürger sichtbare Zeichen seiner körperlichen Misshandlung trägt, wagt er es nicht, die ihm zugefügten Verletzungen dem Praetor vorzuführen. Die sich unmit-

16. Sechzehnte Satire: Die Privilegien der Soldaten   161

telbar anschließende Präsentation der grobschlächtigen Zenturionen, die im Falle einer Klage den Prozess im Militärgericht leiten würden, nimmt die dem Zivilisten drohende körperliche Vergeltung durch die Soldaten geradezu vorweg. Ganz im Sinne des Topos der gewalttätigen Soldaten wählt Juvenal nämlich jeweils ein bezeichnendes Merkmal zur Charakterisierung der betreffenden Soldaten aus.[262] So wird der Zenturio, der vom Praetor im Falle einer Klage des Zivilisten zum vorsitzenden Richter bestimmt wird, durch sein grobes Schuhwerk und die als Geschworene gewählten Soldaten werden allein durch ihre kräftigen Waden gekennzeichnet (13f.): *Bardaicus iudex datur haec punire volenti / calceus et grandes magna*[263] *ad subsellia surae* (Wer dies bestrafen lassen will, der erhält einen Kommissstiefel als Richter und kräftige Waden auf großen Geschworenenbänken). Sollte der verprügelte Zivilist im naiven Vertrauen auf ein gerechtes Verfahren gegenüber einem Soldaten dennoch auf sein Recht pochen,[264] führt der Satiriker ihm vor Augen, wie aussichtslos ein solches Unterfangen wäre. Die gesammelte Macht der Soldateska würde sich gegen ihn erheben und ihre körperliche Rache würde noch brutaler ausfallen als die ihm ursprünglich zugefügte Verletzung (20–22a). Die geradezu zwangsläufig (*ergo*, 22b) zu erwartenden Konsequenzen in Gestalt von Fußtritten malt der Satiriker dem Opfer unter Hervorhebung des Körperteils aus, der das Ziel der Misshandlung sein werde: es sei Dummheit, Soldaten zu provozieren (24f.) *cum duo crura habeas, offendere tot caligas, tot / milia clavorum* (wenn man nur zwei Schienbeine hat, so viele Stiefel, so viele tausend Schuhnägel zu reizen).[265]

---

[262] Zur Hervorhebung des im Kontext entscheidenden Details s. SCHMITZ 2000, 159.
[263] Treffend kommentiert WEIDNER 1889 das nach *grandes* zunächst abundant wirkende *magna* (14): »Weil die *milites* (*evocati*?) *grandes* oder *magni* sind (Hor. sat. I 6, 73 *magni centuriones*), so müssen die *subsellia* ebenfalls *magna* sein, beides nicht ohne Ironie.«
[264] Die zuversichtlichen Überlegungen des Geschädigten werden direkt mitgeteilt (17b–19): ›*iustissima centurionum / cognitio est, igitur de milite nec mihi derit / ultio, si iustae defertur causa querellae*‹ (»Äußerst gerecht ist die Verhandlung vor den Centurionen; so wird es also auch mir nicht an einer Bestrafung des Soldaten fehlen, wenn der Fall mit meiner gerechten Klage vorgebracht wird«); zu *igitur de milite* (18) vgl. die von KISSEL 2014, 386 referierten und zurückgewiesenen Verbesserungsvorschläge.
[265] Auch das Motiv, von den mit Nägeln versehenen Stiefeln eines Soldaten getreten zu werden, begegnet in der dritten Satire (3,247 f.): *planta mox undique magna / calcor, et in digito clavus mihi militis haeret* (von überall werde ich darauf mit großen Sohlen getreten, und auf der Zehe bleibt mir der Nagel eines Soldatenstiefels hängen). In dieser Passage der Romsatire wird geschildert, wie der arme Klient, der sich als Passant mühsam durch Roms überfüllte Straßen kämpfen muss, im Unterschied zu den Reichen, die sich unbehelligt in einer Sänfte durch das Gedränge tragen lassen, von allen Seiten gefährlichen Hieben und Stößen ausgesetzt ist.

IV. Juvenals satirisch analysierender Blick auf die römische Gesellschaft[1]

Über das im ersten Kapitel zum Quellenwert der Satiren Gesagte hinaus muss zunächst grundsätzlich problematisiert werden, unter welchem Vorbehalt sich soziale Realitäten aus Juvenals Satiren rekonstruieren lassen. Der Historiker Tacitus verpflichtet sich am Anfang seiner *Annalen* mit der Wendung *sine ira et studio* (ann. 1,1,3) zur Unvoreingenommenheit und Sachlichkeit. Es ist bekannt, dass Tacitus dennoch mit seinen zugespitzten, geradezu satirischen Werturteilen nicht hinter dem Berg hält, wenn er etwa vom unglücklichen Kaiser Galba schreibt, er sei nach dem Urteil aller fähig gewesen zu herrschen, wenn er nicht geherrscht hätte (*capax imperii nisi imperasset*, hist. 1,49,4). Durch die Auswahl und Gestaltung der behandelten Gegenstände wird die Wirklichkeit von antiken Historikern als literarisches Kunstwerk präsentiert.[2] Wenn schon der Historiker Tacitus, der beansprucht, ohne Zorn und Eifer zu schreiben, in seine Darstellung subjektive Werturteile einfließen lässt, wieviel mehr wird die Wirklichkeit durch einen Satiriker geformt, der in seiner Programmsatire erklärt, dass neben Zorn (*ira*, 1,45) Empörung (*indignatio*, 1,79) die eigentliche Triebfeder für seine Satirendichtung sei!

Wie das satirische Ich befindet sich auch seine Kritik an gesellschaftlichen Verhältnissen auf der literarischen Ebene, d.h. die Satiren bieten immer nur einen satirisch geformten Ausschnitt. Wer sich ein Bild von Angela Merkels Kanzlerschaft machen will, darf sich nicht ausschließlich auf die Satirezeitschrift Titanic verlassen. Ein aus den Juvenalsatiren nachgezeichnetes Bild würde eine römische Gesellschaft präsentieren, die von armen und vernachlässigten Klienten, geizigen und sadistischen Patronen, effeminierten Adligen, Ausbeutern der Provinzen, ehebrecherischen Matronen, notleidenden Intellektuellen, mächtigen Parvenüs, Erbschleichern usw. nur so wimmelt. Juvenal bedient sich als Satiriker durchgehend des Mittels der Übertreibung und Verallgemeinerung,[3] böte doch eine normal funktionierende Gesellschaft wenig Stoff für eine Satire. Erbschleicherei, Ehebruch, Geldgier und -geiz, Veruntreuung anvertrauten Vermögens und alle Formen des Betrugs gibt es freilich in jeder Gesellschaft. Folgt man jedoch der Darstel-

---

[1] KISSEL 2014, 83–107 bespricht ausführlich die einschlägige Literatur zum Bild der zeitgenössischen Gesellschaft. Als grundlegendes Standardwerk zur Gesellschaftskritik und Glaubwürdigkeit des Satirikers gilt nach wie vor GÉRARDS 1976 Untersuchung.

[2] Zum Verständnis der Formel *sine ira et studio* und zum literarischen Selbstverständnis antiker Historiographen vgl. Konrad HELDMANN: *sine ira et studio*. Das Subjektivitätsprinzip der römischen Geschichtsschreibung und das Selbstverständnis antiker Historiker (Zetemata 139), München 2011.

[3] Zur Hyperbole s.u. 183–187.

IV. Juvenals Blick auf die römische Gesellschaft   163

lung des Satirikers, ist im gegenwärtigen Rom der Gipfel moralischen Fehlverhaltens erreicht.[4] Gleichwohl ist auch der Satiriker bei aller Einseitigkeit auf ein gewisses Maß an Glaubwürdigkeit angewiesen, damit seine Kritik überzeugend wirkt.

Der Satiriker wirft nicht einfach von einem festgelegten moralischen Standpunkt aus einen Blick auf die zeitgenössische Gesellschaft, ergibt sich doch aus seinen Äußerungen kein einheitliches, in sich konsistentes Gesamtbild.[5] Wenn er auch häufig auf ein freilich idealisiertes, bisweilen auch ironisch gebrochenes Bild der Vergangenheit zurückgreift, so erinnert er nur deshalb an vergangene, in der Gegenwart bereits obsolet gewordene Normen, um die Diskrepanz zwischen einst und jetzt, ruhmreicher Vergangenheit und dekadenter Gegenwart vor Augen zu führen (wie vor allem in Satire 2 und 11). Von dieser satirischen Strategie lassen sich die Maßstäbe abgrenzen, mit denen der Satiriker Verhaltensweisen, die den tradierten Vorstellungen über das dem Geschlecht und sozialen Status Angemessene zuwiderlaufen, bewertet. Hierbei setzt er eine allgemeine Akzeptanz bestimmter Wertvorstellungen und gesellschaftlicher Normen voraus,[6] wozu ein funktionierendes Patron-Klient-Verhältnis[7] und bestehende Standes- und Geschlechterrollen gehören. Gleich zu Beginn zählt er beispielhaft skandalöses Verhalten auf, das seinen satirischen Impuls auslöse.[8] Was ihn regelmäßig auf den Plan ruft, ist ein Verhalten, das von den durch Geschlecht, Religion, Lebensalter, gesellschaftlichem Stand und politischem Amt determinierten Normen abweicht. Die für Juvenals Satiren charakteristischen Objekte der Gesellschaftskritik lassen sich entsprechend unter verschiedenen Kategorien zusammenfassen.

---

[4] Vgl. etwa 1,147–149; hierzu s.u. 184.
[5] Vgl. KNOCHE 1966, 461 (Zusammenfassung): »Seine Entrüstung entzündet sich an Widersprüchen zwischen dem, was seiner Meinung nach einer Standesperson zukommt, und der Wirklichkeit, wie er sie sieht, nicht aber gründet die Entrüstung auf einer durchgeführten Morallehre.«
[6] Dass der Satiriker fraglos von einer Zustimmung seiner Adressaten ausgeht, zeigen rhetorische Fragen wie *nam quis iniquae / tam patiens urbis, tam ferreus, ut teneat se, ... cum ...* (1,30b–32, s.o. 90, Anm. 62) oder *sed quis ferat istas / luxuriae sordes?* (Aber wer könnte diese knausrige Verschwendung ertragen?, 1,139f.).
[7] In einer umfassenden Studie untersucht GANTER 2015 Patron-Klient-Verhältnisse vor dem Hintergrund soziopolitischer Umbrüche zwischen dem 1. Jh. v.Chr. und 3. Jh. n.Chr. Im 5. Kapitel (203–250) behandelt sie Statusfragen im Prinzipat überwiegend im Spiegel von Epigrammen Martials 203–230, Juvenals Satiren (1, 3, 5, 7 und 9) werden 230–238 herangezogen; allgemein zu Juvenals Satiren 211f.
[8] Zu diesen empörenden Fällen in 1,22–29 s.o. 75.

1. Unstandesgemäßes Auftreten der römischen Nobilität in der Öffentlichkeit

Das im Widerspruch zu den Traditionen, dem *mos maiorum* (»Vätersitte«) stehende Verhalten herausragender Vertreter der Gesellschaft, wozu vor allem Verstöße gegen die Religion und überhaupt gegen hergebrachte Verhaltensweisen im öffentlichen Leben gehören, ist in Juvenals Satiren bevorzugte Zielscheibe der Kritik. So richtet der Satiriker in der zweiten Satire seinen Blick auf Männer der römischen Elite, die sich bei einer nächtlichen Feier der Bona Dea, einer Gottheit, von deren Kult Männer ausgeschlossen waren, wie Frauen verhalten (2,82–116). Die Pervertierung traditioneller religiöser Rituale (*more sinistro*, 2,87)[9] durch den Ausschluss von Frauen wird eigens hervorgehoben. Ebenso empört sich der Sprecher in der sechsten Satire über die Missachtung religiöser Riten[10] durch das skandalöse Treiben von Frauen aus vornehmen Familien während einer Bona Dea-Feier. Bei seiner Schilderung der sexuellen Exzesse adliger Frauen ruft der satirische Sprecher aus (6,335f.): *atque utinam ritus veteres et publica saltem / his intacta malis agerentur sacra* (Und wenn doch die althergebrachten Riten oder wenigstens die staatlichen Kultfeiern unangetastet von diesen Schändlichkeiten durchgeführt würden!). In ihrer Leidenschaft für die von ihnen favorisierten Musiker und andere Bühnenkünstler schrecken Frauen nicht davor zurück, traditionelle Opferriten für ihre Zwecke zu missbrauchen (6,385–397). So vollzieht eine Frau aus höchstem Adel die vorgeschriebenen Opferriten (6,392 *ut mos est*, wie es Brauch ist), um die Erfolgsaussichten des von ihr geliebten Kitharöden Pollio beim kapitolinischen Wettbewerb zu erfragen.

Die in den Augen des Satirikers verkehrte Gesellschaftsordnung manifestiert sich am deutlichsten darin, dass sich Repräsentanten der sozialen und politischen Elite am falschen Ort aufhalten: eine römische Matrone (Mevia) als Amazone im Amphitheater (1,22f.),[11] eine Kaiserin (Messalina) im Bordell (6,114–132), ein Konsul (Lateranus) in einer Kneipe in anrüchiger Gesellschaft (8,167b–178). Insbesondere stellt die Arena einen Ort dar, den freie römische Bürger nach allgemeiner, vor allem aber nach Ansicht des Satirikers nur als Zuschauer betreten sollten. Entsprechend bewertet er es als Inbegriff öffentlicher Schande, wenn auf dem von den Zuschauerrän-

---

[9] 2,87b–89a *sed more sinistro / exagitata procul non intrat femina limen: / solis ara deae maribus patet* (Aber in Verkehrung des Brauchs werden Frauen weit weggescheucht und dürfen nicht über die Schwelle treten, allein Männer haben Zugang zum Altar der Göttin).

[10] Auch hier findet sich die bewusste Umkehrung des Rituals, wenn Matronen die Zulassung von Männern zur Feier sogar als *fas* (göttliches Gebot) erklären (6,329): ›*iam fas est, admitte viros*‹.

[11] Zu Mevias rollenabweichendem Verhalten s. ausführlicher u. 174f.

1. Unstandesgemäßes Auftreten der römischen Nobilität 165

gen abgetrennten Kampfplatz des Amphitheaters höchste Vertreter der römischen Gesellschaft als Akteure auftreten. So präsentiert er den skandalösen Auftritt des für alle Zuschauer sichtbaren Gracchus gleich zweimal ausführlich (2,143–148 und 8,199–210). Gracchus entehrt als Angehöriger der Salier (Waffentanzpriester) zudem die öffentliche Religion (2,125f.).

Spielte sich die pervertierte Bona Dea-Feier von effeminierten Homosexuellen und Transvestiten, die in der zweiten Satire geschildert wird, noch in häuslicher Abgeschiedenheit ab (*domi*, 2,84, vgl. auch *secreta*[12] ... *taeda*, 91), und werden zur Hochzeit des Gracchus mit einem Mann nur wenige zugelassen (2,134f. *nubit amicus / nec multos adhibet*), konstatiert der Satiriker als nächste Stufe ihr Verlangen, an die Öffentlichkeit zu gehen (2,136): *fient ista palam*[13], *cupient et in acta referri* (solche ⟨Männerhochzeiten⟩ werden öffentlich gefeiert werden, sie werden begierig darauf sein, sogar in die Zeitung[14] zu gelangen). Nach dem Prinzip der Steigerung wird dann der Auftritt des Gracchus in der Arena angeführt (2,143): *vicit et hoc monstrum tunicati fuscina Gracchi* (Auch diese Ungeheuerlichkeit übertraf noch der Dreizack des mit einer Tunica bekleideten Gracchus). In der Bewertungsskala des Satirikers überbietet er damit noch seine Hochzeit mit einem Mann, trat er doch nun für alle sichtbar auf.[15] Der Abschnitt über Gracchus als Gladiator (2,143–148) ist nicht als Exkurs[16] auszuklammern; vielmehr wird im öffentlichen Auftritt eines Adligen in der Arena genau die vom Sprecher prognostizierte Bewegung in die Öffentlichkeit und damit die gesellschaftliche Demütigung vollzogen. Auch in der achten Satire dient Gracchus als expo-

---

[12] Auch wenn *secreta* hier im Kontext einer zum Vergleich herangezogenen nächtlichen Mysterienfeier erscheint, verstärkt der Aspekt des sich im Verborgenen Abspielenden doch den für die zweite Satire leitmotivischen Gegensatz von privat und öffentlich.

[13] Das zentrale Wort *palam* begegnet ganz analog beim Skandal der Hochzeitsfeier der Messalina, der Gattin des Kaisers, mit dem ebenfalls verheirateten C. Silius in der zehnten Satire (10,334). Alles geschieht nach altem Brauch (*ritu ... antiquo*, 335f.), nicht etwa in privaten Räumen. Auch hier ist es die öffentliche Pervertierung eines Rituals, was den Sprecher zur empörten Frage an Silius veranlasst (337f.): *haec tu secreta et paucis commissa putabas? / non nisi legitime volt nubere* (Glaubtest du etwa, dass diese Affäre ein Geheimnis bleiben könne, das nur wenigen zugänglich sei? Einzig rechtmäßig will sie heiraten).

[14] Die *acta diurna* (»Tagesgeschehen«) sind die Stadtzeitung Roms, eine Tageschronik auf Tafeln, die an öffentlichen Orten aufgestellt wurden; diese dienten auch der Bekanntmachung familiärer Ereignisse.

[15] Zur Überschreitung der Gendergrenzen und zum noch größeren Skandal, das eigene normwidrige Verhalten in der Öffentlichkeit freiwillig bloßzustellen, s. auch WALTERS 1998.

[16] COURTNEY 1980, 146: »143–8 should be placed in parenthesis«. Iuv. 2,143–148 kann nur als Digression eingestuft werden, wenn man, wie etwa COURTNEY, »sexual morality« als Hauptthema der zweiten Satire bestimmt, vgl. COURTNEY 1980, 122: »the gladiatorial section has no clear function in a poem concerned with sexual immorality«. Zu scheinbaren Abschweifungen, die in Wirklichkeit den Ton einer ganzen Satire markieren, s. SCHMITZ 2000, 128–137.

niertes Exemplum eines Patriziers, der gegen die gesellschaftliche Norm verstößt, indem er öffentlich als Gladiator und zudem noch als *retiarius*[17] auftritt (8,204–206): *postquam vibrata pendentia retia dextra / nequiquam effudit, nudum ad spectacula voltum / erigit et tota fugit agnoscendus harena* (nachdem er mit seiner geschwungenen Rechten das schwebende Netz vergeblich geschleudert hat, hebt er sein Gesicht unbedeckt zu den Zuschauern empor und flieht deutlich erkennbar in der ganzen Arena). Ein Repräsentant der zur militärischen Bewährung prädestinierten Elite sollte sich im Kampf und nicht als Gladiator in der Arena bewähren. Die für einen Adligen allein angemessenen und zu erwartenden Objekte zu *vibrare* wären entsprechend nicht Netze, sondern Speere.[18] Neben der Erkennbarkeit erhöht seine Kampfweise noch die Schande des adligen Gracchus, ergreift er doch in der Arena die Flucht vor seinem Gegner.[19]

In der Wertung des Satirikers korrespondiert das Prinzip der Steigerung mit dem Grad der öffentlichen Sichtbarkeit. Entsprechend leitet er seine Beispielreihe mit dem Grundsatz ein, dass ein Verbrechen umso sichtbarer werde, je prominenter der Täter sei (8,140f.): *omne animi vitium tanto conspectius in se / crimen habet, quanto maior qui peccat habetur* (Bei jedem Charakterfehler ist der Makel umso sichtbarer, je prominenter derjenige, der sich vergeht, eingeschätzt wird). Während Lateranus seiner eines Konsuls unwürdigen Leidenschaft zunächst noch im Verborgenen frönt,[20] scheut sich Gracchus nicht, öffentlich in der Arena aufzutreten, ja durch die von ihm gewählte Ausrüstung und Kampfart eines *retiarius* setzt er sogar alles daran, der Zuschauermasse sein Gesicht zu zeigen, um erkannt zu werden. Hier wendet sich der Satiriker abrupt von Gracchus ab, um sich in die Rolle von Gracchus' Gegner zu versetzen (8,209f.): *ergo ignominiam graviorem pertulit omni / volnere cum Graccho iussus pugnare secutor* (Also

---

[17] Als *retiarius* (»Netzkämpfer«, ein Gladiator mit Dreizack und Netz, dessen Gesicht im Gegensatz zu einem schwerbewaffneten Gladiator nicht durch einen geschlossenen Helm verdeckt war) zeigt er der Masse sein unverhülltes Gesicht, vgl. 8,205f.

[18] Vgl. COURTNEY 1980 zu 204: »Usually one *vibrat telum manu*«.

[19] Genau diesen Punkt des Anstoßes (für alle Zuschauer sichtbare Flucht) betont der Satiriker auch in der Gracchus-Passage der zweiten Satire (2,144): *lustravit ... fuga mediam gladiator harenam* (als Gladiator durchmaß er auf der Flucht die Mitte der Arena).

[20] Dem Aspekt der öffentlichen Sichtbarkeit widmet der Satiriker breiten Raum (8,149f.): *nocte quidem, sed Luna videt, sed sidera testes / intendunt oculos* (freilich in der Nacht, doch die Mondgöttin sieht es, doch die Sterne richten als Zeugen ihre Augen auf ihn). Beobachten ihn zunächst nur die Gestirne der Nacht, wird Lateranus nach seinem Ehrenamt selbst am Tag keine Rücksichten mehr nehmen (150b–153): *finitum tempus honoris / cum fuerit, clara Lateranus luce flagellum / sumet et occursum numquam trepidabit amici / iam senis ac virga prior adnuet* (Wenn die Zeit seines Ehrenamts beendet sein wird, wird Lateranus am hellen Tag die Peitsche ergreifen und sich nie vor der Begegnung mit einem Freund schon vorgerückten Alters genieren, und ihm mit der Gerte noch zuerst zuwinken).

1. Unstandesgemäßes Auftreten der römischen Nobilität 167

erlitt einen Gesichtsverlust, der schlimmer als jegliche Wunde war, der Secutor ⟨Verfolger⟩, den man zwang, mit einem Gracchus zu kämpfen). Das dem Gegner des Gracchus unterstellte Ehrgefühl ist freilich Ausdruck der Maßstäbe des Satirikers.[21]

Wie im Fall des Gracchus entzündet sich die satirische Kritik vor allem daran, dass sich hochstehende Personen in der Öffentlichkeit mit unstandesgemäßem Verhalten prostituieren. Wenn der satirische Sprecher beklagt, dass sich das normwidrige Verhalten römischer Aristokraten nicht im privaten Ambiente abspiele, sondern in die Öffentlichkeit dränge, könnte man ihm Scheinheiligkeit vorwerfen. Am Fallbeispiel des Creticus[22] und Gracchus wird aber deutlich, was den Satiriker so empört: es ist der zunehmende Kontrollverlust der römischen Elite. Es geht ihm nicht um die Aufrechterhaltung einer Fassade,[23] sondern um das Offenlegen der unaufhaltsamen Dynamik, mit der Aristokraten, die an der Spitze des römischen Staates stehen, ihre geschlechts- und gesellschaftsspezifischen Rollen überschreiten.[24] Insofern steht die hier gezeigte Position in Übereinstimmung mit den auch sonst erkennbaren Wertmaßstäben seiner satirischen Gesellschaftskritik.

Für den Tenor der achten Satire, in welcher die satirische Kritik an der römischen Nobilität im Mittelpunkt steht, ist es charakteristisch, dass der Sprecher nicht aus einer distanzierten Haltung heraus seine Beobachtungen zur römischen Nobilität präsentiert, sondern leidenschaftlich Stellung bezieht. Hierbei enthüllt er seine restaurativen Maßstäbe, indem er sich als Kritiker inszeniert, der entrüstet die in seinen Augen unerhörte Diskrepanz zwischen den Leistungen der berühmten Vorfahren und dem Verhalten ihrer depravierten Nachkommen tadelt, welche die traditionell an sie gestellten hohen Erwartungen nicht erfüllten. Die Kernaussage der Satire wird in dem anschaulichen Bild verdichtet, wie die liederlichen Nachkommen der großen siegreichen Feldherren ihre Zeit mit Würfelspiel bis in den frühen Morgen vergeuden, bis zur Stunde, in der ihre kriegerischen Vorfahren zum Kampf aufbrachen (9b–12). So fragt der Sprecher empört, warum sich ein Fabier über die Siege seiner Vorfahren freue, wenn er selbst diesem kriegerischen

---

[21] Besser als FRIEDLAENDER 1895 zu 209. 210: »Eine geschmacklose Uebertreibung. Der secutor war der gewöhnliche Gegner des Retiariers« hat DUFF 1962 erkannt, dass es sich um eine Wertung des Satirikers handelt: »We need not believe that the *secutor* felt the indignity so acutely as Juv. would have us think«.

[22] Zu seinem Auftritt vor Gericht in anstößiger Kleidung s. o. 80.

[23] So wird etwa in der 14. Satire ein *pater familias* getadelt, der nur den schönen Schein nach außen wahren will, ohne im eigenen Haus für äußere und moralische Makellosigkeit zu sorgen (14,59–69); vgl. auch SCHMITZ 2000, 139f.

[24] In diesem Sinne bestimmt auch NAPPA 1998 die Stoßrichtung der zweiten Satire genauer: nicht Homosexualität ist das Hauptthema, sondern »that the shifting moral and social protocols of Rome present a danger to the fabric and vigor of that society« (108).

Ideal nicht entspreche. In diesem Zusammenhang betont er den Gegensatz zwischen dem effeminierten (vgl. *mollis*, 15) und moralisch zweifelhaften Nachkommen und seinen ungepflegten,[25] aber tapferen Ahnen (16–18): *si tenerum attritus Catinensi pumice lumbum / squalentis traducit avos emptorque veneni / frangenda miseram funestat imagine gentem?* (wenn er sich seine Lende mit Bimsstein aus Catina abgerieben hat, so dass sie zart wird, seine struppigen Ahnen der Lächerlichkeit preisgibt und als Käufer von Gift das beklagenswerte Geschlecht durch sein Bildnis besudelt, das zerbrochen werden müsste?). Auktorial schaltet er sich hier mit seinem Kommentar ein, indem er fordert, das Bildnis des unwürdigen Nachkommen zu zerbrechen und ihn damit aus der Reihe der erinnerungswürdigen Mitglieder seiner *gens*, der er nur Schande bringe, zu entfernen.

Katalogartig präsentiert der indignierte Sprecher Mitglieder vornehmer, sogar patrizischer Familien, die sich durch unwürdiges Auftreten auf der Bühne diskreditieren. Bezeichnenderweise wechselt er wie im Fall des Gracchus (8,209f., s.o. 166f.) auch in diesem Abschnitt die Perspektive und nimmt das Publikum in den Blick (8,188b–192a): *nec tamen ipsi / ignoscas populo; populi frons durior huius, / qui sedet et spectat triscurria patriciorum, / planipedes audit Fabios, ridere potest qui / Mamercorum alapas* (Doch auch dem Volk selbst sollte man keine Verzeihung gewähren; noch schamloser ist die Stirn des Volkes, das ruhig dasitzt und den Erzpossen der Patrizier zuschaut, barfüßigen ⟨d.h. ohne Bühnenschuh auftretenden⟩ Fabiern zuhört, das über die den Mamerkern gegebenen Ohrfeigen lachen kann). Der Satiriker weist also nicht einseitig den Patriziern die Schuld zu, sondern auch dem Volk, das erst durch sein ungerührtes Zuschauen einen solchen Auftritt ermögliche.[26] Indem er Angehörige einer patrizischen *gens*, die sich als Mimus-Darsteller den Blicken des einfachen Volkes in besonders entwürdigenden Szenen präsentieren, im generalisierenden Plural vorführt, lässt er den Eindruck entstehen, als ob sich die gesamte Nobilität an der Verkehrung der Rollen von Zuschauer und Akteur beteilige.

Durch übertreibende Vervielfältigung von Namen suggeriert der Satiriker auch sonst, dass die ganze Gesellschaft korrupt sei. Dieses satirische Mittel

---

[25] Dass die Ahnen im Gegensatz zu ihren verzärtelten Nachkommen als struppig charakterisiert werden (*tener – squalens*, 8,16f.), ist ein Zug, der häufig einer allzu verklärenden Darstellung der guten alten Zeit entgegenwirkt. Gleichwohl bedeuten diese ironisierenden Elemente keine Einschränkung, was die Vorbildlichkeit der Ahnen betrifft, funktioniert der Kontrast doch nur vor dem Hintergrund eines positiven Modells. Zur Konnotation üppigen Haarwuchses am ganzen Körper s. auch u., Anm. 43.

[26] Mit der gleichen Empörung verurteilt der Geschichtsschreiber Tacitus die Haltung der römischen Plebs angesichts von Neros öffentlicher Prostitution, vgl. SCHMITZ 2000, 120, Anm. 198.

der Pauschalisierung[27] verwendet Juvenal auch bei seiner Darstellung des für die römische Gesellschaft zentralen Patron-Klient-Verhältnisses, was sich exemplarisch anhand einer Passage aus der fünften Satire zeigen lässt.

2. Das nicht mehr funktionierende Patron-Klient-Verhältnis

Gelegentliche Seitenhiebe auf das Verhalten der römischen Elite erweitern in der fünften Satire über das individuelle Schicksal des Trebius als Teilnehmer von Virros Gastmahl hinaus das konkret geschilderte Ereignis eines asymmetrischen Gastmahls zu einem allgemeinen Zeitbild. Hierbei erweisen sich Erbschleicherei und das Phänomen der fehlenden Großzügigkeit ärmeren Klienten gegenüber als verbreitetes Laster. Im Zusammenhang mit den aus Provinzen nach Rom eingeführten Luxusartikeln wird in einer Nebenbemerkung ein kurzer Blick auf einen Erbschleicher geworfen (5,97 f.): *instruit ergo focum provincia, sumitur illinc / quod captator emat Laenas, Aurelia vendat* (Also versorgt die Provinz unseren Herd, von dort bezieht man, was der Erbschleicher Laenas kauft, ⟨die damit beschenkte⟩ Aurelia aber weiterverkauft ⟨statt es selbst zu nutzen⟩). Die chiastisch angeordnete Partie *emat Laenas, Aurelia vendat* (98) lässt die Akteure und ihr entgegengesetztes Handeln aufeinandertreffen: Der Erbschleicher Laenas verfolgt mit dem Kauf und Geschenk von exquisiten Delikatessen das Ziel, als Gegenleistung im Testament bedacht zu werden, die derart umworbene Aurelia, vermutlich eine reiche Witwe, ist jedoch ihrerseits auch nur auf Geld aus. Dieser Blick auf das zeitgenössische geldgierige Treiben antizipiert ein Gedankenexperiment, das der Satiriker wenig später lebhaft in Szene setzt (132–145). Wenn der arme Klient wider Erwarten die für den Ritterstand vorgesehene Geldsumme erhielte, würde sich Virros Umgang mit Trebius augenblicklich ändern (133b–137a): *quantus / ex nihilo, quantus fieres Virronis amicus! / ›da Trebio, pone ad Trebium. vis, frater, ab ipsis / ilibus?‹ o nummi, vobis hunc praestat honorem, / vos estis frater* (Zu einem wie bedeutenden Freund würdest du aus dem Nichts, zu einem wie bedeutenden Freund Virros avancieren! »Gib dies Trebius, setz das Trebius vor. Willst du, mein Bruder, von den Lenden selbst etwas haben?« O Geld, dir erweist er diese Ehre, du bist sein Bruder.).

In der fünften Satire meldet sich der Sprecher mitten in seiner Schilderung der ungleichen Behandlung der rangniedrigen Klienten zu Wort (107–113) und fordert dazu auf, wenigstens ein Mindestmaß an höflichem Umgang beim Gastmahl einzuhalten. Diese Mahnung gipfelt in der epigrammatisch

---

[27] Hierzu s. u. 184 f.

formulierten Aufforderung (112f.): *hoc face et esto, / esto, ut nunc multi,*[28] *dives tibi, pauper amicis* (Tu dies und sei dann, ja sei, wie jetzt viele, reich für dich, arm für deine Freunde).[29] Das Phänomen der diskriminierenden Bewirtung des armen Klienten im Gegensatz zum reichen Patron und seinen begüterten Gästen, gegen das der Satiriker hier zu Felde zieht, scheint – trotz aller satirischen Überzeichnung – ein grundsätzliches Problem der Kaiserzeit zu sein. Wenn auch die extreme Demütigung der Klienten nicht die alltägliche Praxis widerspiegeln dürfte, so machen vergleichbare Texte[30] doch deutlich, dass in Juvenals fünfter Satire kein Einzelfall geschildert wird. Das wohl aussagekräftigste literarische Zeugnis liegt in Brief 2,6 des jüngeren Plinius vor, in dem der Briefschreiber berichtet, wie ein Gastgeber mit schlechten Manieren seine Gäste nach ihrem sozialen Rang bewirten lässt (Plin. epist. 2,6,2): *sibi et paucis opima quaedam, ceteris vilia et minuta ponebat. Vinum etiam parvolis lagunculis in tria genera discripserat, ... aliud sibi et nobis, aliud minoribus amicis (nam gradatim amicos habet), aliud suis nostrisque libertis* (Denn sich und einigen wenigen setzte er allerhand Delikatessen vor, den übrigen aber nur billiges Zeug und kleinste Portionen. Auch den Wein hatte er in kleinen Fläschchen in drei Sorten verteilt, ... die eine Sorte für sich und uns, eine zweite für die geringeren Freunde – er ordnet seine Freunde nämlich nach Rangstufen ein – und eine dritte für seine und unsere Freigelassenen). Plinius kontrastiert dieses Verhalten mit seiner eigenen Gastfreundschaft. Von einem Tischnachbarn gefragt, wie er es denn meistere, alle seine Gäste, auch die Freigelassenen, ohne Abstufungen zu behandeln, folgt die verblüffende Antwort (epist. 2,6,4): ›*Quia scilicet liberti mei non idem quod ego bibunt, sed idem ego quod liberti*‹ (»Weil meine Freigelassenen natürlich nicht dasselbe trinken wie ich, sondern ich dasselbe wie sie«). Plinius' Zurschaustellung seiner eigenen Humanität ist freilich nicht über jeden Zweifel erhaben, begibt er sich doch durch sein egalitäres Vorgehen lediglich auf die Stufe der ärmeren Klienten, anstatt sie großzügig zu bewirten. Damit befolgt er im Grunde den sarkastischen Rat des Satirikers *esto, ut nunc multi, dives tibi, pauper amicis*, 5,113 (s.o. 170). Plinius selbst empfiehlt dem Adressaten am Ende seines Briefes, das Verhalten des bereits im Briefeingang als geizig

---

[28] Virro scheint überhaupt nur ein Beispiel für den Typ des Patrons zu sein, der seinen Reichtum zur Schau stellt, ohne andere daran partizipieren zu lassen, vgl. 5,43 *nam Virro, ut multi,* ...

[29] Vgl. auch SCHNURS 1969, 50 verdeutlichende Übersetzung: »und dann magst du ..., wie es heutzutage viele tun, den Reichen spielen, wenn du allein bist, und ärmlich tun, wenn du Freunde zu Gast hast.«

[30] Das Motiv des unterschiedlichen Weines begegnet etwa in Martials Epigramm 3,82,22–25, wo der Gastgeber Zoilus besseren Wein als seine Gäste trinkt, den er außerdem noch in kostbaren Gefäßen zu sich nimmt. Zu diesem »typically epigrammatic-satiric motif having roots in contemporary practice« vgl. WATSON/WATSON 2003, 271.

2. Das nicht mehr funktionierende Patron-Klient-Verhältnis 171

und verschwenderisch zugleich[31] kritisierten Gastgebers (*sordidum simul et sumptuosum*, epist. 2,6,1) als warnendes Beispiel aufzufassen (epist. 2,6,7): *Igitur memento nihil magis esse vitandum quam istam luxuriae et sordium novam societatem* (Bedenke also, dass nichts mehr zu meiden ist als diese neuartige Verbindung von Luxus und schäbigem Geiz).

Das Thema der zunehmend nicht mehr funktionierenden Patron-Klient-Beziehung, das in der programmatischen ersten Satire anklingt, wird in der fünften Satire in den Mittelpunkt gestellt. Insbesondere das bittere Los der Klienten, deren Hoffnung auf eine Einladung zur *cena* immer wieder enttäuscht wird, begegnet in beiden Satiren. In der ersten Satire wird geschildert, dass die Klienten erst gar nicht zu einem gemeinsamen Mahl mit ihrem Patron zugelassen werden. Die altgedienten Klienten müssen nach der morgendlichen *Salutatio*[32] ohne Einladung abziehen, *quamquam longissima cenae / spes homini* (obwohl die Hoffnung auf ein Mahl beim Menschen am längsten anhält, 1,133f.). Der Satiriker entwirft die düstere Perspektive, wie der Patron ganz allein speist (1,136): *vacuis ... toris tantum ipse iacebit* (auf ansonsten leeren Polstern wird er ganz allein liegen), ohne einen Klienten eingeladen zu haben (1,139): *nullus iam parasitus erit* (bald wird es einen Parasiten nicht mehr geben). Dass das Patron-Klient-Verhältnis gestört ist, zeigen schon die harten Bezeichnungen für Patron (*rex*, 1,136) und Klient (*parasitus*, 1,139). In der fünften Satire werden Klienten zwar noch zum Gastmahl geladen, der Schritt zu ihrer gesellschaftlichen Degradierung ist aber vollzogen, findet doch keine wirkliche Interaktion mehr zwischen Patron und Klient statt, auch wenn sich der vom Sprecher adressierte Klient einbildet, gleichberechtigter Teilnehmer des Gastmahls zu sein (5,161): *tu tibi liber homo et regis conviva videris* (Du bildest dir ein, ein freier Mensch und Gast des Königs zu sein). Bezeichnenderweise wird der Patron auch hier mit dem nichts beschönigenden Ausdruck *rex* versehen.

Mit kritisch analysierendem Blick führt der Satiriker die Verkehrung der sozialen Ordnung auch sonst auf materielle Gründe zurück. Dies wird in der ausführlichen Schilderung der Szenen deutlich, die sich bei der Verteilung der *sportula*[33] im Rahmen der Morgenbegrüßung zutragen (1,95b–126).[34] Hier bestimmt die Allmacht des Geldes die gesellschaftliche Hierar-

---

[31] In der ersten Satire setzt Juvenal das Oxymoron vom knausrigen Luxus ganz analog in der empörten Frage des Sprechers ein (1,139f.): *sed quis ferat istas / luxuriae sordes?* (s.o. Anm. 6).

[32] Zu diesem festen Bestandteil des Klienteldienstes s.o. 39, Anm. 101. In der hier geschilderten Szene kommt es nicht einmal zu einem direkten Kontakt zwischen den Klienten und ihrem Patron, der die Klienten an der Schwelle seines Hauses (*limen*, 1,96) abfertigen lässt.

[33] Vgl. hierzu u. 27, Anm. 57.

[34] Zur Analyse dieses Abschnitts vgl. auch GOLDBECK 2010, 150 und GANTER 2015, 231–234. GANTER 2015 verfolgt den Aspekt der Klientelisierung der alten Elite und Ökonomi-

chie, konkurrieren doch selbst höchste Amtsträger mit gewöhnlichen Klienten um die ohnehin geringe *sportula*, wodurch das Ansehen der Magistrate freilich erschüttert wird. Ein reichgewordener Freigelassener orientalischer Herkunft, der einen verarmten Senator an Reichtum übertrifft (1,102–109a), verdrängt wiederum die römischen Beamten, was der Satiriker sarkastisch kommentiert (1,109f.): *expectent ergo tribuni, / vincant divitiae* (So mögen denn die Tribunen sich gedulden, es siege der Reichtum).

Folgt man der Darstellung des Satirikers, werden soziale und familiäre Beziehungen überhaupt materiellen Interessen geopfert. Wie beim Klientelverhältnis die Grundlage gegenseitiger Treue (*fides*) zerstört ist, so dass *amicus* als Bezeichnung für Patron oder Klient fast nur noch ironisch gebraucht wird,[35] funktionieren auch verwandtschaftliche Beziehungen aufgrund von Profitgier nicht mehr. In der 14. Satire führt der Satiriker die Zerrüttung familiärer Bindungen auf *avaritia* zurück. Im Finale der sechsten Satire wird das Motiv zeitgenössischer Mütter von dem mythischer Heroinen abgegrenzt, die ihre Verbrechen in wilder Raserei begingen, *sed / non propter nummos* (6,645f.).[36]

3. Kritik am gegenwärtigen Luxus beim Gastmahl

Der Satiriker thematisiert immer wieder die fehlende gesellschaftliche Verantwortung der römischen Nobilität, die ihren Reichtum nur für ihre luxuriösen Leidenschaften einsetze. Bevorzugt richtet sich seine Kritik gegen erlesenen Tafelluxus. In der 11. Satire etwa veranlasst die Übersicht über die bei seinem Gastmahl zu erwartenden Speisen den Satiriker zu einem Vergleich mit der guten alten Zeit (11,77–119). Hiervon grenzt er seine luxusversessenen Zeitgenossen ab (120–129a). Für die Reichen sei luxuriöses Mobiliar zum Genuss der Speisen unverzichtbar (120–127a): *at nunc divitibus cenandi nulla voluptas, / ... nisi ...* (Heute dagegen bereitet das Speisen den Reichen keinerlei Vergnügen, falls nicht ...). In der Beschreibung der auf geschnitzten Elfenbeinfüßen ruhenden breiten Tischplatten wird das kostbare Material bezeichnenderweise zum Subjekt erhoben (122f.): *latos nisi sustinet orbis / grande ebur* (falls nicht massives Elfenbein die geräumigen Tischplatten trägt). Von dieser luxuriösen Ausstattung der Reichen grenzt der

---

sierung der Beziehung in Martials und Juvenals literarischer Darstellung. Während Martials Epigramme eine »Abkehr von dieser Art der Ökonomisierung« (220) propagierten, hätten die Patron-Klient-Verhältnisse bei Juvenal »einen Höchstgrad an Ökonomisierung und Entpersonalisierung erreicht« (232).

[35] Zu dieser Verwendung von *amicus* vgl. 88, Anm. 52.
[36] Zum Kontext s.u. 187.

3. Kritik am gegenwärtigen Luxus beim Gastmahl

Satiriker seine schlichte Einrichtung ab, indem er aufzählt, was es bei seinem Gastmahl nicht gibt (131b–133a): *adeo nulla uncia nobis / est eboris, nec tessellae nec calculus ex hac / materia* (Denn in der Tat habe ich nicht eine einzige Unze Elfenbein, weder die Würfelchen noch ein Steinchen im Brettspiel sind aus diesem Material). Ergänzend führt er aus (133b–135): *quin ipsa manubria cultellorum / ossea. non tamen his ulla umquam obsonia fiunt / rancidula aut ideo peior gallina secatur*[37] (ja selbst die Griffe der Messerchen sind aus Knochen gefertigt. Dennoch werden wegen ihnen nie irgendwelche Gerichte ranzig, und deswegen ist das Huhn, das zerlegt wird, nicht schlechter).[38] Sich selbst präsentiert er als Gegenentwurf zu ambitionierten Gastgebern, wie sich vor allem am konträr eingesetzten Motiv des Trancheurs (*structor*) zeigen lässt. Während etwa bei Virros luxuriösem Mahl ein professioneller Trancheur nicht fehlen darf (5,120–124), verneint der Satiriker für sein Mahl ausdrücklich die Notwendigkeit eines solchen Dieners, der auf das kunstgerechte Zerlegen und Präsentieren exquisiter Delikatessen spezialisiert war (11,136–141): *sed nec structor erit* ... (Aber es wird bei mir kein Trancheur anzutreffen sein). Wie bei der Vorschau auf die gebotenen Speisen (vgl. insbes. *pinguissimus* ... *haedulus*, 65f., *grandia* ... *ova*, 70f., *aemula Picenis* ... *mala*, 74) legt der Gastgeber auch hier Wert darauf, dass die Speisen trotz des fehlenden Aufwandes keinen Qualitätsverlust erleiden. Der Satiriker bewertet sein angekündigtes Menü als schon luxuriös, verglichen mit der Genügsamkeit des Senats in der römischen Frühzeit (11,77–89). Durch die Konfrontation mit der Vergangenheit (*olim*, 77) fügt er eine weitere Dimension hinzu. Der Vergleich demonstriert, wie sehr sich die dekadente Gegenwart (*nunc*, 79) von der schlichten Vergangenheit entfernt hat, was durch die starke Antithese zwischen der bescheidenen Lebensweise eines Curius, der Verkörperung altrömischer Frugalität, und den verwöhnten Ansprüchen eines Arbeitssklaven der Gegenwart illustriert wird (11,78–81): *Curius parvo quae legerat horto / ipse focis brevibus ponebat holuscula, quae nunc / squalidus in magna fastidit conpede fossor,*[39] */ qui meminit calidae sapiat quid volva popinae* (Curius pflegte die Kohlpflänzlein, die er in

---

[37] Der Hexameterschluss *gallina secatur* (135) verweist im kontrastierenden Sinne auf eine Partie innerhalb der fünften Satire zurück. Dort heißt es über den Auftritt des Trancheurs, dem die ärmeren Klienten mit hungrigem Magen zuschauen müssen, ironisch (5,123f.): *nec minimo sane discrimine refert / quo gestu lepores et quo gallina secetur* (hierzu s.o. 102). Beim Gastmahl des Satirikers dagegen bildet die identische Hexameterklausel *gallina secatur* (11,135) das Stichwort, mit dem zur emphatischen Abwesenheit eines Trancheurs übergeleitet wird (136): *sed nec structor erit*.

[38] Zur gehäuften Verwendung von Deminutiva in diesem Kontext s.u. 192.

[39] Ein *fossor* (»Gräber«) war ein in Fußketten gelegter Sklave aus einem *ergastulum* (Arbeitsbzw. Zuchthaus für Sklaven auf den Latifundien), der in der Landwirtschaft vor allem zum Umgraben des harten Bodens eingesetzt wurde.

seinem kleinen Garten geerntet hatte, mit eigenen Händen auf den bescheidenen Herd zu setzen, die heutzutage ein schmutziger Arbeitssklave in seiner großen Fußfessel verschmäht, der sich erinnert, wie Schweinebauch in der dampfenden Kneipe schmeckt). In seiner idealisierenden Schilderung der römischen Frühzeit beschwört der Satiriker das Bild der genügsamen Senatoren herauf, die an gewöhnlichen Tagen mit einem frugalen Mahl zufrieden waren und Fleisch nur für Festtage vorsahen. Entsprechend passen *holuscula* (79) zu der bescheidenen Ausstattung *(foci breves,* 79) der Altvorderen. Gerade Kohl fungiert im Essensdiskurs der römischen Kaiserzeit als Inbegriff einer anspruchslosen Mahlzeit[40] und damit moralischer Integrität, wird doch dieses Gemüse mit einfachem Essen assoziiert, das in der Gegenwart selbst von Arbeitssklaven als typisches Arme-Leute-Gericht geringgeschätzt werde.

4. Rollenabweichendes Verhalten vornehmer Frauen als Zielscheibe satirischer Kritik

In Juvenals sechster Satire richtet sich die Kritik des misogynen Sprechers nicht vornehmlich gegen den weiblichen Körper,[41] sondern gegen das in seinen Augen kritikwürdige Verhalten der römischen *matronae*, insbesondere dann, wenn es in der Öffentlichkeit sichtbar wird und von gesellschaftlichen Rollenerwartungen abweicht. So erscheint bereits in der ersten, programmatischen Satire eine adlige Frau namens Mevia, die in der Aufmachung einer Amazone nicht nur die Grenzen ihres Geschlechts übertritt, sondern darüber hinaus auch die Normen der römischen Gesellschaft (1,22b–23): ⟨*cum*⟩ ... *Mevia Tuscum / figat aprum et nuda teneat venabula mamma* (wenn Mevia einen etruskischen Eber durchbohrt und mit entblößter Brust Jagdspeere

---

[40] Auch in Hor. sat. 2,6 bilden die am eigenen Herd zubereiteten (*h*)*oluscula* einen Bestandteil der vom Ich-Sprecher sehnsüchtig erwarteten einfachen ländlichen *cena* auf seinem kleinen Gut in den Sabinerbergen (sat. 2,6,63 f.): *o quando faba Pythagorae cognata simulque / uncta satis pingui ponentur oluscula lardo?* (O wann endlich werden die Bohnen, Pythagoras' Verwandte, und dazu der mit fettem Speck schon genügend geschmälzte Kohl aufgetischt werden?).

[41] Diese Stoßrichtung bringen WATSON/WATSON 2014, 32 treffend auf den Punkt: »J.'s primary focus in *Satire* 6 is on the *behavioural*, not physical, shortcomings of wives, who are of all ages.« Mit Recht wenden sie sich damit gegen die zu undifferenzierte Meinung, wonach der weibliche Körper (insbesondere einer alten Frau) als Objekt der Kritik preisgegeben werde. V. a. RICHLIN 1984 vertrat die Auffassung, dass die misogyne Invektive sich insbesondere gegen alte, abstoßende Frauen richte. Zu vergleichen ist auch GOLDS 2012, 107 zu einseitige Verallgemeinerung: »The women here are often despicable, usually the object and not the subject of action and gaze, demeaned by reference to their bodies or sexual habits or unequal relationships to men«.

4. Rollenabweichendes Verhalten vornehmer Frauen 175

trägt). In der Programmsatire wird also ein doppelter Verstoß gegen kulturell bedingte Rollenkonstrukte skizziert, ein Thema, das dem Sprecher im Verlauf der einzelnen Satiren und insbesondere in der sechsten Satire wiederholt Anlass zur Empörung bietet.

Gleich zu Beginn der sechsten Satire beschreibt der Satiriker den primitiven, aber moralisch integren Lebensstil der ersten Menschen unter Saturns Herrschaft (6,1–13). So wird eine ungepflegte Höhlenbewohnerin (*montana uxor*, 5) von Cynthia und Lesbia, den kultivierten *puellae* der Liebeselegie, abgesetzt (6,7–10): *haut similis tibi, Cynthia, ... / sed potanda ferens infantibus ubera magnis / et saepe horridior glandem ructante marito* (keineswegs dir ähnlich, Cynthia, ..., vielmehr bot sie ihren großen Säuglingen die Brüste zum Trinken, oft noch struppiger als ihr nach dem Verschlingen von Eicheln rülpsender Gatte). Anders als die vornehmen Frauen der dekadenten Gegenwart (vgl. 6,594–597a) waren die Ehefrauen in der Frühzeit noch bereit, Kinder zu gebären und auch selbst zu stillen.[42] Die nahezu tierähnliche Charakterisierung der urzeitlichen Menschen und insbesondere der Frauen wird freilich satirisch überzeichnet. Ungepflegtes Aussehen ist im Wertesystem des Satirikers aber durchaus positiv konnotiert.[43]

Die sexuelle Selbstbestimmung der Ehefrau erweist sich in der sechsten Satire immer wieder als Zielscheibe der Kritik, die in satirischer Übertreibung inszeniert wird. Römische *matronae* werden vor allem dann kritisiert, wenn sie traditionell nur Männern zuerkanntes Verhalten auch in der Öffentlichkeit für sich beanspruchen. Kaleidoskopartig reiht sich Vignette an Vignette, deren Kern häufig die Untreue der Ehefrau bildet. So folgt auf die Affäre der Senatorengattin Eppia mit einem Gladiator (6,82–113) in einer Steigerung als prominentes Beispiel einer Ehebrecherin die Kaiserin Messalina selbst (114–132). Eine andere Ehefrau, Caesennia, erkauft sich mit einer hohen Mitgift ihre Freiheit (*libertas emitur*, die Unabhängigkeit wird ⟨von ihr⟩ erkauft, 140a), auch in der Ehe außereheliche Kontakte zu pflegen (136–141).

Charakteristisch für das auch sonst innerhalb der sechsten Satire gezeichnete Frauenbild ist die Szene, in der eine sexuell frustrierte Ehefrau die Sklaven für die Vernachlässigung durch ihren Ehemann büßen lässt (475f.). Das zugrundeliegende Motiv der Gleichgültigkeit des Gatten in der Nacht wird

---

[42] Zu dieser Gegenüberstellung s. auch o. 152 mit Anm. 246.
[43] Bei der Beschreibung der Diener im Haus des Satirikers gilt ihre Ungepflegtheit (*incultus puer*, 11,146) als Kennzeichen ländlicher Einfachheit, s.o. 134. Entsprechend signalisiert struppiger Haarwuchs am ganzen Körper oft moralische Integrität, während glattrasierte Körperpartien als Zeichen von Verweichlichung gewertet werden. Vor diesem Hintergrund wirft der satirische Sprecher den heuchlerischen Sittenpredigern in der zweiten Satire vor, dass ihre Körperbehaarung als Ausweis strenger Männlichkeit nur die nach außen gekehrte Seite sei, vgl. 2,11–13, s.o. 79 mit Anm. 26.

am Anfang deutlich benannt (475 f.): *si nocte maritus / aversus iacuit* (Wenn der Ehemann nachts abgewandt dalag). Die grausamen Strafaktionen der als tyrannisch charakterisierten Hausherrin werden entsprechend als Ergebnis ihrer sexuellen Frustration dargestellt (477b–479a): *tarde venisse Liburnus / dicitur et poenas alieni pendere somni / cogitur* (der Liburner⟨sklave⟩ sei zu spät gekommen, so wird jedenfalls behauptet, und muss die Strafe für den Schlaf eines anderen zahlen).

5. Allgemeine Verrohung der zivilen Gesellschaft

Angesichts eines Falls von Kannibalismus, der sich vor kurzem in Ägypten zugetragen habe, legt der Satiriker in der 15. Satire dar, wodurch sich der Mensch vom Tier unterscheidet (15,142b–147a). Anschließend geht er an den Anfang der Weltentstehung zurück und erinnert an den zivilisatorischen Aufstieg des menschlichen Geschlechts zur sozialen Gemeinschaft (147b–158). Die allmähliche Entwicklung von ursprünglich verstreut lebenden Individuen zur sozialen Gemeinschaft geschieht zum Zweck gegenseitiger Hilfe (149b–156). Die Vereinigung in Städten dient dazu, sich gemeinsam gegen äußere Gefahren zu verteidigen (157f.). In vielen Punkten knüpft die Darstellung der Entwicklung der menschlichen Zivilisation an die Kulturentstehungslehre des Lukrez im Finale seines fünften Buches (Lucr. 5,925–1457) an.[44] Die Funktion dieses Rückblicks auf die Entstehung der Zivilisation geht aus dem Kontext hervor. Der gegenwärtige Fall von Kannibalismus zeigt, dass die Menschheit wieder in einen primitiven Zustand zurückgefallen ist, der sich sogar noch unterhalb dem der Tiere befindet, folgt doch im unmittelbaren Anschluss an diese Passage die Klage, dass die Eintracht unter den Tieren gegenwärtig größer sei als die unter den Menschen (159–164). In der 15. Satire liegt die Funktion des Rückblicks auf die Anfänge und den Zweck menschlicher Zivilisation darin, die Verrohung der gegenwärtigen Menschheit (*nostro ... aevo*, 31 f.) mit dem idealen Gegenbild der anfänglichen Kulturentstehung zu konfrontieren.

Auch wenn sich der erhaltene Teil der sechzehnten Satire auf die legalen Privilegien der Soldaten konzentriert, vermittelt die über die privilegierte Stellung der Soldaten handelnde Passage indirekt doch auch den Eindruck einer allgemeinen Verrohung der Gesellschaft. Dies kommt deutlich beim Recht des Soldaten, über sein im Militärdienst erworbenes Vermögen auch zu

---

[44] Auch sprachlich verweist die archaische Infinitivform *defendier* (157) auf diese Passage, vgl. Lucr. 5,1312 *moderarier* und (wie *defendier* an vorletzter Stelle) 5,979 *mirarier*, 5,1379 *imitarier*. Zu deutlichen Anklängen an Lukrez' Schilderung der Anfänge der Menschheit vgl. auch SCHMITZ 2000, 42, insbes. Anm. 66.

5. Allgemeine Verrohung der zivilen Gesellschaft 177

Lebzeiten seines Vaters testamentarisch verfügen zu dürfen, zum Ausdruck (16,54b–56): *ergo Coranum / signorum comitem castrorumque aera merentem / quamvis iam tremulus captat pater* (Folglich betreibt bei Coranus, der den Feldzeichen folgt und den Wehrsold verdient, sein eigener Vater, obwohl schon ein Tattergreis, Erbschleicherei). Besonders aussagekräftig ist *ergo* (54), wird doch der Eindruck erweckt, als ob Erbschleicherei zwangsläufig eintreten müsse. Das Motiv der Erbschleicherei ist hier besonders absurd, da das Verhältnis umgekehrt ist: der Sohn ist das Objekt der Erbschleicherei seines schon zittrigen, d.h. altersschwachen Vaters. Diese Pervertierung zeigt, dass die zivile Gesellschaft insgesamt korrupt ist.[45] Ebenso manifestiert sich in der ohnmächtigen Situation des verprügelten Zivilisten vor dem Militärgericht, dass *amicitia* in der gegenwärtigen Gesellschaft kein Wert mehr ist, auf den man sich verlassen kann. Angesichts des aussichtslosen oder sogar mit der Gefahr körperlicher Vergeltung verbundenen Prozesses sind Freunde nicht bereit, demjenigen, der Unrecht erlitten hat, beizustehen. Über die desolate Lage des von einem Soldaten verprügelten Zivilisten hinaus wird die Darstellung um einen Blick auf gesellschaftliche Fehlentwicklungen im zeitgenössischen Rom erweitert. Bürger sind der Laune brutaler Soldaten ausgesetzt, aber auch innerhalb der zivilen Gesellschaft ist keine Solidarität mehr zu erwarten. Aus Sorge, das gleiche Schicksal wie der verprügelte Zivilist zu erleiden, suchen Freunde Ausflüchte, um nicht vor Gericht erscheinen zu müssen (25b–28), und niemand ist bereit, das gesehene Unrecht vor einem Militärtribunal zu bezeugen (29–34).

---

[45] Zur indirekten Kritik an der Gesellschaft vgl. auch CLARK 1988, der jedoch einseitig im Heer die Ursache für die Korrumpierung der Gesellschaft sieht, vgl. etwa 121: »Here again the real villains are not the citizens so much as the soldiers, who are making money and enticing civilians, excluded from the army's wealth, into becoming fools. The army of the satire thus has the effect of perverting civilian society and reversing roles of father and son.« Wie aber andere Satiren zeigen, bedarf es nicht des Heeres, um Menschen zu den gegenwärtig verbreiteten Lastern wie Erbschleicherei (vgl. etwa Satire 12) oder *avaritia* (vgl. etwa Satire 14) zu verleiten.

V. Juvenals virtuose Technik: Satirisierung durch Sprache und Vers

1. Stil

Juvenal ist ein Sprach- und Verskünstler. Es ist die Machart einzelner Verse, das heißt vor allem die Wahl der Wörter und ihre Positionierung innerhalb eines Verses, häufig die ungewöhnliche Zusammenfügung inkongruenter Begriffe, wodurch mit einem Schlag die Paradoxie menschlicher Verfehlungen zum Ausdruck gebracht wird. Konventionelle Themen wie vor allem menschliche Laster werden erst aufgrund ihrer anschaulichen Präsentation zu spezifisch satirischen Objekten, die im Gedächtnis haften bleiben.

Angesichts des durchgängig rhetorischen Charakters, der aus Juvenals Gedichten unmittelbar hervorgeht,[1] konzentriere ich mich auf die für Juvenals Satire besonders kennzeichnenden Stilmittel und Strategien, die im folgenden exemplarisch erläutert werden sollen.[2] In der Regel treten mehrere Stilmittel im Zusammenspiel auf, so dass eine isolierte Behandlung nicht immer sinnvoll ist.[3] Das Porträt des Lateranus (8,146–178) etwa, in welchem viele charakteristische Stilmerkmale eingesetzt sind, bietet sich für eine solche zusammenhängende Betrachtung an (hierzu s. weiter u. 181–183.).

1.1 Oxymoron

Formen der Inkongruenz zeichnen Juvenals Satirenstil in besonderer Weise aus.[4] In der mit großer Virtuosität gehandhabten Technik der Zusammenfügung an und für sich unvereinbarer Begriffe, was man als Oxymoron bezeichnen kann,[5] entstehen neuartige Wortfügungen. Die vielen inkongruenten Junkturen, die Gegensätzliches in einer grotesken Verbindung präsentieren, machen Widersprüche schlagartig sichtbar. So wird Messalina, die untreue

---

[1] Zur rhetorischen Ausbildung des satirischen Ichs vgl. 1,15–17a; hierzu s.o. 25, Anm. 53.
[2] Zu Juvenals Stil vgl. COURTNEY 1980, 36–48; WIESEN 1989; BRAUND 1996a, 24–29, KENNEY 2012, 124–136. Zu dem für Juvenals Satire typischen Wechsel der stilistischen Register vgl. POWELL 1999; URECH 1999 untersucht die Stilhöhe auffälliger Wörter und Wendungen sowie den Wechsel von hohem und niederem Stil. Zu vergleichen ist auch KISSEL s 2014, 149–160 Referat zu Sprache und Stil.
[3] Entsprechend geben WATSON/WATSON 2014, 48–51 eine geschlossene Analyse einer Partie aus der sechsten Satire (6,314–334).
[4] Zur Kategorie der gesuchten Inkongruenz vgl. SCHMITZ 2000, 143–149.
[5] LAUSBERG definiert das Oxymoron als »gerafft-enge syntaktische Verbindung widersprechender Begriffe zu einer Einheit« (Heinrich LAUSBERG: Handbuch der literarischen Rhetorik, Stuttgart ³1990, § 807, S. 398).

1. Stil 179

Gattin des Kaisers Claudius, die sich nachts in einem Bordell prostituiert, als *meretrix Augusta* (die Huren-Kaiserin, 6,118) bezeichnet, und ein Konsul, der sein Gespann eigenhändig[6] lenkt, ist ein *mulio consul* (Maultierlenker-Konsul, 8,148).[7] In seinem ironischen Kommentar, dass unwürdige Bühnenauftritte Adliger angesichts des kaiserlichen Vorbildes nicht erstaunlich seien, lässt Juvenal gleich zwei derartige Oxymora dichtgedrängt aufeinander folgen (8,198f.): *res haut mira tamen citharoedo principe mimus / nobilis* (Ein adliger Schauspieler im Mimus ist jedoch nichts Erstaunliches, wenn ein Kaiser als Kitharöde auftritt). Es ist kein Zufall, dass Juvenal dieses Stilmittel mehrmals in der achten Satire anwendet, geht es doch hier um den Nachweis, dass adlige Herkunft allein nicht genüge, sondern sich die Träger berühmter Namen durch ein Verhalten bewähren müssen, das ihrer gesellschaftlichen Stellung oder ihrem Amt entspricht. Immer wieder beklagt der Satiriker in seiner Kritik am Verhalten der in seinen Augen degenerierten *nobiles* die Verkehrung der überkommenen Tradition. Diese aufgelöste Gesellschaftsordnung manifestiert sich vor allem in Juxtapositionen, die Ungereimtheiten eng zusammenschließen. So heißt es im Zusammenhang mit der Ausbeutung von Provinzen durch den jeweiligen Statthalter über Verres, Inbegriff eines raffgierigen Provinzverwalters, und seinesgleichen (8,105–107): *inde Dolabella..., inde / sacrilegus Verres referebant navibus altis / occulta spolia et plures de pace triumphos* (Von dort brachte Dolabella..., von dort der Tempelräuber Verres in hochbordigen Schiffen Beutestücke heimlich nach Hause und mehr Triumphe über bereits befriedete Bundesgenossen ⟨als andere über kriegerische Völker⟩). In Vers 107 liegt ein doppeltes Oxymoron vor: üblicherweise wurde Kriegsbeute in Triumphzügen öffentlich zur Schau gestellt und Triumphe wurden über Feinde, nicht aber über bereits unterworfene Völker gefeiert. Vor der Folie der aufgerufenen Tradition signalisiert der paradoxe Sprachgebrauch (*occulta spolia* und *de pace triumphos*) die Verkehrung der Verhältnisse.

Juvenal prägt viele eindringliche Verbindungen, wodurch die Widersprüche vor allem in der gesellschaftlichen Interaktion enthüllt werden. Oxymora, in denen zusammengefügt wird, was an und für sich nicht zueinander passt, sind adäquater Ausdruck für die Verkehrung der gesellschaftlichen Ordnung. Ein paradoxes Oxymoron liegt etwa in der Zusammenfügung *Gaetulus Ganymedes* (ein gaetulischer ›Ganymed‹, 5,59) vor, womit in der Schilderung der ungleichen Bewirtung bei einem Gastmahl der für die ärme-

---

[6] Vgl. COURTNEY 1980, 406 zum betonten *ipse, / ipse* (147f.): »An indignant epanalepsis«.
[7] Ins Extrem getrieben ist das Auseinanderklaffen von aktueller Tätigkeit und äußerer Erscheinung in der grotesken Zusammenstellung *remiges ... porci* (Ruderer-Schweine, 15,22) über die von Circe in Schweine verwandelten Gefährten des Odysseus.

ren Klienten zuständige Diener ironisch bezeichnet wird.[8] Im Gegensatz zu diesem aus Nordafrika stammenden Sklaven steht dem Hausherrn ein junger, attraktiver Luxussklave kleinasiatischer Provenienz als Mundschenk zur Verfügung. Durch das alliterierende Oxymoron *Gaetulus Ganymedes*, das eine disparate Einheit bildet, wird der greise, noch dazu mürrische Diener mit diesem wahren Ganymed kontrastiert.

Eine schon topische Erscheinung ist der *dives avarus* (der reiche Geizhals, 7,30),[9] dessen mangelnde Freigebigkeit als Mäzen der satirische Sprecher potentiellen Literaten plastisch vor Augen führt. Jede Hoffnung auf materielle Förderung schwindet auch bei Naevolus, der sich über seinen Patron, einen schwulen Geizhals (*mollis avarus*, 9,38), beklagt. Die sich in der Öffentlichkeit als strenge Tugendhelden aufspielenden Sittenrichter werden vom Satiriker als *Socratici cinaedi* (Sokratische Kinäden, 2,10)[10] bloßgestellt. Das unvereinbar Gegensätzliche, das sich in diesen antithetischen Juxtapositionen manifestiert, ist kennzeichnend für Juvenals satirische Welt voller Widersprüche. So klagt Umbricius in der dritten Satire, dass das Leben in Rom im Gegensatz zum ungezwungenen Leben in der Provinz von *ambitiosa paupertas* (anspruchsvoller Armut, 3,182 f.) geprägt sei, da die Klienten über ihre finanziellen Verhältnisse hinaus einander im Kampf um Partizipation am gesellschaftlichen Leben zu überbieten suchten. In der ersten Satire findet der satirische Sprecher die *luxuriae sordes* (knausrige Verschwendung, 1,140) eines Patrons, der allein speist und keine Parasiten an seiner üppigen Tafel duldet, unerträglich.[11]

1.2 Abschluss eines Satzes παρὰ προσδοκίαν (wider die Erwartung)

Dieses Stilmittel basiert auf der überraschenden Nichterfüllung der Lesererwartung. Typischerweise lässt Juvenal einen Katalog homogener Erscheinungen παρὰ προσδοκίαν (wider die Erwartung) enden. Mit grimmigem Witz setzt er diese Figur zu Beginn der dritten Satire ein, wenn er die Aufzählung der Widrigkeiten in Rom in einer unerwarteten Klimax gipfeln lässt (3,7–9): *horrere incendia, lapsus / tectorum adsiduos ac mille pericula saevae / urbis et Augusto recitantes mense poetas.*[12] In einer Synkrisis zwi-

---

[8] Ebenso ironisch wird in der neunten Satire einem unattraktiven Patron unterstellt, dass er sich für einen zweiten Ganymed zu halten pflege, wenn der Klient Naevolus seine Mühe beklagt, seinen Patron auch sexuell zu befriedigen (9,46 f.): *sed tu sane tenerum et puerum te / et pulchrum et dignum cyatho caeloque putabas* (doch du hieltest dich gewiss für zart, knabenhaft, schön und würdig der Schöpfkelle und des Himmels); vgl. auch SCHMITZ 2000, 253.
[9] Hierzu s. auch o. 111 f.
[10] Hierzu s.o. 78.
[11] Zum Oxymoron *pallor amicitiae* (bleiche Furcht vor der Freundschaft, 4,75) s.o. 100.
[12] Hierzu s.o. 86 f.

schen dem mythischen Muttermörder Orest und Nero zählt der satirische Sprecher auf, was Orest im Gegensatz zum Kaiser nicht verübt habe: zwar sei auch Orest ein Muttermörder, aber er habe sich nicht mit dem Mord an seiner Schwester und Gattin befleckt, seine Verwandten nicht vergiftet, und – Klimax der Aufzählung grausamer Verbrechen – er sei nicht auf der Bühne aufgetreten und habe sich auch nicht schriftstellerisch betätigt (8,220f.): *in scena numquam cantavit Oresten, / Troica non scripsit.*[13]

Während in diesen Beispielen ein disparates Element eine Aufzählungsreihe überraschend anders als erwartet abschließt, ist ein meist nach einem Spannungsbogen gesetztes παρὰ προσδοκίαν ein beliebtes Mittel in den Händen des Satirikers, mit dem er pointierte, oft witzige Effekte erzielen kann. In der dritten Satire etwa malt Umbricius als Gegenbild zur teuren Hauptstadt das idyllische Leben außerhalb Roms aus (3,230f.): *est aliquid, quocumque loco, quocumque recessu, / unius sese dominum fecisse lacertae* (Es bedeutet etwas, an welchem Ort, in welchem entlegenen Winkel auch immer, sich zum Besitzer auch nur einer einzigen Eidechse gemacht zu haben). Das entscheidende, mit Spannung erwartete Wort, das mit *unius* am Versanfang angekündigt wird, folgt erst ganz am Ende des Verses. Wenn παρὰ προσδοκίαν *lacerta* erscheint, wo man wenigstens *capella* erwartet hätte,[14] wird dadurch die Anspruchslosigkeit des künftigen Landbewohners angesichts des unüberbietbar kleinen Grundbesitzes betont.

Der Effekt eines παρὰ προσδοκίαν gesetzten Worts beruht oft darauf, dass ein eindeutig konnotiertes Verb und die damit verbundene Aktivität beibehalten werden, das zu erwartende Objekt aber durch ein verblüffend unpassendes ausgetauscht wird.[15] So setzt Juvenal in 5,169 *stricto pane* (und gerade nicht *ense*), womit zum Ausdruck kommt, dass die mittellosen Klienten das Brot wie ein Schwert gezückt halten und, getrieben von der Hoffnung auf Teilhabe an der Tafel des Patrons, weiterhin alle Demütigungen ertragen werden.[16]

Dieses Stilmittel setzt Juvenal besonders effektiv im Porträt des Lateranus (8,146–178) ein, indem er das den Konventionen entsprechende Verhalten eines Konsuls kurz anklingen lässt, aber nur, um anders als erwartet fortzufahren. Lateranus opfert nämlich bei den *feriae Latinae*, einer Feier zu Ehren des *Iuppiter Latiaris* als Beschützer des Latinerbundes, nicht nur ein-

---

[13] Ausführlicher zu 8,220f. s.o. 120f.
[14] Vgl. COURTNEY 1980 zu 231; das ausgedehnte, den ganzen Vers umgreifende Hyperbaton *unius... lacertae* könnte zudem im Gegensatz zur Enge des potentiellen Besitzes stehen. Zur gesucht inkongruenten Zusammenstellung des hochtrabenden Ausdrucks *dominus* mit dem winzigen Kriechtier vgl. SCHMITZ 2000, 123f.
[15] In 5,98 *quod captator emat Laenas, Aurelia vendat* (vgl. hierzu o. 169) wird dagegen παρὰ προσδοκίαν statt *edat* ein anderes Verb am Versende gesetzt.
[16] Zum Kontext des ungleichen Gastmahls s.o. 102f.

zig der nichtrömischen Pferdegöttin Epona, deren Kultbild äußerst drastisch dargestellt wird,[17] sondern kommt seiner Pflicht im sakralen Bereich auch sonst nicht nach, was durch folgende Formulierung zum Ausdruck gebracht wird (8,158): *pervigiles placet instaurare popinas* (es gefällt ihm, die Feiern in den nachts geöffneten Kneipen erneut zu begehen). DUFF 1962 hat auf die bedeutungsvolle Wahl des Verbs *instaurare* hingewiesen, wodurch das παρὰ προσδοκίαν gesetzte *popinas* besonders zur Geltung kommt, erwartet man doch eine Fortsetzung mit *Latinas*, da es angemessen gewesen wäre, wenn Lateranus die Feiern zu Ehren des Festgottes Jupiter wiederholt hätte. Das im Kontext einer sakralen Handlung eindeutig konnotierte Verb *instaurare* zeigt hier die völlige Verkehrung an, wurde doch peinlich genau auf die korrekte Durchführung des Latinerfestes geachtet, welches im Falle einer Störung wiederholt (*instaurare*) werden musste.[18] Dem Konsul Lateranus ist jedoch nicht an einem zeremoniellen Vollzug des Bündnisrituals gelegen, sondern er gibt sich nächtlichen Vergnügungen hin. Was eigentlich von ihm zu erwarten wäre, deutet also *instaurare* an, das paradoxe Objekt zeigt dann aber, wie weit Lateranus sich von dem mit dem Amt des Konsuls verbundenen Verhaltenskodex entfernt hat. Mit *popinas* setzt Juvenal zudem ein denkbar profanes Wort an eine Stelle, an der die Leser einen Begriff aus dem sakralen Kontext erwarten.[19] Den gleichen Effekt erzielt Juvenal wenig später nochmals, diesmal in einem militärischen Kontext, wenn er den Kaiser auffordert, seinen Gesandten Lateranus nicht etwa in den *castra* zu suchen, sondern in der *popina* (8,172):[20] *in magna legatum quaere popina* (such deinen Legaten in einer großen Kneipe). Durch die rahmend-abbildende Wortstellung, die den Legaten als jemanden präsentiert, der in der großen Spelunke eingeschlossen ist (*in magna legatum ... popina*), wird sinnbildlich vorgeführt, dass sich der pflichtvergessene römische Magistrat am unpassenden Ort und in nicht standesgemäßer Gesellschaft aufhält.[21] Diese Passage ist insgesamt ein instruk-

---

[17] 8,156f. *Iovis ante altaria iurat / solam Eponam et facies olida ad praesepia pictas* (⟨Lateranus⟩ schwört vor Jupiters Altar einzig bei Epona und ihren Bildern, die bei den stinkenden Krippen gemalt sind).

[18] DUFF 1962 führt zur Erläuterung des in Iuv. 8,158 Erwarteten Cic. ad Q. fr. 2,5,2 *Latinae instaurantur* (das Latinische Bundesfest wird wiederholt) an.

[19] Die Erwartung, dass *Latinas* als Objekt zu *instaurare* folgt, könnte zusätzlich durch das personifizierende *pervigiles* verstärkt worden sein, womit das vom Albanerberg in die Nacht leuchtende Opferfeuer assoziiert werden kann, das den Abschluss der Bündnisfeier anzeigte, vgl. Lucan. 1,550 und v.a. 5,402: *flammifera confectas nocte Latinas* (Abschluss des Latinerfestes bei nächtlichem Feuer).

[20] Wie bereits das Scholion zur Stelle vermerkt (»παρὰ προσδοκίαν *pro castris*«), erwartet man in diesem Kontext *castra*.

[21] In der Aufzählung (173–176) wird die zwielichtige Gesellschaft, in der sich Lateranus befindet, näher vorgestellt, indem jeweils die Tätigkeit der sozial Niedrigstehenden, Verbrecher und anderer Anrüchiger (Mörder, Matrosen, Diebe, entflohene Sklaven, Henkersknechte, Schrei-

tives Beispiel dafür, wie mehrere Stilmittel im Zusammenspiel agieren. Im Porträt des Lateranus kommen vor allem paradoxe Phänomene zum Einsatz, die den Bruch des Konsuls mit dem vom Amt geforderten Verhalten zeigen (v. a. *mulio consul*, 148 und *instaurare popinas*, 158). Gleich zu Beginn der Passage wird sein vom *mos maiorum* abweichendes Verhalten[22] durch das Bild präfiguriert, wie er an seinen toten Vorfahren vorbeireitet, welche die traditionellen politischen und religiösen Normen repräsentieren.[23]

1.3 Hyperbole: Formen der Übertreibung und (Über-)Steigerung

Das Phänomen der Übertreibung (*hyperbole*) reicht von der Hyperbel als Übertreibung in der kühnen Wahl eines einzelnen Wortes[24], sowie verallgemeinernden Pauschalisierungen und der Denkfigur, dass die einzigartigen Verbrechen der Gegenwart alles bisher Dagewesene übertreffen, bis zur sich stets überbietenden Steigerung als Aufbauprinzip ganzer Passagen innerhalb der Satiren. Hyperbolische Metaphern basieren auf einer im Kontext unmittelbar verständlichen Überbetonung bestimmter Aspekte im Dienste der Anschaulichkeit. So kann in 4,21 eine Sänfte als *antrum* (Grotte) bezeichnet werden, um die Geräumigkeit, Abgeschiedenheit und angenehme Kühle in ihrem Innern zu evozieren. Soll dagegen die Schnelligkeit einer Sänfte im Gegensatz zu den im dichten Straßengewühl mühsam vorwärtseilenden Klienten betont werden, kann die Sänfte in 3,240 hyperbolisch als *Liburna* ⟨sc. *navis*⟩, d. h. als leichtes, bewegliches Schiff der römischen Kriegsmarine bezeichnet werden.[25]

Um die Unmoral der Gegenwart als unüberbietbar zu markieren, rekurriert Juvenal auf die Vorstellung des Eisernen Zeitalters, das freilich noch

---

ner von Totenbahren und ein Cybelepriester) genannt wird. In einem sarkastischen Kommentar betont der satirische Sprecher anschließend in vier Kola die Gleichheit der disparaten Gesellschaft (177f.).

[22] Zum *mos maiorum* als Maßstab satirischer Gesellschaftskritik s.o. 164.

[23] 8,146–148 *praeter maiorum cineres atque ossa volucri / carpento rapitur pinguis Lateranus, ... mulio consul* (Vorbei an der Asche und den Gebeinen seiner Vorfahren rast der fette Lateranus in schnellem Wagen dahin, ... der Kutscher-Konsul).

[24] LAUSBERG (s. o. Anm. 5) differenziert zwischen der Hyperbel als Worttropus (§ 579, vgl. S. 299: »Die Hyperbel ist eine extreme, im wörtlichen Sinne unglaubwürdige onomasiologische Überbietung des *verbum proprium*«) und Gedankenfigur (§ 909f., S. 454f.). Quintilian behandelt inst. 8,6,67–76 ausführlich die *hyperbole*, deren entgegengesetzte Erscheinungsformen des Vergrößerns (*augere*) und Verkleinerns (*minuere*) er erläutert. Ein anschauliches Beispiel für eine verkleinernde Übertreibung liegt in Iuv. 3,231 über einen winzigen Landbesitz vor, vgl. oben 181 zum παρὰ προσδοκίαν gesetzten *lacerta*, ein zu dem von Quint. inst. 8,6,73 (über die *genera minuendi*) angeführten Beispiel passender Fall.

[25] Vgl. hierzu HARRISON 1960, der noch *mons* (3,258) als hyperbolische Metapher für die vom niedergestürzten Wagen herabfallenden Marmorblöcke anführt, die aus Sicht der hilflosen Passanten wie ein Berg auf sie herabrollen.

übertroffen werde (13,28b–30): *peiora ... saecula ferri / temporibus, quorum sceleri non invenit ipsa / nomen et a nullo posuit natura metallo* (⟨gegenwärtig herrscht⟩ ein schlimmeres Jahrhundert als die Epoche des Eisens, für dessen Frevelhaftigkeit die Natur selbst keinen Namen finden kann und es nach keinem Metall benannt hat). Die Natur stelle kein weiteres Metall zur Verfügung, nach dem ein Zeitalter, das sich noch jenseits des Eisernen Zeitalters befinde, benannt werden könne. Dies schließt an den Mythos der Geschlechter (Hesiod, *Erga* 106–201) bzw. Zeitalter (v. a. Ov. met. 1,89–150) an, in dem das moralisch schlechteste Menschengeschlecht und Zeitalter jeweils als eisern bezeichnet wird. Die hyperbolische Ausdrucksweise besteht hier in der Unmöglichkeit, den moralischen Tiefstand des gegenwärtigen Zeitalters adäquat benennen zu können, da das deszendente Metallschema (golden, silbern, ehern und eisern) schon längst am unteren Ende der Skala angekommen sei. Eine Variation des Gedankens, dass jedes Laster gegenwärtig seinen Gipfel erreicht habe, wird in der ersten Satire in polarer Form gegeben (1,147–149): *nil erit ulterius quod nostris moribus addat / posteritas, ... omne in praecipiti*[26] *vitium stetit* (Nichts wird es darüber hinaus geben, was die Nachwelt unseren schlechten Sitten hinzufügen könnte, ... jedes Laster ist auf seinem Gipfelpunkt zum Stehen gekommen). Der in *nil ulterius* (1,147) zunächst negativ formulierte Gedanke, dass die sittliche Verkommenheit nicht mehr gesteigert werden könne, wird noch positiv ergänzt, indem jedes Laster (*omne vitium* (1,149) einbezogen wird. Diese mit Anspruch auf absolute Gültigkeit vorgebrachte Zeitdiagnose ist typisch für Juvenals Satiren, in denen es selten Abstufungen und Differenzierungen gibt. Vielmehr ist die Verallgemeinerung die bevorzugte Ausdrucksform, die Ausnahme wird zur Regel erklärt. Nur so funktioniert wirksame Satire, die sich nicht um das Gewöhnliche kümmert. Das gegenwärtige Rom ist entsprechend von allen möglichen Verbrechern bevölkert:[27] eine Gattenmörderin gehört zu Roms alltäglichem Erscheinungsbild (6,656 *Clytemestram nullus non vicus habebit*, eine Clytaemestra wird jede Straße haben), jede Straße wimmelt von Männern, die ihre Schamlosigkeit heuchlerisch zu verbergen suchen (2,8f. *quis enim non vicus abundat / tristibus obscenis?* Welche Straße ist nicht übervoll von düster blickenden Perversen?), ein Clodius ist an jedem Altar zu finden (6,345 *sed nunc ad quas non Clodius aras?* Doch heutzutage: an welchem Altar findet sich kein Clodius?), einen Catilina könne man im Gegensatz zu einem vorbildlichen Brutus überall sehen (14,41b–43 *Catilinam / quocumque in populo videas, quocumque sub axe, / sed nec Brutus erit Bruti nec avunculus usquam*, in jedem Volk, unter jedem

---

[26] Vgl. ThLL X 2,419,57f. s.v. *praeceps*, wo die Erklärung *ad marginem venit* des Scholiasten zitiert wird; Kissel 2014, 209 bespricht verschiedene Deutungsversuche.

[27] Zu diesem Aspekt der Vervielfältigung von Verbrechern vgl. auch Schmitz 2000, 168.

Himmel kannst du einen Catilina erblicken, aber einen Brutus und einen wie den Onkel des Brutus ⟨sc. Cato⟩ wird es nirgends geben), jede Gattin macht ihren Gatten mit Liebestränken wahnsinnig, wie es die Kaiserin Caesonia mit ihrem Gatten Caligula machte (6,617 *quae non faciet quod principis uxor?* Welche wird nicht das begehen, was die Gattin des Kaisers verübte?), jede reiche Gattin, die einen geldgierigen Mann heiratet, hat sich ihre sexuelle Freiheit in der Ehe erkauft (6,141 *vidua est, locuples quae nupsit avaro*, los und ledig ist diejenige, die begütert einen Habgierigen geheiratet hat) usw. – die Reihe ließe sich beliebig fortsetzen. Diese Tendenz zur Verallgemeinerung kommt – wie in den beiden letzten Fällen – bevorzugt in der sechsten Satire zur Geltung, wo die römischen Matronen als homogene Gruppe präsentiert werden.[28] So wechselt der satirische Sprecher in seiner Schilderung von Eppias pflichtvergessenem Verhalten unvermittelt in die Pluralform und damit zu allgemeinen, sentenzartigen Beobachtungen über adlige Frauen (6,94b–96a): *iusta pericli / si ratio est et honesta, timent pavidoque gelantur / pectore*... (Wenn der Grund, eine Gefahr auf sich zu nehmen, gerechtfertigt und ehrenvoll ist, fürchten sie sich, und erstarren vor Angst im Herzen...).[29] Aber nicht nur in der sechsten Satire kommt die misogyne Stimme zu Gehör; so begegnen etwa auch innerhalb der zehnten Satire pauschalisierende Äußerungen, die ganz im Ton des frauenfeindlichen Sprechers der sechsten Satire gehalten sind, vgl. 10,328f. *mulier saevissima tunc est / cum stimulos odio pudor admovet* (Eine Frau ist dann am wildesten, wenn Beschämung ihre Raserei durch Hass aufstachelt).[30]

Die durchgängig erkennbare Tendenz zu verallgemeinernden Sentenzen findet ihren Ausdruck in zahlreichen Epigrammen innerhalb einzelner

---

[28] Bezeichnenderweise nimmt die zweite Satire die Männer ebenso verallgemeinernd in den satirischen Blick, wenn aus Laronias Perspektive umgekehrt Ehemänner vorgeführt werden, die mit erkaufter Billigung ihrer Frauen ein homosexuelles Verhältnis pflegen (2,60): *dives erit magno quae dormit tertia lecto* (reich wird diejenige, die in einem geräumigen Bett als dritte schläft). Zutreffend bestimmt WIESEN 1989, 719 die Funktion von Sentenzen in Juvenals Satire: »The usual function of a *sententia* is to summarize a general moral truth; Juvenal reverses this, using the aphorism for a general immoral truth – for what improving generalities could be inferred from a society as corrupt as his?«

[29] Ausführlich zu dieser Stelle s.o. 108 Zu verallgemeinernden Strategien, die insbesondere in der sechsten Satire dazu dienen, die Laster der Matronen als verbreitet und unendlich darzustellen, gehört etwa die Einleitung eines Abschnittes mit *semper* (6,268) oder der Wechsel zur dritten Person Plural.

[30] Zu den generellen Äußerungen, die in diesem Passus der zehnten Satire (kontraproduktiver Wunsch einer Mutter nach Schönheit ihres Sohnes) geradezu wie Sentenzen eingestreut werden, gehört auch ein Vers kurz zuvor (10,321f.): *quid enim ulla negaverit udis / inguinibus?* (was nämlich verweigerte je eine mit feuchtem Schoß?). Insofern wird der von den meisten Editoren als interpoliert verdächtigte (s. den textkritischen Apparat von WILLIS 1997 z. St.), ebenfalls sehr allgemeine Vers 10,323 *deterior totos habet illic femina mores* (Schlechte Frauen haben an der Stelle ihre ganze Moral) vielleicht doch allzu vorschnell athetiert.

Satiren.[31] Als charakteristisches Beispiel für ein in eine Satire eingebundenes Epigramm sei 1,69–72 angeführt. Nach Meinung des Satirikers füllt sich sein Notizbüchlein von selbst mit satirewürdigen Objekten, wenn er sich an einer belebten Kreuzung mitten in Rom als Beobachter positioniert (1,63 f.). Innerhalb der Aufzählung der ihm begegnenden skandalträchtigen Zeitgenossen entwirft Juvenal in wenigen Versen eine Charakterskizze einer *matrona* (1,69–72):

> *occurrit matrona potens, quae molle Calenum*
> *porrectura viro miscet sitiente rubetam*   70
> *instituitque rudes melior Lucusta propinquas*
> *per famam et populum nigros efferre maritos.*

Es begegnet eine einflussreiche Matrona, die ihrem Ehemann, wenn er Durst hat, einen milden Calener[32] reichen wird, in den sie Krötengift hineinmischt, und die – eine erfolgreichere Lucusta[33] – ihre noch unbedarften engsten Freundinnen[34] in der Kunst unterrichtet, unter Gerede mitten durch die Volksmenge die schwarz verfärbten Ehemänner im Leichenzug zur Bestattung tragen zu lassen.

Legt man neben dem Aspekt der Kürze innere Geschlossenheit als Kriterium für eine generische Verortung als Epigramm zugrunde, zeigt sich der epigrammatische Charakter dieser vier Verse in der Fokussierung auf die Aktivitäten einer anonym bleibenden *matrona*. Die Anonymität trägt zur Verallgemeinerung bei, so dass die *matrona* als typische Vertreterin ihrer Gruppe präsentiert wird. In Überbietung der berüchtigten Lucusta setzt sich die aktuelle Giftmischerin über Gerüchte hinweg und beseitigt ihren Ehemann skrupellos. Zugleich ist ihr Beispiel wegweisend für andere Frauen. Der letzte Vers dieses Vierzeilers (1,72) *per famam et populum nigros efferre maritos* zeichnet sich durch sprachliche Verdichtung aus. Die gedrängte Zusammenfügung von *per famam et populum* vereinigt die Aussage, dass die Giftmörderin sich nicht um das Gerede der Leute kümmert, mit der räumlichen Vorstellung, dass der Leichnam des vergifteten Gatten in einer Prozession über das Forum zur Bestattung getragen wird.[35] Die letzten drei Wörter runden die kleine Erzählung ab. Das Adjektiv *nigros* genügt, um die Wirkung des

---

[31] Zu epigrammatischen Einlagen s. auch o. 70f.
[32] Ein Spitzenwein aus Cales in Kampanien, vgl. z.B. Hor. carm. 1,20,9. 1,31,9. 4,12,14.
[33] Giftmischerin in Rom, die Agrippina das Gift zur Beseitigung des Claudius (vgl. Tac. ann. 12,66,2) und Nero zur Ermordung des Britannicus lieferte (vgl. Tac. ann. 13,15,3. Suet. Nero 33,2f.).
[34] Vgl. ThLL X 2,2024,5–9 s.v. *propinquus*.
[35] Mit Recht weist DUFF 1962 darauf hin, dass der Ausdruck *per famam et populum* (»in the face of scandal and before the eyes of the people«) nicht als Hendiadyoin auf den Sinn von *per famam populi* (»mitten durch das Gerede des Volkes«) zu reduzieren sei. Von COURTNEY 1980 noch mit der älteren Bezeichnung »Zeugma« versehen, erläutert BRAUND 1996a diese Figur als Syllepsis. Die Präposition *per* verbindet hier eine abstrakte (*fama*) mit einer konkreten

Gifts zu zeigen, das Verb *efferre* evoziert in Verbindung mit der Angabe *per populum* den Leichenzug als erfolgreichen Abschluss der Vergiftungsaktion. Das allerletzte Wort *maritos* markiert das pointierte Ende, indem der Plural knapp und einprägsam den unerwarteten Aspekt der Vervielfältigung der Todesfälle hervorhebt. Das Verbrechen wird zur Routine, ist doch eine Ehefrau, die ihren Ehemann beseitigt, in Rom kein Einzelfall mehr.

Eine Sonderform der Übertreibung durch Verallgemeinerung liegt in der Denkfigur vor, dass die gegenwärtigen Verbrechen die in Mythos und Historie tradierten nicht nur imitieren, sondern in ihrer Größe und Ungeheuerlichkeit sogar noch weit übertreffen.[36] Die bekannten Frevel des Mythos haben längst ihre Einmaligkeit eingebüßt, begegnen einem doch gegenwärtig in Rom überall Gattenmörderinnen (6,655f.): *occurrent multae tibi Belides atque Eriphylae / mane, Clytemestram nullus non vicus habebit* (Viele Beliden und Eriphylen werden dir entgegenkommen, frühmorgens, ...).[37] Nicht nur an Quantität, auch in der Methode des Tötens sind die mythischen Heroinen den gegenwärtigen römischen Frauen unterlegen: während die Klytaimestra der Tragödie noch zu recht einfältigen Methoden griff (657f.), bedient sich die gegenwärtige Gattenmörderin eleganterer Mittel (659): *at nunc res agitur tenui pulmone rubetae* (doch heutzutage geht man mit ⟨Gift aus⟩ der zarten Lunge einer Kröte zu Werke).

In einer Synkrisis eines historischen Falls von Kannibalismus mit einem, der sich jüngst in Ägypten ereignet habe, wird der vergangene Vorfall mit einer *Correctio* (15,94 *sed res diversa*, aber der Fall war verschieden) von der Einmaligkeit des grausamen Verbrechens der eigenen Zeit abgegrenzt. Ebenso übertreffen die gegenwärtigen Kindermörderinnen, die nicht etwa aus Rache, sondern aus reiner Geldgier ihre Kinder töten, durch ihr niederträchtiges Motiv die bekannten mythischen Heroinen Medea und Procne (6,644b–646a): *et illae / grandia monstra suis audebant temporibus, sed / non propter nummos* (auch jene wagten gewaltige Greueltaten in ihrer Zeit, jedoch nicht des Geldes wegen).

Bedeutung (*populus*); entsprechend gibt *per* bei *famam* die Begleitumstände an, wechselt aber bei *populum* zur lokalen Bedeutung über.

[36] Zu diesem Aspekt s. ausführlicher SCHMITZ 2000, 255–258.

[37] Mit dem Patronymikon *Belides* werden die 50 Töchter des Danaus, die Enkelinnen des Belus, bezeichnet, die alle mit Ausnahme der Hypermestra ihre Bräutigame in der Hochzeitsnacht töteten. Eriphyla überredete, von Polynices mit einem Halsband bestochen, ihren Gatten Amphiaraus zur Teilnahme am Zug der Sieben gegen Theben, von dem er nicht zurückkehren sollte. Klytaimestra, die den aus dem Trojanischen Krieg heimkehrenden Agamemnon ermordete, ist seit Homer der Inbegriff einer Gattenmörderin.

Das Prinzip permanenter Steigerung

Eng verwandt mit hyperbolischen Formen ist das Prinzip der Steigerung, das konstitutiv für Juvenals dynamischen Stil ist. Mit der Diagnose, dass die Gegenwart das Zeitalter der äußersten, unüberbietbaren Verderbnis sei, korrespondiert das Prinzip der ständigen Steigerung, bis der absolute Kulminationspunkt des *nil ulterius* (1,147) endgültig erreicht ist. Die Anordnung einer Argumentation in einer schrittweisen Steigerung ist eine häufig eingesetzte satirische Strategie, um zu zeigen, dass es immer ein noch schlimmeres Beispiel gibt und die Reihe der negativen Beispiele endlos fortgesetzt werden könnte. Die für die achte und für die juvenalische Satire überhaupt besonders charakteristischen Aneinanderreihungen von Exempla[38] finden denn auch in einer metapoetischen Reflexion ihre Begründung (8,183f.): *quid si numquam adeo foedis adeoque pudendis / utimur exemplis, ut non peiora supersint?* (Wenn ich nun aber niemals so abstoßende und so schändliche Beispiele verwende, dass nicht noch schlimmere übrig blieben?). Mit dieser rhetorischen Frage leitet der Sprecher in der achten Satire nach dem Beispiel des pflichtvergessenen Konsuls Lateranus (146–182) zum Abschnitt über, in welchem weitere Verfehlungen degenerierter Repräsentanten der Nobilität das Verhalten des Lateranus noch in den Schatten stellen. Eine Steigerung gegenüber Lateranus' Verhalten bedeuten die unwürdigen Bühnenauftritte einiger Angehöriger der Nobilität (8,183–199a). Innerhalb der sich jeweils überbietenden Exempla verweist der Satiriker mit der Junktur *citharoedo principe* (198) bereits auf Neros skandalösen Auftritt. Eine weitere Stufe wird wiederum durch eine rhetorische Frage eingeleitet (199b): *haec ultra quid erit nisi ludus?* (Was gibt es darüber hinaus noch außer der Gladiatorenschule?). Dies ist der Auftakt für den empörenden Auftritt des adligen Gracchus in der Arena (183–210).[39] Aber auch dieser Skandal findet eine nochmalige Steigerung in Neros Schandtaten (211–230), die wiederum in seinen künstlerischen Aktivitäten, die er öffentlich zur Schau stellt (220f., s.o. 181), ihren Höhepunkt finden.

---

[38] Zu Juvenals exzessivem Gebrauch von Exempla etwa in der sechsten Satire s.o. 104, vgl. auch COURTNEY 1980, 38–41.

[39] Ganz analog wurde in der zweiten Satire der öffentliche Auftritt des Gracchus als Gladiator (143–148) ebenfalls als Steigerung gegenüber seiner skandalösen Männerhochzeit (117–142) eingeführt (2,143): *vicit et hoc monstrum tunicati fuscina Gracchi*. Zum Prinzip der permanenten Steigerung in der zweiten Satire (neben *vicit*, 143 sind vor allem die Komparative *peiiores*, 19; *foedius*, 82 zu vergleichen) s.o. 165.

1.4 Deminutiv

Vielfältigen Gebrauch macht Juvenal von Deminutiva,[40] die eher in der Umgangssprache als in der hohen Poesie zu Hause sind. Bei der Bildung eines Deminutivs wird das Grundwort nur geringfügig modifiziert, die Bedeutung kann aber eine erhebliche Erweiterung erfahren. Das satirische Potential eines Deminutivs kommt vor allem beim Nebeneinander von Grundwort und Deminutivform zur vollen Entfaltung.

Gezielt setzt Juvenal Deminutiva in der Eppia-Episode (6,82–113) ein, in welcher die skandalöse Leidenschaft einer römischen Matrone für einen Gladiator namens Sergius, dem sie nach Ägypten folgt, geschildert wird. Ironisch fragt der Sprecher, um welcher jugendlichen Schönheit willen die Senatorengattin denn die Strapazen einer Seereise tapfer auf sich nahm und es ertrug, Gladiatorenliebchen (*ludia*, 104) genannt zu werden (103–105a). In seiner breiten Beschreibung des wenig anziehenden Äußeren des schon alternden Gladiators ahmt er Eppias zärtlich abgewandelte Form des Namens ihres Liebhabers nach (105f.): *nam Sergiolus iam radere guttur / coeperat et secto requiem sperare lacerto* (Ihr lieber Sergiolus hatte nämlich schon begonnen, sich die Kehle zu rasieren und Erholung für seinen zerhauenen[41] Arm zu erhoffen). Höhnisch bedient sich der satirische Sprecher hier Eppias liebkosender Bezeichnung *Sergiolus* (105) für den wenige Verse später neutral *Sergius* (112) genannten Gladiator. Die Ekphrasis der abstoßenden Hässlichkeit des Sergius endet mit der Erwähnung seines chronischen Augenleidens (109): *et acre malum semper stillantis ocelli* (und sein hartnäckiges Leiden, das stets triefende Äuglein). Das Deminutiv *ocellus*[42] im Sinne von »das liebe Auge« korrespondiert mit *Sergiolus*. Jeweils zielen die Deminutiva nicht auf die Kleinheit, sondern sind Ausdruck emotionaler Verbundenheit. In dieser Passage wechselt die Fokalisierung: Während die Deminutiva *Sergiolus* und *ocellus* aus der subjektiven Sicht der verliebten Eppia gewählt sind, beschreiben andere Partien das deformierte Gesicht des altgedienten Gladiators schonungslos, so vor allem 107–109a: *praeterea multa in facie deformia, sicut / attritus galea mediisque in naribus ingens / gibbus* (außerdem entstellte vieles sein Gesicht, so ein vom Helm wundgeriebener, gewal-

---

[40] Ausführlicher zur Funktion des Deminutivs s. SCHMITZ 2000, 76–88.
[41] WATSON/WATSON 2014 zu 106 favorisieren die Bedeutung »im Rahmen einer operativen Heilbehandlung aufgeschnittener Arm« für *secto ... lacerto*.
[42] In diesem Sinne erklärt auch COURTNEY 1980 die Funktion des Deminutivs: »As in addressing her Sergius, so in speaking of his ›poor little eye‹ Eppia uses a diminutive«, während WATSON/WATSON 2014 die Bedeutung des Deminutivs darin sehen, den krankhaften Aspekt des entstellten Auges zu betonen: »The diminutive *ocellus* has depreciatory force with reference to the disfigured eye«.

tiger Höcker mitten auf der Nase). Wie am Anfang mit *Sergiolus* nimmt der Sprecher auch am Ende mit *ocellus* die zärtliche Perspektive der Eppia ein. Gerade mit *ocellus* imitiert Juvenal den Ton der Liebeselegie, für die Deminutiva kennzeichnend sind. So findet sich genau dieses Deminutiv zur Beschreibung der verzärtelten Frauen der Liebeselegie als Kontrastfolie zur ungeschlachten Höhlenbewohnerin (*montana uxor*, 6,5) der Frühzeit (6,7f.): *haut similis tibi, Cynthia, nec tibi, cuius / turbavit nitidos extinctus passer ocellos* (dir nicht ähnlich, Cynthia, oder dir, deren strahlende Äuglein der Tod des Sperlings trübte). Die intertextuellen Bezüge auf die berühmten literarischen *puellae* sind unverkennbar. Mit der Periphrase für Lesbia wird Catulls Gedicht auf den toten *passer* zitiert, das mit *ocelli* schließt (Catull. 3,17f.): *tua ⟨sc. passer⟩ nunc opera meae puellae / flendo turgiduli rubent ocelli* (durch deine Schuld sind jetzt die vom Weinen geschwollenen Äuglein meines Mädchens rot). Zugleich verweist die Apostrophierung Cynthias auf den Eingangsvers des ersten Properzgedichts (Prop. 1,1,1): *Cynthia prima suis miserum me cepit ocellis* (Cynthia zuerst hat mich Elenden mit ihren Äuglein gefangengenommen). Beide Deminutive offenbaren also Eppias liebevolle, vertrauliche Beziehung zu Sergius. Der Satiriker gibt auch eine verallgemeinernde Erklärung für das Faible römischer Matronen für Gladiatoren (110): *sed gladiator erat. facit hoc illos Hyacinthos* (Aber er war ein Gladiator; das macht aus ihnen sogleich einen Hyacinthus).

Ganz analog zum Wechsel von Sergiolus/Sergius variiert Juvenal das Deminutiv *lectulus* mit *lectus*, wenn Naevolus gegenüber seinem geizigen Patron das Bett als Zeugen für seine Verdienste beschwört (9,77f.): *testis mihi lectulus et tu, / ad quem pervenit lecti sonus.*[43] Der Perspektivwechsel findet hier von einem Vers zum nächsten statt. Während das Deminutiv *lectulus* im Munde des Naevolus ironisch eine Zärtlichkeit vorgibt, die er nicht wirklich empfindet, da er auf Bitte des Patrons mit dessen Frau Kinder zeugte, ist das nüchterne Grundwort *lectus* aus der Perspektive des Ehemannes gewählt. In diesem Falle springt die Fokalisierung von der scheinbar liebevollen Bezeichnung aus der subjektiven Sicht des Naevolus zur objektiven des Patrons und Ehemannes um.[44] In gleicher Weise verwendet Naevolus das Deminutiv *filiolus* mit nur vorgeblich zärtlicher Nuance, wenn er bei der Aufzählung seiner Verdienste dem undankbaren Patron die für diesen gewinnbringende Geburt von Kindern vor Augen führt (9,82f.): *nullum ergo meritum est, ingrate ac perfide, nullum / quod tibi filiolus vel filia nascitur ex me?* (Kein Verdienst ist es also, Undankbarer und Treuloser, dass dir ein

---

[43] Zur pervertierten Situation eines Paraklausithyrons s.o. 58f.
[44] Aus der Perspektive der Figuren erklärt auch COURTNEY 1980 den auffallenden Wechsel: »The diminutive as if he is caressing the memory, as the patron, to whom it is only a *lectus* (78) is not.«

Söhnchen oder eine Tochter durch mich geboren wird?). Das von Naevolus gewählte Deminutiv *filiolus* gibt vor, ganz im Ton liebevoller Zärtlichkeit zu sprechen, in Wirklichkeit aber rechnet er seinem Patron vor, welche gesellschaftlichen und materiellen Vorteile ihm die Geburt von Kindern bringe. In ähnlicher Funktion setzt Juvenal – eine berühmte *Aeneis*-Stelle abwandelnd – das deminutive Adjektiv *parvulus* ein. In einer hypothetischen Überlegung malt der satirische Sprecher dem ungerecht behandelten Klienten Trebius nämlich aus, in welche Position innerhalb des Patron-Klient-Verhältnisses er augenblicklich aufsteigen werde, wenn er unverhofft zu Reichtum käme, und zudem noch kinderlos und damit potentieller Erblasser sei (5,137–139): *dominus tamen et domini rex / si vis tunc fieri, nullus tibi parvulus aula / luserit Aeneas nec filia dulcior illo* (Doch willst du dann Herr und König des Herrn werden, dann sollte dir kein »kleiner Aeneas im Palast spielen« oder eine Tochter, noch lieblicher als dieser). Diese Stelle zitiert die mit viel Pathos aufgeladene Partie innerhalb des vierten *Aeneis*-Buches, in der Dido ihren Kinderwunsch äußert (Verg. Aen. 4,328f.): *si quis mihi parvulus aula / luderet Aeneas* (wenn mir ein kleiner Aeneas im Palast spielte). Durch die Negation *nullus* wird das stark gefühlsbetonte Deminutiv des Prätextes angesichts des Kalküls der einzig am materiellen Profit interessierten Akteure in der Satire ins genaue Gegenteil verkehrt.

Das Deminutiv kann besonders effektvoll sein, wenn die lächerliche Wertlosigkeit oder Winzigkeit eines Gegenstandes unerwartet mit der früheren Größe konfrontiert wird. So verwendet Juvenal zur Veranschaulichung des tiefen Falls des einst einflussreichen Prätorianerpräfekten Sejan effektvoll Deminutive, wodurch der Kontrast noch gesteigert wird. Sinnbildlich setzt er nämlich Sejans Sturz (10,56–107) in Szene, indem er vor dessen eigentlicher Hinrichtung beschreibt, wie eine vom Sockel entfernte Triumphalstatue eingeschmolzen wird (10,62f.): *ardet adoratum populo caput et crepat ingens / Seianus* (es erglüht das vom Volk angebetete Haupt und der gewaltige Sejan prasselt). Das Schicksal dieser eingeschmolzenen Sejanstatue inszeniert Juvenal als Metamorphose, indem er die aus dem kostbaren Metall der Statue verfertigten Gegenstände direkt aus dem Gesicht des einst mächtigen Sejan entstehen lässt (10,63f.): *deinde ex facie toto orbe secunda / fiunt urceoli, pelves, sartago, matellae* (darauf entstehen aus dem Gesicht, das in der ganzen Welt den zweiten Rang innehatte, Krüglein, Schüsseln, eine Pfanne, Nachttöpfe). Die Aufzählung der banalen Gebrauchsgegenstände lässt er mit Krüglein (*urceoli*) beginnen und – besonders despektierlich – mit Nachttöpfen (*matellae*) enden. Ganz analog wird in der Hannibal-Vignette (10,147–167) ein wohl noch als Deminutiv empfundenes Wort[45] für

---

[45] Hierzu vgl. SCHMITZ 2000, 87, Anm. 86.

die Schlusspointe aufbewahrt (164b–166a): *ille / Cannarum vindex et tanti sanguinis ultor / anulus*.[46] Ein kleiner Ring, der das Gift zum Suizid enthielt, wird zum Rächer der großen Niederlage stilisiert, die Hannibal den Römern in der Schlacht von Cannae beibrachte.

Typischerweise begegnen Deminutiva in idealisierenden Schilderungen der einfachen und frugalen Lebensweise. So setzt der Sprecher in der 11. Satire, ein schlichter Gastgeber und zweiter Euander (11,61), zur Beschreibung seines eigenen Hausrats in Abgrenzung von der luxuriösen Ausstattung der Reichen zahlreiche Deminutiva ein. Auf diese Weise grenzt er seine bescheidenen, aus wertlosem Material gefertigten Gegenstände (vgl. 11,130f. *res ... exiguas*) von der verfeinerten Eleganz seiner dekadenten Zeitgenossen ab (vgl. insbes. *nec tessellae nec calculus*, 132, *cultelli*, 133).[47]

2. Verstechnik

Wie seine Wortwahl ist auch Juvenals Strukturierung des Hexameters Bestandteil seines Stils. Die Versgestaltung erweist sich in den Händen des Satirikers als flexibles Instrument, mit dem verschiedene satirische Effekte erzielt werden können.

2.1 Prosaisches Hexameterende durch Monosyllaba

Die vor allem beim Oxymoron zu beobachtende Tendenz, nicht Zusammenpassendes zu paradoxen Junkturen zusammenzufügen, findet sich auch in der Versgestaltung. So können episch anhebende Hexameter einen anderen Verlauf als erwartet nehmen. Ein instruktives Beispiel für einen abrupten Wechsel innerhalb eines Verses ist der Musenanruf in der vierten Satire (4,34f.): *incipe, Calliope. licet et considere: non est / cantandum, res vera agitur*.[48] Vers 34 gestaltet sich bis zur Penthemimeres[49] wie ein traditioneller Anruf an Calliope, die Muse des Epos. Nach dieser Zäsur (*incipe, Calliope*) kollabiert der episch anmutende Auftakt jedoch und der Vers endet mit zwei Monosyllaba (*non est*), die gerade das Kennzeichen der satirischen Variante des Hexameters sind.[50] Durch diesen nahezu prosaischen Schluss wird die

---

[46] Hierzu s.o. 131.
[47] Hierzu und zum ebenfalls positiv konnotierten Deminutiv *holuscula* (11,79) s.o. 173f.
[48] Hierzu s.o. 61f.
[49] Zu Einschnitten innerhalb des Hexameters und den jeweiligen Termini vgl. Friedrich Crusius: Römische Metrik. Eine Einführung. Neu bearbeitet von Hans Rubenbauer, München [8]1967 (Nachdruck Hildesheim 2015), 50f.
[50] Jones 2008 bietet eine vergleichende Untersuchung zu römischen Hexameterdichtern mit besonderem Blick auf die satirische Version des epischen Hexameters; speziell zu Mono-

2. Verstechnik

Wirkung des episch beginnenden Hexameters aufgehoben,[51] was zur vierten Satire passt, in der typische Formelemente des Epos, wie vor allem Musenanruf und Katalog, zwar eingesetzt werden, aber nur, um den Kontrast zwischen epischer Stilisierung und banalem Inhalt umso deutlicher vor Augen zu führen. Die innerhalb eines einzigen Verses (34) zum Ausdruck kommende Spannung zwischen traditionellem Hexameterauftakt und satirischem Ende spiegelt also insgesamt den in der vierten Satire wirksamen Konflikt zwischen großer Form und trivialem Inhalt wider.

2.2 Das satirische Potential von Wortstellungen

Besonders virtuos operiert Juvenal mit gezielt eingesetzten Wortstellungen. Durch Juxtaposition syntaktisch nicht verbundener Wörter, aber auch durch Trennung syntaktisch zusammengehörender Wörter im Hyperbaton und Enjambement werden einzelne Wörter besonders akzentuiert.[52]

2.2.1 *versus aureus*

Verwandt mit dem Wechsel des stilistischen Registers innerhalb eines Verses ist das Auseinanderklaffen von Form und Inhalt aufgrund der Wortwahl und -anordnung. Im Einleitungsteil der vierten Satire wird Crispinus, ein ägyptischer Emporkömmling, über dessen verschwenderischen Tafelluxus sich der Satiriker empört, prominent in den Vordergrund gerückt, (4,31): *purpureus magni ructarit scurra Palati*.[53] Zwei erhabene Adjektive (*purpureus magni*) bilden den Auftakt, nach der Penthemimeres schlägt der Ton jedoch um: *ructarit scurra*. Das drastische Verb *ructare* passt zwar zum folgenden *scurra*, nicht aber zu *magni... Palati*. In diesem stilistisch heterogenen Vers liegt die ausgewogene Form des sogenannten *versus aureus* (»Goldener Vers« bzw. »Golden line«) vor, womit ein Verstyp bezeichnet wird, in welchem sich zwei Attribute mit ihren zugehörigen Substantiven in paralleler oder chiastischer Anordnung um das in der Mitte stehende Verb gruppieren.[54]

---

syllaba am Hexameterende s. JONES 2008, 354/355. Zu Juvenals Satirenhexameter vgl. ferner COURTNEY 1980, 49–55 und BRAUND 1996a, 29f. Zu vergleichen ist auch KISSELS 2014, 160–162 Forschungsüberblick zu Juvenals Metrik.

[51] MORGAN 2010, 325 charakterisiert Juvenals metrische Technik in diesem Vers treffend so: »a hexametrical verse that at one end feels like epic at its most inspired and at the other like plain, unembellished prose – and this is of course precisely the effect Juvenal is seeking.«

[52] Auch bei diesem Phänomen beschränke ich mich auf einige signifikante Beispiele. Exemplarisch zeigt DAINOTTI 2015 für Vergils *Aeneis* das expressive Potential von Wortanordnungen.

[53] Zu diesem Vers und zum häufigen Stilwechsel innerhalb der vierten Satire s. o. 62 f.

[54] Die vor allem in der englischsprachigen Kommentierung geläufige Bezeichnung »Golden line« ist ein moderner Terminus, der nach einer zwar schon 1652 nachweisbaren Definition doch erst von John DRYDEN, Preface to *Sylvae* (1685) in einer gültigen Definition etabliert

Die Wortstellung des *versus aureus* eignet sich für satirische Effekte, da ausgerechnet in einem solch ausgewogenen Versbau ein mit dieser Form im Widerspruch stehender Inhalt ausgedrückt wird. Wenn der satirische Sprecher etwa behauptet, dass selbst Mütter ihre eigenen Söhne vergifteten, um in den Genuss des Erbes zu kommen, wird dieser Gedanke in einer symmetrischen Anordnung präsentiert (6,631): *livida materno fervent adipata veneno.*[55] Diesen Effekt der gegenläufigen Bewegung von Versform und Inhalt setzt Juvenal auch zur Darstellung eines in Fußfesseln gelegten Arbeitssklaven ein. In 11,80 *squalidus in magna fastidit conpede fossor*[56] sind das Subjekt *squalidus ... fossor* und die nähere Angaben zum Ackersklaven (*in magna conpede*) in konzentrischen Kreisen um das Verb in der Mitte angeordnet, das auf diese Weise alle Aufmerksamkeit auf sich zieht. Diese symmetrische Versstruktur steht in gesuchtem Kontrast zur unfreien Situation des Sklaven, der seine Arbeit gefesselt verrichten muss.

Charakteristisch sind besonders Fälle, in denen die Versanordnung im Dienste der Expressivität allein schon durch die Wortstellung satirische Effekte erzielen kann. So wird in einem ausgewogenen *versus aureus* der paradoxe Umstand hervorgehoben, dass ein Patron die Rolle der Ehefrau einnimmt (9,53): *munera femineis tractat secreta kalendis* (er nimmt an den Kalenden der Frauen seine Geschenke heimlich zur Hand). Durch die Verschränkung der beiden Hyperbata zur Juxtaposition von *munera femineis* wird schon im Auftakt des Verses das effeminierte Verhalten des Patrons in Szene gesetzt, wurden doch üblicherweise nur verheiratete Frauen und Mütter am Fest der *Matronalia* beschenkt. Hier aber erwartet der geizige Patron von seinem Klienten, den er finanziell vernachlässigt, seinerseits sogar noch Geschenke. In einer Vignette skizziert Umbricius Hausrat und Schicksal des armen Cordus (3,203–211), der im Falle eines Brandes völlig mittellos dastünde, während ein kinderloser Reicher nach einem Hausbrand sogar

---

wurde. Zum Vorkommen des Begriffs und zu verschiedenen Definitionen s. Kenneth MAYER: The Golden Line: Ancient and Medieval Lists of Special Hexameters and Modern Scholarship, in: Carol Dana LANHAM (ed.): Latin Grammar and Rhetoric. From Classical Theory to Medieval Practice, London; New York 2002, 139–179, insbes. 158f., und – MAYER modifizierend – Seppo HEIKKINEN: From Persius to Wilkinson: The Golden Line Revisited, Arctos 49, 2015, 57–77.
Zur Wortsymmetrie, insbes. zu zwei ineinander verschränkten Hyperbata im Hexameter und auch im Pentameter, vgl. ferner NORDEN 1984, 391–398; L. P. WILKINSON: Golden Latin Aristry, Cambridge 1963, 215–217; Carl CONRAD: Traditional Patterns of Word-Order in Latin Epic from Ennius to Vergil, HSPh 69, 1965, 195–258, hier insbes. 234–241; DAINOTTI 2015, 239–242.

[55] Genau dieser Kontrast zwischen Form und Inhalt findet sich bereits in Ov. met. 1,147 *lurida terribiles miscent aconita novercae*. Zu Juvenals Steigerung gegenüber Ovids Version s.o. 105.

[56] Zum Kontext s.o. 173f.

noch besseren Ersatz von allen Seiten erhielte. Bei der Beschreibung der Habseligkeiten des bibliophilen Cordus bedient sich Juvenal fast inflationär in zwei aufeinanderfolgenden Versen der kunstvollen Verschränkung von Hyperbata (3,206f.): *iamque vetus Graecos servabat cista libellos / et divina opici rodebant carmina mures* (eine recht alte Kiste verwahrte seine geliebten griechischen Bücher,[57] und an den unsterblichen Gedichten nagten ungebildete Mäuse). Die erlesene Versform steht in gesuchtem Kontrast zur armseligen Situation des Cordus. Erhabene Dichtung und lebensweltliche Realität[58] stoßen in der Juxtaposition der gegensätzlichen Begriffe *divina* und *opici* aufeinander, wobei die Synaloephe bzw. Elision das Benagen schon mimetisch anzudeuten scheint.

2.2.2 Abbildende Wortstellung

Juvenal setzt anschaulich abbildende, häufig einen Vers rahmende Wortstellungen zu satirischen Zwecken ein. Geradezu mimetisch bringt die Wortstellung die Verkehrung der Verhältnisse zum Ausdruck, wenn geschildert wird, dass ein außergewöhnlich großer Fisch als Delikatesse zum Herrscher vorgelassen wird, während seine Berater ausgeschlossen bleiben (4,64): *exclusi spectant admissa obsonia patres* (Ausgesperrt blicken auf den als Speise bestimmten Fisch, der zum Kaiser vorgelassen wird, die Senatoren). Durch Juxtaposition treffen *obsonia patres* am Versende antithetisch aufeinander. Im Gegensatz zum Leckerbissen, der wie der Fischer (*intranti*, 62) Zutritt zu Domitian erhält (*admissa*, 64), werden die Ratsmitglieder – auch in der abbildenden Wortstellung – an den Rand gedrängt (*exclusi ... patres*). Sie dürfen einzig als Zuschauer den ins Zentrum gerückten Fisch (*admissa obsonia*) betrachten.[59] In ebenfalls abbildender Wortstellung erhält ein Gladiator überraschenderweise indirekten Zugang in eine vornehme Familie, wenn der satirische Sprecher den vornehmen Lentulus stellvertretend für viele Ehemänner der Nobilität in folgender Weise apostrophiert (6,81): *nobilis Euryalum murmillonem exprimat infans* (dein hochwohlgeborenes Kind spiegelt

---

[57] Charakteristisch für die Bescheidenheit seines ärmlichen Hausrats sind die Deminutiva *urceoli* (203) und *parvulus* (204), während *libelli* (206) eher auf das emotionale Verhältnis des Cordus zu seinen Büchern verweist, vgl. auch 7,26. Zu Deminutiva als Ausdruck emotionaler Verbundenheit s. auch o. 189–191.

[58] Ob Cordus auch selbst dichtete, wie Deroux 2010 vermutet, geht aus dem Kontext nicht hervor, auch wenn sein Hausrat eine solche Vorstellung suggeriert; das Motiv des armen Poeten erscheint in 7,28 *qui facis in parva sublimia carmina cella* (der du in deiner kleinen Kammer erhabene Gedichte dichtest). Die *sublimia carmina* werden von einer *parva cella* eingeschlossen, wobei *parva* und *sublimia* sinnbildlich als Kontrast zwischen ärmlicher Behausung und erhabener Poesie in Juxtaposition aufeinanderstoßen.

[59] Zur abbildenden Wortstellung in 4,145 *Albanam dux magnus in arcem* s. o. 100f.

in seinem Antlitz Euryalus, den Gladiator, wider). Das emphatisch an den Anfang gestellte *nobilis*, das zusammen mit dem Substantiv *infans* in Endposition den Vers rahmt, bildet gewissermaßen die äußere Fassade, das zentrale Objekt *murmillonem* enthüllt dann aber einen Gladiator als leiblichen Vater und Liebhaber der Mutter.

Über Messalinas Ausstattung während ihrer nächtlichen Eskapaden heißt es (6,120): *sed nigrum flavo crinem abscondente galero* (Ihr schwarzes Haar aber verbarg eine blonde Perücke). Die in Juxtaposition zusammengestellten kontrastierenden Farbbezeichnungen[60] kombiniert Juvenal hier mit einer ineinander verschränkten Wortordnung, wodurch der anschauliche Effekt erzielt wird, dass das natürliche Haar (*crinem*) von einer blonder Perücke umgeben (*flavo ... galero*) und somit versteckt wird,[61] ein Aspekt, der noch durch die Synaloephe *crin-abscondente* zusätzlich verstärkt wird.

Juvenal bedient sich ferner der expressiven Juxtaposition von Eigennamen.[62] So rückt er in der sechsten Satire zunächst die von ihrem Mann leidenschaftlich geliebte Bibula in der Wortstellung mit Sertorius zusammen (6,142): *cur desiderio Bibulae Sertorius ardet?* (Warum brennt Sertorius in leidenschaftlichem Verlangen nach Bibula?). Die Trennung der beiden in Form der Scheidung naht jedoch, sobald Bibula ihre Attraktivität verliert und durch eine Nachfolgerin ersetzt wird.[63]

2.2.3 Enjambement

Durch verzögerte Platzierung eines noch fehlenden oder παρὰ προσδοκίαν gesetzten Wortes erzielt Juvenal im Enjambement satirische Effekte. Durch die isolierte Position erregen die über die Versgrenze hinweg aufgeschobenen Wörter besondere Aufmerksamkeit. Oft verleihen sie der Aussage nachträglich eine andere Richtung als zunächst vermutet. So rückt etwa bei der Schilderung des Gebarens scheinheiliger Moralisten die für den Beginn des folgenden Satzes aufgesparte Hinzufügung die ganze Aussage in ein anderes Licht (2,19–21a): *sed peiiores, qui talia verbis / Herculis invadunt et de virtute locuti / clunem agitant* (Schlimmer aber sind die, welche ein sol-

---

[60] Zahlreiche Beispiele für diesen schon bei hellenistischen und neoterischen Dichtern beliebten Farbenkontrast bietet DAINOTTI 2015, 236f.

[61] Ganz analog verwendet Juvenal eine symmetrische Wortstellung zur Veranschaulichung, wie ein vornehmer Ehebrecher, der im Schutz der Nacht unterwegs ist (*nocturnus adulter*), sein Haupt verhüllt (8,145): *tempora Santonico velas adoperta cucullo* (du verhüllst dir deine Schläfen, die du mit santonischer Kapuze bedeckst).

[62] Zu diesem beliebten poetischen Mittel der Juxtaposition von Namen, die in der Regel in Opposition zueinander stehen, jedoch auch emotionale Nähe signalisieren können, vgl. HARRISON 1997, 288, insbes. zu 10,189 *luctu Cycnum Phaethontis amati*, und DAINOTTI 2015, 227–230.

[63] Vgl. ausführlicher zu dieser Stelle SCHMITZ 2000, 157.

2. Verstechnik

ches Verhalten ⟨eines seine Homosexualität nicht verbergenden Mannes⟩ mit den Worten des Hercules angreifen und nach einer Rede über männliche Tugend mit ihrem Hintern wackeln). Zunächst wird durch die Erwähnung des stoischen Musterhelden schlechthin und durch das militärisch konnotierte Verb *invadere* die Erwartung geweckt, dass sich ihre Tugendreden nun in Taten bewähren. Zu Beginn des folgenden Verses folgt dann aber die durch Enjambement effektvoll aufgesparte dekuvrierende Ergänzung: *clunem agitant*. Angesichts der evozierten kämpferischen Vorstellung wirkt *clunis* durch den Anklang an *clava* (Keule), die Waffe des Hercules, besonders schockierend. Durch die Diskrepanz zwischen Reden und Handeln wird der Widerspruch zwischen Schein und Sein schlagartig enthüllt, handelt es sich doch um einen nur mit Worten geführten Feldzug[64] heuchlerischer Sittenprediger. Ganz analog erzielt ein durch Enjambement bis zum Beginn des folgenden Verses aufgespartes Wort einen satirischen Effekt, wenn der satirische Sprecher die Ägypter aufgrund ihres religiös motivierten Verzichts auf bestimmte Gemüsesorten sarkastisch als Volk apostrophiert, dem in den Gärten derartige Gottheiten wachsen (*gentes, quibus haec nascuntur in hortis / numina!*, 15,10/11).[65] In diesem Kontext würde man eher ein an *numina* anklingendes Wort wie *legumina* (Gemüse) erwarten.

Der größte Effekt wird jeweils erzielt, wenn eine durch Enjambement aufgesparte Information der Aussage eine überraschende Wendung gibt.[66] So wird zu Beginn der sechsten Satire in negativer Form, wie es für Schilderungen des Goldenen Zeitalters typisch ist, aufgezählt, was es in der Frühzeit der Menschheit noch nicht gab (6,17/18): *cum furem nemo timeret / caulibus ac pomis et aperto viveret horto* (als niemand einen Dieb zu fürchten hatte für seinen Kohl und das Obst und jeder mit offenem Garten lebte). Die Mitteilung darüber, welcher Gegenstand vor Dieben sicher war, wird zunächst zurückgehalten und erst am Beginn des folgenden Verses mit einem Enjambement nachgetragen: *caulibus ac pomis*. Aus der Perspektive der vornehmen, kulinarisch verwöhnten Zeitgenossen dürfte die Erwähnung der vegetarischen Nahrungsmittel die Reaktion hervorrufen, dass angesichts dieser wenig attraktiven Bestandteile einer frugalen Mahlzeit auch gegenwärtig die Gefahr des Diebstahls ohnehin nicht bestehe.[67]

---

[64] Treffend übersetzt SCHNUR 1969 *qui talia verbis / Herculis invadunt* mit »die mit keulenartigen Kraftausdrücken gegen dies Laster losziehen«.
[65] S. o. 154.
[66] Vgl. etwa die paradoxe Wirkung von *anulus* (10,166), s. o. 192.
[67] Die gegenüber früheren Zeiten veränderten Ansprüche an eine gute Küche werden in der 11. Satire thematisiert (11,78–81); hierzu und insbesondere zur positiv konnotierten Erwähnung von Kohl in kontrastierenden Schilderungen einer schlichten Mahlzeit in der Frühzeit oder im ländlichen Ambiente s. o. 173f.

2.3 Klangeffekte durch Alliteration und klangliche Äquivalenz

Analog zu Wortstellungen, die den Inhalt mimetisch untermalen können, werden auch Klangeffekte eingesetzt, um eine Aussage zu illustrieren. Für dieses Phänomen sei ein besonders signifikantes Beispiel angeführt. Im Abschnitt über geldgierige Mütter, die nicht nur ihre Stiefsöhne, sondern auch ihre eigenen Kinder töten, warnt der satirische Sprecher vermögende Mündel (*pupilli*) vor vergifteten Speisen (6,629–631). Er erteilt ihnen den Rat, alle Speisen und Getränke vorkosten zu lassen, eine Vorsichtsmaßnahme, die üblicherweise nur Herrschern vorbehalten war, (6,632 f.):[68] *mordeat ante aliquis quidquid porrexerit illa / quae peperit, timidus praegustet pocula papas* (Jemand sollte vorher von dem kosten, was immer euch die vorgesetzt hat, welche euch gebar, ängstlich probiere euer Erzieher vorher den Becher). Das durch Trit- und Penthemimeres hervorgehobene *timidus* wird durch die dreifache *p*-Alliteration *praegustet pocula papas* akustisch untermalt.[69] Diese drei letzten Wörter suggerieren nämlich das ängstliche Zittern des Erziehers, wenn er mit seinen Lippen den Becher mit dem höchstwahrscheinlich vergifteten Trank berühren muss. Wie die kindliche Bezeichnung *papas* für *paedagogus* zeigt,[70] hat der Satiriker hier die Perspektive des Kindes gewählt.[71]

Satirische Wirkung kann auch dadurch erzielt werden, dass ein Wort durch ein ähnlich klingendes ersetzt wird, das durch den gesuchten Gleichklang die übliche Junktur in Erinnerung ruft. So beschreibt der Satiriker die Reaktion der vom Mahl ausgeschlossenen Klienten auf den Tod ihres geizigen Patrons, der allein speiste und den infolge seines überfüllten Magens (*turgidus*, vollgestopft, 1,143) ein plötzlicher Tod im Bad ereilte (1,145 f.): *it nova nec tristis per cunctas fabula cenas; / ducitur iratis plaudendum funus amicis* (Es verbreitet sich die nicht traurige Neuigkeit bei allen Gastmählern, der Leichnam wird unter dem Applaus der erzürnten ›Freunde‹ zur Beiset-

---

[68] Zur Verteidigung der in einem Teil der Handschriften (v.a. P) nicht überlieferten und auch im Scholion nicht berücksichtigten, von einigen Herausgebern (z.B. WILLIS 1997) athetierten beiden Verse s. HÖGG 1971, 114–117.

[69] COURTNEY 1980 zu 633: »The line stutters (*p*) with fear«, vgl. auch FERGUSON 1979.

[70] Vgl. COURTNEY 1980 und ThLL X 1,249,57–62 s.v. *papas*.

[71] Die wiederholte Alliteration von *p* ist ein Klangeffekt, den auch Horaz einsetzt, wenn er in Satire 1,6 an sein befangenes Stottern im Vorstellungsgespräch vor Maecenas, dem er von Vergil und Varius empfohlen worden war, erinnert (Hor. sat. 1,6,56 f. Maecenas wird angesprochen): *ut veni coram, singultim pauca locutus – infans namque pudor prohibebat plura profari –* (Als ich dann vor dir persönlich stand, konnte ich nur wenige Worte unter Stammeln sprechen – wortlose Scheu nämlich hinderte mich, mehr herauszubringen). Hier malen die letzten vier Wörter *pudor prohibebat plura profari* die immer wieder stockende Redeweise, die durch das Adverb *singultim* angekündigt wird, vgl. GOWERS 2012 zu 56–7: »exaggerated alliteration suggests a diffident stammer«.

zung geführt).[72] Die vernachlässigten Klienten spenden nun als Zuschauer dem letzten Akt des Schauspiels, dem Leichenzug des toten Patrons, Beifall. Der Ausdruck *plaudendum funus* evoziert das im Zusammenhang eines Leichenzuges zu erwartende und an *plaudendum* anklingende Wort *plangendum*[73] (der zu betrauernde Leichnam). Durch die klangliche Äquivalenz wird noch an ein intaktes Patron-Klient-Verhältnis erinnert, das aber gegenwärtig nicht mehr existiert.

2.4 Expressive Effekte durch Spondiacus,[74] Synaloephe/Elision und Hiat

Juvenal macht sich die Möglichkeiten des Hexameters für satirische Effekte zunutze. Satirische Effekte erzielt er etwa durch mehrsilbige spondeische Hexameterklauseln, wodurch die ganze Aufmerksamkeit auf das in Endposition stehende Wort gelenkt wird.[75] So zeichnet sich bei der Beschreibung der kostbaren Trinkgefäße, die allein für den Patron reserviert sind, der Versschluss durch drei Spondeen aus (5,38f.): *inaequales berullo / Virro tenet phialas* (Virro hält mit Beryllen verzierte Schalen in Händen). Das Adjektiv *inaequales*, das erst im nächsten Vers durch das zugehörige Substantiv *phialas* vervollständigt wird, charakterisiert nicht nur die erhaben herausgearbeitete, unebene Oberfläche der Trinkschalen, sondern bringt überhaupt die ungleiche Bewirtung von Patron und Klienten während des Gastmahls auf den Punkt. Der Rhythmus scheint also die unfaire Unterscheidung nachzuahmen[76], in jedem Falle rückt er den außerordentlichen Trinkbecher des reichen Gastgebers in den Mittelpunkt. In 12,121 f. *nec comparo testamento / mille rates* (und ich kann nicht tausend Schiffe einem Platz im Vermächtnis gleichsetzen) lenkt der ungewöhnliche Rhythmus (Spondiacus, viersilbiges Wort im Hexameterschluss) die ganze Aufmerksamkeit auf das entscheidende Substantiv *testamentum* (hier im prägnanten Sinne von »Platz

---

[72] Zu Pers. 3,98–106 als Modell für diese Szene s.o. 44, Anm. 1.

[73] Vgl. DUFF 1962 zu 146: »plaudendum, not, as in ordinary cases, *plangendum*«.
Zu weiteren Beispielen satirischer Wirkung durch Gleichklang s.o. 196f. (2,21 *clunem* statt *clavam* ⟨*Herculis*⟩), 125f. (gesuchter Anklang von *alium* ... *asellum*, Iuv. 9,92 an *alium* ... *Alexin*, Verg. ecl. 2,73) und insgesamt SCHMITZ 2000, 65–76.

[74] Zum für Satiren ungewöhnlich häufigen Spondiacus bei Juvenal vgl. COURTNEY 1980, 49f., der 34 *versus spondiaci* bei rund 3800 Hexametern zählt.

[75] Zum Spondiacus bei viersilbigen Namen mythologischer Epen und Ungeheuer (*Heracleas* 1,52; *Cyclopas* 15,18) s.o. 60.

[76] Vgl. auch FERGUSON 1979 zu 5,38: »*inaequales* because the jewels make the surface uneven, but of course the cup is *different*, and *unfairly* different from those given to the guests.« Eine vergleichbare Wirkung erzielt Ovid in met. 1,117 *inaequalis autumnos* (unbeständige Herbste). NORDEN 1984, 445, Anm. 7 vermutet, Ovid habe durch den unregelmäßig gebildeten Versschluss die Anomalie »spielerisch zum Ausdruck bringen wollen«.

im Testament«), worauf auch das ganze Sinnen des Erbschleichers gerichtet ist.[77]

Juvenal kombiniert mehrere metrische Effekte, nämlich Spondiacus, Enjambement und Elision, zur anschaulichen Schilderung des Augenblicks, in welchem der schöne C. Silius Opfer der Kaisergattin wird (10,332f.): *rapitur miser extinguendus / Messalinae oculis* (davongerissen wird der Arme zur Vernichtung durch Messalinas Augen). Durch das extensive Hyperbaton der syntaktisch zusammengehörenden Wörter *rapitur ... oculis* wird *miser extinguendus* über die Versgrenze hinweg eingeschlossen. Das an den Versschluss gesetzte mehrsilbige Wort *extinguendus*, wodurch die unabwendbare Vernichtung des Silius angekündigt wird, bildet einen Spondiacus. Über die Versgrenze hinweg wird der getragene Rhythmus durch den spondeischen Beginn mit Messalinas Namen im nächsten Vers fortgesetzt. Durch die Elision des Enddiphthongs von *Messalinae* mit dem vokalisch beginnenden Substantiv *oculis* folgt dann nach den Spondeen abschließend ein Daktylus. In Umkehrung römischer Geschlechterrollen wird Silius zum passiven Objekt einer Frau,[78] die – nicht zuletzt durch die Verschleifung der beiden Wörter *Messalinae oculis* – mit ihren Augen zu verschmelzen und identifiziert zu werden scheint. Das mit zwei Kürzen beginnende Wort *oculis*, das bis zum Satzende aufgespart wird, kommt nach der spondeischen Folge *extinguendus Messalin-* als unerwartete Pointe.[79] Das metaphorische »jemanden mit den Augen verschlingen« wird hier konkrete Realität, ist doch das Schicksal des Silius besiegelt, als Messalina, die Gattin des Kaisers Claudius, beschließt, ihn in einer förmlichen Zeremonie zu heiraten.

Abbildende Funktion kann die Synaloephe (Verschleifung) bzw. Elision (Ausstoßung) von Vokalen in einem Kontext haben, in dem Verhüllung und ineinander übergehende Verschmelzung zum Ausdruck gebracht werden.[80] So setzt Juvenal diese metrische Technik in der Schilderung eines poetischen Sturms ein (12,18f.): *densae caelum abscondere tenebrae / nube una*

---

[77] In Wirklichkeit sind die Vergleichsglieder *testamentum* und *mille rates* ja inkommensurabel; hierzu vgl. auch SCHMITZ 2000, 256.

[78] In seinem Vergleich von Tacitus' breiter Ausmalung der Affäre (ann. 11,26–38) mit Juvenals Version hebt auch NAPPA 2010, 198f. die Opferrolle, die insbesondere im passiven Verb *rapitur* betont wird, hervor; schon COURTNEY 1980, 485 hatte die eindeutige Konnotation von *rapitur* erläutert: »*rapitur* (cf. 308) also puts him in the position of a woman being abducted by a man«.

[79] Vgl. auch GODWIN 2016 zu 333: »The phrase here is striking for the long syllables of the name and the strong elision of *Messalinae oculis*. The power of the woman is brought out by the spondaic rhythm of her name and then the surprise in the final word (*oculis*) where she only has to *look* at a man for his doom to be sealed.«

[80] Vgl. DAINOTTI 2015, der ausführlich auf stilistische Effekte der Synaloephe eingeht (152–178); in unserem Zusammenhang ist die Kategorie des Umhüllens und Umklammerns (153–155) von Bedeutung.

(s.o. 61). Sinnfällig wird der Himmel vom Hyperbaton *densae ... tenebrae* umhüllt und die Junktur *nube una* unterstreicht durch die analog zu *caelum abscondere* gesetzte Synaloephe noch die Verschmelzung zu einer einzigen ununterbrochenen Wolke.[81] Wie hier *nube una* auch metrisch durch Synaloephe zu einer einzigen Einheit zusammenwächst, eignet sich *unus* ohnehin in besonderem Maße für die Vorstellung des Fusionierens.[82] Wenn Juvenal an dieser Stelle metrische Effekte anwendet, die sich genauso etwa auch in Vergils *Aeneis* finden, setzt er diese Technik insofern satirisch ein,[83] als er nicht nur das abgedroschene epische Standardthema des Seesturms zitiert, sondern auch die Machart der Hexameter in solchen Ekphraseis imitiert und parodiert.

Sinnfällig ahmt auch die Elision *cibum accipiunt* in der Versmitte das hastige Herunterschlingen der dargebotenen Speise nach (10,229): ⟨*huius*⟩ *pallida labra cibum accipiunt digitis alienis* (Wieder eines anderen bleiche Lippen empfangen die Speise aus fremden Fingern).[84] Auch das gegenläufige Phänomen, den Hiat,[85] nutzt Juvenal für sinnfällige Effekte. In der fünften Satire führt der Sprecher dem frustrierten Klienten den Grund vor Augen, warum er ständig beim Gastmahl gedemütigt werde (5,156–160): *forsitan inpensae Virronem parcere credas. / hoc agit, ut doleas; nam quae comoedia, mimus / quis melior plorante gula? ergo omnia fiunt, / si nescis, ut per lacrimas effundere bilem / cogaris ...* (Vielleicht glaubst du, Virro schone seine Ausgaben. Er betreibt dies jedoch, damit du deinen Schmerz zeigst;[86] denn

---

[81] Zu diesen metrischen Effekten vgl. ADKIN 2008, 135f.; zu der durch Enjambement an den Versanfang gerückten Auswirkung der Verfinsterung in *nube una* s. ADKIN 2008, 136: »just as the sky is covered by a single cloud, so the words denoting this ›single cloud‹ coalesce metrically to form a correspondingly single unit.«

[82] Ein signifikantes Beispiel für diese Kategorie führt DAINOTTI 2015, 155f. an (Verg. Aen. 12,836f.): *morem ritusque sacrorum / adiciam faciamque omnis uno ore Latinos* (⟨Jupiters Zugeständnis an Juno:⟩ Brauch und Satzung des Kults werde ich hinzufügen und sie alle zu Latinern von einer Sprache machen).

[83] Zu undifferenziert konstruiert MORGAN 2010 in seiner umfassenden Untersuchung über die Etablierung des Hexameters in der Satire durch Lucilius (310–345) einen fortdauernden Gegensatz zwischen dem satirischen und dem epischen Hexameter, wenn er in Lucilius' Entscheidung für den Hexameter einen Widerspruch in sich sieht (317) »What he achieved thereby was to enshrine satire's status as epic's ›evil twin‹, the embodied contradiction of, and antidote to, everything that the heroic genre stood for. The scandal is thus present implicitly in every satirical hexameter (since that formulation in itself is a ghastly contradiction in terms).«

[84] Vgl. auch FERGUSON 1979 zu 229; COURTNEY 1980 weist auf den rhythmischen Wechsel vom daktylisch geprägten Vers 229 zum folgenden spondeischen Vers hin: »it may be taken to mimic a greedy gulp, the dactyls contrasting with the slow spondees of 230«.

[85] Zur Expressivität des Hiats vgl. auch die von DAINOTTI 2015, 188–190 aus Vergil angeführten Beispiele.

[86] Das Verb *dolere* bezeichnet hier die äußere Handlung (»Schmerz zeigen«), nicht nur einen inneren Vorgang (»Schmerz empfinden«); vgl. ThLL V 1822,73f.: Hor. ars 95 *tragicus ple-*

welche Komödie, welcher Mimus wäre besser als ein klagender Schlund? Also geschieht alles, falls du es nicht weißt, damit du gezwungen wirst, unter Tränen deine zornige Galle sich ergießen zu lassen ...). Das Schauspiel des beim Gastmahl stets in seiner Hoffnung enttäuschten Klienten dient also als Spektakel für Virro und seinesgleichen, ja es übertrifft sogar das herkömmliche Unterhaltungsprogramm bei Gastmählern wie Auftritte von Komödien- oder Mimus-Schauspielern. Im Verb *agere* (157) klingt zugleich an, dass der Gastgeber dieses Schauspiel für sich und seine vornehmen Gäste absichtlich aufführen lässt, geradezu inszeniert.[87] Der Hiat zwischen *gula* und *ergo* (158) hat insofern abbildende Funktion,[88] als der offenstehende Mund durch eine fehlende Verschleifung auch in der metrischen Technik imitiert wird. Bei diesem Gastmahl spielt der arme Klient also unfreiwillig den Part des gedemütigten Klienten, was schon auf die Schlusspartie vorausdeutet, wo der Satiriker ihm prophezeit, dass er künftig die Rolle des kahlköpfigen Dümmlings (*stupidus*) einnehmen werde.[89]

---

rumque dolet (i. *dolorem manifestat*) *sermone pedestri* (in der Tragödie äußert man meistens in gewöhnlichem Stil seinen Schmerz), vgl. auch ThLL V 1823,34: Hier. epist. 45,2,1 *dolebant labiis, corde gaudebant* (sie äußerten Trauer nur mit den Lippen, im Herzen aber freuten sie sich).

[87] Zur Verwendung von *agere* im Bereich des Theaters s. ThLL I 1398,8–28. Aus Juvenals Satiren sind folgende Stellen zu vergleichen (13,110b): *mimum agit ille* (Theater spielt er): jemand spielt also eine Rolle wie in einem Mimus, vgl. 8,186.
[88] Zur kontrastierenden Funktion des Hiats zwischen *rabie* und *inbelle* in 15,126 s.o. 157.
[89] Vers 171 f. *pulsandum vertice raso / praebebis ... caput* (Du wirst deinen Kopf mit geschorenem Scheitel zum Prügeln anbieten) deutet auf diese stehende Figur im Mimus hin; zum Finale der fünften Satire vgl. auch SCHMITZ 2000, 276 f.

VI. Juvenals Überlieferung und Rezeption

1. Überlieferung

Juvenals Satiren hinterlassen bei seinen Zeitgenossen und unmittelbar nach seinem Tod nur wenige Spuren.[1] Erst in der Spätantike, vor allem ab der Mitte des 4. Jahrhunderts erlebt Juvenal seine eigentliche Entdeckung. Das wiedererwachte Interesse manifestiert sich beim Grammatiker Servius und seinen Schülern in einer intensiven philologischen Beschäftigung mit Juvenals Satiren. So führt Servius in seinen Vergil-Kommentaren über 70 Stellen aus Juvenal an. Gegen Ende des 4. Jahrhunderts entstand im Umkreis des Servius die für die handschriftliche Überlieferung grundlegende Textausgabe mit kommentierenden Scholien. In der Subskription von Juvenal-Handschriften hat sich denn auch der Name eines Servius-Schülers, Nicaeus, erhalten.[2]

Während der Zeit der Vernachlässigung von rund 200 Jahren nach Juvenals Tod bis zur Wiederentdeckung in der Spätantike war der Text zwar ungeschützt und Verstümmelungen ausgesetzt, jedoch zugleich gegen bewusste Eingriffe wie Fälschungen und Zudichtungen gefeit. Der Zeitraum für Einschübe von fremder Hand (sog. Interpolationen) verengt sich mithin auf die frühe und relativ kurze Phase zwischen dem neu erwachenden und rasch zunehmenden Interesse an Juvenal gegen Ende des 4. Jahrhunderts[3] und der Aufspaltung der handschriftlichen Überlieferung in zwei Gruppen, sind doch mittlerweile übereinstimmend als Interpolationen beurteilte Verse einhellig überliefert.

In der Karolingischen Renaissance (um 800) wurde Juvenal zusammen mit Persius oft kopiert. Insgesamt sind über 500 Juvenal-Handschriften bekannt. Deutlich lassen sich zwei Gruppen von Handschriften unterscheiden, die beide auf spätantike Exemplare zurückgehen: die kleinere, aber bessere Klasse (P) und der umfangreichere, kollektiv als Φ- oder auch Vulgata-Klasse bezeichnete Traditionsstrang,[4] der stärker kontaminiert ist und häufig

---

[1] Das aus nur sechs Gedichten bestehende Satirenbuch des Persius dagegen wurde trotz oder gerade wegen seiner verdichteten und daher von uns als schwierig empfundenen Sprache gleich nach der postumen Edition begeistert rezipiert, wie aus der antiken *Vita Persi* § 8 hervorgeht: *editum librum continuo mirari homines et diripere coeperunt* (Das herausgegebene Buch wurde sofort allgemein bewundert, ja man riss sich geradezu darum).

[2] Hierzu vgl. GRIFFITH 1968, 106. Zu spätantiken Subskriptionen und Nicaeus vgl. auch TARRANT 1983, 200, Anm. 1 und PARKER 2012, 145 f.

[3] Vgl. auch GRIFFITH 1968, 106 zur naheliegenden Vermutung, dass erst in dem Moment, als Juvenal wiederentdeckt wurde, das Interesse am Text wuchs: »Indeed it is only when an author is in general circulation that his text is likely to attract such accretions.«

[4] Die Siglen P und Φ sind die von CLAUSEN in seiner *editio Oxoniensis* (1959, ²1992) verwendeten.

einen syntaktisch vereinfachten Text bietet. Im Mittelalter gehörte Juvenal als *poeta ethicus*[5] zu den Schulautoren, wie zahlreiche Handschriften und Kommentare,[6] welche die antike Scholientradition verwerteten und fortschrieben, bezeugen. Der älteste Repräsentant der reineren Klasse ist P, der im 9. Jahrhundert geschriebene *codex Montepessulanus* (früher in der Benediktinerabtei von Lorsch, jetzt Montpellier), nach seinem Besitzer Pierre Pithou bzw. Petrus Pithoeus (1539–1596) auch *codex Pithoeanus* (Sigle P) genannt, welcher der zuverlässigste Zeuge für die Textkonstitution ist. Die *editio princeps* erschien um 1469 in Rom (Drucker: Ulrich Han); weitere Ausgaben, häufig zusammen mit Persius, folgten.[7] Epochemachend war aber die Edition des P. Pithou (Paris 1585), eine mit Kommentar versehene Ausgabe der Satiren des Juvenal und Persius, die als erste den *codex optimus* P benutzte.[8]

Der Juvenaltext bricht in allen unseren Handschriften mitten im Satz in Vers 16,60 ab.[9] Auch die Kommentierung der Scholien geht nicht über 16,45 hinaus. Überhaupt greifen die Scholien (vgl. die Edition von WESSNER 1931) nicht auf einen über den Archetypus, d.h. die maßgebende kommentierte Ausgabe am Ende des 4. Jahrhunderts aus der Schule des Servius, hinausgehenden Text zurück. Aufgrund ihres rätselhaften Überlieferungsschicksals stellen das sogenannte Oxford-Fragment O 1–34[10] sowie zwei weitere Verse nach 373, die in den Editionen gewöhnlich als 373A–373B bezeichnet werden, einen Sonderfall dar.[11] Diese 1899 von E. O. WINSTEDT innerhalb des Textes der sechsten Satire in einer einzigen Handschrift des 11. Jahrhunderts

---

[5] Zu Juvenals Beliebtheit aufgrund seiner Eignung für moralische Belehrungen s. FRIEDLAENDER 1895, 90–92; s. auch u. 218–221.

[6] Vgl. etwa die von LÖFSTEDT 1995 herausgegebenen Kommentare aus dem 12. Jh.

[7] Zu den frühen Juvenal-Drucken s. HIGHET 1954, 317–319.

[8] Vgl. CLAUSEN 1992, Praefatio V, Anm. 2.

[9] Hierzu vgl. auch o. 36, Anm. 87.

[10] Diese 34 Verse werden nach Vers 6,365 (z.B. CLAUSEN 1992) oder auch nach 345 (BRAUND 2004a) eingefügt. In der Partie wird die Rolle effeminierter Diener (*cinaedi*) in vornehmen Häusern kritisch beleuchtet. Abgesehen von ihrem verderblichen Einfluss auf die *matrona* hätten sich die vermeintlichen Kinäden schon oft als Ehebrecher erwiesen.

[11] Die nur im Codex O (Oxoniensis bibl. Bodleianae Canonicianus Class. Lat. 41) überlieferten Verse wurden von ihrem Entdecker WINSTEDT publiziert (CR 13, 1899, 201–205). Die Echtheit der Verse ist nach wie vor umstritten, vgl. CLAUSEN 1992, *Praefatio* X und XIII; WILLIS 1989 und (in der *Praefatio* seiner Edition, in der die Verse als Interpolation ausgewiesen sind) WILLIS 1997, XLV. COURTNEY 1980, 56f. und 304 hält das sog. Oxford-Fragment für echt und unverzichtbar für die sonst auf V. 365 unvermittelt folgenden Verse 366–378. WATSON/ WATSON 2014, 52–55 diskutieren ausgewogen die Authentizität und die mit dem größeren Oxford-Fragment verbundenen Probleme. So müssen, wenn man das Oxford-Fragment für echt hält, die Verse 6,346–348 als Interpolation getilgt werden, da sie eine Dublette zu O 29b–34 darstellen. Insgesamt ist KISSELS 2014, 298–305 ausführliche Besprechung der einschlägigen Literatur zur Diskussion um die Authentizität, Überlieferung und Lokalisierung des O-Fragments zu vergleichen.

(jetzt in der Bibliotheca Bodleiana, Oxford [Sigle O]) entdeckten Verse fehlen in beiden zentralen Überlieferungszweigen.[12]

2. Das Problem der Interpolationen (am Beispiel von Iuv. 3,281 und 10,356)

Unbestritten ist, dass es Interpolationen im überlieferten Juvenaltext gibt, und zwar in beiden Gruppen unserer handschriftlichen Tradition. Die Frage ist freilich, nach welchen Kriterien sie zu erkennen sind. Entsprechend schwankt die Zahl der verdächtigten Verse in den neueren Editionen und Kommentaren. Während CLAUSEN in seiner Oxford-Edition (1959, ²1992) ca. 50 Verse als unecht ausscheidet (athetiert) und COURTNEY 40 Verse für interpoliert und sieben weitere für interpolationsverdächtig hält,[13] schlägt WILLIS 1997, der bereitwillig Tilgungen und Tilgungsvorschläge früherer Kritiker übernimmt und noch selbst neue Athetesen durchführt, 313[14] Interpolationen vor. Der Bestand an Versen in Juvenals Satirencorpus beträgt insgesamt ca. 3800. Um das Problem der Interpolationen im Juvenaltext zu veranschaulichen, führe ich im folgenden exemplarisch zwei Verse an, wovon einer nahezu übereinstimmend als interpoliert beurteilt, während die Frage der Athetese des anderen Verses nach wie vor diskutiert wird.

Ein von fast allen Editoren und Kommentatoren als Einschub gewerteter Vers liegt etwa in 3,281 vor: *ergo non aliter poterit dormire; quibusdam* (also wird er nicht anders Schlaf finden können; manchen). Im Kontext geht es um die Gefahren, die dem armen Klienten auf Roms Straßen bei Nacht drohen, wenn er von einem betrunkenen Reichen zum Streit provoziert wird. Vers 281 befindet sich zwischen folgenden Versen (280b und 282a): *cubat in faciem, mox deinde supinus: / somnum rixa facit* (er liegt auf seinem Gesicht, bald darauf auf seinem Rücken: den Schlaf bringt ihm erst eine Rauferei). 1804 athetierte J. R. A. Heinecke den Vers. In der Tat gibt es viele Gründe gegen die Echtheit. Der mit *ergo* eingeleitete Vers wirkt wie eine erklärende Glosse. Zudem ist die spondeische Messung der Konjunktion *ergo* bei Juvenal ungewöhnlich. Auch das unbestimmte *quibusdam* stört in einem Kontext,

---

[12] Vgl. TARRANT 1983, 203: »Like the other serious disturbances in Juvenal's text, the excision or intrusion of the ›Oxford fragment‹ took place during the earliest stages of the transmission, before the relative stability imposed by the fourth-century revival.«

[13] COURTNEY 1975, 160: »Clausen on my count deletes 47 lines, Housman 22 ... I myself consider 40 lines pretty certainly spurious, and 7 more open to grave doubt.« Zum Problem der Interpolationen vgl. auch KISSEL 2014, 47–51.

[14] Nach der Zählung von ASTBURY 2000, 311. WILLIS versieht die von ihm verdächtigten Verse nicht mit eckigen Klammern, sondern lässt sie kursiv drucken. Vgl. auch SCHMITZ 2000, 281–285.

in dem es um einen ganz bestimmten, zuvor als *ebrius ac petulans* (betrunken und aggressiv, 278) eingeführten Mann geht. Entsprechend urteilt etwa HOUSMAN 1938, Preface XXXV über diesen Vers: »of all interpolations in Juvenal, is the most ruinous and the most evident: it is triply condemned by sense, by diction, and by metre.« Selbst HÖGG 1971, der die überwiegende Zahl der beanstandeten Verse als echt zu verteidigen sucht, erklärt diesen Vers für unecht (272 f.). COURTNEY 1975, 154 und 161 sieht in der Wahl und Prosodie der Konjunktion *ergo* ein besonders typisches Beispiel für die von ihm prinzipiell analysierte Kategorie eingefügter Erklärungen.

Gegenüber einem solchen handschriftlich zwar einheitlich überlieferten, aber aus vielen Gründen als unecht zu betrachtenden Vers gibt es aber eine Reihe von vorgeschlagenen Athetesen, die weniger überzeugen. Ein instruktives Beispiel für den unsicheren Boden, auf dem sich die Interpolationskritik bewegt, liefert der geflügelte Vers 10,356: *orandum est ut sit mens sana in corpore sano* (Beten muss man, dass ein gesunder Geist in einem gesunden Körper wohne). REEVE 1970, 135 f. athetierte den Vers, WILLIS 1997 und andere schlossen sich ihm an.[15] Als Begründung führt REEVE inhaltliche und syntaktische Einwände gegen den Vers ins Feld. Das konventionelle Gebet um geistige und körperliche Gesundheit widerspreche der wenig später (363 f.) dargelegten Auffassung, dass der Mensch allein für sein Glück verantwortlich sei. Außerdem lese sich Vers 357 wie eine Wiederholung von 356. Darüber hinaus unterbreche Vers 356 die Syntax in der Weise, dass ein Wechsel vom unpersönlichen *orandum est* (356) zum persönlichen *posce* (357) erfolge. Ließe man dagegen *posce* (357) unmittelbar auf *poscas* (354) folgen, ergäbe sich eine bessere Abfolge (mit Verweis auf 11,148 *cum posces, posce Latine*).

Die syntaktischen Argumente konnte BRINK 1972, 37–40 mit Hinweis auf ganz analoge Variationen im Satzbau Juvenals entkräften. Aber auch die inhaltlichen Bedenken verlieren bei näherer Analyse des komplexen Gedankengangs an Überzeugungskraft. So kann BRINK die angebliche Interpolation als wichtiges Bindeglied in Juvenals Argumentation erweisen, indem er zeigt, wie sich das konventionelle, ja abgedroschen wirkende Gebet um einen gesunden Geist in einem gesunden Körper in das Finale der zehnten Satire einfügt. Es bedarf nämlich in der Tat der Gesundheit als Voraussetzung, um die im folgenden aufgezählten Aufgaben (357–361), worin sich nichts Geringeres als das kaum zu verwirklichende Ideal des stoischen Weisen manifestiert, aufgrund eigener Anstrengung (*per virtutem*, 364) meistern zu können. Folgt man dieser Argumentation, darf das berühmte Diktum nach

---

[15] Vgl. etwa GNILKA 2001, 248, Anm. 59. CAMPANA 2004, 360–364 versucht eine ausführliche Begründung gegen die Echtheit des Verses.

wie vor als juvenalisch gelten.[16] Auch dieser Vers wird von beiden Klassen der Juvenal-Handschriften sicher überliefert. Darüber hinaus wird er bereits in der Spätantike von Dracontius, *De laudibus dei* 3,745 zitiert und zwar an gleicher Stelle (nach der Penthemimeres): *Sint reduces sensus, mens sana in corpore sano.* Allerdings kann selbst ein derart deutliches Zitat einer Hexameterhälfte aus dem 5. Jahrhundert nicht als Argument für die Echtheit angeführt werden, sondern nur als *terminus ante quem* für den frühen Zeitpunkt, zu dem die Interpolationen bereits in den Juvenaltext eingedrungen sind.[17]

3. Rezeption[18]

Um den dynamischen Prozess bei der Adaption von Juvenals Satiren zu betonen, ist »Rezeption« gegenüber einem passiven Begriff wie »Nachleben« zu bevorzugen.[19] Die einem Text zugrundeliegende Haltung lässt sich im neuen Text freilich nicht unverändert reproduzieren, und daher ist es methodisch unzulässig, mit Hinweis auf die Rezeption für eine bestimmte Lesart des Juvenaltextes zu plädieren. So hat etwa bei der nach wie vor diskutierten Frage, ob die vom Satiriker eingenommene Position des strengen Moralisten ernst oder ironisch aufzufassen sei, der Hinweis auf die jahrhundertelange Wahrnehmung Juvenals als sittlicher Mahner keine Beweiskraft.[20]

---

[16] Vgl. auch KISSEL 2014, 352.

[17] Vgl. GNILKA 2001, 556: »Es ist für die Klassikertexte längst erwiesen, daß auch die interpolierten Passagen in den Strom der Rezeptionsgeschichte eintauchen. Aus der Tatsache, daß etwa Prudentius unechte Vergil- oder Juvenalverse aufgreift, wird niemand ohne weiteres einen Beweis der Echtheit dieser Zeilen machen wollen.«

[18] Zur Rezeption Juvenals in Spätantike, Mittelalter, Renaissance und Neuzeit bietet HIGHET 1954, 179–232 und 296–338 reiche Belege; HOOLEY 2012 verfolgt Juvenals literarisches Fortwirken von der Spätantike bis zur Gegenwart in einem umfassenden Überblick; zu vergleichen ist auch KISSELS 2014, 387–410 kritische Sichtung der zwischen 1962 und 2011 erschienenen Literatur zur Juvenalrezeption. Unter verschiedenen Aspekten zeichnen die folgenden zwei Beiträge Juvenals Rezeption in der spätantiken Literatur nach: SCHMIDT 2001, 875–881 eröffnet in seinem systematischen Überblick noch eine spezifische christliche Rezeptionslinie (880f.). SOGNO 2012 untersucht die Kontinuität und Vitalität der Gattung, die Wiederentdeckung Juvenals in der zweiten Hälfte des vierten Jahrhunderts und den Übergang von der Verssatire zur Prosasatire.

[19] Zur aktiven Rolle der Rezipienten s. Charles MARTINDALE: Thinking Through Reception, in: C. MARTINDALE/Richard F. THOMAS (eds.): Classics and the Uses of Reception, Malden 2006, 1–13, insbes. 11f.

[20] WIESEN 1963 dagegen versucht, die Vertreter der seit MASONS Essay (1963, ursprünglich 1962 erschienen) verbreiteten Ansicht, Juvenal sei lediglich ein Deklamator ohne feste moralische Überzeugungen und ohne eigenes Anliegen, mit dem Argument der langen Tradition zu widerlegen, vgl. v. a. 450: »(those scholars) implicitly ask us to believe that the Church Fathers, the moralists of the Middle Ages, many Renaissance humanists, and so brilliant a modern literary critic as Schiller were thoroughly wrong, blind, and foolish in their estimate of Juvenal ... But

Gewöhnlich lässt man die Rezeption der Juvenalsatiren erst mit christlichen Autoren beginnen.[21] Trotz des relativen Verstummens von Juvenals Stimme unmittelbar nach seinem Tod lohnt es sich jedoch, schon früher nach möglichen Spuren bzw. Adaptionen seiner Satiren zu suchen. Hier bietet sich der Roman des Apuleius (geb. um 125 n. Chr.) an, in welchem der in einen Esel verwandelte Lucius seine im alltäglichen Milieu spielenden Abenteuer in Ich-Form erzählt.[22] Insbesondere lassen einige satirisch anmutende Porträts von Ehebrecherinnen und herrischen Frauen an vergleichbare Szenen in Juvenals sechster Satire denken. Aufgrund der im Alltag angesiedelten Situationen sind Überschneidungen allerdings naheliegend, ohne dass eine intertextuelle Beziehung zwischen beiden Werken bestehen muss.[23]

3.1 Juvenal bei frühchristlichen Apologeten

Tertullian bedient sich in seiner Schrift *adversus Marcionem* (ca. 207/208 n. Chr.), einer Widerlegung des christlichen Häretikers Markion, eines Juvenalzitats, um den unbekannten Gott Markions der Lächerlichkeit preiszugeben (Tert. adv. Marc. 4,24,9): »*Quis nunc dabit potestatem calcandi super colubros et scorpios?*«[24] *Utrumne omnium animalium dominus, an nec unius lacertae deus?*[25] (»Wer wird euch ⟨sc. den Jüngern⟩ jetzt die Macht verleihen, auf Schlangen und Skorpione zu treten?« Der Herr über alle Lebewesen oder derjenige, der nicht einmal Gott über eine einzige Eidechse ist?). In der dritten Satire zieht Umbricius als Alternative zum lauten, von ständigen Gefahren bei Tag und Nacht bedrohten Rom ein Leben in kleinen ländlichen Städten vor (3,230 f.): *est aliquid, quocumque loco, quocumque recessu, / unius sese dominum fecisse lacertae.*[26] Um die Antithese zwischen dem einen Gott des Alten und Neuen Bundes und dem von Markion auf den Neuen Bund beschränkten Gott, der noch nicht einmal als Schöpfergott

---

it is *a priori* unlikely that for so many centuries a hollow and prurient declaimer could have been hailed as a man deeply sensitive to moral corruption and as an edifying ethical teacher.«

[21] Vgl. etwa SOGNO 2012, 371: »With the exception of Tertullian and Lactantius, no mention of Juvenal or quotation of his satires is found in Latin literature until the second half of the fourth century CE.«

[22] Vgl. auch ZIMMERMAN 2006, 96–100 zum Ich-Erzähler in den *Metamorphosen* in der Pose des moralisierenden Satirikers.

[23] Die von CARR 1982 nebeneinander gestellten Szenen sind nicht immer direkt vergleichbar, bieten jedenfalls keine wörtlichen Anklänge, wie sie auch selbst resümiert (64): »It has been shown that Juvenal and Apuleius often concur in their views of women, the resemblance being more obvious in general images than in words and phrases.«

[24] Tertullian zitiert hier Jesu Worte aus Lukas 10,19.

[25] Zitiert nach: Tertullian. Adversus Marcionem. Gegen Markion. Eingeleitet und übersetzt von Volker LUKAS (Fontes Christiani 63/3), Freiburg 2017.

[26] Zu diesem παρὰ προσδοκίαν gesetzten Wort s.o. 181.

eines kleinen Tieres fungieren darf, zu verschärfen, negiert Tertullian Juvenals Wendung, um den ohnmächtigen Gott Markions vom allmächtigen Gott der beiden Testamente abzugrenzen. Die Verwendung eines kurzen, wenn auch einprägsamen Zitats aus einer Satire Juvenals sagt freilich noch nichts darüber aus, ob intensive Juvenallektüre vorauszusetzen ist.[27]

Eine namentliche Erwähnung Juvenals liegt bei Laktanz vor, der mit der Autorität des paganen Dichters argumentiert. Laktanz zitiert nämlich in seinen *Divinae institutiones* (304–311 verfasst, zwischen 320 und 325 überarbeitet) zustimmend den Schluss der zehnten Satire (inst. 3,29,17):

> *huius itaque perversae potestatis cum vim sentirent virtuti repugnantem, nomen ignorarent, fortunae sibi vocabulum inane finxerunt. quod quam longe a sapientia sit remotum, declarat Iuvenalis his versibus: »nullum numen habes, si sit prudentia: nos te, / nos facimus, fortuna, deam caeloque locamus«.*[28]

Als sie ⟨sc. die Menschen⟩ daher merkten, dass die Kraft dieser verkehrten Wirkmacht der Tugend widerstreitet, ihren Namen aber nicht kannten, da haben sie in eigenem Interesse die nichtige Bezeichnung *fortuna* gebildet; wie weit entfernt dies von Weisheit ist, zeigt Juvenal in folgenden Versen: »Keine göttliche Macht hättest du, wenn wir Vernunft besäßen: wir sind es, wir, die dich, Fortuna, zur Göttin machen und in den Himmel versetzen«.

Laktanz wendet sich gegen die Existenz einer der *virtus* entgegengesetzten Macht (vgl. am Anfang des Kapitels, inst. 3,29,1: *fortuna ergo per se nihil est*), die ein Produkt menschlicher Unvernunft sei und deren törichte Vergöttlichung auch der Dichter Juvenal mit Recht dargelegt habe.

3.2 Juvenals Popularität in der Spätantike

Gegen Ende des 4. Jahrhunderts bezeugt Ammianus Marcellinus in seinem Geschichtswerk (ca. 395 abgeschlossen) das wiedererwachte Interesse an Juvenal, der in einigen Kreisen sogar zum Modeautor avanciert zu sein scheint (28,4,14):

> *Quidam detestantes ut venena doctrinas Iuvenalem et Marium Maximum curatiore studio legunt, nulla volumina praeter haec in profundo otio contrectantes, quam ob causam non iudicioli est nostri.*

Bestimmte Leute, die wie Gift wissenschaftliche Bildung verabscheuen, lesen Juvenal und Marius Maximus mit recht eindringlichem Eifer, während sie sonst keine

---

[27] Skeptisch äußert sich KISSEL 2014, 396 zu Juvenalreminiszenzen bei Tertullian.
[28] Laktanz zitiert die zwei Verse wörtlich aus Iuv. 10,365 f. Zur Frage der Echtheit der beiden letzten Verse der zehnten Satire, die bis zur Hephthemimeres im Vers 366 identisch in der 14. Satire (315–316a) wiederkehren, vgl. CAMPANA 2004, 372; KISSEL 2014, 378. Zu den Schlussversen der Satire (365 f.), »in denen sich der Sprecher ostentativ der demokratischen Geringschätzung aller Glücksgüter« anschließe, vgl. jedoch auch WULFRAM 2011, 161/162.

Buchrollen in ihrer ganzen ausgedehnten Freizeit anrühren; aus welchem Grund unterliegt nicht meinem bescheidenen Urteil.

Auch wenn sich Ammianus hier emphatisch eines Urteils enthält, äußert er doch sein Befremden über die von einigen Vertretern der römischen Nobilität favorisierten Autoren. Wenn Juvenal in einem Atemzug mit dem Kaiserbiographen Marius Maximus,[29] der für skandalträchtige Darstellungen steht, als Garant einer attraktiven, unterhaltsamen Lektüre genannt wird, deutet dies auf eine bestimmte, eingeschränkte Auswahl seiner Satiren, die durchaus geeignet sind, die Erwartungshaltungen eines verwöhnten, dekadenten Lesepublikums zu erfüllen. Man denke nur an die Ausmalung von Affären der Kaiserin Messalina, etwa die nächtlichen Ausschweifungen der Kaiserin (Iuv. 6,115–135) oder die Szene ihrer Hochzeit mit dem designierten Konsul G. Silius in einer öffentlichen Zeremonie (10,329b–345).[30]

Ein entgegengesetztes Juvenalbild, das aber ebenso einseitig auf nur eine Lesart, nämlich die nach altrömischen Maßstäben zensorisch streng urteilende Satire fixiert ist, begegnet bei Rutilius Namatianus, der in seinem nach 417 verfassten *Itinerarium* Juvenal gemeinsam mit Turnus[31] namentlich erwähnt. In einer Passage vergleicht er die Satirendichtung eines sonst unbekannten Lucillus, dessen Sohn Decius 417 Statthalter von Etrurien war, mit Turnus und Juvenal (*De reditu suo* 1,603–606):

huius ⟨sc. Lucilli⟩ vulnificis satira ludente Camenis
  nec Turnus potior nec Iuvenalis erit.
restituit veterem censoria lima pudorem;   605
  dumque malos carpit, praecipit esse bonos.

---

[29] Zu L. Marius Maximus, der zu Beginn des 3. Jh.s n. Chr. in der Tradition Suetons Viten römischer Kaiser (von Nerva bis Elagabal) verfasste und häufig in der *Historia Augusta* benutzt wurde, s. K. SALLMANN, HLL 4, 1997, § 405.1, S. 53–56; Holger SONNABEND, Geschichte der antiken Biographie. Von Isokrates bis zur Historia Augusta, Stuttgart; Weimar 2002, 185–190; ausführlich Anthony R. BIRLEY, Marius Maximus: The Consular Biographer, in: ANRW II 34.3, 1997, 2678–2757, hier 2680f. zu möglichen Gründen für die Attraktivität der beiden von Ammianus zusammengestellten Autoren.

[30] Zu Anspielungen auf Juvenals Satiren in Ammians beiden satirisch inspirierten zeitkritischen Romexkursen (Amm. 14,6 und 28,4) s. SOGNO 2012, 372–377. Die von Roger REES (Ammianus satiricus, in: Jan Willem DRIJVERS/David HUNT [eds.]: The Late Roman World and its Historian. Interpreting Ammianus Marcellinus, London; New York 1999, 141–155) nach vier Kategorien (»rhetorical trope, subject matter, victim of satire, and lexical echoes«, 142) eher assoziativ zusammengestellten Parallelen zwischen Ammian und Juvenal sind jedoch weniger überzeugend.

[31] Turnus, aus der Zeit Domitians, von dessen Satiren jedoch nur noch zwei Verse erhalten sind, war der unmittelbare Vorgänger Juvenals. Zur Rekonstruktion seiner Stellung innerhalb der römischen Satire vgl. COFFEY 1979.

Weder Turnus noch Juvenal werden wohl seine Satire übertreffen, die mit wundenschlagenden Versen spielend scherzt.[32] Seine zensorische Feile hat die altehrwürdige Sittsamkeit wiederhergestellt; indem er schlechte Menschen kritisiert, lehrt er ⟨sie⟩, gut zu sein.

Rutilius setzt Lucillus' Satirendichtung in Analogie zu seiner unbestechlichen Amtsführung als *comes sacrarum largitionum*[33] (1,607–614). Juvenal wird hier also gemeinsam mit Turnus als Repräsentant der Satire genannt und zwar derjenigen Ausrichtung der Satire, die Laster mit unerbittlicher Strenge tadelt (vgl. *censoria*[34] und *carpit*).

In der Spätantike bedingen die intensive philologische Beschäftigung mit Juvenal in Form von kommentierten Ausgaben und seine wachsende Popularität einander. Nicht zu Unrecht spricht man von einer Renaissance Juvenals seit der zweiten Hälfte des 4. Jahrhunderts.[35] Insbesondere in Dichtungen des Ausonius, Claudian, Prudentius und Dracontius, die im gleichen Versmaß des Hexameters verfasst sind, erstrecken sich die Adaptionen von vereinzelten Sentenzen bis zur produktiven Auseinandersetzung mit dem römischen Satiriker.

Am Ende seines *Cento nuptialis* (ca. 368/369, als Fortsetzung des Begleitbriefes an Axius Paulus), einem aus Vergilversen zusammengesetzten erotischen Scherzgedicht in Hexametern, wehrt sich Ausonius gegen potentielle Kritiker, denen er mit einem Zitat aus Juvenals zweiter Satire (2,3) Heuchelei vorwirft, und beruft sich auf die Autorität Martials (Mart. 1,4,8), damit sie von obszönen Partien seines Gedichts keine Rückschlüsse auf seinen rechtschaffenen Lebenswandel ziehen:

sed cum legeris, adesto mihi adversum eos, »qui«, ut Iuvenalis ait, »Curios simulant et Bacchanalia vivunt«, ne fortasse mores meos spectent de carmine. »Lasciva est nobis pagina, vita proba,« ut Martialis dicit.[36]

Nach deiner Lektüre aber steh mir gegen diejenigen bei, »welche«, wie Juvenal sagt, »die Curier mimen, aber wie bei den Bacchanalien leben«, damit sie nicht

---

[32] Eine andere Konstruktion schlägt Ernst DOBLHOFER (Rutilius Claudius Namatianus, De reditu suo sive Iter Gallicum. Herausgegeben, eingeleitet und erklärt. 2. Bd. Kommentar, Heidelberg 1977, 251) vor: »Am besten faßt man vulnificis Camenis als abl. comp., satira ludente als abl. instr.: ›den durch die scherzende Satire verletzenden Musen dürfte ... überlegen sein‹.«

[33] *Comes sacrarum largitionum* ist die Amtsbezeichnung für den Vorsteher der spätantiken kaiserlichen Finanzadministration, eine Art Finanzminister, in dessen Zuständigkeit vor allem Steuererhebung, Zollwesen, Münzprägung, Staatswerkstätten und Besoldungswesen fielen; vgl. Christian GIZEWSKI: Art. »Comes, comites«, DNP 3, 1997, 89–91, hier 90.

[34] Die Junktur *censoria lima* (Rut. Nam. 1,605) ist nach Mart. 5,80,12 f. gebildet.

[35] Vgl. etwa SOGNO 2012, 370–372.

[36] Zitiert nach R. P. H. GREEN: Decimi Magni Ausonii opera, Oxford 1999, p. 153 (*qui* gehört noch zum Juvenalzitat 2,3). Zu Iuv. 2,3 s. auch o. 78.

etwa meinen Charakter von meinem Gedicht her betrachten. »Frivol sind meine Buchseiten, mein Leben jedoch ist rechtschaffen«, wie Martial sagt.

Ein direktes Zitat aus Juvenals neunter Satire (*obrepit non intellecta senectus*, 9,129[37]) findet sich, im Gedicht freilich ohne Namensnennung, im Epigramm 14,3f.[38]: *obrepsit non intellecta senectus / nec revocare potes qui periere dies* (Unbemerkt schlich das Alter an dich heran und die Tage, die vergangen sind, kannst du nicht mehr zurückrufen). Naevolus' Klage über seine rasch schwindende Attraktivität für potentielle neue Liebhaber wird hier in gleicher Versposition als Warnung an Galla, eine spröde Geliebte, übernommen.

Claudians Dichtung, die insgesamt vom virtuosen Umgang mit klassischen Modellen zeugt, weist naturgemäß in seinen beiden Invektiven *In Rufinum* und *In Eutropium* eine Affinität zu satirischen Texten auf. Wenige Beispiele für den Dialog mit Juvenals Satiren in Claudians Invektive gegen den Eunuchen Eutrop mögen genügen.[39] In einem elegischen Distichon in der *Praefatio* zum zweiten Buch der Invektive gegen Eutrop wird der Sturz des zum höchsten Gipfel aufgestiegenen Eunuchen, der von Arcadius mit der Würde eines *patricius* versehen und zum Konsul des Jahres 399 bestimmt worden war, als Rückkehr in seine frühere Sklavenexistenz interpretiert (Claud. 19,5f.): *culmine deiectum vitae Fortuna priori / reddidit insano iam satiata ioco* (Den vom Gipfel Gestürzten gab Fortuna seinem früheren Leben zurück, nunmehr gesättigt von ihrem wahnsinnigen Scherz). Dies knüpft an eine Passage aus Juvenals dritter Satire an, in der sich Umbricius über die zu allem bereiten Aufsteiger in Rom beklagt, die den rechtschaffenen Klienten aus seiner Stellung verdrängen (3,39f.): *quales ex humili magna ad fastigia rerum / extollit quotiens voluit Fortuna iocari* (Leute, wie sie Fortuna aus niedrigem Stand in hohe Machtpositionen emporhebt, sooft es ihr beliebt hat zu scherzen). Der auf Eutrops Sturz gemünzte Ausdruck *iam satiata ioco* lässt sich in unmittelbarem intertextuellem Anschluss an die in Juvenals Satire thematisierte Launenhaftigkeit Fortunas (*iocari*) lesen. Wie sich der

---

[37] Hierzu s.o. 123.
[38] N. M. KAY (Ausonius, Epigrams. Text with Introduction and Commentary, London 2001, 20) verweist noch auf weitere Juvenalzitate in den Epigrammen 8,3 und 113,1. Anhand von drei Beispielen, in denen Ausonius zwei oder drei Wörter aus Juvenals Satiren meist wörtlich zitiert (Iuv. 4,69 *ipse capi voluit*; 3,226 *puteusque brevis*; 5,56 *flos Asiae*), sucht SOSIN 1999 Ausonius' Allusionstechnik allgemein zu analysieren.
[39] Vgl. SCHMITZ 2009 mit weiteren Beispielen, wie Claudian sich verschiedener, vor allem in der satirischen Tradition ausgeprägter Strategien bedient. Zur Adaption Juvenals in Claudians Invektive gegen Eutrop vgl. auch LONG 1996.

Aufstieg von Emporkömmlingen einer Laune der Glücksgöttin verdankt,[40] bedeutet auch ihr Fall nur das Ende von Fortunas launenhaftem Spiel.

Juvenals zweite Satire, in welcher der Sprecher voller Empörung die Männerhochzeit des Gracchus, welcher der nur Patriziern vorbehaltenen Priesterschaft der Salier angehörte, kommentiert, dient als Prätext für die satirische Diffamierung des Eunuchenkonsuls Eutrop. Mit sarkastischem Bedauern konstatiert der Sprecher, dass diese männlichen ›Bräute‹ nicht gebären und durch die Geburt von Kindern ihre Ehemänner an sich fesseln können (Iuv. 2,138): *quod nequeant parere et partu retinere maritos*. Claudian legt genau dieses Argument seinem Protagonisten Eutrop in den Mund, der sich seinem Liebhaber Ptolemaeus gegenüber, der ihn verstoßen hat, in der Pose der verlassenen Geliebten über das elende Los eines alternden Kinäden beklagt (Claud. 18,72): *femina, cum senuit, retinet conubia partu* (Wenn eine Frau alt geworden ist, kann sie ihren Ehemann durch die Geburt eines Kindes an sich fesseln).

Der Dialog mit seinem satirischen Prätext beschränkt sich aber nicht auf wörtliche Zitate, sondern umfasst auch kreative Weiterentwicklungen. So knüpft Claudian an eine Szene aus Juvenals zweiter Satire an, in welcher sich der Sprecher über die Untätigkeit des Kriegsgottes Mars, der dem ruchlosen Treiben des Gracchus ohne Regung zusehen könne, entrüstet (Iuv. 2,129–131a): *traditur ecce viro clarus genere atque opibus vir, / nec galeam quassas nec terram cuspide pulsas / nec quereris patri* (Sieh doch, da wird einem Mann ein Mann, ausgezeichnet durch adlige Abstammung und Reichtum, in die Ehe gegeben, und du schüttelst nicht den Helm und stößt nicht mit der Lanze auf die Erde und klagst es auch deinem Vater ⟨sc. Jupiter⟩ nicht). Während in Juvenals zweiter Satire eine Reaktion des Kriegsgottes in Form zornigen Schüttelns des Helms ausbleibt, reagiert Mars in Claudians Invektive gegen Eutrop von sich aus auf den Anblick des weibischen Konsuls. Sobald der nach Thrakien zurückkehrende Kriegsgott Mars nämlich das effeminierte Treiben des Konsuls Eutrop erblickte, schüttelte er empört seinen Helm (20,107–109a): (*ut* ...) *femineasque togas pressis conspexit habenis, / subrisit crudele pater cristisque micantem / quassavit galeam* (als er ... mit gespannten Zügeln die weibischen Togen erblickte, grinste der Vater grausam und schüttelte seinen unter dem Federbusch funkelnden Helm). Der Kriegsgott, der hier wie bei Juvenal mit dem Beinamen Gradivus (Iuv. 2,128; Claud. 20,103) bezeichnet wird, vollzieht also in Claudians Invektive beim Anblick des weibischen Eunuchenkonsuls genau die Aktion (*quassavit galeam*, 109), zu der er in Juvenals zweiter Satire angesichts der skandalösen Hochzeit vergeblich aufgefordert worden war (*nec galeam quassas*, 130).

---

[40] Zu vergleichen ist die empörte Frage des Sprechers an Fortuna (Claud. 18,24 f.): *quaenam ista iocandi / saevitia?* (Was soll dieses grausame Scherzen?).

Für Prudentius' Polemik gegen den paganen Polytheismus erwies sich Juvenals groteske Schilderung ägyptischen Aberglaubens als geeignete Vorlage. Der Satiriker hatte nämlich zu Beginn der 15. Satire das Speisetabu, wonach bestimmte Gemüsearten nicht verzehrt werden dürfen, zum absurden Spott gesteigert (15,9–11a): *porrum et caepe nefas violare ac frangere morsu / (o sanctas gentes, quibus haec nascuntur in hortis / numina!)*.[41] Gleich zweimal (Prud. c. Symm. 2,865–868 und perist. 10,259–265) lässt sich Prudentius von Juvenals satirisch verzerrtem, äußerst despektierlichem Bild der im Küchengarten wachsenden Götter Ägyptens inspirieren. Ebenso konnte sich Prudentius in seinem Spott über den ägyptischen Isiskult direkt einer Partie aus Juvenals sechster Satire bedienen, in der römische Matronen als ergebene Anhängerinnen orientalischer Kulte vorgeführt werden. In diesem Kontext heißt es über einen Isispriester, der in einer Prozession eine Anubis-Maske trägt (Iuv. 6,533f.): *qui grege linigero circumdatus et grege calvo / plangentis populi currit derisor Anubis* (der umgeben von einer leinentragenden und kahlköpfigen Schar als Anubis einherläuft, welcher das laut klagende Volk verlacht). Ganz analog wird in Prudentius' Polemik gegen den Isiskult das rituelle Beweinen des Osiris der Lächerlichkeit preisgegeben (Prud. c. Symm. 1,629f.): *Isidis amissum semper plangentis Osirim / mimica ridendaque suis sollemnia calvis* (die farcenhaften Feste der Osiris' Verlust immerzu laut beklagenden Isis, über die selbst ihre eigenen kahlköpfigen Priester lachen müssen).

Dracontius (Ende des 5. Jh.s) leitet in *De laudibus dei* einen Katalog mutiger Frauen mit einem geringfügig abgewandelten Zitat aus Juvenals sechster Satire ein (Drac. laud. dei 3,473f.): *audacius illis / deprensis nihil est, animos de crimine sumunt* (verwegener als jene Frauen, die bei ihrer Tat ertappt worden sind, ist nichts; vom Verbrechen beziehen sie ihren Mut). In einem Passus in Juvenals sechster Satire (268–284a) beschreibt der Sprecher das Verhalten untreuer Frauen, die um eine Rechtfertigung nicht verlegen sind, sondern sich aggressiv zu verteidigen wissen. Als Höhepunkt lässt er eine beim Ehebruch ertappte Frau direkt zu Wort kommen. Abschließend kommentiert er ihr unverschämtes Verhalten mit einer allgemeinen Sentenz (6,284f.): *nihil est audacius illis / deprensis: iram atque animos a crimine sumunt.*[42]

---

[41] S. o. 154.
[42] S. o. 108. Diese Juvenalverse verwendet Dracontius als Einleitung zu einer Exemplareihe von Frauen, die zwar ein unterschiedliches Schicksal haben, denen aber als verbindendes Element Mut für ihre Taten attestiert werden kann; zu diesem Frauenkatalog vgl. Roswitha Simons: Dracontius und der Mythos. Christliche Weltsicht und pagane Kultur in der ausgehenden Spätantike (BzA 186), München; Leipzig 2005, 139–144.

3. Rezeption

Juvenals Satiren dienen spätantiken Autoren jedoch nicht nur als Thesaurus für eingängig formulierte Sentenzen, wie man bei einer Einleitungsformel wie *sententia prisca est* (Drac. laud. dei 3,86) in der Tat vermuten könnte.[43] Vielmehr scheint Juvenal auch oft als moralische Autorität präsent gewesen zu sein.[44] Dies lässt sich gut am Beispiel des Boethius zeigen, der zwar in der *Consolatio philosophiae* (523/524) nicht im Versmaß der Satire schreibt, aber dennoch mit einem Zitat deutlich auf Juvenals zehnte Satire verweist. Wenn die Philosophie die Wertlosigkeit vermeintlicher Glücksgüter wie Reichtum, Macht und Ruhm vor Augen führt, wird zunächst der Reichtum behandelt. Hier wird argumentiert, dass irdischer Reichtum sich als schädlich erweise, da er dem Menschen die Sorglosigkeit raube (Boeth. cons. 2,5,34): *Tu igitur, qui nunc contum gladiumque sollicitus pertimescis, si vitae huius callem vacuus viator intrasses, coram latrone cantares* (Du also, der du jetzt ängstlich Stoßlanze und Schwert überaus fürchtest, würdest, wenn du diesen Lebenspfad als besitzloser Wanderer betreten hättest, vor den Räubern singen). Der Passus zeigt sich insgesamt vom Tenor der zehnten Satire geprägt. Jeweils geht es um die Nichtigkeit der geläufigen menschlichen Wünsche wie vor allem des häufigsten Wunsches nach Reichtum. Ein deutliches Signal für den Rekurs auf Juvenals entsprechende Satire setzt Boethius mit einem wiedererkennbaren Zitat. Zu Beginn von Juvenals zehnter Satire wird bei dem an erster Stelle stehenden Wunsch nach Reichtum selbst wenig Gepäck als unnötiger Ballast erwiesen, der für seinen Besitzer nur Gefahren mit sich bringe (10,19–22): *pauca licet portes argenti vascula puri / nocte iter ingressus, gladium contumque timebis / et mota ad lunam trepidabis harundinis umbra: / cantabit vacuus coram latrone viator.*[45]

In Spätantike und Mittelalter scheint Juvenal bevorzugt als Chronist der dekadenten Moral im kaiserzeitlichen, noch nicht christianisierten Rom rezipiert worden zu sein. So fordert Augustin, der freilich nur aus Juvenals

---

[43] Nach dieser Ankündigung wird ein gnomischer Juvenalvers (8,83f.): *summum crede nefas animam praeferre pudori / et propter vitam vivendi perdere causas* (für den schlimmsten Frevel halte es, das bloße Dasein dem Ehrgefühl vorzuziehen und um des Lebens willen die Gründe für das Leben zu verwirken) wörtlich zitiert (Drac. laud. dei 3,87): *»summum crede nefas animam praeferre pudori«*. Vgl. auch den von Kissel 2014, 395, Anm. 839 vorgebrachten skeptischen Einwand, dass Dracontius hier eher eine allgemeine Maxime als Juvenal zitiere.

[44] Zu Juvenals Satire als Modell für Dracontius, der sich insbesondere von Juvenals Sittenkritik inspirieren lässt, daneben aber auch Versklauseln übernimmt, vgl. die Einführung von Claude Moussy, in: Dracontius, Œuvres, Tome I. Louanges de Dieu, Livres I et II. Texte établi, traduit et commenté par Claude Moussy et Colette Camus, Paris 1985, hier 61f.

[45] S.o. 128. Die Hexameterklausel *latrone viator* (Iuv. 10,22) findet sich in Drac. laud. dei 2,308.

meistgelesenen Satiren (der ersten und sechsten) zitiert,[46] in einem Brief (zwischen 411–412 datiert), in welchem er eine längere, aus neun Versen bestehende Partie aus Juvenals sechster Satire einfügt, die paganen Römer auf, ihren eigenen Satiriker zu vernehmen (epist. 138,16): *Audiant satiricum suum garriendo vera dicentem*[47] (sie sollen ihrem eigenen Satiriker zuhören, der Wahres im Plauderton vorträgt). Der von Augustin zitierte Abschnitt (6,287–295) richtet sich gegen die römischen Matronen, deren Sittenverfall mit dem Eindringen ausländischen Luxus einhergehe, und ist von der typisch juvenalischen Antithese zwischen der einfachen, aber keuschen Lebensweise in früherer Zeit (*quondam*, 288)[48] und der gegenwärtigen moralischen Dekadenz geprägt (*nunc*, 292). Wie Prudentius für seine Polemik gegen die paganen Götter auf Juvenals satirische Kritik insbesondere des ägyptischen Aberglaubens unmittelbar zurückgreifen konnte, so führt Augustin den römischen Satiriker als Kronzeugen an, dessen Bloßstellung moralischen Fehlverhaltens, insbesondere des Ehebruchs, mit christlicher Sittenkritik konvergierte, so dass er auch als Autorität für christliche Autoren dienen konnte.

Gegenüber zahlreichen Zitaten aus und Anspielungen auf die Satiren des Horaz und Persius begnügt sich Hieronymus mit nur wenigen direkten Referenzen auf Juvenal.[49] Den Juvenalvers 1,15 *et nos ergo manum ferulae subduximus, et nos ...* [50] hat er gleich dreimal zitiert (Hier. epist. 50,5,2. 57,12,2 und adv. Rufin. 1,17). Besonders epist. 50,5,2 ist das geringfügig abgewandelte Juvenalzitat 1,15 (*saepe* ersetzt *ergo*, so dass der Hexameter erhalten bleibt) von zwei weiteren Verweisen auf Verssatiriker umgeben: Pers. 1,115 und Hor. sat. 1,4,34; außerdem imitiert Hieronymus in diesem mit satirischen Prätexten aufgeladenen Satz, in dem er seine potentielle Fähigkeit zum Gegenangriff ostentativ zeigt, das auch von Juvenal verwendete anaphorische *et nos* (epist. 50,5,2): *et nos didicimus litterulas, et nos saepe manum*

---

[46] Zu Augustins Juvenallektüre vgl. Harald HAGENDAHL: Augustine and the Latin Classics, Göteborg 1967, 193. 477 und James J. O'DONNELL: Augustine's Classical Readings, RecAug 15, 1980, 159 f.

[47] Mit Recht fühlt sich GNILKA 2001, 233, Anm. 8 an die programmatisch gedeutete Parenthese innerhalb der ersten Horazsatire erinnert (sat. 1,1,24): *ridentem dicere verum* (lachend die Wahrheit zu sagen). Bereits HIGHET 1954, 298, Anm. 12 verweist auf diese Horazstelle. Genau diese Aufgabe, die Wahrheit offen auszusprechen, verwendet auch Hieronymus in epist. 40,1,3, wenn er das Pauluswort (Gal. 4,16) *inimicus, inquit, vobis factus sum vera dicens* (Ich bin euer Feind geworden dadurch, dass ich euch die Wahrheit sage) auf die heilsame Tätigkeit des Kritikers überträgt.

[48] Wie Augustin rekurriert auch Victor HUGO in seiner Gedichtsammlung »L'Année terrible« (1872 publiziert) auf genau diese Passage (6,287–291) mit ihrem nostalgischen Rückblick auf die gute alte Zeit, als die Ehefrauen noch keusch waren; zitiert von MASON 1963, 150 f.; zum Kontext vgl. HIGHET 1954, 229.

[49] Vgl. WIESEN 1964, 9 f.

[50] Zu Iuv. 1,15–17a s.o. 25, Anm. 53.

ferulae subtraximus (auch ich habe ein bisschen Literaturkenntnis erworben, auch ich habe meine Hand oft unterm Rohrstock weggezogen). Auch wenn Juvenal von Hieronymus nicht namentlich erwähnt wird, und nur in wenigen wörtlichen Zitaten präsent ist,[51] wird Hieronymus gleichwohl als Satiriker wahrgenommen, der sich insbesondere in der bissigen Kritik seiner persönlichen Gegner und mondäner Frauen auf den Spuren Juvenals bewegt.[52] Er selbst wehrt sich freilich gegen den Vorwurf, ein *satiricus scriptor in prosa* (satirischer Prosaautor) zu sein. In epist. 40 (*Ad Marcellam de Onaso*, auf 385 datiert), der an Marcella adressiert ist, wendet sich der Briefschreiber nämlich direkt gegen einen mit dem Pseudonym »Onasus« versehenen Gegner. Er wirft ihm vor, dass er sich zu Unrecht von ihm persönlich angegriffen fühle (epist. 40,2,2f.): *quicquid dictum fuerit, in te dictum putas. in quodcumque vitium stili mei mucro contorquetur, te clamitas designari, conserta manu in ius vocas et satiricum scriptorem in prosa stulte arguis* (Alles, was ich sage, glaubst du, sei gegen dich gerichtet. Gegen welches Laster die schwertgleiche Spitze meines Schreibstiftes sich auch immer richtet, so schreist du laut, dass du die Zielscheibe seist, zitierst mich durch Handanlegen einen Rechtsstreit eröffnend vor Gericht und bezichtigst mich törichterweise,[53] ein satirischer Schriftsteller in Prosa zu sein). Das militärisch-juristische Vokabular (*mucro, contorquere* ⟨vom Schleudern von Geschossen⟩, *conserta manu* [ein juristischer t. t., vgl. ThLL IV 416, 53–63]) zeigt, dass sich Satire, jeden-

---

[51] Erwähnenswert ist noch die auffällige Formulierung in Hier. epist. 27,3,1 *revertimur ad nostros bipedes asellos* (kehren wir zu unseren zweibeinigen Eselchen zurück) nach Iuv. 9,92 *bipedem... asellum*; hierzu s.o. 125f.

[52] So behandelt etwa WIESEN 1964, 10 in seinem Kapitel über Frauen »The close similarity in spirit and content between the first book of Jerome's *Adversus Iovinianum* and Juvenal's sixth satire«. Zu vergleichen sind jedoch auch die skeptischen Vorbehalte eines Rezensenten: Harald HAGENDAHL: Gnomon 40, 1968, 582–586.

[53] Das Adverb des Urteils *stulte* qualifiziert hier nicht die Klassifizierung als *satiricus scriptor in prosa*, sondern zielt darauf, dass Onasus alles Gesagte zu Unrecht allein auf sich beziehe, vgl. WIESEN 1964, 251–255. Da Hieronymus an anderer Stelle (epist. 22,32,2, in einer Parenthese: *nomina taceo, ne saturam putes*, den Namen verschweige ich, damit du nicht glaubst, es handle sich um eine Satire) suggeriert, dass es zu seinem Verständnis von Satire gehöre, die Angegriffenen namentlich zu nennen, kann er sich hier darauf berufen, seine Kritik allgemein und anonym vorgebracht zu haben, so dass der Vorwurf, er sei ein (prosaischer) Satiriker unzutreffend sei. Entsprechend beschreibt Hieronymus sein Verfahren beim Tadeln von Lastern unmittelbar vor dem von ihm zitierten Vorwurf des Onasus (epist. 40,2,2): *dico quosdam scelere, periurio, falsitate ad dignitatem nescio quam pervenisse: quid ad te, qui te intellegis innocentem?* (Ich sage, dass gewisse Leute durch Verbrechen, Meineid und Lügen in irgendeine Ehrenstellung gelangt sind: was hat das mit dir zu tun, der du weißt, dass du unschuldig bist?). Auffallend viele indefinite Pronomina werden allein in diesem Kapitel (40,2) eingesetzt: *quosdam* (im Sinne von: gewisse Leute, deren Namen ich bewusst nicht nenne), *nescio quam, quicquid, quodcumque*). In diesem Sinne hat bereits WESTON 1915, 99f. die Stelle verstanden.

falls in der Auffassung des Hieronymus, bereits auf eine durch Aggressivität charakterisierte Variante verengt hat. An dieser Stelle lässt sich der Weg verfolgen, wie aus der Verssatire mit Juvenal als letztem bedeutenden Repräsentanten die Satire entsteht, die unabhängig von formalen Charakteristika wie vor allem dem Hexameter als Versmaß nunmehr als satirische Schreibweise in allen Gattungen vorkommen kann.[54] Mit der Verwendung des Adjektivs *satiricus* im Sinne von »charakteristisch für die Satire« erfolgt zugleich eine Festlegung auf eine bestimmte, nämlich polemisch-aggressive Ausprägung der Satire, da die ursprüngliche Vielfalt und Heterogenität der Gattung nun nicht mehr durch die einzelnen Vertreter (Lucilius, Horaz, Persius, Juvenal) gekennzeichnet, sondern in einem übergreifenden Adjektiv gebündelt wird.[55]

3.3 Juvenal als Sittenkritiker im christlich geprägten Mittelalter und Renaissance-Humanismus

Im Mittelalter setzt sich die in der Spätantike vorgezeichnete Tendenz, Juvenal als Moralkritiker zu lesen, fort und er avanciert zum *poeta ethicus*.[56] Entsprechend erscheint er in Katalogen der für die Schule geeigneten Autoren, die zugleich als Autoritäten galten.[57] Als repräsentativ für die mittelalterliche Schullektüre lässt sich der strengen Moralvorstellungen unterworfene Lektürekanon des Konrad von Hirsau (1. Hälfte des 12. Jh.s) im *Dialogus super auctores*, einem Lehrgespräch zwischen Lehrer und Schüler, anführen. Hier wird der Satiriker Juvenal äußerst knapp als Tadler von Lastern vorgestellt (*Dialogus super auctores*, Z. 1286f.)[58]: *Iuvenalis satyricus optimus Romanorum vitia interdum feda reprehensione confundit* (Juvenal, ein ausgezeichneter Satiriker, greift die Laster der Römer mit bisweilen abstoßendem Tadel an).[59] Wenig später wird auch der Satiriker Persius mit fast identischer

---

[54] Zur Transformation der Satire durch Hieronymus vgl. auch SOGNO 2012, 377–384.
[55] Zum Adjektiv *satiricus*, das die klassischen Vertreter der Verssatire selbst nicht verwenden, vgl. CLASSEN 1993, 252–258.
[56] Aufgrund der Zuordnung der Satire zur Moralphilosophie werden »die Bezeichnungen für Satiriker (satiricus) und Morallehrer (ethicus) zumindest ab dem 12. Jh. durchaus als Synonyma austauschbar«, KINDERMANN 1978, 71, vgl. auch 41. M. MANITIUS (Beiträge zur Geschichte römischer Dichter im Mittelalter, Philologus 50, 1891, 354–368) listet zu Juvenal im lateinischen Mittelalter zahlreiche Erwähnungen, Zitate, Imitationen und Anklänge auf.
[57] Zu mittelalterlichen Zeugnissen über Schulautoren s. Ernst Robert CURTIUS: Europäische Literatur und lateinisches Mittelalter, Bern; München [10]1984, 58–61.
[58] Zitiert nach Roberta MARCHIONNI: Corrado di Hirsau, Dialogo sugli autori. Introduzione, testo, traduzione e note di commento, Pisa; Roma 2008.
[59] Grammatikalisch möglich ist auch der Bezug von *feda* auf *vitia*, wie MARCHIONNI die Stelle versteht (»Giovenale, ottimo scrittore satirico, critica aspramente i vizi talora ripugnanti dei Romani«), aber abgesehen davon, dass *vitia* nach Konrads moralischen Maßstäben wohl nicht nur bisweilen als abstoßend gelten dürften, erwartet man selbst bei dieser knappen Beschrei-

3. Rezeption 219

Formulierung auf seine Funktion als Kritiker von Lastern reduziert,[60] woraus man ersehen kann, dass weniger eine individuelle Charakterisierung der Satiriker im Vordergrund steht als vielmehr die ihnen zugeschriebene Rolle als Moralkritiker.[61] Eine vergleichbare Beurteilung von Schulautoren nach moralischen Maßstäben liegt im *Laborintus*, einem rhetorischen Lehrgedicht (1. Hälfte des 13. Jh.s) des Eberhard von Bremen vor. Eberhard fügt den drei römischen Satirikern noch den *Architrenius* (»Erzweiner«) des Johannes von Hauvilla (2. Häfte des 12. Jh.s) hinzu. Jeder Satiriker wird durch einen Zweizeiler knapp charakterisiert. Über Juvenal heißt es unter Anspielung auf seinen Namen (*Laborintus* 625f.): *Non juvenis satyra sed maturus Juvenalis / nudat nec vitium panniculare potest* (Kein Neuling in der Satire, sondern reif, entblößt Juvenal das Laster und kann es nicht bemänteln). Hier wird, wie öfter,[62] das Enthüllen von Lastern als Aufgabe des Satirikers hervorgehoben. Hugo von Trimberg (2. Hälfte des 13. Jh.s) schließlich rühmt in seinem Lehrgedicht *Registrum multorum auctorum* (1280) Juvenal als besonders bissig in der Anprangerung von Lastern (158f.): *Preponatur (Pro- v. l.) reliquis mordax Iuvenalis, / Constans et veridicus, non adulans malis!* (Vorgezogen sei den übrigen der bissige Juvenal, unbeirrt und die Wahrheit aussprechend, den Schlechten nicht schmeichelnd!).[63]

Auch Petrarca (1304–1374), der Juvenal häufig mit Namen oder auch einfach als *satyricus*[64] bezeichnet,[65] führt ihn als moralische Autorität an. So

---

bung eine nähere Qualifizierung der satirischen Methode Juvenals, wie sie auch im analogen Falle des Persius (s. nächste Anm.) vorkommt.

[60] *Dialogus super auctores*, Z. 1304–1307: *Quid dicam de Persio poeta romano clarissimo et optimo, ut erat Iuvenalis, satyrico, qui fronte inverecunda Romanorum vitia reprehendit eosque viciosos stilo curiali notavit et denudavit?* (Was soll ich über Persius sagen, einen sehr berühmten römischen Dichter und, wie es Juvenal war, ausgezeichneten Satiriker, der mit rücksichtsloser Stirn die Laster der Römer getadelt und die Lasterhaften in elegantem Stil gebrandmarkt und demaskiert hat?); vgl. auch Z. 140–142 über die enthüllende Funktion der Satire. Zu Deutungsversuchen der Charakterisierung von Persius' Stil als *stilus curialis* s. KINDERMANN 1978, 125f.

[61] Zum Tadeln von Lastern (*vitia reprehendere*) als zentrale Aufgabe der Satire vgl. KINDERMANN 1978, 47–82.

[62] Etwa von Konrad von Hirsau, s. vorletzte Anm.

[63] Vgl. auch PARKER/BRAUND 2012, 443 zum Nutzen von Juvenal und Persius als Schulautoren im Urteil christlicher Autoren: »it was their usefulness in supplying maxims and their status as castigators of pagan morals that won them approval«. PARKER/BRAUND 2012, 443 fassen *malis* allerdings als Neutrum auf (»not a lover of evil«). Adäquat übersetzt dagegen mit Endreim HIGHET 1954, 202: »Now first in order comes the biting Juvenal, / Strong of will and truthful, flattering no criminal«.

[64] Petrarca, *Epistolae familiares* 24,1,4 *Legebam apud alium Satyricum* (Bei einem anderen Satiriker [nach einem Horazzitat] las ich); dann folgt ein längeres Zitat aus Iuv. 9,126–129.

[65] Juvenal befindet sich im Verzeichnis seiner Lieblingsbücher, vgl. B. L. ULLMAN: Petrarch's Favorite Books, in: B. L. ULLMAN (ed.): Studies in the Italian Renaissance, Rom ²1973, 113–133, hier v. a. 123 und 126.

zitiert er zustimmend eine Klage über den allgemeinen Sittenverfall aus Juvenals 13. Satire (13,26f.): *rari quippe boni, numera, vix sunt totidem quot / Thebarum portae vel divitis ostia Nili* (Selten sind freilich rechtschaffene Menschen; zähle sie: es sind kaum so viele wie die Tore Thebens oder die Mündungen des reichen Nil ⟨nämlich jeweils sieben⟩). Dann fährt der Briefschreiber fort (Fam. 3,15,1): *Quodsi mortalem poscis auctorem, loquitur hec peritissimus rerum talium, Iuvenalis, quique profundissime mores hominum novit* (Wenn du aber nach dem Namen des sterblichen Autors fragst: dies sagt ein in solchen Angelegenheiten sehr Erfahrener, nämlich Juvenal, ein profunder Kenner der menschlichen Moral).

In der Tradition der mittelalterlichen Musterung und Empfehlung von Schulautoren, die besonders für die Jugend geeignet seien, rühmt der Humanist Enea Silvio Piccolomini (1405–1464), der spätere Papst Pius II., in seinem Brieftraktat *De liberorum educatione* (1450) den Satiriker Juvenal ausdrücklich als moralische Autorität. Entsprechend hatte er seine Paränese an den jugendlichen Adressaten gleich zu Beginn seines Erziehungsbriefes (3)[66] mit mehreren fast wörtlichen Zitaten aus Juvenals achter Satire (8,30–32a. 56f.) eröffnet, bevor er dann ein weiteres Zitat (8,76f.) mit namentlicher Nennung (*ut Iuvenalis ait*) anführt. Im Kanon der zu lesenden Autoren lässt Piccolomini die Trias der römischen Satiriker Horaz, Juvenal und Persius Revue passieren (70). Während die Werke des Horaz recht pauschal, wenn auch mit Einschränkungen (*Sunt tamen in eo quaedam, quae tibi nec legere voluerim puero nec interpretari*, dennoch gibt es einiges in ihm, was ich dir nicht vorlesen oder erklären wollte, solange du noch jung bist) als Schullektüre empfohlen werden, und Persius nur kurz mit *Persius nimis obscurus est, utilis tamen* (Persius ist allzu obskur, aber dennoch nützlich) charakterisiert wird, erhält Juvenal das außerordentliche Lob, dass er selbst christlichen Autoren in nichts nachstehe (70): *Iuvenalis, alto vates ingenio, pleraque nimis licenter locutus est, in aliquibus autem satyris tam religiosum se praebuit, ut nostrae fidei doctorum cedere nulli videatur* (Juvenal, ein hochtalentierter Dichter, hat sich zwar sehr oft einer allzu freizügigen Ausdrucksweise bedient, in einigen Satiren hat er sich aber als so religiös erwiesen, dass er keinem Lehrer unseres Glaubens nachzustehen scheint). Ebenso nimmt Battista Guarino (1434–1513) in seinem Traktat *De ordine docendi et studendi* (1459) Juvenal, den er zum führenden Satiriker erklärt (*satyrorum princeps*, 25) und auch öfter selbst zitiert,[67] ausdrücklich gegen den möglichen Vor-

---

[66] Zitiert nach der Kapiteleinteilung von Craig W. KALLENDORF (ed.): Humanist Educational Treatises (ITRL 5), Cambridge; London 2002.

[67] Auch diese Abhandlung findet sich in der Edition von KALLENDORF 2002, s. vorige Anm. Für Zitate aus Juvenals Satiren ist der Index s.v. Juvenal zu vergleichen, 354. Wie Piccolomini verweist auch Guarino in seiner Einleitung auf Juvenals achte Satire, die er insgesamt lobt

wurf, er sei für die Erziehung im christlichen Sinne ungeeignet, in Schutz (25): *Nec immo deterreatur quispiam ab illius satyri lectione, quia nonnullis in locis vitia quaedam horrenda aperte nimis redarguat. Primum enim id raro facit, deinde vitiosos magis quam vitiorum increpatores detestari debemus; at, illis omissis quae pauca esse diximus, nihil inveniemus non laudabile, non christiano homini maxime congruum* (Und fürwahr soll sich niemand von der Lektüre dieses Satirikers abschrecken lassen, weil er an einigen Stellen bestimmte entsetzliche Laster allzu freimütig widerlegt. Erstens nämlich macht er dies selten und zweitens sollten wir die Lasterhaften eher als die Kritiker von Lastern verabscheuen. Lässt man diese, wie gesagt, wenigen Stellen jedoch weg, dann werden wir nichts finden, was nicht lobenswert ist, was nicht in besonderer Weise für einen Christen angemessen ist).

3.4 Juvenal bei Luther

Die schon in der Spätantike angelegte Linie, Juvenal auf die Rolle des Sittenkritikers zu reduzieren, die ihn im Mittelalter zum geeigneten Schulautor prädestinierte, setzt sich jedoch nicht kontinuierlich fort. Vielmehr werden immer wieder auch andere Aspekte stärker betont. Die vielfältigen Adaptionen in der Neuzeit können hier nur schlaglichtartig in den Blick genommen werden. Exemplarisch ausgewählte Rezeptionslinien zeigen im folgenden, wie Juvenal den jeweiligen Vorstellungen entsprechend bald als moralisierender, dann wiederum als jugendgefährdender Satiriker modelliert wird. So nennt etwa Martin LUTHER (1483–1546) Juvenal in einem Atemzug mit den als obszön empfundenen Epigrammatikern und Priapeen, um dafür zu plädieren, ihn aus der Schule zu entfernen.[68] Folgendes Diktum ist aus einer Tischrede (aus dem Jahre 1538) überliefert:[69]

> Doct. M. L. sagte: »Es wäre sehr von Nöthen, daß die Bücher Juvenalis, Martialis, Catulli und Priapeia Virgilii, ausn Landen und Schulen ausgemustert, verwiesen und verworfen würden; denn sie schreiben so grob und unverschämt Ding, daß man sie ohn großen Schaden der Jugend nicht lesen kann.«

Dieser Vorbehalt hindert LUTHER aber nicht daran, selbst Juvenal öfter zu zitieren.[70] So legt er in seinen Tischreden, ohne Juvenal namentlich anzu-

---

(1): *ex Juvenalis nostri satyra quae eam materiam dilucide absolvit* (aus der Lektüre der Satire unseres Juvenal, die diese Angelegenheit ⟨gemeint ist die Erkenntnis, dass wahrer Adel allein auf *virtus* beruhe⟩ so klar abgehandelt hat).

[68] Weitere gegenteilige Stimmen, die Juvenal gerade nicht als Schullektüre empfehlen, zitieren PARKER/BRAUND 2012, 445 f.

[69] In: Kritische Gesamtausgabe, Tischreden, 4. Bd. Weimar 1916, Nr. 4012, S. 75.

[70] Vgl. das Zitatenregister zu den Tischreden, in: Kritische Gesamtausgabe, Tischreden, 6. Bd. Weimar 1921, S. 716 s. v. Juvenal.

führen, dem Papst die Worte einer tyrannischen Ehefrau aus Juvenals sechster Satire[71] in den Mund, wenn er gegen die unumschränkte Autorität des Papstes wettert: »das ist sein Reim: »*Sic volo, sic iubeo; sit pro ratione voluntas!*«[72] Im gleichen Kontext genügt schon der Anfang des Juvenalverses: *contra* ⟨gemeint ist: gegen Gottes Wort⟩ *papa: Sic volo, sic iubeo; potius pereatis, quam mihi resistatis* (Dagegen sagt der Papst: So will ich es, so befehle ich es; eher sollt ihr zugrunde- und verlorengehen, als dass ihr mir widersteht!).[73] Doch LUTHER kann diesen von ihm mehrmals auf die Willkür des Papstes gemünzten Juvenalvers überraschenderweise auch auf seine eigene Person anwenden, wenn es um seine Autorität als Bibelübersetzer geht. So verteidigt er im »Sendbrief vom Dolmetschen« (1530)[74] seine interpretierende Übersetzung des Kapitels 3,28 im Brief des Apostels Paulus an die Römer. Die Auseinandersetzung dreht sich um die ihm vorgeworfene Hinzufügung des Wortes »allein«, das weder im griechischen noch im lateinischen Original steht. Zur Bekräftigung der von ihm gewählten interpretierenden Übersetzung, die auf den zentralen Grundsatz der Reformation *sola fide* (allein durch den Glauben ⟨und nicht durch Werke⟩) verweist, zitiert LUTHER den Juvenalvers: *Sic volo, sic iubeo, sit pro ratione voluntas.* Nach diesem scherzhaft-ironischen Auftakt legt er dar, warum der von seinen papistischen Gegnern kritisierte Zusatz »allein« in seiner Übersetzung von Röm. 3,28 sprachlich und sachlich gerechtfertigt sei. Die *ratio* der deutschen Sprache fordere nämlich sogar das von ihm hinzugefügte Wort »allein«,[75] wenn man den gemeinten Sinn der Rechtfertigung des Menschen allein durch den Glauben adäquat verdeutlichen wolle.

Von LUTHERS Bedenken gegen Juvenal als Schulautor, der die Jugend sittlich gefährde, lässt sich eine Linie zu modernen Schulausgaben und insbesondere zu englischen Kommentaren des 19. Jahrhunderts ziehen, die einen von moralisch bedenklichen Stellen und ganzen Satiren gereinigten Juvenal präsentieren. So kommentiert MAYOR (Erstausgabe: Cambridge 1853) nur

---

[71] Hier fordert die Ehefrau von ihrem Gatten die sofortige Hinrichtung eines Sklaven, ohne vorher zu prüfen, ob er überhaupt schuldig ist (Iuv. 6,223): *hoc volo, sic iubeo, sit pro ratione voluntas* (Das will ich, so befehle ich es, anstelle einer rationalen Begründung gelte mein Wille).

[72] In: Kritische Gesamtausgabe. Tischreden, 3. Bd., Weimar 1914, Nr. 3555, S. 410, Z. 15, vgl. auch 408, Z. 12.

[73] In: Kritische Gesamtausgabe. Tischreden, 4. Bd., Weimar 1916, S. 235 (Nr. 4341); ebenso wird auch nur der Anfang (*Sic volo, sic* ...) zitiert, in: Kritische Gesamtausgabe. Tischreden, 2. Bd., Weimar 1913, S. 489, Z. 27 (Nr. 2496a) und wieder vollständig: S. 60, Z. 18 (Nr. 1346).

[74] In: Kritische Gesamtausgabe, 30. Bd., Zweite Abteilung, Weimar 1909, S. 635, Z. 11.

[75] Vgl. Sendbrief vom Dolmetschen, In: Kritische Gesamtausgabe, 30. Bd., Zweite Abteilung, Weimar 1909, S. 637, Z. 4–7: »Das ist aber die art unser deutschen sprache, wenn sie ein rede begipt, von zweyen dingen, der man eins bekennet, und das ander verneinet, so braucht man des worts ›solum‹ (allein) neben dem wort ›nicht‹ oder ›kein‹.«

13 Satiren und DUFF (Erstausgabe: Cambridge 1898) nur 14 Satiren.[76] Ausgeschlossen wurden die in ihren Augen anstößigen Satiren 2, (Partien von) 6 und 9.[77]

3.5 Englischer Juvenal: Übertragungen und Imitationen (Oldham, Dryden, Johnson)

Vielfältig sind die Arten, wie Juvenals Satiren in englischer Literatur der Neuzeit adaptiert werden: Sie reichen von originalgetreuen Übertragungen und Paraphrasen bis zu Imitationen und freien Bearbeitungen. In begleitenden theoretisch-poetologischen Traktaten über die Satire wird häufig über Juvenals Transponierung in die englische Literatur reflektiert, aber auch über Ursprung und Entwicklung der Satire und ihre unterschiedlichen Repräsentanten. Die insgesamt reiche englischsprachige Juvenalrezeption der Frühen Neuzeit[78] ist vor allem durch zwei wirkmächtige Adaptionen geprägt: DRYDENS Juvenal im 17. und JOHNSONS Juvenal im 18. Jahrhundert. Rezeptionssteuernd wirkte John DRYDEN (1631-1700), der auch selbst (zunächst noch unter einem Pseudonym) Satiren verfasst hatte, zum einen durch seine Übersetzung von Juvenals Satiren,[79] vor allem aber durch die seiner Übersetzung von Persius und Juvenal vorangestellte Abhandlung über die Satire: »Discourse Concerning the Original and Progress of Satire« (18. Aug. 1692,

---

[76] In der Titelei heißt es: »The Second and Ninth Satires, some paragraphs of the Sixth, and a few lines in other Satires, are not included in this Edition.« Immerhin schließt sein Kommentar 530 Verse der sechsten Satire ein. Entsprechend führt FERGUSON 1979, Preface VII als einen Grund zur Rechtfertigung eines neuen Juvenal-Kommentars die Vollständigkeit an: »our age is franker and more like Juvenal's. We do not need the expurgated edition, whether for male or female readers, especially as we know that we shall not grasp the full force and nature of Juvenal's satire if we bowdlerise.«

[77] Vgl. allgemein zu diesem Phänomen Stephen HARRISON/Christopher STRAY (eds.): Expurgating the Classics. Editing Out in Greek and Latin, London 2012, die in ihrer Einleitung auch auf Juvenal eingehen (5): »The only book called *Sixteen Satires of Juvenal* published between 1647 and 1967 is a translation brought out in Oxford by the local booksellers and publishers Thornton in 1885, clearly a crib for undergraduates.« Vgl. auch RICHLINS 2012 allgemeinen (wissenschafts-)historisch-soziologischen Überblick zu Schulbüchern und Kommentaren zu Persius und Juvenal vom 17. bis zum 19. Jh. mit Erörterungen zur Auslassung der Juvenalsatiren 2, 6 und 9; vgl. 470 speziell zu MAYOR.

[78] Zu vergleichen ist WINKLERS umfassende Anthologie »Juvenal in English« 2001 zur Juvenalrezeption vom 16. Jahrhundert bis zur Gegenwart (20. Jh.).

[79] 1692 (datiert auf 1693) wurde eine komplette Übersetzung der Juvenal- und Persiussatiren publiziert: »*The Satires of Decimus Junius Juvenalis. Translated into English Verse by Mr. Dryden, and Several Other Eminent Hands. Together with the Satires of Aulus Persius Flaccus* Made English by Mr. Dryden«. DRYDEN hatte Juvenals Satiren 1, 3, 6, 10 und 16 selbst übersetzt (ebenso wie den ganzen Persius), die übrigen Satiren an andere, darunter auch seine Söhne, delegiert, vgl. HAMMOND/HOPKINS 2000 (s. nächste Anm.), 303 f.

das Titelblatt ist auf 1693 datiert).[80] Für dieses zentrale Beiwerk zu seiner Übersetzung stützte sich DRYDEN wiederum auf Autoren des frühen 17. Jh.s, vor allem auf den einflussreichen Traktat von Isaac CASAUBON, *De satyrica Graecorum poesi et Romanorum satyra libri duo* (Erstausgabe Paris 1605).[81] DRYDENS einprägsame Formel zur Charakterisierung von Horaz und Juvenal lautet: »Horace is always on the amble; Juvenal on the gallop«.[82] Diese Dichotomie in unterschiedliche Prototypen der Verssatire, die nicht zuletzt aufgrund DRYDENS Autorität modelliert wurden,[83] bleibt gewissermaßen im Bilde, inszenieren sich die beiden Satiriker doch auch selbst in dieser Weise. So entwirft Horaz etwa in der sechsten Satire des ersten Buches von sich das Bild eines Müßiggängers, wenn er einen typischen Tag seines Lebens in Rom beschreibt, wozu ein Bummel über die Märkte gehört.[84] Juvenal dagegen wählt in seiner Programmsatire das Bild des Reiters in enger Anlehnung an Lucilius, den Archegeten der Satire, (1,19–21): *cur tamen hoc potius libeat decurrere campo, / per quem magnus equos Auruncae flexit alumnus, / ... edam.*[85] Auch wenn sich die Metapher des gemütlich dahinschlendernden

---

[80] Zu vergleichen ist die konzise Vorbemerkung zum »Discourse Concerning Satire« von Paul HAMMOND/David HOPKINS in ihrer Ausgabe: The Poems of John Dryden. Volume III: 1686–1693, Harlow 2000, 302–310 mit genaueren Hinweisen zur Datierung und Publikation (302), zum Kontext, Inhalt und Aufbau des »Discourse«. Zum Essay, den DRYDEN nicht ohne Grund seiner Übersetzung von Persius und Juvenal voranstellte, vgl. auch OSGOOD/BRAUND 2012.

[81] Zu seinen Modellen (neben CASAUBON vor allem auch André DACIER, dessen Einleitung zu seinen Übersetzungen der Satiren des Horaz »Préface sur les Satires d'Horace, où l'on explique l'origine et les progrès de la Satire des Romains«, 1687 wegweisend für DRYDEN war) vgl. OSGOOD/BRAUND 2012, 413. Zu vergleichen ist auch der umfassende Überblick über DRYDENS Vorläufer (neben CASAUBON und DACIER noch Scaliger, Daniel Heinsius, Rigault) von HAMMOND/HOPKINS 2000 (s. vorige Anm.), 304–306.

[82] HAMMOND/HOPKINS 2000 (s. vorletzte Anm.), S. 412/413. Zu DRYDENS Vergleich zwischen Horaz und Juvenal, insbes. zur Metapher des Reitens vgl. auch OSGOOD/BRAUND 2012, 422–424.

[83] Wie sich aus dem Vergleich zwischen Horaz, Persius und Juvenal eine Typologie der Satire entwickelt hat, die noch in Literaturgeschichten der Gegenwart fortdauert, hat BRUMMACK 1971 in seiner grundlegenden Untersuchung zu Begriff und Theorie der Satire verfolgt. Aus dem Autorenvergleich hat sich aber nicht etwa eine Dreiteilung herausgebildet, tritt Persius doch zurück, sondern eine Zweiteilung in einen scherzhaften, spielenden und ernsthaften, pathetischen Typ mit Horaz und Juvenal als normativen Repräsentanten (vgl. BRUMMACK, 315). Zur neulateinischen Verssatire vgl. SIMONS 2013.

[84] Vgl. Hor. sat. 1,6,111b–115 *quacumque libido est, / incedo solus; percontor quanti holus ac far, fallacem circum vespertinumque pererro / saepe forum* ... (Wohin auch immer es mir beliebt, gehe ich allein spazieren, erkundige mich, was Kohl und Dinkel kosten, schlendere planlos durch den betrügerischen Zirkus, und oft am Abend durch das ⟨ruhig gewordene⟩ Forum, ...). Zugleich wird durch die Gangart die unterschiedliche Stilebene evoziert, vgl. Hor. epist. 2,1,250f.: *sermones ... repentis per humum* (Gespräche, die über den Boden kriechen; d.h. einfacher Stil) und (sat. 2,6,17): *saturis musaque pedestri* (in meinen Satiren und meiner zu Fuß gehenden Muse ⟨die eben nicht hoch zu Ross sitzt⟩).

[85] Hierzu s.o. 48.

Horaz und des ungestüm galoppierenden Juvenal auf die jeweiligen Inszenierungen der Satiriker selbst berufen kann, ist DRYDENs Charakterisierung der horazischen und juvenalischen Satire dennoch einseitig,[86] da Horaz und Juvenal in ihren Satiren auch andere Töne anschlagen. Insbesondere lässt sich Juvenal nicht auf den ewig empörten, gegen Laster aggressiv zu Felde ziehenden sittlichen Mahner reduzieren, wie auch Horaz nicht nur der lachend die Wahrheit sagende Satiriker ist.

Samuel JOHNSON (1709–1784), der von seinem zeitgenössischen Biographen James Boswell den Ehrentitel »the English Juvenal« erhielt,[87] übt bis heute großen Einfluss auf die Wahrnehmung insbesondere von Juvenals zehnter Satire aus, die denn auch bevorzugt mit dem von JOHNSON gewählten Titel »The Vanity of Human Wishes« bezeichnet wird. JOHNSON bedient sich der Technik einer aktualisierenden Transponierung der von Juvenal dargestellten römischen Verhältnisse in die eigene Zeit.[88] »London. A Poem, in Imitation of the Third Satire of Juvenal« (1738) ist eine freie Adaption von Juvenals Romsatire, die JOHNSON zu einer politischen Satire transformiert, indem er das von Walpole und seinen Whigs dominierte London attackiert.[89] Als Pendant zu Umbricius, dem Sprecher der dritten Juvenalsatire, der Rom verlässt, wählt JOHNSON Thales, der London gegen Wales austauscht.[90] Sein wohl bekanntestes Gedicht »The Vanity of Human Wishes. The Tenth Satire of Juvenal Imitated« (1748 geschrieben, 1749 publiziert, 1755 revidiert), hat

---

[86] Bereits RUDD 1963 hatte DRYDENs pauschalisierende Synkrisis der beiden Satiriker einer kritischen Revision unterzogen. Zur konstruierten Reduzierung von Horaz und Juvenal auf ein binäres Gegensatzpaar vgl. auch MARTINDALE 2005, 287f. und insbes. 288: »But it would be possible to construct a more Juvenalian Horace ... from, say, 1.2 and 1.8, and 2.5; just as satires 9, 11, and 14 could be used to construct a more Horatian Juvenal«.

[87] Allerdings handelt es sich keineswegs um einen exklusiven Titel; vielmehr wurde etwa auch John OLDHAM »the English Juvenal« genannt (vgl. WINKLER 2001, 82) und Sir Robert STAPYLTON beanspruchte den Titel für seine (erste vollständige englische) Juvenalübersetzung (1647), vgl. WINKLER 2001, 60.

[88] Zu JOHNSONS Imitationen der Juvenalsatiren vgl. Wolfgang WEISS: Swift und die Satire des 18. Jahrhunderts. Epoche, Werke, Wirkung, München 1992, 160–165. Vgl. auch WINKLERS 2001, 209f. konzise Einleitung zu JOHNSON.

[89] Für einen detaillierten Vergleich zwischen JOHNSONS *London* und Juvenals dritter Satire s. RUDD 1988, X–XI.

[90] Thales dürfte den Typ des Weisen verkörpern; für weitere Vermutungen zur Wahl dieses Namens s. RUDD 1988, 27. Zur negativen Charakterisierung von JOHNSONs Sprecherfigur Thales s. Dan HOOLEY: Alluding to Satire: Rochester, Dryden, and Others, in: FREUDENBURG 2005, 261–283, hier 281f. Zum prinzipiell anderen Stil und Grad an Abstraktion in JOHNSONs englischer Imitation s. Freya JOHNSTON: Samuel Johnson's Classicism, in: David HOPKINS/Charles MARTINDALE (eds.): The Oxford History of Classical Reception in English Literature. Volume 3 (1660–1790), Oxford 2012, 615–646, hier 629: »But where Juvenal's high style serves to drive home the mockery, Johnson's grandeur and abstractions help to distance the mind from the scurrilous realities of crime, impotence, and disease.«

Juvenals zehnte Satire als Prätext. Entsprechend Juvenals universalem Ausgreifen in der zehnten Satire (10,1 *Omnibus in terris*, in allen Ländern) entwirft JOHNSON einen umfassenden geographischen Raum (»Let Observation with extensive view, / Survey mankind, from China to Peru«, V. 1f.) als abstrakte Bühne für seinen Panoramablick auf die Torheiten der Menschheit.[91]

JOHNSONs Aneignungen von Juvenals dritter und zehnter Satire sind die bekanntesten. Und doch bilden sie lediglich den Höhepunkt einer langen Entwicklung, gab es doch viele Versionen gerade dieser beiden Juvenalsatiren. Zu nennen ist etwa OLDHAMs modernisierende Imitation der Romsatire: John OLDHAM (1653–1683): A Satire, In Imitation of the Third of Juvenal (1682), in seinen »Poems, and Translations« 1683.[92] OLDHAM hat als Pendant zu Umbricius als Sprecher der Satire Timon gewählt, der seine misanthropische Natur schon im Namen anzeigt; die von Umbricius in Juvenals Romsatire verachteten Griechen sind in OLDHAMs Version die Franzosen. Die Grenzen zwischen imitierender Adaption und eigener Dichtung gehen freilich oft ineinander über.[93] Hatte OLDHAM Juvenals Rom ins London seiner Zeit transponiert, war Nicolas BOILEAU-DESPRÉAUX (1636–1711) zuvor schon so verfahren, indem er die unerträglichen Verhältnisse der Großstadt Paris in Anlehnung an Juvenals Romsatire schilderte. OLDHAMs Version beeinflusste wiederum die Adaption der dritten Satire seines Freundes DRYDEN (1693) und JOHNSONs »London«.[94] DRYDEN seinerseits benutzte für seine Übertragung der dritten Satire (1693), in der er Umbricius zum Dichter macht,[95] auch BOILEAUS erste Satire, in der ein rechtschaffener, aber verarmter Dichter namens Damon Paris Lebewohl sagt.[96] Wie bei JOHNSONs »London«

---

[91] Zu einer vergleichenden Gegenüberstellung von Juvenals zehnter Satire mit JOHNSONs Version s. RUDD 1988, XII–XIII.

[92] Neben der dritten hatte OLDHAM u. a. noch Juvenals 13. Satire adaptiert: The Thirteenth Satire of Juvenal, Imitated (1682). Vgl. wiederum WINKLERS 2001, 82f. instruktive Einleitung zu OLDHAM.

[93] So plädiert Ken ROBINSON (Juvenal's Greeks and Oldham's Frenchmen: Footboys, Vaulting Bouts, and Useless Members, Restoration 6, 1982, 81–89) dafür, dass OLDHAM Juvenals dritte Satire in ein ganz neues Gewand gekleidet und sich somit seine Übertragung zu einem eigenständigen Gedicht transformiert habe, 88: »Oldham's version ought not to be seen as a translation, nor should it be thought of as an interpretation. It may provoke fresh thought about some elements in Juvenal's third satire, but it is first and foremost an original poem in which Oldham has assimilated the Latin.«

[94] Zu Vorläufern von JOHNSONS London s. RUDD 1988, VIII.

[95] Vgl. DRYDENS Argument zu seiner Übersetzung der dritten Satire: »Umbricius, the supposed friend of Juvenal, and himself a poet«, zitiert nach: Paul HAMMOND/David HOPKINS: The Poems of John Dryden. Volume IV: 1693–1696, Harlow 2000, 19.

[96] BOILEAUS erste Satire (1666 publiziert) basiert nicht nur auf Juvenals dritter, sondern auch auf der siebten Satire, vgl. COLTON 1987, 20f. Ebenso diente Juvenals Romsatire als Modell für BOILEAUS sechste Satire (1666 publiziert), in der BOILEAU sich zur Schilderung des bei Tage

(1738) gab es zahlreiche Vorläufer für seine berühmte Adaption von Juvenals zehnter Satire. Im England des 17. Jahrhunderts gehörten Übersetzungen von Juvenals zehnter Satire zu den am häufigsten gedruckten.[97] So hat etwa Henry VAUGHAN (»Juvenal's Tenth Satire Translated«, in: Poems, with the Tenth Satire of Juvenal Englished 1646) die 366 Verse Juvenals in seiner Übersetzung bzw. Paraphrase zu 551 Versen erweitert.

3.6 Victor Hugos Juvenal

Juvenal ist als satirisches Modell auch für Victor HUGO (1802–1885) in vielfältiger Weise ein Bezugspunkt:[98] poetologisch, in aneignenden Adaptionen einzelner Passagen und Motive aus Juvenals Satiren[99] und schließlich in Form des dem römischen Satiriker gewidmeten Gedichts »À Juvénal«. Als Inbegriff satirischer *indignatio*[100] nimmt Juvenal für Victor HUGO vor allem in seiner Gedichtsammlung »Les Châtiments« (»Die Züchtigungen«), die er während seines Exils verfasste (1853 erschienen), eine zentrale Rolle ein. In »Nox«, dem Eröffnungsgedicht der »Châtiments«, ruft HUGO in der letzten Strophe die für sein vorliegendes Dichtungsprojekt zuständige »Muse Indignation« herbei, und stellt sich damit in die Nachfolge Juvenals und Dantes, die er als leidenschaftliche Liebhaber dieser Muse einführt (Nox, IX): »Toi qu'aimait Juvénal gonflé de lave ardente, / Toi dont la clarté luit dans l'œil fixe de Dante, / Muse Indignation, viens« (»Du, die Juvenal ⟨als Subj.⟩ liebte,

---

lauten und in der Nacht gefährlichen Paris des 17. Jahrhunderts einiger Vignetten aus Juvenals dritter Satire bedient, vgl. COLTON 1987, 26–36. BOILEAUS fünfte Satire über wahren Adel (1666 publiziert) ist von Juvenals achter Satire beeinflusst, vgl. COLTON 1987, 37–47. Das misogame und misogyne Thema von BOILEAUS zehnter und längster Satire (1694 publiziert) knüpft an Juvenals sechste Satire an, die BOILEAU adaptiert, modernisiert und erweitert, vgl. COLTON 1987, 48–66. COLTON 1987, 89 beschreibt BOILEAUS aktualisierende Imitation von Juvenals Satiren zusammenfassend so: »Sometimes he modernizes what he borrows, e.g., by replacing the names of ancient Romans with the names of contemporary Frenchmen.«

[97] Vgl. Stuart GILLESPIE: Imperial Satire in the English Renaissance, in: BRAUND/OSGOOD 2012, 386–408, hier 406; zu VAUGHAN: 405f.; vgl. auch WINKLER 2001, 65–69.

[98] Zur Bedeutung Juvenals für HUGO vgl. COLLIGNON 1909 und VIGNEST-AMAR 1999. Die Juvenalsatiren 1, 2, 3, 4, 6, 8, 10 und 13 haben erkennbare Spuren in HUGOS Werk hinterlassen, vgl. COLLIGNON 1909, 270f. HIGHET 1954, 227–229 lässt seine gediegene Darstellung von Juvenals Schicksal durch die Jahrhunderte in Victor HUGO gipfeln.

[99] In »L'Année terrible« zeigt sich Victor HUGO etwa von einer Passage aus Juvenals Frauensatire (6,287–291) inspiriert, s.o. Anm. 48.

[100] Vgl. COLLIGNON 1909, 260: »C'est en Juvénal que s'incarne, aux yeux de Victor Hugo, le génie de la satire, avec son ardeur passionnée, sa mordante ironie, sa colère généreuse, ses vibrantes invectives, ses protestations indignées contre tous les vices, tous les crimes et toutes les turpitudes.« Der römische Satiriker Juvenal wurde insbesondere für den verbannten Dichter zum bevorzugten Modell, vgl. VIGNEST-AMAR 1999, 335.

aufgebläht von glühender Lava, du, deren Klarheit im festen Blick Dantes leuchtet, Muse Indignation, komm!«). Für ihn ist Juvenal als Satiriker, der gegen soziale Missstände und Despoten leidenschaftlich zu Felde zieht, eng mit der in seinen Augen für die Satire charakteristischen *indignatio* verbunden. HUGO evoziert also gleich zu Beginn seines Gedichtzyklus »Les Châtiments« das Bild des feurigen, von Empörung getriebenen Satirikers Juvenal als Modell für seine eigene satirische Kritik an den gegenwärtigen sozialen und politischen Umständen, die er in seinen Tiraden gegen Napoleon III. gipfeln lässt. Mit der Zuordnung Juvenals zur Muse der *indignatio* verweist HUGO auf die vom Sprecher in Juvenals erster Satire programmatisch angegebene Inspirationsquelle (1,79): *si natura negat, facit indignatio versum*. Entsprechend greift HUGO den Affekt der *indignatio* in dem langen, neun Strophen umfassenden Gedicht »À Juvénal«, das er dem römischen Satiriker innerhalb des Gedichtzyklus im sechsten Buch widmet, wieder auf (Les Châtiments VI, 13). In diesem Gedicht tritt der Sprecher in direkten Dialog mit dem römischen Satiriker. HUGO apostrophiert Juvenal als seinen Lehrmeister in der Satire, die für ihn geradezu mit *indignatio* synonym ist, wie aus der rhetorischen Frage als Auftakt des sechsten Abschnitts hervorgeht (À Juvénal, VI): »Maître! voilà-t-il pas de quoi nous indigner?« (»Meister! Ist da nicht etwas ⟨im Sinne von: gibt es nicht Dinge⟩, worüber wir Grund hätten uns zu empören?«). Gegen Ende des langen Gedichts apostrophiert er ihn emphatisch, was sich in der verdoppelten Anrede niederschlägt, mit der Metapher des klassischen Löwen (IX, im zehntletzten Vers): »Juvénal, Juvénal, mon vieux lion classique«. Das Bild, das HUGO aus seiner persönlichen Situation als verbannter Dichter heraus von seinem Schicksalsgefährten Juvenal[101] entwirft, zeichnet ihn als unbeugsamen Verteidiger republikanischer Freiheit. HUGOs Enthusiasmus für diesen Juvenal geht aus seinem 1864 erschienenen »William Shakespeare« hervor. Hier zählt HUGO den römischen Satiriker zu den wenigen (insgesamt nur 13 namentlich genannten) Menschen, in deren Kunst sich Gott manifestiere, da das menschliche Denkvermögen in ihnen zu voller Entfaltung gekommen sei, und denen er daher das Attribut »Genie« zugesteht (vgl. den Titel von HUGO, William Shakespeare, I, Buch 2: Les génies). In diesem Essay, den HUGO in seinem nunmehr freiwillig verlängerten Exil schrieb, charakterisiert er Juvenal als die alte freie Seele der toten Republiken, trage er doch ein Rom in sich, in dessen Erz Athen und Sparta eingeschmolzen seien: »Juvénal, c'est la vieille âme libre des républiques mortes; il a en lui une Rome dans l'airain de laquelle sont fondues Athènes et Sparte« (I, Buch 2, II § VII).

---

[101] Zu Juvenals angeblichem Exil s.o. 39–41.

3.7 »Bruder Juvenal« (Grünbein): Unterschiedliche Annäherungen moderner Interpreten in Übersetzungen, Essays, Aufführungen, Supplementen und eigenen Gedichten

Ganz analog zu Victor HUGO wendet sich auch Durs GRÜNBEIN in einem Gedicht direkt an Juvenal, dem auch er einen Essay widmet. Bis zur Gegenwart begegnen darüber hinaus Dichter, welche sich wie HUGO in ihren eigenen Gedichten vom Geiste Juvenals inspiriert zeigen, und die sich in ganz unterschiedlichen Formen mit Juvenals Satiren auseinandersetzen. So lässt sich von JOHNSONS einflussreichen Nachdichtungen der dritten und zehnten Juvenalsatire eine Linie zu zwei modernen Versionen des 20. und 21. Jahrhunderts ziehen. Robert LOWELLS (1917–1977) Versübersetzung von Juvenals zehnter Satire in seinem Buch »Near the Ocean« 1967 trägt zwar wie JOHNSONS Imitation den Titel »The Vanity of Human Wishes«, weicht aber sonst von JOHNSONS freierer Version ab. Anders als JOHNSON (und andere) aktualisiert LOWELL zwar nicht das antike Personal der zehnten Satire und Rom durch zeitgenössische Namen. Dennoch ist ein gegenüber Juvenals Satire veränderter Ton zu vernehmen. So wird etwa in der Schlusspartie Juvenals Göttin Fortuna bezeichnenderweise durch »Success is worshipped as a god« (V. 382) ersetzt.[102]

Durs GRÜNBEIN (1962 in Dresden geboren) hat sich mit Juvenals dritter Satire, »der besten seiner Satiren«, wiederholt auseinandergesetzt.[103] In seiner Synkrisis hebt ZIOLKOWSKI 2006, 15. 23 f. als Gemeinsamkeit hervor, dass sowohl LOWELL als auch GRÜNBEIN das aus Juvenals Perspektive geschilderte Rom als Spiegelbild ihrer eigenen Zeit sehen. In seiner ersten Beschäftigung mit Juvenal erklärt GRÜNBEIN Schlaflosigkeit zum Leitmotiv von Juvenals Satiren. Im Gedichtzyklus »Nach den Satiren« im gleichnamigen Band[104] steht am Anfang (93) ein Motto aus Juvenals dritter Satire: »In der Stadt zu schlafen kostet viel Geld, / Davon rühren alle Übel her.« In den

---

[102] Zum anders angeordneten Finale der zehnten Satire vgl. auch ZIOLKOWSKIS 2006, 17 detaillierten Vergleich.
[103] GRÜNBEIN 2005, 329. ZIOLKOWSKI 2006 unterzieht beide Autoren, die sich zunächst einmal in der Bevorzugung der zehnten bzw. dritten Satire unterscheiden, einer vergleichenden Untersuchung, und würdigt ihre Juvenaladaptionen im Kontext ihrer Biographie; zu LOWELL s. ZIOLKOWSKI 2006, 14–22 und zu GRÜNBEIN: 22–31. Zu LOWELL vgl. auch WINKLER 2001, 432–439.
[104] Frankfurt/M. 1999, 91–114. Die Präposition »nach« im Titel »Nach den Satiren« ist polyvalent zu verstehen: einmal im zeitlichen Sinn, zum anderen aber auch im Sinne von »im Geiste der römischen Satiren«, nach dem Modell insbesondere der Juvenalsatiren. GRÜNBEIN 1999 selbst erläutert den Titel seines Zyklus und des ganzen Gedichtbandes in einer Anmerkung zum »Gesang der Satten« (107) als etymologisierende Annäherung an *satura* (223): »*Nach den Satiren*, das war, wenn alles gesagt und durchgekaut war, der Heimweg, der Katzenjammer, die Zeit der Gedankenspiele und der Verdauung.«

Anmerkungen führt GRÜNBEIN das Juvenalzitat im Original an (Iuv. 3,235 f.: *magnis opibus dormitur in urbe. / inde caput morbi*) und erläutert das Motto (220): »Daß man viel Geld braucht, um nur ruhig schlafen zu können, deutet die Paradoxie urbanen Lebens radikal als Teufelskreis.« In seinem Essay »Schlaflos in Rom. Versuch über den Satirendichter Juvenal«[105] spielt er schon im Titel auf die Passage in Juvenals dritter Satire an, in der Umbricius sich darüber beklagt, dass es für einen unbemittelten Römer unmöglich sei, nachts in der unerträglichen Metropole Ruhe zu finden. Juvenal, von GRÜNBEIN als »Roms letzter Satirendichter, der erste der Großstadt« apostrophiert,[106] gilt dem selbst praktizierenden Dichter als »moderner Autor par excellence«.[107] Einige Jahre später nähert sich GRÜNBEIN dem römischen Satiriker nochmals auf doppelte Weise. In einem zu seiner dichterischen Übersetzung von Juvenals dritter Satire einführenden Essay »Bruder Juvenal. Satire als andauernde Gegenwart« erläutert er, worin er die Bedeutung von Juvenals Romsatire sieht, GRÜNBEIN 2010, 21: »Vieles spricht dafür, daß wir es hier mit dem Urmuster einer typischen Dichtung für Städtebewohner zu tun haben, mit dem Gründungsdokument dessen, was dann im zwanzigsten Jahrhundert nach Christus *Asphaltliteratur* heißen wird.« Die im Anschluss an seinen Essay gegebene modernisierende Neuübersetzung der dritten Juvenalsatire folgt, auch in der identischen Namensgebung und Verszahl, dem Original.

Aufgrund seiner Seelen- oder Wahlverwandtschaft zu »Bruder Juvenal« ist der Schritt zu GRÜNBEINS Auftritt als Rezitator, der seine Übersetzung der dritten Juvenalsatire in Rom vor laufender Kamera vorliest, nicht weit.[108] Ebenfalls in der Pose des römischen Satirikers tritt Simon Callow (1949 in London geboren) auf. Das Bühnenstück »Juvenalia«, eine von Richard Quick aus Peter GREENS Versübersetzung der 16 Satiren Juvenals (1967, immer wieder überarbeitet) adaptierte Bühnenfassung, führte Callow als Monolog zuerst 1976 und dann nochmals 2014 auf.[109]

---

[105] GRÜNBEIN 2005, eine etwas modifizierte Version des Erstdrucks: Vorträge aus dem Warburg-Haus, Bd. 5, Berlin 2001. Zu Rekonstruktionen, Mutmaßungen und juvenalischer Diktion in GRÜNBEINS Studie s. auch FUHRMANN 2002, 60–63.

[106] GRÜNBEIN 2005, 351.

[107] GRÜNBEIN 2005, 335.

[108] Vgl. WINKLER 2012, 537f. (mit einer Filmaufnahme des vor dem Kolosseum rezitierenden Dichters).

[109] Nach den überwiegend negativen Kritiken der Wiederaufführung zu schließen (vgl. etwa die Besprechung von Lloyd LLEWELLYN-JONES »Bread and circuses« in TLS August 22 & 29, 2014 anlässlich einer Aufführung beim Edinburgh Festival im August 2014), hat Callows wiederbelebter Juvenal jedoch keine große Zukunft auf der Bühne. Ein Grund dürfte in der Tendenz liegen, die Sprecherhaltung eindimensional zu gestalten, wodurch auf der Rezeptionsebene das Spektrum an Reaktionsweisen eingeschränkt wird. Anders als eine Ein-Mann-Darbietung ist der polyphone Text dagegen für mehrere Deutungsmöglichkeiten offen.

Beim Fortwirken Juvenals sind prinzipiell zwei entgegengesetzte Linien erkennbar: Auf der einen Seite findet eine Aneignung einzelner Juvenalsatiren statt (wie etwa bei JOHNSON, LOWELL, GRÜNBEIN), auf der anderen Seite setzt sich die seit Beginn der Rezeption zu beobachtende Blütenlese eingängiger und zitierfähiger Sentenzen aus Juvenals Satiren fort. In diesem Zusammenhang verdient auch das zur Reduzierung Juvenals auf einzelne Sentenzen gegenläufige Bestreben, die nur fragmentarisch überlieferte 16. Satire zu ergänzen, Erwähnung. Harry C. SCHNUR (1907–1979) hat unter seinem latinisierten Namen C. Arrius Nurus ein lateinisches Supplement von 113 Hexametern gedichtet, womit er die in Vers 60 abrupt abbrechende 16. Satire abzurunden versucht. Diese Ergänzung präsentierte er als angeblich in zwei Handschriften »jüngst wiederentdeckten« Text.[110]

3.8 Der fragmentierte Juvenal

Neben der produktiven Auseinandersetzung mit Juvenal in Form von Übertragungen, Nachdichtungen, Essays und eigenen Gedichten leben Juvenals Satiren kontinuierlich in Form isolierter Zitate fort. Ein aktuelles Beispiel für ein Juvenalzitat, das in einen neuen Kontext versetzt wird, liegt im 36. Band von Asterix und Obelix »Le Papyrus de César« (Jean-Yves FERRI [Text] und Didier CONRAD [Zeichnungen], erschienen im Oktober 2015) vor.[111] In dieser Geschichte um Caesars *Commentarii de bello Gallico* spielen Brieftauben, die von den Römern zum Versand von Kurznachrichten in die ganze Welt geschickt werden, eine Rolle. Eine Brieftaube bleibt auf der Flucht vor einem nachsetzenden Falken, der aber aufgrund des Nebels ihre Spur verliert, schließlich im Ausguck des Piratenschiffs hangen. Dies veranlasst den alten Piraten Dreifuß, der für jede Situation einen passenden lateinischen Spruch parat hat, die missliche Lage der Taube mit folgendem geflügelten Wort zu kommentieren (Comic, S. 16): »›Dat veniam corvis, vexat censura columbas‹, comme on dit.« Das hier anonym bleibende Zitat bringt die alte Weisheit »Die Kleinen hängt man, die Großen lässt man laufen« zum Ausdruck, womit im Asterix-Band auf den Skandal um Wikileads und Julian Assange angespielt wird. Mit genau dieser Sentenz beschließt Laronia, die in Juvenals zweiter Satire die heuchlerischen Moralprediger nicht länger ertragen kann, ihre Rede (2,63): *dat veniam corvis, vexat censura columbas* (Die Sittenaufsicht gewährt den Raben Verzeihung, drangsaliert jedoch die Tauben). Auch

---

[110] Iuvenalis Saturae XVI fragmentum nuperrime repertum, in: Michael VON ALBRECHT/Eberhard HECK (Hgg.): Silvae. Festschrift für Ernst Zinn, Tübingen 1970, 211–215. Zweisprachig findet man die Verse 16,61–173 mit Erläuterungen am Ende von SCHNURS Juvenalübersetzung 1969, 221–230; hierzu vgl. WINKLER 2012, 538–541 und zur anfänglichen Verkennung dieses intellektuellen Scherzes KISSEL 2014, 409.

[111] Den Hinweis auf Asterix verdanke ich meinem Kollegen Wolfgang Hübner.

hier wird resignativ die empörende Ungerechtigkeit formuliert, dass die öffentlich sittenstreng auftretenden Männer ungestraft davonkommen, während als Ehebrecherinnen beschuldigte Frauen gnadenlos verfolgt werden.

Juvenal ist also weiterhin präsent, wenn auch oft nur fragmentiert in seinen pointiert formulierten Wendungen und populären Sentenzen. Seine Satiren, die schon seit ihrer Wiederentdeckung in Spätantike und Mittelalter[112] als Fundus für *sententiae* dienten, sind mit ihren oft epigrammatisch anmutenden Aussagen als Schatzkammer für Sinnsprüche geradezu prädestiniert. Symptomatisch für diese Fragmentierung in einzelne zitierbare Sentenzen ist die Zitatensammlung von Georg BÜCHMANN, dessen »Geflügelte Worte. Der Citatenschatz des deutschen Volkes« sich als Standardwerk etablierte, nachdem die erste Ausgabe 1864 erschienen war; unzählige Neuauflagen und modernisierende Bearbeitungen folgten. Juvenals Satiren sind von Anfang an vertreten (1864, 107–109), und jüngsten Ausgaben lässt sich entnehmen, was sich von Juvenal als Bildungsgut durch die Zeiten erhalten hat.[113] Am bekanntesten sind wohl folgende Juvenalzitate: *difficile est saturam non scribere* (1,30) – *qui Curios simulant et Bacchanalia vivunt* (welche die Curier mimen und wie bei den Bacchanalien leben, 2,3, oder die, wie HEINE sagt, öffentlich Wasser predigen und heimlich Wein trinken[114]) – *hoc volo [sic volo]*[115]*, sic iubeo: sit pro ratione voluntas* (6,223)[116] – *sed quis custodiet ipsos / custodes?* (Aber wer wird die Wächter selbst bewachen?, 6,347f. = O 31f.)[117] – *crambe repetita* (aufgewärmter Kohl, 7,154)[118] – *panem et circenses* (Brot und [Zirkus-]Spiele, 10,81a) – *mens sana in corpore sano* (gesunder Geist in gesundem Körper, 10,356[119]).

---

[112] Vgl. HIGHET 1954, 203: »Juvenal was, during the Middle Ages, the most popular author for anthologies.«

[113] Vgl. die Taschenbuchausgabe: Der neue Büchmann. Geflügelte Worte. Bearbeitet und aktualisiert von Winfried HOFMANN, München ⁵2016, hier 358–360.

[114] »Ich weiß, sie tranken heimlich Wein / Und predigten öffentlich Wasser«, Heinrich HEINE, Deutschland. Ein Wintermärchen (Kaput 1, 8. Strophe). Zu Iuv. 2,3 s. auch o. 211.

[115] In dieser Form pflegte auch LUTHER den Vers zu zitieren, s.o. 222. Ebenso führt Arthur SCHOPENHAUER, der sich den Vers öfter zu eigen macht, das Zitat an, vgl. etwa seinen Spott auf die Universitätsphilosophie im ersten der beiden Bände »Parerga und Paralipomena« 1851, die ihrerseits Juvenals Wendung *Vitam impendere vero* (Sein Leben für die Wahrheit einsetzen, Iuv. 4,91) als Motto tragen: »Allein an der Universitätsphilosophie haben Kants Kritiken und Argumente freilich scheitern müssen. Denn da heißt es: *sic volo, sic jubeo, sit* [an anderen Stellen setzt er *stat*] *pro ratione voluntas*: die Philosophie soll Theologie seyn« usw., Parerga und Paralipomena 〈»Nebenwerke und Nachträge« nannte SCHOPENHAUER seine kleinen philosophischen Schriften〉, Zürcher Ausgabe, Band VII, 208).

[116] Zum Kontext s.o. Anm. 71.

[117] Zum Problem der weitgehenden Übereinstimmung zwischen den Versen 6,346–348 und dem Oxford-Fragment O 29b–34 s.o. Anm. 11.

[118] Zum Kontext s.o. 70f.

[119] Zur Frage der Echtheit des vielzitierten Verses s.o. 206f.

Literatur

Einschlägige Literatur zu Juvenal wird in Kurzform (Verfassername und Jahreszahl), spezielle an Ort und Stelle mit vollen bibliographischen Angaben zitiert.

Abkürzungen

Abkürzungen lateinischer Autoren und ihrer Werke richten sich nach dem Index des ThLL (Leipzig 1990), Zeitschriften und Abhandlungen werden nach dem Verzeichnis der Année philologique abgekürzt. Darüber hinaus sind folgende Abkürzungen zu ergänzen:

BAC	Bochumer Altertumswissenschaftliches Colloquium
BzA	Beiträge zur Altertumskunde
CIL	*Corpus Inscriptionum Latinarum*
DNP	Der Neue Pauly
HLL	Handbuch der lateinischen Literatur der Antike
ILS	*Inscriptiones Latinae Selectae*
ITRL	The I Tatti Renaissance Library
LCL	Loeb Classical Library
LIMC	*Lexicon Iconographicum Mythologiae Classicae*
OLD	Oxford Latin Dictionary
RAC	Reallexikon für Antike und Christentum
ThLL	*Thesaurus linguae Latinae*
TuK	Texte und Kommentare
UaLG	Untersuchungen zur antiken Literatur und Geschichte

Editionen, Kommentare und Übersetzungen

Kommentare zu anderen Autoren sind alphabetisch unter »Weitere Literatur« eingeordnet.

ADAMIETZ 1993a = Joachim ADAMIETZ: Juvenal, Satiren. Lateinisch – deutsch. Herausgegeben, übersetzt und mit Anmerkungen versehen (Sammlung Tusculum), München; Zürich 1993.

BERG 1863 = Alexander BERG: Decimus Junius Juvenalis, Satiren. Im Versmaße des Originals übersetzt und erläutert, Stuttgart 1863.

BRACCI 2014 = Francesco BRACCI: La satira 11 di Giovenale. Introduzione, traduzione e commento (TuK 48), Berlin; Boston 2014.

BRAUND 1996a = Susanna Morton BRAUND: Juvenal. Satires. Book I (Cambridge Greek and Latin Classics), Cambridge 1996.

BRAUND 2004a = Susanna Morton BRAUND: Juvenal and Persius. Edited and Translated (LCL 91), Cambridge; London 2004.

CAMPANA 2004 = Pierpaolo CAMPANA: D. Iunii Iuvenalis satura X (Testi con commento filologico 12), Firenze 2004.
CLAUSEN 1992 = W. V. CLAUSEN: A. Persi Flacci et D. Iuni Iuvenalis saturae, edidit brevique adnotatione critica denuo instruxit, Oxford 1992.
COURTNEY 1980 = E. COURTNEY: A Commentary on the Satires of Juvenal, London 1980 (ein »Reprint with minor corrections, of the edition first published 1980«, Berkeley 2013 ist zugänglich über https://escholarship.org/uc/item/4jh846pn).
DIMATTEO 2014 = Giuseppe DIMATTEO: Giovenale, *Satira* 8. Introduzione, testo, traduzione e commento (TuK 49), Berlin; Boston 2014.
DUFF 1962 = J. D. DUFF: D. Iunii Iuvenalis saturae XIV. Fourteen Satires of Juvenal, Cambridge 1962 (First Edition 1898, Reprinted with Corrections).
FERGUSON 1979 = John FERGUSON: Juvenal. The Satires. Edited with Introduction, Commentary and Bibliography, London 1979 (repr. 1999).
FRIEDLAENDER 1895 = Ludwig FRIEDLAENDER: D. Junii Juvenalis saturarum libri V. Mit erklärenden Anmerkungen, Leipzig 1895 (Nachdruck Amsterdam 1962).
GODWIN 2016 = John GODWIN: Juvenal. *Satires*. Book IV. Edited with an Introduction, Translation and Commentary (Aris and Phillips Classical Texts), Oxford 2016.
HOUSMAN 1938 = A. E. HOUSMAN: D. Iunii Iuvenalis saturae, editorum in usum edidit, Cambridge ^{2}1938.
KNOCHE 1951 = Ulrich KNOCHE: Juvenal, Satiren, übertragen und mit Anmerkungen versehen, München 1951.
LÖFSTEDT 1995 = Bengt LÖFSTEDT (Hg.): Vier Juvenal-Kommentare aus dem 12. Jh., Amsterdam 1995.
MANZELLA 2011 = Simona Manuela MANZELLA: Decimo Giunio Giovenale, Satira III. Traduzione e commento (Forme materiali e ideologie del mondo antico 42), Napoli 2011.
MAYOR 1886 = John E. B. MAYOR: Thirteen Satires of Juvenal. With a Commentary, London; New York, Vol. I ^{4}1886.
MAYOR 1881 = John E. B. MAYOR: Thirteen Satires of Juvenal. With a Commentary, London; Cambridge, Vol. II ^{3}1881.
NADEAU 2011 = Yvan NADEAU: A Commentary on the Sixth Satire of Juvenal (Collection Latomus 329), Bruxelles 2011 (vgl. Chr. Schmitz, Gymnasium 121, 2014, 303–308).
SANTORELLI 2012 = Biagio SANTORELLI: Giovenale, *Satira* IV. Introduzione, traduzione e commento (TuK 40), Berlin; Boston 2012.
SANTORELLI 2013 = Biagio SANTORELLI: Giovenale, *Satira* V. Introduzione, traduzione e commento (TuK 44), Berlin; Boston 2013.
SCHNUR 1969 = Harry C. SCHNUR: Juvenal, Satiren. Übersetzung, Einführung und Anhang, Stuttgart 1969.
STRAMAGLIA 2008 = Antonio STRAMAGLIA: Giovenale, *Satire* 1, 7, 12, 16. Storia di un poeta (Testi e manuali per l'insegnamento universitario del latino 103), Bologna 2008.
WATSON/WATSON 2014 = Lindsay WATSON/Patricia WATSON (eds.): Juvenal. Satire 6 (Cambridge Greek and Latin Classics), Cambridge 2014.

WEIDNER 1889 = Andreas WEIDNER: D. Iunii Iuvenalis saturae. Erklärt von A. Weidner, Leipzig ²1889.
WESSNER 1931 = Paulus WESSNER: Scholia in Iuvenalem vetustiora, Leipzig 1931 (Ndr. 1967).
WILLIS 1997 = Iacobus WILLIS: D. Iunii Iuvenalis saturae sedecim, Stuttgart; Leipzig 1997.

Weitere Literatur

ADAMIETZ 1972 = Joachim ADAMIETZ: Untersuchungen zu Juvenal (Hermes Einzelschriften 26), Wiesbaden 1972.
ADAMIETZ 1983 = Joachim ADAMIETZ: Juvenals 12. Satire, in: Hommages à Jean Cousin. Rencontres avec l'antiquité classique, Paris 1983, 237–248.
ADAMIETZ 1984 = Joachim ADAMIETZ: Juvenals 13. Gedicht als Satire, Hermes 112, 1984, 469–483.
ADAMIETZ 1986 = Joachim ADAMIETZ: Juvenal, in: J. ADAMIETZ (Hg.): Die römische Satire, Darmstadt 1986, 231–307.
ADAMIETZ 1993b = Joachim ADAMIETZ: Zur Frage der Parodie in Juvenals 4. Satire, WJA 19, 1993, 185–200.
ADKIN 2008 = Neil ADKIN: Three Notes on Juvenal's Twelfth Satire, Philologus 152, 2008, 128–137.
ALBRECHT VON 2012 = Michael VON ALBRECHT: Geschichte der römischen Literatur. Von Andronicus bis Boethius und ihr Fortwirken. Dritte, verbesserte und erweiterte Auflage, Berlin; Boston 2012.
ANDERSON 1965 = William S. ANDERSON: Valla, Juvenal, and Probus, Traditio 21, 1965, 383–424.
ANDERSON 1982 = William S. ANDERSON: Essays on Roman Satire, Princeton 1982.
ARMSTRONG 2012 = David ARMSTRONG: *Juvenalis Eques*: A Dissident Voice from the Lower Tier of the Roman Elite, in: BRAUND/OSGOOD 2012, 59–78.
ASTBURY 2000 = Raymond ASTBURY: Rezension zu WILLIS 1997, Gnomon 72, 2000, 309–313.
AUSTIN 1964 = R. G. AUSTIN: P. Vergili Maronis Aeneidos liber secundus, Oxford 1964.
BAINES 2003 = Victoria BAINES: Umbricius' *Bellum Civile*: Juvenal, Satire 3, G&R 50, 2003, 220–237.
BARCHIESI/CUCCHIARELLI 2005 = AlessandroBARCHIESI/Andrea CUCCHIARELLI: Satire and the Poet: the Body as Self-Referential Symbol, in: FREUDENBURG 2005, 207–223.
BAUMERT 1989 = Jürgen BAUMERT: Identifikation und Distanz: Eine Erprobung satirischer Kategorien bei Juvenal, in: ANRW II 33.1, 1989, 734–769.
BECKER 2008 = Maria BECKER: »Ich will nicht die Frau meiner Frau sein«. Zur Funktion von Ich-Aussagen bei Martial, Philologus 152, 2008, 282–293.
BISHOP 1976 = J. David BISHOP: Juvenal 9.96: A Parody?, Latomus 35, 1976, 597.
BÖMER 1969 = Franz BÖMER: P. Ovidius Naso, Metamorphosen. Kommentar, Buch I–III, Heidelberg 1969.

BRAUN 1975 = Ludwig BRAUN: Rezension zu ADAMIETZ 1972, Gnomon 47, 1975, 761–767.
BRAUN 1989 = Ludwig BRAUN: Juvenal und die Überredungskunst, in: ANRW II 33.1, 1989, 770–810.
BRAUND 1988 = S. H. BRAUND: Beyond Anger. A Study of Juvenal's Third Book of Satires, Cambridge 1988.
BRAUND 1989a = Susan H. BRAUND (ed.): Satire and Society in Ancient Rome (Exeter Studies in History 23), Exeter 1989.
BRAUND 1989b = Susan H. BRAUND: City and Country in Roman Satire, in: BRAUND 1989a, 23–47.
BRAUND 1992 = Susan H. BRAUND: Roman Verse Satire (G&R, New Surveys in the Classics 23), Oxford 1992.
BRAUND 1995 = S. H. BRAUND: A Woman's Voice? – Laronia's Role in Juvenal *Satire* 2, in: Richard HAWLEY/Barbara LEVICK (eds.): Women in Antiquity. New Assessments, London 1995, 207–219.
BRAUND 1996b = Susanna Morton BRAUND: The Roman Satirists and Their Masks (Classical World Series), Bristol 1996.
BRAUND 1997 = Susanna Morton BRAUND: A Passion Unconsoled? Grief and Anger in Juvenal ›Satire‹ 13, in: S. M. BRAUND/Christopher GILL (eds.): The Passions in Roman Thought and Literature, Cambridge 1997, 68–88.
BRAUND 2004b = Susanna Morton BRAUND: *Libertas* or *Licentia*? Freedom and Criticism in Roman Satire, in: Ineke SLUITER/Ralph M. ROSEN (eds.): Free Speech in Classical Antiquity (Mnemosyne Suppl. 254), Leiden 2004, 409–428.
BRAUND/OSGOOD 2012 = Susanna BRAUND/JosiahOSGOOD (eds.): A Companion to Persius and Juvenal, Malden; Oxford; Chichester 2012.
BRINK 1972 = C. O. BRINK: Limaturae, RhM 115, 1972, 28–42.
BRUMMACK 1971 = Jürgen BRUMMACK: Zu Begriff und Theorie der Satire, Deutsche Vierteljahrsschrift für Literaturwissenschaft und Geistesgeschichte 45, 1971, 275–377.
CARR 1982 = Joan E. CARR: The View of Women in Juvenal and Apuleius, CB 58, 1982, 61–64.
CHRISTES 1971 = Johannes CHRISTES: Der frühe Lucilius. Rekonstruktion und Interpretation des XXVI. Buches sowie von Teilen des XXX. Buches, Heidelberg 1971.
CHRISTES 1986 = Johannes CHRISTES: Lucilius, in: J. ADAMIETZ (Hg.): Die römische Satire, Darmstadt 1986, 57–122.
CHRISTES/FÜLLE 1996 = Johannes CHRISTES/Gunnar FÜLLE: *Causa fuit pater his*. Überlegungen zu Horaz *sat*. 1, 6, in: Claudia KLODT (Hg.): Satura Lanx. Festschrift für Werner A. Krenkel (Spudasmata 62), Hildesheim 1996, 37–56.
CHRISTES/GARBUGINO 2015 = Johannes CHRISTES/Giovanni GARBUGINO: Lucilius, Satiren. Lateinisch und deutsch. Eingeleitet, übersetzt und erläutert (Texte zur Forschung 106), Darmstadt 2015.
CLARK 1988 = Mark Edward CLARK: Juvenal, *Satire* 16: Fragmentary Justice, ICS 13, 1988, 113–125.
CLASSEN 1993 = Carl Joachim CLASSEN: Die Satire – das vielgesichtige Genos, in: C. J. CLASSEN: Die Welt der Römer. Studien zu ihrer Literatur, Geschichte und

Religion. Unter Mitwirkung von Hans BERNSDORFF hg. von Meinolf VIELBERG (UaLG 41), Berlin; New York 1993, 246–267.

CLAY 1998 = Diskin CLAY: The Theory of the Literary Persona in Antiquity, MD 40, 1998, 9–40.

CLOUD 1989 = Duncan CLOUD: The Client-Patron Relationship: Emblem and Reality in Juvenal's First Book, in: Andrew WALLACE-HADRILL (ed.): Patronage in Ancient Society, London u.a. 1989, 205–218.

COFFEY 1979 = Michael COFFEY: Turnus and Juvenal, BICS 26, 1979, 88–94.

COFFEY 1991 = Michael COFFEY: Roman Satire, Bristol ²1991.

COLLIGNON 1909 = Albert COLLIGNON: Victor Hugo et Juvénal, Revue d'histoire littéraire de la France 16, 1909, 259–284.

COLTON 1987 = Robert E. COLTON: Juvenal and Boileau. A Study of Literary Influence, Hildesheim 1987.

COLTON 1991 = Robert E. COLTON: Juvenal's Use of Martial's Epigrams. A Study of Literary Influence, Amsterdam 1991.

CONNORS 2005 = Catherine CONNORS: Epic Allusion in Roman Satire, in: FREUDENBURG 2005, 123–145.

COURTNEY 1975 = E. COURTNEY: The Interpolations in Juvenal, BICS 22, 1975, 147–162.

COURTNEY 1989 = E. COURTNEY: The Progress of Emendation in the Text of Juvenal since the Renaissance, in: ANRW II 33.1, 1989, 824–847.

DAINOTTI 2015 = Paolo DAINOTTI: Word Order and Expressiveness in the *Aeneid*. Translated from Italian by Ailsa CAMPBELL (UaLG 121), Berlin; Boston 2015.

DEROUX 2010 = Carl DEROUX: More on the Subject of Cordus in Juvenal's Third *Satire*, in: C. DEROUX (ed.): Studies in Latin Literature and Roman History XV (Collection Latomus 323), Bruxelles 2010, 335–343.

DE SMET 2015 = Ingrid A. R. DE SMET: Satire, in: Sarah KNIGHT/Stefan TILG (eds.): The Oxford Handbook of Neo-Latin, Oxford 2015, 199–214.

EDGEWORTH 2002 = Robert J. EDGEWORTH: Further Passages in Juvenal Three and Four, C&M 53, 2002, 301–328.

EHLERS 1996 = Widu-Wolfgang EHLERS: Von Bibern und Menschen. Anmerkungen zur 12. Satire Juvenals, in: Claudia KLODT (Hg.): Satura Lanx. Festschrift für Werner A. Krenkel (Spudasmata 62), Hildesheim 1996, 57–73.

ESTÉVEZ 1996 = Victor ESTÉVEZ: Umbricius and Aeneas: A Reading of Juvenal III, Maia 48, 1996, 281–299.

FACCHINI TOSI 2006 = Claudia FACCHINI TOSI: Annibale visto da un satirico, GIF 58, 2006, 103–115.

FÖGEN 2000 = Thorsten FÖGEN: Zwei Satiren Juvenals. Anmerkungen zur Homosexualität in der römischen Antike, Forum Homosexualität und Literatur 36, 2000, 63–74.

FÖGEN 2009 = Thorsten FÖGEN: *Flavius ultimus*: Juvenals Auseinandersetzung mit der Zeit Domitians, in: Fritz FELGENTREU/Felix MUNDT/Nils RÜCKER (Hgg.): *Per attentam Caesaris aurem*: Satire – die unpolitische Gattung? Eine internationale Tagung an der Freien Universität Berlin vom 7. bis 8. März 2008, Tübingen 2009, 167–191.

FREDERICKS 1973 = S. C. FREDERICKS: The Function of the Prologue (1–20) in the Organization of Juvenal's Third Satire, Phoenix 27, 1973, 62–67.

FREDERICKSMEYER 1990 = Hardy C. FREDERICKSMEYER: An Observation on the Programmatic Satires of Juvenal, Horace and Persius, Latomus 49, 1990, 792–800.

FREUDENBURG 1993 = Kirk FREUDENBURG: The Walking Muse: Horace on the Theory of Satire, Princeton 1993.

FREUDENBURG 2001 = Kirk FREUDENBURG: Satires of Rome. Threatening Poses from Lucilius to Juvenal, Cambridge 2001.

FREUDENBURG 2005 = Kirk FREUDENBURG (ed.): The Cambridge Companion to Roman Satire, Cambridge 2005.

FREUDENBURG 2010 = Kirk FREUDENBURG: *Horatius Anceps*: Persona and Self-Revelation in Satire and Song, in: Gregson DAVIS (ed.): A Companion to Horace, Chichester; Malden 2010, 271–290.

FUHRMANN 1979 = Manfred FUHRMANN: Persona, ein römischer Rollenbegriff, in: Odo MARQUARD/Karlheinz STIERLE (Hgg.): Identität (Poetik und Hermeneutik 8), München 1979, 83–106.

FUHRMANN 2002 = Manfred FUHRMANN: Juvenal – Barbier – Grünbein. Über den römischen Satiriker und zwei seiner tätigen Bewunderer, Text + Kritik, Zeitschrift für Literatur 153, 2002, 60–67.

GANTER 2015 = Angela GANTER: Was die römische Welt zusammenhält. Patron-Klient-Verhältnisse zwischen Cicero und Cyprian (Klio, Beihefte N. F. 26), Berlin 2015.

GÉRARD 1976 = J. GÉRARD: Juvénal et la réalité contemporaine, Paris 1976.

GNILKA 2001 = Christian GNILKA: Satura tragica. Zu Juvenal und Prudentius, in: C. GNILKA: Prudentiana II, München; Leipzig 2001, 230–262 (= WS 103, 1990, 145–177).

GOLD 1998 = Barbara K. GOLD: The House I live in is Not My Own: Women's Bodies in Juvenal's Satires, Arethusa 31, 1998, 369–386.

GOLD 2012 = Barbara K. GOLD: Juvenal: The Idea of the Book, in: BRAUND/OSGOOD 2012, 97–112.

GOLDBECK 2010 = Fabian GOLDBECK: *Salutationes*: die Morgenbegrüßungen in Rom in der Republik und der frühen Kaiserzeit (Klio, Beihefte N. F. 16), Berlin 2010.

GOWERS 1993 = Emily GOWERS: The Loaded Table. Representations of Food in Roman Literature, Oxford 1993.

GOWERS 2003 = Emily GOWERS: Fragments of Autobiography in Horace *Satires* 1, ClAnt 22, 2003, 55–91.

GOWERS 2012 = Emily GOWERS (ed.): Horace. *Satires*. Book I (Cambridge Greek and Latin Classics), Cambridge 2012.

GREWING 1997 = Farouk GREWING: Martial, Buch VI (Ein Kommentar) (Hypomnemata 115), Göttingen 1997.

GRIFFITH 1968 = John G. GRIFFITH: A Taxonomic Study of the Manuscript Tradition of Juvenal, MH 25, 1968, 101–138.

GRIFFITH 1970 = John G. GRIFFITH: The Ending of Juvenal's First Satire and Lucilius, Book XXX, Hermes 98, 1970, 56–72.

GRÜNBEIN 2005 = Durs GRÜNBEIN: Schlaflos in Rom. Versuch über den Satirendichter Juvenal, in: D. GRÜNBEIN: Antike Dispositionen. Aufsätze, Frankfurt/M.

2005, 328–368 (Erstdruck: Vorträge aus dem Warburg-Haus, Bd. 5, Berlin 2001, 3–37).
GRÜNBEIN 2010 = Durs GRÜNBEIN: Bruder Juvenal. Satire als andauernde Gegenwart, in: Chr. SCHMITZ (Hg.): Mythos im Alltag – Alltag im Mythos. Die Banalität des Alltags in unterschiedlichen literarischen Verwendungskontexten, München 2010, 11–30.
HABINEK 1997 = Thomas HABINEK: The Invention of Sexuality in the World-City of Rome, in: Thomas HABINEK/Alessandro SCHIESARO (eds.): The Roman Cultural Revolution, Cambridge 1997, 23–43.
HARRISON 1960 = E. L. HARRISON: Neglected Hyperbole in Juvenal, CR 10, 1960, 99–101.
HARRISON 1997 = S. J. HARRISON: Vergil. *Aeneid* 10. With Introduction, Translation, and Commentary, Oxford 1997.
HARRISON 2007 = S. J. HARRISON: Generic Enrichment in Vergil and Horace, Oxford 2007.
HARRISON 2013a = S. J. HARRISON: Introduction, in: Theodore D. PAPANGHELIS/Stephen J. HARRISON/Stavros FRANGOULIDIS (eds.): Generic Interfaces in Latin Literature. Encounters, Interactions and Transformations (Trends in Classics, Suppl. 20), Berlin; Boston 2013, 1–15.
HARRISON 2013b = Stephen HARRISON: Author and speaker(s) in Horace's *Satires* 2, in: Anna MARMODORO/Jonathan HILL (eds.): The Author's Voice in Classical and Late Antiquity, Oxford 2013, 153–171.
HENDRY 2000 = Michael HENDRY: Excluded Husband and Two-Legged Ass: Two Problems in Juvenal 9, EMC 19, 2000, 85–90.
HENKE 2000 = Rainer HENKE: Elefanten, Tochtermörder und Erbschleicher: Juvenal, sat. 12, 93–130, Hermes 128, 2000, 202–217.
HIGHET 1954 = Gilbert HIGHET: Juvenal the Satirist. A Study, Oxford 1954 (Taschenbuchausgabe New York 1961).
HIGHET 1962 = Gilbert HIGHET: The Anatomy of Satire, Princeton 1962.
HIGHET 1974 = Gilbert HIGHET: Masks and Faces in Satire, Hermes 102, 1974, 321–337.
HÖGG 1971 = Hanns HÖGG: Interpolationen bei Juvenal?, Diss. Freiburg i.Br. 1971.
HOLLIS 1983 = A. S. HOLLIS: Ovid, *Metamorphoses*, Book VIII. Edited with an Introduction and Commentary, Oxford 1983.
HOOLEY 2012 = Dan HOOLEY: Imperial Satire Reiterated: Late Antiquity through the Twentieth Century, in: BRAUND/OSGOOD 2012, 337–362.
HORSFALL 2008 = Nicholas HORSFALL: Virgil, *Aeneid* 2. A Commentary (Mnemosyne Suppl. 299), Leiden; Boston 2008.
HOWELL 1998 = Peter HOWELL: Martial's Return to Spain, in: Farouk GREWING (Hg.): *Toto notus in orbe*. Perspektiven der Martial-Interpretation (Palingenesia 65), Stuttgart 1998, 173–186.
HUDSON-WILLIAMS 1977 = A. HUDSON-WILLIAMS: A Note on Juvenal 3.198–202, G&R 24, 1977, 29–30.
IDDENG 2000 = Jon W. IDDENG: Juvenal, Satire and the Persona Theory: Some Critical Remarks, SO 75, 2000, 107–129.

IDDENG 2005 = Jon W. IDDENG: How Shall We Comprehend the Roman *I*-Poet? A Reassessment of the *Persona*-theory, C&M 56, 2005, 185–205.

JONES 1989 = Fredk JONES: Juvenal, *Satire* VII, in: Carl DEROUX (ed.): Studies in Latin Literature and Roman History V (Collection Latomus 206), Bruxelles 1989, 444–464.

JONES 1993 = F. JONES: Juvenal, Satire 13, Eranos 91, 1993, 81–92.

JONES 2007 = Frederick JONES: Juvenal and the Satiric Genre (Classical Literature and Society), London 2007.

JONES 2008 = Frederick JONES: Juvenal and the Hexameter, in: Carl DEROUX (ed.): Studies in Latin Literature and Roman History XIV (Collection Latomus 315), Bruxelles 2008, 348–364.

JONES 2000 = Prudence JONES: Juvenal, the Niphates, and Trajan's Column (Satire 6. 407–412), HSPh 100, 2000, 477–486.

KEANE 2002 = Catherine KEANE: Satiric Memories: Autobiography and the Construction of Genre, CJ 97, 2002, 215–231.

KEANE 2003 = Catherine Clare KEANE: Theatre, Spectacle, and the Satirist in Juvenal, Phoenix 57, 2003, 257–275.

KEANE 2006 = Catherine KEANE: Figuring Genre in Roman Satire (American Classical Studies 50), Oxford 2006.

KEANE 2007 = Catherine KEANE: Defining the Art of Blame: Classical Satire, in: Ruben QUINTERO (ed.): A Companion to Satire (Blackwell Companions to Literature and Culture 46), Malden; Oxford; Carlton 2007, 31–51.

KEANE 2010 = Catherine KEANE: *Persona* and Satiric Career in Juvenal, in: Philip HARDIE/Helen MOORE (eds.): Classical Literary Careers and Their Reception, Cambridge 2010, 105–117.

KEANE 2015 = Catherine KEANE: Juvenal and the Satiric Emotions, Oxford; New York 2015.

KENNEY 1962 = E. J. KENNEY: The First Satire of Juvenal, PCPhS 8, 1962, 29–40.

KENNEY 1963 = E. J. KENNEY: Juvenal: Satirist or Rhetorician?, Latomus 22, 1963, 704–720.

KENNEY 1984 = E. J. KENNEY: Lucretius: De rerum natura. Book III (Cambridge Greek and Latin Classics), Cambridge 1984.

KENNEY 2012 = E. J. KENNEY: Satiric Textures: Style, Meter, and Rhetoric, in: BRAUND/OSGOOD 2012, 113–136.

KERNAN, 1959 = Alvin KERNAN: The Cankered Muse: Satire of the English Renaissance (Yale Studies in English 142), New Haven 1959.

KINDERMANN 1978 = Udo KINDERMANN: *Satyra*. Die Theorie der Satire im Mittellateinischen. Vorstudie zu einer Gattungsgeschichte, Nürnberg 1978.

KISSEL 1990 = Walter KISSEL: Aules Persius Flaccus, Satiren. Herausgegeben, übersetzt und kommentiert, Heidelberg 1990.

KISSEL 2014 = Walter KISSEL: Juvenal (1962–2011), Lustrum 55/2013, Göttingen 2014.

KNOCHE 1966 = Ulrich KNOCHE: Juvenals Maßstäbe der Gesellschaftskritik, WZRostock 15, 1966, 453–462.

LINDO 1974 = Locksley I. LINDO: The Evolution of Juvenal's Later Satires, CPh 69, 1974, 17–27.

LITTLEWOOD 2007 = Cedric LITTLEWOOD: Poetry and Friendship in Juvenal's Twelfth Satire, AJPh 128, 2007, 389–418.
LONG 1996 = Jacqueline LONG: Juvenal Renewed in Claudian's *In Eutropium*, IJCT 2, 1996, 321–335.
MARTINDALE 2005 = Charles MARTINDALE: The Horatian and the Juvenalesque in English Letters, in: FREUDENBURG 2005, 284–298.
MASON 1963 = H. A. MASON: Is Juvenal a Classic? An Introductory Essay, in: J. P. SULLIVAN (ed.): Critical Essays on Roman Literature: Satire, London 1963, 93–176 (ursprünglich erschienen in Arion 1.1, 1962, 8–44 und 1.2, 1962, 39–79).
MAYER 1989 = Roland MAYER: Friendship in the Satirists, in: BRAUND 1989a, 5–21.
MAYER 2003 = Roland G. MAYER: Persona⟨l⟩ Problems. The Literary Persona in Antiquity Revisited, MD 50, 2003, 55–80.
MCCARTHY 2010 = Kathleen MCCARTHY: First-Person Poetry, in: Alessandro BARCHIESI/Walter SCHEIDEL (eds.): The Oxford Handbook of Roman Studies, Oxford 2010, 435–449.
MORGAN 2010 = Llewelyn MORGAN: Musa Pedestris. Metre and Meaning in Roman Verse, Oxford 2010.
MUECKE 2005 = Frances MUECKE: Rome's First »Satirists«: Themes and Genre in Ennius and Lucilius, in: FREUDENBURG 2005, 33–47.
MUECKE 2013 = Frances MUECKE: The Invention of Satire: A Paradigmatic Case?, in: Theodore D. PAPANGHELIS/Stephen J. HARRISON/Stavros FRANGOULIDIS (eds.): Generic Interfaces in Latin Literature. Encounters, Interactions and Transformations (Trends in Classics, Suppl. 20), Berlin; Boston 2013, 283–295.
MÜLKE 2009 = Markus MÜLKE: Ein Satiriker und seine Stadt. Juvenals (politische?) Anspielungskunst in den Rahmenpartien der dritten Satire, in: Fritz FELGENTREU/ Felix MUNDT/Nils RÜCKER (Hgg.): *Per attentam Caesaris aurem*: Satire – die unpolitische Gattung? Eine internationale Tagung an der Freien Universität Berlin vom 7. bis 8. März 2008, Tübingen 2009, 148–166.
NAPPA 1998 = Christopher NAPPA: *Praetextati mores*: Juvenal's Second Satire, Hermes 126, 1998, 90–108.
NAPPA 2010 = Christopher NAPPA: The Unfortunate Marriage of Gaius Silius: Tacitus and Juvenal on the Fall of Messalina, in: John F. MILLER/A. J. WOODMAN (eds.): Latin Historiography and Poetry in the Early Empire (Mnemosyne 321), Leiden; Boston 2010, 189–204.
NAUTA 2002 = Ruurd R. NAUTA: Poetry for Patrons: Literary Communication in the Age of Domitian (Mnemosyne Suppl. 206), Leiden; New York; Köln 2002.
NORDEN 1984 = Eduard NORDEN: P. Vergilius Maro: Aeneis Buch VI, 8. unveränderte Aufl. (Nachdruck [4]1957), Darmstadt 1984.
OSGOOD/BRAUND 2012 = Josiah OSGOOD/Susanna BRAUND : Imperial Satire Theorized: Dryden's *Discourse of Satire*, in: BRAUND/OSGOOD 2012, 409–435.
O'SULLIVAN 1978 = J. N. O'SULLIVAN: Parody and Sense in Juvenal 3.198–202, AJPh 99, 1978, 456–458.
PARKER 2012 = Holt N. PARKER: Manuscripts of Juvenal and Persius, in: BRAUND/ OSGOOD 2012, 137–161.
PARKER/BRAUND 2012 = Holt N. PARKER/Susanna BRAUND: Imperial Satire and the Scholars, in: BRAUND/OSGOOD 2012, 436–464.

PETERSMANN 1986 = Hubert PETERSMANN: Der Begriff ›Satura‹ und die Entstehung der Gattung, in: J. ADAMIETZ (Hg.): Die römische Satire, Darmstadt 1986, 7–24.

PLAZA 2006 = Maria PLAZA: The Function of Humour in Roman Verse Satire. Laughing and Lying, Oxford 2006.

PLAZA 2009 = Maria PLAZA (ed.): Persius and Juvenal (Oxford Readings in Classical Studies), Oxford 2009.

POWELL 1987 = Jonathan POWELL: The *Farrago* of Juvenal, 1.86 Reconsidered, in: Michael WHITBY/Philip HARDIE/Mary WHITBY (eds.): Homo Viator. Classical Essays for John Bramble, Bristol 1987, 253–258.

POWELL 1999 = J. G. F. POWELL: Stylistic Registers in Juvenal, PBA 93, 1999, 311–334.

PRYOR 1962 = A. D. PRYOR: Juvenal's False Consolation, AUMLA 18, 1962, 167–180.

RAMAGE 1978 = Edwin S. RAMAGE: Juvenal, Satire 12: On Friendship True and False, ICS 3, 1978, 221–237.

RASCHKE 2009 = Wendy J. RASCHKE: *Imperium sine fine* – Boundaries in Juvenal, in: Fritz FELGENTREU/Felix MUNDT/Nils RÜCKER (Hgg.): *Per attentam Caesaris aurem*: Satire – die unpolitische Gattung? Eine internationale Tagung an der Freien Universität Berlin vom 7. bis 8. März 2008, Tübingen 2009, 131–147.

REEVE 1970 = M. D. REEVE: Seven Notes, CR 20, 1970, 134–136.

RICHLIN 1984 = Amy RICHLIN: Invective Against Women in Roman Satire, Arethusa 17, 1984, 67–80.

RICHLIN 2012 = Amy RICHLIN: School Texts of Persius and Juvenal, in: BRAUND/OSGOOD 2012, 465–485.

RIMELL 2005 = Victoria RIMELL: The Poor Man's Feast: Juvenal, in: FREUDENBURG 2005, 81–94.

ROCHE 2012 = Paul ROCHE: Self-Representation and Performativity, in: BRAUND/OSGOOD 2012, 190–216.

ROSEN 2007 = Ralph M. ROSEN: Making Mockery. The Poetics of Ancient Satire, Oxford 2007.

ROSEN/KEANE 2014 = Ralph M. ROSEN/Catherine C. KEANE: Greco-Roman Satirical Poetry, in: Thomas K. HUBBARD (ed.): A Companion to Greek and Roman Sexualities, Malden; Oxford; Chichester 2014, 381–397.

RUDD 1963 = Niall RUDD: Dryden on Horace and Juvenal, UTQ 32, 1963, 155–169.

RUDD 1988 = Niall RUDD: Johnson's Juvenal. London and The Vanity of Human Wishes. Edited with Introduction, Notes, Latin Texts and Translations, Bristol ²1988.

SALLMANN 1970 = Klaus SALLMANN: Satirische Technik in Horaz' Erbschleichersatire (s. 2, 5), Hermes 98, 1970, 178–203.

SCHMIDT 2001 = Peter L. SCHMIDT: Juvenal, in: RAC 19, 2001, 874–881.

SCHMITZ 2000 = Christine SCHMITZ: Das Satirische in Juvenals Satiren (UaLG 58), Berlin; New York 2000.

SCHMITZ 2009 = Christine SCHMITZ: Satire / Invektive und Panegyrik in Claudians politischen Epen, in: Fritz FELGENTREU/Felix MUNDT/Nils RÜCKER (Hgg.): *Per attentam Caesaris aurem*: Satire – die unpolitische Gattung? (Leipziger Studien zur Klassischen Philologie 5), Tübingen 2009, 192–227.

SCHOLZ 1986 = Udo W. SCHOLZ: Die ›Satura‹ des Q. Ennius, in: J. ADAMIETZ (Hg.): Die römische Satire, Darmstadt 1986, 25–53.
SCODEL 2009 = Ruth SCODEL: Horace, Lucilius, and Callimachean Polemic (ursprünglich 1987), in: Kirk FREUDENBURG (ed.): Horace: *Satires* and *Epistles* (Oxford Readings in Classical Studies), Oxford 2009, 212–230.
SHERO 1923 = L. R. SHERO: The *Cena* in Roman Satire, CPh 18, 1923, 126–143.
SIMONS 2013 = Roswitha SIMONS: Der poetologische Rekurs auf die römischen Vorbilder und das Selbstverständnis humanistischer Satirendichter. Zur Entwicklung des Gattungsverständnisses im 15. und 16. Jahrhundert, in: Beate HINTZEN/ Roswitha SIMONS (Hgg.): Norm und Poesie. Zur expliziten und impliziten Poetik in der lateinischen Literatur der Frühen Neuzeit, Berlin; Boston 2013, 125–143.
SMITH 1989 = Warren S. SMITH: Heroic Models for the Sordid Present: Juvenal's View of Tragedy, in: ANRW II 33.1, 1989, 811–823.
SOGNO 2012 = Cristiana SOGNO: Persius, Juvenal, and the Transformation of Satire in Late Antiquity, in: BRAUND/OSGOOD 2012, 363–385.
SOSIN 1999 = Joshua D. SOSIN: Ausonian Allusions to Juvenal's Satires, WS 112, 1999, 91–112.
STALEY 2000 = Gregory A. STALEY: Juvenal's Third Satire: Umbricius' Rome, Vergil's Troy, MAAR 45, 2000, 85–98.
SUERBAUM 2002 = Werner SUERBAUM: Die Satire, in: W. SUERBAUM (Hg.): Die archaische Literatur. Von den Anfängen bis Sullas Tod. Die vorliterarische Periode und die Zeit von 240 bis 78 v. Chr. (HLL 1), München 2002, 297–318.
SYME 1958 = Ronald SYME: Tacitus, Oxford 1958.
SYME 1979 = Ronald SYME: The *patria* of Juvenal, CPh 74, 1979, 1–15.
TARRANT 1983 = R. J. TARRANT: Juvenal, in: L. D. REYNOLDS (ed.): Texts and Transmission. A Survey of the Latin Classics, Oxford 1983, 200–203.
TENNANT 1995 = P. M. W. TENNANT: Biting Off More Than One Can Chew: A Recent Trend in the Interpretation of Juvenal's 15th Satire, Akroterion 40, 1995, 120–134.
TIETZ 2013 = Werner TIETZ: *Dilectus ciborum*. Essen im Diskurs der römischen Antike (Hypomnemata 193), Göttingen 2013.
URECH 1999 = Hans Jakob URECH: Hoher und niederer Stil in den Satiren Juvenals. Untersuchung zur Stilhöhe von Wörtern und Wendungen und inhaltliche Interpretation von Passagen mit auffälligen Stilwechseln, Bern; Berlin; Bruxelles usw. 1999.
VIGNEST-AMAR 1999 = Romain VIGNEST-AMAR: Victor Hugo et Juvénal, BAGB 3, 1999, 335–356.
VÖSSING 2010 = Konrad VÖSSING: Die *sportulae*, der Kaiser und das Klientelwesen in Rom, Latomus 69, 2010, 723–739.
VOLK 2005 = Katharina VOLK: *Ille ego*: (Mis-)Reading Ovid's Elegiac Persona, A&A 51, 2005, 83–96.
WALTERS 1998 = Jonathan WALTERS: Making a Spectacle: Deviant Men, Invective, and Pleasure, Arethusa 31, 1998, 355–367.
WATSON/WATSON 2003 = Lindsay WATSON/Patricia WATSON: Martial. Select Epigrams (Cambridge Greek and Latin Classics), Cambridge 2003.

WATSON 2008 = Lindsay WATSON: Juvenal *Satire* 6: Misogyny or Misogamy? The Evidence of Protreptics on Marriage, Papers of the Langford Latin Seminar 13, 2008 (Arca 48), 269–296.

WATSON 2007a = Patricia WATSON: Juvenal's *scripta matrona*: Elegiac Resonances in *Satire* 6, Mnemosyne 60, 2007, 628–640.

WATSON 2007b = Pat WATSON: A *matrona* Makes Up. Fantasy and Reality in Juvenal, Sat. 6,457–507, RhM 150, 2007, 375–395.

WATSON 2012 = Patricia WATSON: The Flight of Pudicitia: Juvenal's Vision of the Past and the Programmatic Function of the Prologue in the Sixth Satire, Mnemosyne 65, 2012, 62–79.

WESTON 1915 = Arthur H. WESTON: Latin Satirical Writing Subsequent to Juvenal, Lancaster 1915.

WIESEN 1963 = David WIESEN: Juvenal's Moral Character, an Introduction, Latomus 22, 1963, 440–471.

WIESEN 1964 = David S. WIESEN: St. Jerome as a Satirist. A Study in Christian Latin Thought and Letters, Ithaca 1964.

WIESEN 1973 = David S. WIESEN: Juvenal and the Intellectuals, Hermes 101, 1973, 464–483.

WIESEN 1989 = David S. WIESEN: The Verbal Basis of Juvenal's Satiric Vision, in: ANRW II 33.1, 1989, 708–733.

WILLIAMS 2010 = Craig A. WILLIAMS: Roman Homosexuality. Second Edition, Oxford; New York 2010.

WILLIS 1989 = J. A. WILLIS: Juvenalis male auctus, Mnemosyne 42, 1989, 441–468.

WIMMEL 1960 = Walter WIMMEL: Kallimachos in Rom. Die Nachfolge seines apologetischen Dichtens in der Augusteerzeit (Hermes Einzelschriften 16), Wiesbaden 1960.

WINKLER 1983 = Martin M. WINKLER: The Persona in Three Satires of Juvenal (Altertumswissenschaftliche Texte und Studien 10), Hildesheim 1983.

WINKLER 1995 = Martin M. WINKLER: Alogia and Emphasis in Juvenal's Fourth Satire, Ramus 24, 1995, 59–81.

WINKLER 2001 = Martin M. WINKLER (ed.): Juvenal in English (Penguin Poets in Translation), London 2001.

WINKLER 2012 = Martin M. WINKLER: Persius and Juvenal in the Media Age, in: BRAUND/OSGOOD 2012, 513–543.

WINTERLING 2008 = Aloys WINTERLING: Freundschaft und Klientel im kaiserzeitlichen Rom, Historia 57, 2008, 298–316.

WITKE 1962 = Edward Charles WITKE: Juvenal III: An Eclogue for the Urban Poor, Hermes 90, 1962, 244–248.

WULFRAM 2011 = Hartmut WULFRAM: Sehen und Gesehen werden. Der lachende Demokrit bei Horaz und Juvenal, WS 124, 2011, 143–164.

ZIMMERMAN 2006 = Maaike ZIMMERMAN: Echoes of Roman Satire in Apuleius' *Metamorphoses*, in: Ruurd R. NAUTA (ed.): *Desultoria scientia*. Genre in Apuleius' *Metamorphoses* and Related Texts (Caeculus 5), Leuven; Paris; Dudley 2006, 87–104.

ZIOLKOWSKI 2006 = Theodore ZIOLKOWSKI: Two Juvenal Delinquents: Robert Lowell and Durs Grünbein, CML 26, 2006, 12–32.

Stellenregister

Ammianus Marcellinus
28,4,14   209f.

Augustinus
epist.
   138,16   216

Ausonius
Epigr.
   14,3f. Green (= p. 34,3f. Peiper)   212
Cento nuptialis
   p. 153 Green (= p. 218 Peiper)   211f.

Boethius
cons.
   2,5,34   215

Calpurnius
ecl.
   5,119–121   69[94]

Catull
3,17f.   190

Claudian
18,72   213
19,5f.   212
20,107–109   213

Dracontius
laud. dei
   3,47f.   214
   3,86f.   215
   3,745   207

Eberhard von Bremen
Laborintus
   625f.   219

Guarino, Battista
De ordine docendi et studendi
   25   220f.

Hieronymus
epist.
   40,1,3   216[47]
   40,2,2f.   217
   50,5,2   216f.

Horaz
epod.
   2,7f.   35
sat.
   1,1,24   216[47]
   1,1,120   151
   1,6,56f.   198[71]
   1,6,111–115   224[84]
   2,1,1–3   44[3]. 57. 66[86]
   2,1,30–34   15f. 47
   2,1,72   64[77]
   2,6,16f.   57
   2,6,63f.   174[40]
   2,6,80f.   88

Hugo von Trimberg
Registrum multorum auctorum
   158f.   219

Juvenal
1,1f.   24. 27. 75
1,1–6   69
1,15   216
1,15–17   25[53]
1,19–21   48. 224
1,22f.   174f.
1,30   48. 57. 232
1,30–32   26
1,45f.   48
1,49f.   41f.
1,51f.   48. 75
1,52–54   59f.
1,63f.   22. 75[13]
1,69–72   186
1,79   228
1,79f.   75f.
1,81–87   53f.
1,99–101   27
1,102–110   172
1,133–139   171
1,140   180
1,143f.   44[1]
1,143–146   198f.
1,147–149   184
1,151–153   145[232]
1,158f.   28
1,162–170   49–52
1,170f.   28. 76

2,1 78
2,3 78. 137. 211. 232
2,8 78. 79^{28}
2,8f. 184
2,9f. 78
2,10 180
2,11–13 79^{26}. 175^{43}
2,19–21 196f.
2,36 23. 79^{29}
2,40–42 79
2,60 185^{28}
2,63 231
2,72–74 80f.
2,77f. 80
2,82–116 164
2,99–109 83–86
2,102f. 42
2,129–131 213
2,134–136 165
2,138 213
2,143–148 165
2,144 166^{19}
2,153–159 81
2,162–165 81f.
2,170 78. 82
3,2f. 89f.
3,6–9 86f. 180
3,17–20 87
3,21 23. 89
3,25 91
3,39f. 212
3,182f. 89^{55}. 180
3,196–202 92–94
3,197f. 88f.
3,206f. 195
3,223–225 89
3,230f. 181. 208
3,235f. 230
3,281 205f.
3,289 23^{47}
3,300f. 160
3,315 69^{94}
3,316 69f.
3,318–322 36f.
4,1f. 28. 97
4,11f. 97
4,28–31 62f.
4,31 193
4,31–33 98
4,34f. 192f.
4,34–39 61–64
4,56f. 63

4,64 195
4,65 64
4,72–75 99f.
4,81 64
4,91 232^{115}
4,107 64
4,115 97^{89}
4,145f. 100
4,147–149 99
4,151f. 101
5,9 102
5,22f. 63^{76}
5,26–29 103^{106}
5,38f. 199
5,97f. 169
5,107–113 169f.
5,120–124 102
5,123f. 173^{37}
5,133–137 169
5,137–139 191
5,156–160 201f.
5,161 171
5,166–170 102f.
5,169 181
6,1–13 175
6,5–8 190
6,17f. 197
6,34 31. 106
6,81 195f.
6,82–113 189f.
6,94–97 107f. 185
6,120 196
6,141 185
6,142 196
6,223 222^{71}. 232
6,242f. 108
6,284f. 214
6,287–295 216
6,335f. 164
6,345 184
6,347f. 232
6,352–365 108–110
6,407–412 42f.
6,474f. 104f.
6,475–479 175f.
6,533f. 214
6,617 185
6,628 66. 105
6,631 105. 194
6,632f. 198
6,634f. 26^{54}
6,634–638 60^{64}. 66–68

6,644–646 187
6,655–659 187
7,1 43
7,1–3 111
7,3–5 112f.
7,28 195[58]
7,30–35 113
7,45–47 112
7,90–92 39
7,111 114
7,117f. 114
7,128 115
7,134–138 116
7,143–145 117
7,150–154 70f.
7,154 232
8,9–18 167f.
8,19f. 119
8,83f. 215[43]
8,105–107 179
8,140f. 166
8,146–178 181–183
8,149–153 166[20]
8,183–210 188
8,188–192 168
8,198f. 179
8,204–206 166
8,209f. 166f.
8,215–221 120f.
8,220f. 181
8,224–229 121f.
8,272–275 119f.
9,1f. 24[50]
9,9–11 123
9,28–31 124
9,37 122f.
9,46f. 180[8]
9,53 194
9,76–78 58
9,77f. 190
9,82f. 190f.
9,92 125f. 217[51]
9,102 125
9,126–129 123
9,129 212
9,133f. 126
9,141–146. 124f.
10,1f. 128f. 226
10,18 130
10,19–22 128. 215
10,31 17f.
10,47f. 17

10,51 17
10,58 50[21]
10,62–64 191
10,81 232
10,147–167 130–132
10,164–166 192
10,229 201
10,321–323 185[30]
10,328f. 185
10,332f. 200
10,334–338 165[13]
10,356f. 206. 232
10,363f. 128
10,365f. 209[28]
11,56–59 137
11,60–62 136
11,64 133. 135
11,65f. 14[15]. 39. 136. 173
11,68f. 135
11,77–81 173f.
11,80 194
11,90–92 18
11,115f. 133f.
11,120–127 172
11,130–133 192
11,131–135 173
11,145–160 134
11,190 38f.
11,203f. 41
12,18f. 200f.
12,18–24 60f.
12,89f. 39[100]
12,91 39
12,93–95 140
12,120 69
12,121f. 199f.
12,128–130 140f.
13,5–10 143
13,26f. 220
13,28–30 184
13,34–36 143
13,78–83 65f.
13,130–134 146f.
13,170–173 143f.
14,41–43 184f.
14,68f. 148
14,99 43
14,109f. 149
14,153–155 151
14,166–172 151–153
14,179f. 150
14,298–300 150

15,9–11   154f. 214
15,10f.   197
15,13   154. 156f.
15,26–31   155
15,29   68
15,31f.   154
15,45   40
15,65–70   158f.
15,124–128   157
15,142–158   176
15,169–174   156f.
16,7–12   159f.
16,13f.   161
16,54–56   177

Konrad von Hirsau
dial. super auctores
  Z. 1286f.   218
  Z. 1304–1307   219[60]

Laktanz
inst.
  3,29,17   209

Martial
1,1,1–3   32[77]
7,24,1f.   33
7,24,8   33f.
7,91,1–4   34
12,18,1–9   34f.
12,18,22f.   35
12,94,7   47[11]

Ovid
am.
  1,1,19   26[55]
  1,1,24   27[56]
met.
  1,147   105. 194[55]
  5,338–340   62[69]
  10,446f.   63[76]
trist.
  2,359f.   27

Persius
3,98–106   44[1]. 199[72]

Petrarca
Fam.
  3,15,1   220

Piccolomini, Enea Silvio
De liberorum educatione
  70   220

Plinius d. J.
epist.
  2,6,1–7   170f.

Properz
1,1,1   190

Prudentius
c. Symm.
  1,629f.   214

Quintilian
inst.
  10,1,93f.   34[79]
  10,1,93–95   46f.
  10,2,22   66[86]

Rutilius Namatianus
1,603–606   210f.

Sidonius Apollinaris
carm.
  9,271–273   41

Statius
Ach.
  1,4–7   50[23]

Tacitus
ann.
  1,1,3   162
  15,67,2   121

Tertullian
adv. Marc.
  4,24,9   208

Vergil
ecl.
  1,79–83   70
  6,43f.   50[22]
Aen.
  1,88f.   61[65]
  2,309–312   93f.
  3,198f.   61[65]
  4,328f.   191
  10,689–716   51f.